本辑编辑委员会（按姓氏笔画排序）

王泓之　王瑞剑　叶依梦　包康赟
朱禹臣　刘继烨　金雨萌　郑淑凤
柯　达　钟鑫雅　侯婷婷　聂清雨
徐　成　康　骁　谢可晟　潘　程

本辑主编

崔　斌

本辑审稿和校对编辑（按姓氏笔画排序）

王瑞剑　朱禹臣　刘　凝　刘继烨　李　旭
李昊林　聂清雨

声　明

　　本刊的各篇文章仅代表作者本人的观点和意见，并不必然代表编辑委员会的任何意见、观点或倾向，也不反映北京大学的立场。特此声明。

《北大法律评论》编辑委员会

中文社会科学引文索引(CSSCI)来源集刊

北大法律評論
PEKING UNIVERSITY LAW REVIEW
第 21 卷·第 2 辑(2020)

《北大法律评论》编辑委员会　编

图书在版编目(CIP)数据

北大法律评论. 第 21 卷. 第 2 辑 /《北大法律评论》编辑委员会编. —北京：北京大学出版社，2021.12
 ISBN 978-7-301-33208-5

Ⅰ. ①北… Ⅱ. ①北… Ⅲ. ①法律—文集 Ⅳ. ①D9-53

中国版本图书馆 CIP 数据核字(2022)第 139257 号

书　　　名	北大法律评论（第 21 卷・第 2 辑） BEIDA FALÜ PINGLUN (DI-ERSHIYI JUAN · DI-ER JI)
著作责任者	《北大法律评论》编辑委员会　编
责 任 编 辑	许心晴　王　晶
标 准 书 号	ISBN 978-7-301-33208-5
出 版 发 行	北京大学出版社
地　　　址	北京市海淀区成府路 205 号　100871
网　　　址	http://www.pup.cn
电 子 信 箱	law@pup.pku.edu.cn
新 浪 微 博	@北京大学出版社　@北大出版社法律图书
电　　　话	邮购部 010-62752015　发行部 010-62750672　编辑部 010-62752027
印 刷 者	北京虎彩文化传播有限公司
经 销 者	新华书店
	787 毫米×1092 毫米　16 开本　19 印张　361 千字 2021 年 12 月第 1 版　2021 年 12 月第 1 次印刷
定　　　价	59.00 元

未经许可，不得以任何方式复制或抄袭本书之部分或全部内容。
版权所有，侵权必究
举报电话：010-62752024　电子信箱：fd@pup.pku.edu.cn
图书如有印装质量问题，请与出版部联系，电话：010-62756370

《北大法律评论》第 21 卷·第 2 辑(总第 41 辑)

目　　录

本期特稿
苏永钦　法学怎样跟上时代的脚步 ……………………………………（1）

评论：法教义学的四种想象
尤陈俊　隔岸观法：如何看待法教义学与社科法学的发展前景 …………（18）
王　雷　参照适用法律技术是照亮大民法典的阿拉丁神灯 ……………（38）
阎　天　部门宪法的回归之道：以中国劳动宪法为例 …………………（49）
陈少青　民法规范的属性与刑民交叉的判断逻辑 ………………………（55）

名家论道
马长山　数字法治的三维面向 ……………………………………………（63）

论文
魏晓娜　李雪松　刑事诉讼法发展的新动向：比较法上的考察 …………（77）
郭逸豪　从万民法到万国法
　　　　——论欧洲中世纪到近代早期"国际法"理论的嬗变 …………（99）
卓增华　"转向历史"如何可能
　　　　——海外国际法史研究新动向及其启示 ……………………（123）
吴景键　英国国王专权的思想史考察 ……………………………………（147）

高　洁　辩护律师程序独立论
　　　——独立辩护论的第三维度 …………………………………（165）
刘　赫　刑事责任年龄的争议、设定与反思
　　　——以德国法为路径的展开 ……………………………………（188）
匡　梅　法治现代化视阈下的"习惯法"与"民间法"之辨
　　　——兼论怒族传统规范的现代性转型 …………………………（214）

译文

迈克尔·博兰德　著　严泽岷　杨馨淏　译
　　语言、文化、法律传统与国际刑事司法 …………………………（242）
约翰·伽德纳　斯蒂芬·舒特　著　仝　帅　译　强奸何以为恶 ……（264）

Contents

Feature
SU Yung-chin
    How the Study of Law Stays Up-to-date ·············· (1)

Comment: Four Imaginations of the Legal Dogmatics
You Chenjun
    Watching the Science of Law across the Strait: How to View the Development Prospect of Legal Dogmatics and Social Sciences of Law ·············· (18)
Wang Lei
    Reference Application Technology is Aladdin's Lamp Illuminating the Big Civil Code ·············· (38)
Yan Tian
    A Way Out for the Domain-by-domain Study of the Constitution
    —The Case of China's Labor Constitution ·············· (49)
Chen Shaoqing
    The Essence of Civil Law Norms and Judgements on Cases with Criminal Law and Civil Law Evaluations ·············· (55)

Forum
Ma Changshan
    Three Dimensions of Digital Legalization ·············· (63)

Articles

Wei Xiaona Li Xuesong

The New Trend of Criminal Procedure Law: From the perspective of comparative law ·· (77)

Guo Yihao

From "Ius Gentium" to "Ius Inter Gentes"
On the Evolution of "International Law" Theory from Medieval Europe to Early Modern Times ·· (99)

Zhuo Zenghua

How the "Turning to History" Happens
—New Oversea Research on the History of International Law and the Its Inspiration ·· (123)

Wu Jingjian

An Intellectual History of the Royal Prerogative ················· (147)

Gao Jie

On the Procedural Independence of Defense Lawyers
—The Third Dimension in Independent Defense Theory ········ (165)

Liu He

Controversies, Settings and Reflections on the Age of Criminal Responsibility
—Based on German Law ·· (188)

Kuang Mei

Differentiation Between "Customary Law" and "Folk Law" from the Perspective of Modernization of Rule of Law
—The Modernity Transformation of Nu's Traditional Norms
·· (214)

Translation

Michael Bohlander Trans. by Yan Zemin, Yang Xinhao

Language, Culture, Legal Traditions, and International Criminal Justice ·· (242)

John Gardner Stephen Shute Trans. by Tong Shuai

The Wrongness of Rape ·· (264)

法学怎样跟上时代的脚步

苏永钦[*]

How the Study of Law Stays Up-to-date

SU Yung-chin

编委会按：本文在苏永钦教授《法学怎样跟上时代的脚步》演讲的基础上润色而成，并经苏教授本人审定、授权刊发。2021年3月27日，"苏永钦讲座教授七秩祝寿研讨会"以线下与线上相结合的形式，在海峡两岸多所法学院同步举行。苏教授本人在台湾政治大学综合院馆3楼演讲厅参与活动并发表主题演讲。苏教授对活动的全体组织者、参与者表示感谢，并娓娓道来讲座的缘起，畅谈自己对活动的构想及对各话题的认识。以下为此次演讲的正文部分。

一、故事的缘起：祝寿文集与法学想象

"祝寿文集"这四个字，我过去听到，每每为之疾首蹙额。刚刚郭明政校长说，所谓的祝寿文集（Festschrift）在德国地位崇高，我不完全这样认为。若干年前，我听陈爱娥教授提到，德国维尔茨堡（Würzburg）的重要公法学者舒尔兹-菲利茨（Helmuth Schulze-Fielitz）曾在一部祝寿文集里撰写长文，讨论祝寿

---

[*] 台湾政治大学讲座教授。

文集在德国法教义学中的地位。他的结论是,祝寿文集的"性价比"很低,一则缺少主题,二则参与者多是基于亲情、友情而半被迫地为之付出。有些文章是随意之作,有些佳作也因读者轻视祝寿文集而被埋没,这是德国的情况。在中国这样的人情社会,倘若此风一开,恐怕只会等而下之。我认为,此种风雅还是不附庸的好。不过,我从两年前就开始考虑聚合自己有关法学尤其是法教义学的思考,分四个学期展开讨论,形成名为"法学的想象"的系列课程,并拟请感兴趣的学者,尤其是中青年学者参与,进行一种挑战式的、前沿性的讨论,编撰成集。诸君今年有关"祝寿文集"的动议,适于此时提出,当下一拍即合,我也就顺水推舟、乐见其成了。

我提议,此次文集采取德语文献中 Handbuch 的形式,这是一种与英语文献中 handbook 相近的文献体例,其写作的严谨程度亦与之相仿,即介于法条评释跟教科书之间,有一定的明确主题。这或许可以成为今后所谓祝寿文集的一种趋向。其区别于传统祝寿文集之处有二:其一,它是一种比较前沿的讨论,写作者并无过重负担,篇幅亦不必长,5000 字或 8000 字均可,主要是延续被祝寿者的一些有价值的讨论,对其既有的观点表达赞成或者反对的意见;文集有主题、脉络,文章也不至于天马行空、过于发散,故读者可对文章的内容有更加清晰的预期和更高的期待。其二,它可以汇聚更多的人来谈同一个问题,从而能够触及该问题在不同的社会发展程度下,面对不同的困难,体现出的不同优劣特点。这些也是我们举办本次活动的愿景。

我也很担心在谈到跨领域的教义学、部门宪法等问题时,很多人会不知所云,以为:无非此公年届七十,廉颇老矣,云里雾里,率意而谈。实际上,近年来谈及这些主题时,大多数情况下,我都是在谈从 40 年前我成为一个法学工作者时开始就会碰到、想到,沉淀 40 年后直至最近才慢慢将之收拢的问题。诚盼好友们明了我心,我们同心并力,众人拾柴,这是我的初衷。

我们两岸的法学,包括法源结构、基本思维和作为核心的法教义学或者法释义学在内,均可归于大陆法系的范畴。此处可以补充的是,在法教义学和法释义学两者之间,我一直比较偏好法教义学这一概念。因为释义学给人的想象是单纯的解释,而教义学可以跨越个别的解释,延展出更多的可能性,比如建构新的概念、新的体系或者发现新的原则。那么,以法教义学为中心的法学,它现在的情况如何?它还能做什么?以下我主要从四个部分进行讲演:第一,体检包括整个大陆法系在内的法学的现状;第二,评述法学在海峡两岸的发展现况;第三,阐释我提出的大民法典、部门宪法、跨域教义和社科法学这四个或许可加入法教义学的议程具备何种意义及可能性。最后,提出我的一点展望。

二、法学的体检:大陆法系与英美法系

法学有三种力量:第一种是知识的力量。就像任何科学一样,暂且不问实际的成果,只要它提供了对这个世界更多一点的了解,其实就是一种力量。第二种是秩序的力量,这也是很多法社会学者为法学界定的最重要的功能之一。除了在执行层面,我们也应当在知识层面作出一种努力,让法学研究可以支撑、推动法治。第三种是正法或者善法的力量,寻找善法是法理学的重要追求之一。法学在这三点上的表现如何,它是不是在这种善法的实践上有一定的力量,需要我们找到答案。

我们以上述三种法学的力量测试大陆法系和英美法系的成就和含金量。这两个法律体系存在着根本区别:大陆法系以法教义学为中心,英美法系则排斥任何体系化的或框架式的思考。但是,它们都可以对法治发挥一定的作用。我们来看这两种法律体系的对比和竞争。

两种法文化主要形成于18世纪至19世纪,在这一过程中,最关键的改变是印刷术的成熟。不论是以案例为中心,还是以法典和法条为中心,法文化的形成都依赖于印刷术将知识有效地传播。正因如此,我们才在那个时代看到了英国的布莱克斯通(William Blackstone)教授,他率先收集了很多有智慧的判决,并将判例传播出去,成为英美法思想的开端(美国仰赖英国普通法的输入)。但是布莱克斯通的学生边沁(Jeremy Bentham)却很不支持老师的做法。他认为,花费大量精力研读一个案例即便能产生智慧,也只能在特定案例中发挥作用,但对于之后发生的众多案例而言,意义或许有限。这种思路贯彻了边沁的功利主义思想,即我们要追求的目标是最大多数人的最大幸福。所以,边沁完全不同意布莱克斯通的做法,并在后来撰写了很多讨论法典的文章。在18世纪,欧洲大陆围绕法典化所展开的讨论,很多是仰赖边沁的著作。边沁就像是英美法系文化下的"黑羊"(black sheep),非常有趣。

差不多在同一时期,欧洲大陆也出现了一些重要的发展。以德国为例,在19世纪,萨维尼(Friedrich Carl von Savigny)和蒂堡(Anton Friedrich Justus Thibaut)就法典化问题展开了争论。萨维尼认为法典化的时机未到,推动了历史法学的兴起。直到19世纪末,《德国民法典》才被制定。在萨维尼时代,大陆法系也有一个"黑羊"——基尔希曼(Julius von Kirchmann)检察官。广为流传的"立法者改三个字,图书馆里一堵墙的书全部都垮掉了"就是他的经典名言。时至今日,这句话仍然是每个大陆法系法学工作者的噩梦。午夜梦回,无数法学工作者也许会回想:自己这一生到底做了什么?如果法律到最后被废除了,那自己究竟做了什么,贡献了什么?回首一生,其他领域的研究者能够明确知识的力量,但对于法学领域的研究者而言或许不过是黄粱一梦。

法学应当建立在毋庸置疑的法律基础之上,但实践中的法律常常比较糟糕。所谓教义学分析,如果建立在这样糟糕的法律之上,就会牵一发而动全身。因此,基尔希曼的结论是,法典化不仅在当时不合时宜,而且永远都不应当进行。我不知道基尔希曼是不是布莱克斯通的"粉丝",但是他曾经讲过"最小立法"。由此可见,在两个法系文化的形成过程中,法学工作者都曾思考过一些相同的问题,只是因缘际会而走向不同的道路。

观察两大法系在 19 世纪的竞争,如果用前述法学的三种力量,即知识力、秩序力和善法的力来衡量的话,虽然我无法进行定量分析,但从直观上看,大陆法系的法教义学占据明显优势。相比案例法通过个案智慧推动法律缓慢前行,大陆法系的法教义学可以在确定法律的内容后,不断将其合理化。更重要的是,大陆法系能够在适应社会变迁方面作出努力。与世无争的学者、僧侣将法律从中世纪封建法律中解放出来,通过注释罗马法得到智慧,再以体系化的努力改善法律,并结合习惯法立法。由此制定的法典具有很强的说服力。法教义学和法典化对政治或社会的贡献都无可置疑,而英美法则相形失色。

两大法系在 20 世纪有着非常不一样的转变。美国法继受普通法(common law)形成非同寻常的发展,大陆法系也对其研究思路展开反思并作出改变。早在 19 世纪末,美国律师协会(ABA)即要求律师工会的成员必须通过法学院的教育,彼时少数州已开始设立法学院,为已获得学士学位的学生提供法律教育,自此,以研究生教育为起点的法学教育体系在美国开始形成。美国的一些重要的法官、学者在形成法律的思维、寻找法制的道路时,也开始大量地受到大陆法系的影响。在 20 世纪初,美国的法社会学兴起,被归类到所谓唯实主义的学者,如庞德(Roscoe Pound)、霍姆斯(Oliver Wendell Holmes, Jr.),提出了法律现实主义(legal realism)。他们不再拘泥于传统的逻辑教条,而是重视法律解决社会问题的能力。在法律现实主义的观点下,法律既不是写在法条里的文字,也不是法官的判例,而需要由学者从现实生活中了解。在前述美国以研究生为起点的法学教育体制下,法学研究者在本科阶段已经获得了基本的自然科学或社会科学知识,能够更为综合地思考一些社会现实的问题。如庞德所言,所有的法官都应该像一个社会工程师一样,善用个案中的决定,用自己的判决改变社会。在美国乐观主义强大的国际影响力的作用下,这种学风和研究思路迅速发展。至 20 世纪后期,过去解读前人智慧、严守教条主义的法学研究范式已经得到了巨大的改变。美国斯坦福大学的重要法社会学家弗里德曼(Lawrence Friedman)在撰写《二十世纪美国法律史》时以学术期刊的内容变迁描述了这种变化:在 20 世纪初,大部分美国学术期刊上的文章都在谈案例,分析法官如何判案;但是,到了 20 世纪末则几乎看不到案例讨论,期刊文章很多在讨论法律之外的内容,如哈贝马斯(Jürgen Habermas)、福柯(Michel Foucault)关于社会科学的理论等。

上述 20 世纪美国法学研究的变化极大地改变了整个法学研究的状况。很多知识分子向美国流动,如在庞德的祝寿论文集里,凯尔森(Hans Kelsen)等来自大陆法系国家的学者贡献了很多文章。直到今天,如韦伯(Max Weber)、科斯(Ronald H. Coase)等学者的实证或理论研究对法律仍有相当大的影响力。这种改变在传统以逻辑为基础所形成的康德式规范——所谓秩序力或善法的力——之外,创造了由法学研究来获取知识的能力。也就是说,法学研究者可以用证伪的方式去找寻一些社会的原理,并把它变成法律的内容。

受上述变化的影响,大陆法系在进入新的世纪后也展开了一定的反思。海塞林克(Martijn W. Hesselink)在《新的欧洲法律文化》中讨论了大陆法系的诸多改变,该书由中国学者魏磊杰翻译后引入国内。简而言之,该书讨论的"改变"就是实质化。尽管大陆法系仍以法教义学为中心,但也开始接受很多在原形式主义下不能容许的东西:在法律内容上,大量软法被承认存在于法律规定之外;在法律方法上,把经济分析、实证调查纳入法律分析也在一定程度上被接受。另外,还有一些"改变"是学者们在追求法条的体系化的过程中碰到实际困难时所发生的改变。以欧洲为例,欧洲学者曾野心勃勃地要制定欧洲的统一民法典。但在这一过程中,全景式的高度体系化思考本就非常困难,且欧洲在政治上没有办法建构成一个很有效的组织,这都导致欧洲统一民法典的制定和颁行困难重重。因此,在发布《共同参考框架草案》(DCFR)后,欧洲的学者便不再向前推进,而是把一些实质的理论带进法教义学。由此可以看到,大陆法系的反思与改变还处在努力之中。

在此过程中,法学在未来应去往何处的问题仍需得到全面讨论,这需要正视当前存在的诸多问题。其中,有一个问题来自非常有趣的视角:当前的法学研究者很希望在其法学论述与思考里加入更多现实的力量和关切,但这些与法律无关的讨论大多言不及义、不够专业;而社会科学的同行们依旧认为法学界写的东西法律分析过多、太专业,法学研究最终出现两面不讨好、左支右绌的结果。简言之,法学研究的成果有时不够专业,但有时又过于专业。另一个问题由施蒂尔纳(Rolf Stürner)在研讨会的发言中提出:法学研究者是否可以不要写那么多的法条评释?在法教义学的视野里,法条评释大概属于下游的实用法教义学,而上游的理论法教义学则源于一些突破性的教科书,由它们发挥引领的作用。施蒂尔纳观察到,法学研究者花了太多时间回应司法的问题,这就导致当前难以出现大师。最后一个问题源于对实务界的观察:过去德国前百强企业的董事会里,一半以上的董事出身于法学院,但现在却越来越少。这是否意味着法学教育未能跟上社会实践的脚步?从两大法系法文化的比较上看,大陆法系还处在一个不确定的状态。

三、法学的现况:海峡两岸的过去和未来

回到海峡两岸,两岸法学其实都处在一个十字路口上。从任教第一天开

始,我就在想我应该做什么。我早期的工作基本上是一篇篇地写文章,但因缘际会,在任教十多年后,我有机会同其他社会科学的同行一起探讨方法论,这时才发现,相较于社会科学的其他领域,法学领域对方法论的思考是最少的。

在分析背后的原因时我发现,我国台湾地区的法学基本还处于继受法教义学的阶段。除了继受以德国法为主的民法、刑法、行政法、诉讼法等主要的法典之外,德国的法教义学也同时被继受。法教义学的继受一开始是第三手的,也就是通过日本学者了解德国法。后来,我国台湾地区自己有能力观察德国法的样貌,进入第二手的继受法学。但是,真正的法教义学要完全扎根本土、研究本土的真正问题,去思考如何解释法律、如何建构体系以及如何建立秩序。在继受法教义学多年之后,台湾地区目前非常明显的不足是没有发现台湾地区的问题。我国台湾地区还在研究德国人研究的问题,而这些问题有的在台湾地区根本不存在。台湾地区法学的进步体现为第一代、第二代的法教义学,但还没有完成第一手的法律评释、第一手的法教义学。[1]

对于大陆法系的法教义学,法条评释(Kommentar,同"法条评注")是最重要的一种文献。法条评释对于如何解释法条、如何判决以及法条在学理上的发展进行了全面的整理、记录和评价。其中所记载的多数说和少数说的具体内容,让实务工作者可以在最短的时间内跟上学理研究的脚步。前面提到的法教义学的力量,也可以经由法条评释得到显现。在德国研习过的人都知道,在法学的各个领域,德国都有各种类型的评释书,既有篇幅较长、功能较完整的评释书,也有学生随身携带的便携式评注(Handkommentar)。

就教科书而言,可以将其分为 Lehrbuch 和 Lernbuch。其中,Lernbuch 是为学生考试所使用的,并非教科书。真正的教科书 Lehrbuch,是在现行法的基础上建构一个更好的内在体系。从德国人的角度来看,我们目前最权威的教科书基本上是小型的评释书,其特征是依照法条的次序编写并进行一定的整理。从法教义学角度来看,这种教科书在理论含量上远远不足,其在体系上没有超越实证法,内容上也很少创造出跨越规则的概念或是一些特别原则。当然,尽管有些论文在这一层面上可能存在一些精彩的论述,但整体上看,法教义学在这些方面的努力是不足的。

我在大约 50 岁时成为了台湾地区科学事务主管机关法学部门的召集人。在任职的前几天,我迫不及待地找到几位相熟的朋友,一起讨论台湾法学研究

---

[1] 整理者注:这里需要区分"三代法教义学"与"三手法教义学"。在三代法教义学中,第一代(对应本文前述"第三手的继受法学")指的是借助日本学者、日文资料理解德国法(自日据结束后起),第二代(对应本文前述"第二手的继受法学")指的是台湾学者通过直接阅读德语资料理解德国法(自王泽鉴教授等留德学者返台后),第三代(对应本文前述"第一手的继受法学")指的则是本文所说的立足于本土的法教义学。

的发展方向。该部门拥有一个非常重要的机制,即通过提供资源来引导学者的研究。这需要我们确定引导的方向,建立恰当的评价基础,而不能就每一个具体话题投票决定。但开了两次会之后,因观点杂乱无章、缺乏共识,以学术自由为框架的讨论最终难以为继、不了了之。在三年的任职期间,我做的另一件事情也收效甚微。台湾地区有很多法学杂志,这些杂志主要由各大学校承办,因此都是综合类杂志。对此,我邀请了不同背景但同样关心这个问题的老师,比如李茂生老师、宋燕辉老师,一起探讨法学期刊的类型。以美国为例,由于美国不存在法律领域的概念,law journal 基于美国大学的经营理念和案例法背景由各大学校主导,这本身是没有问题的。但是在德国,法学期刊不由各所大学或法学院经营,而全部是跨校经营,由法学的专业化社群负责,因此在理论上比较有深度。当每个领域发展到位时,法学期刊就会出现各种各样的形式,既有 Archiv 类型的期刊,也有关注当下问题的期刊,因而可以很有效地讨论一些问题。当然,德国的法学资源更为丰富。台湾地区活跃在生产线上的法学工作者规模比较小,每年来申请法学项目的大约只有 300 到 500 人,细分到每一个法律领域其实没有几个人。加之学者们又分处不同的学校,关注相同的案例,撰写的内容重复性很高,一年也只能生产几篇文章。我认为,这样的法学研究机制是有问题的。因此,我到处去讲,能否善用目前这样的情况,做到每个学校都有相应的分工,例如台湾大学只做民法类刊物,政治大学只做刑法类刊物,从而集中学者们的讨论。尽管我碰到的所有人都同意我的分析,但最后却无法实现。在任职期间,我们把评审体系分成专业性和综合性的期刊,并鼓励专业性期刊,但只进行了一年。也只在那一次,《公平交易季刊》等获得了奖励,以后就做不到了。

由于对这个问题缺乏普遍的研究和思考,我只能说是败军之将。不过,我最终也考虑到,如果没有充分的准备和十足的把握,还是先重点强调学术自由,让学者自己去走出他的路。直到我退休、到大陆去做演讲时,我最爱谈的还是法律人所为何事,法律人可以做什么。由于从"零基础"开始发展,大陆的"计划法学"或"社会主义法学"极具效率优势。到目前为止,大陆有 600 多所法学院,而台湾地区只有不到 600 名法学教师。假如大陆每所法学院平均有 50 名法学教师,那么法学教育共同体的规模将十分庞大。此外,大陆对各种西方法律典范的介绍一应俱全,经典的西方教科书、法院裁判均被译成中文,各种与比较法相关的著作在此基础上百花齐放。但另一方面,大陆法学的发展方向并不明确。在大陆访问交流的过去二十年间,我跟很多同行交换过意见,感慨"怎么走对中国未来的法治进程而言才最合适""我们需要什么样的法学"等问题需要深入思考。不过,从 2011 年至今,法教义学已经蓄势待发。在《中华人民共和国民法典》施行以后,法律人已经开始进行编写法条释义等基础性的工作。尽管如此,与走在前列、被学习继受的法域相比,差距还非常遥远。

总结来看,虽然海峡两岸有很多的不同之处,但最大的共同之处就是都追求法治。在法律人的共同理想之下,我把台湾地区的一点点经验带过来。

四、法学的可能:法教义学的四种想象

我们正在面对巨大的变革,时代的巨轮正在缓缓前行。从 20 世纪末开始,整个世界的变革受到诸多因素的影响,其中最关键的是通讯科技,其在各个领域极大地促进了全球化变革。很多人认为这个领域跟法律不太相关,但事实上,将资讯的储藏、传递、再造功能应用于法律的新科技已经悄然出现,即 Legaltech(法律科技)。目前,德、美等国的很多大型律师事务所、高校都在使用法律科技,海峡两岸在法律科技方面的发展也十分迅速。律师或高校教师无需亲临图书馆并耗费大量精力寻找某一个判决,而可以借助 Legaltech 进行相关的资讯处理。

从 Legaltech 来看,法教义学仍是必由之路,将 Dogmatik(法教义学)通过科技转化为"Dogtech"具有很大的可能性。以厦门应用于调解领域的 Legaltech 为例,在传统调解程序中,调解员不得不花费大量时间向双方当事人解释法律如何适用;但应用 Legaltech 之后,调解员只需点击相关网页,就能将双方当事人的争议内容代入既有判决进行数据分析,推算出胜诉率,从而为双方当事人决定是否接受调解提供参考。从目前的科技水平来看,Legaltech 可以处理较为低阶的法教义学问题,但将来的科技是否能处理中阶甚至高阶的法教义学问题仍不确定。我对 Legaltech 的未来持乐观态度。例如,未来出现的机器人可以学习法律人如何产生问题意识,如何去整理、分析资料并提出相应的对策建议,甚至可以一夜之间完成 100 篇论文的写作与投稿。因此,如果法教义学还停留在较低阶的程度,法学在将来可能就会被替代。下文所述法教义学的四种想象,便是回应 Legaltech 的"挑战"、顺应时代潮流的应有之义,这四个问题可以作为未来法教义学的新议程。

1. 大民法典

第一个就是民法典的问题。大陆的民法典促使我去思考怎样借法典修纂来创造一个更有能力、含金量更高的法教义学,并用法教义学来支撑整部法律。在 2002 年左右,大陆就尝试编纂民法典,起草了一个九编制的草案,在其之后又有三个完整的民法典草案去支撑它。一个是潘德克顿式的五编制草案,另一个是厦门大学所作的、接近《法学阶梯》中的议题取向的汇编式草案,还有一个是中国人民大学发起的较为折中、务实的草案,其中也有一些创新,如人格权编。这些尝试都是通过立法的力量,基于市场经济的需要,建立一个新的体系来解决问题。需要一个什么样的法典去解决大陆的市场经济问题,是一个很大的挑战。这引发了我对于这些问题的思考，包括开始思考潘德克顿法典的模式是什么。事实上，即使在德国的教科书里或者评释书中，也没有真正地去做这样的分析，没有去讨论所谓的潘德克顿体系到底是什么。

我反复地思考，看出一些端倪。所谓的潘德克顿体系拒绝用普通法的方式，或者用一般人理解的方式，而是通过一些人工语言来确保概念精确，划定逻辑范围，建构一套体系。同时，它抽离了所有的公共政策，专注于平等对待交易，而不体现任何保护消费者、保护劳工的想法，并将所有社会需要特别处理的问题都置于特别法律之中。上述潘德克顿体系可以最有效率地建构民法的基本思考，就像语言的文法一样。

维持这样一个潘德克顿式的民法典，并在此基础上去建构一个更有能力回应社会问题的"2.0版潘德克顿法典"是有可能也有必要的。对于大陆而言，尤其重要的是，在当今这个日新月异的时代，出现了如第三方支付等新的交易形式，一个什么样的法典才能解决这些新问题？潘德克顿民法典是最有能力解决这类问题的，但当下最根本的问题在于，我们是否还需要民法典？

事实上，欧洲大陆关于民法典的反思一直都存在。从德国民法典出现的第一天开始，来自德国的学者就不停地予以批判，到20世纪中期，德国以外的学者也开始批评他们自己的民法典，进行所谓的"解法典化"。但即使在这样的背景下，法典也还在继续产生。德国式民法典的影响远远超出欧洲，它影响到的国家和地区也许没有像法国民法典那么多，但其最大的特色就是在不同意识形态的国家和地区都畅行无阻，并发挥很大作用。今天所谓的"大民法典"并不是要改变这样一个基本定性和思维，而是要在新的时代背景下重新检讨原来支撑德国民法典体系的几个基本原则。

近十年来，我在这些方向写了比较多的文章，包括一篇讨论两岸的以房养老政策和有关规定的文章。我想说明的是，虽然海峡两岸的体制不同，但都是公私混合，都追求最高效率，采用以房养老都比较合适。在中国的社会中，老人普遍不想待在养老院，而更愿意在自己的房子中养老。在这种文化背景之下，以房养老具有其可行性，但是作为支撑的法律工具并不足够。物权法定是新体系下最根本的问题，其种类难以被完全罗列。19世纪的物权法定，包括萨维尼的教义学，十分符合当时的需要。但今天的物权正在萎缩，债权却非常活跃，这是否符合债权和物权的本质？除了所有权以外，其他物权与债权一样，都是交易的工具而非交易的结果，它们是治理的工具，像以房养老一样，是国家和地区在推动公共政策时需要的民法工具。只有存在很多自由创造的债的契约、物的契约时，才能够推动很多高明政策的施行，人们才可以做更多最有效率的选择。但是，物权法定相当于剥夺了物的交易上的选择自由，而原因就如同萨维尼所言，物权只有一个功能，那就是归属，确定谁得到了物权。即使是物可以交易、再交易的情形,物权也始终停顿在那里。但是,萨维尼的想法建立在所有物权都是所有权的基础之上。除此之外,所有其他的物权都跟债权类似,相当于继续性的债权。例如,我要购买房屋,需要租赁土地,另外一种交易选择是在该土地上设定地上权。在这两种交易中,后者随物而转,受到更强的物上保护,前者随人而转。选择哪种交易类型,取决于当事人在交易中愿意付出的成本和预期得到的收益。在复杂的情况中,物权法定主义平白无故地禁止其他交易选择,高度违反效率要求。此外还有一种重要的工具是物上之债,其如同优先权一样只能法定而不能意定。但与上文类似,物上之债也可以更方便地解决问题,此处不再详细展开。

德国五编制民法典的结构、构想都符合当前21世纪的需求,但其最大的问题在于,教义学的内在体系到今天已经很大程度地脱离了现实。新科技已经可以大幅度降低所有交易涉及的资讯存储、转移、再造的成本,以至于现在对大部分交易标的,包括不动产或动产,都可以通过互联网、物联网快速精确地掌握其动向,只需要通过低成本的登记去处理。大陆拥有这样百年难遇的机会去创造新法典,可以多考虑一下其他国家和地区积淀的智慧,以解决市场经济、国家治理的问题,善用这次机会更进一步,去达到我所说的大民法典。然而相当遗憾的是,这更进的一步并没有被做出。

对于大陆的学者同行,我还想说另外一种观点。当前不甚理想的体系,也许是另外一个发展的契机。在现有基础上,可以思考建构一个内在的、更好的法典,这也是过去法典的一种命运。在法典被颁布之后,法学家们可以以现有的法条为基础,再去推敲一个更好的内在体系。在既有的物权债权分流体系的基础上再往前走,如果能争取到更多的时间,把物与债当成两个相同的概念,都是可供选择的交易工具,就可能实现"大民法典"。如此,债和物就不再如牛郎织女般难以相见,而可供交易和治理任意选择。因此,可以考虑把意定关系作为一编取代债编,把所有法定的债和物(权)都放在一编以形成法定关系编,打破原有的债物分流,而选择将债物合流,然后在内部用法定、意定的关系来区分。今天台湾地区的很多法学院都基于上述理念进行民法教学,它具有非常好的体系逻辑。同时,将意定与法定关系的公因式提取为财产通则,代替现有较为狭窄的债权通则,用以处理法定与意定的债。其实,法定和意定的物的关系,也存在很多共同的内容,也可以将公因式提取,并加入前述财产通则。例如损害赔偿之债,它目前属于债法总论的问题,但在物权关系里也同样存在。因此,损害赔偿其实可以被提取到财产通则里,这样的安排在我所提倡的六编制的大民法典中是可以考虑的。当然,这也并非是唯一的选择。

2. 部门宪法

第二个议题是部门宪法。我认为在民法制度建设过程中需检视宪法及宪法学扮演了怎样的角色,并思考宪法学的知识储备是否足以回应未来发展的需要。

有时,宪法教义学好不容易提出了一些理论,比如民意政治、责任政治等,似乎可以以此来解释台湾地区行政管理机构领导人在民意机构改选的时候必须总辞等问题。但仔细想来,这些理论基础似乎也完全可以推出相反的结论。当然,更不必说有一些宪法教义学理论则完全是在曲解宪法了。哪怕是在汗牛充栋的基本权利教义学领域,其中真正没有争议的,恐怕也仅限于一些形式上的基本原则:法律保留原则、明确性原则、租税法律保留原则等。之所以说这些基本原则是"形式上的",是因为这些基本原则几乎不会与民主多数意见在实体内容方面发生冲突。后来,比例原则、平等权等违宪审查工具逐渐被确立起来,民主决策的实体内容开始受到约束。但这些新确立的审查工具也不是没有问题的。

其一,美国、德国在确立审查工具以及对这些审查工具进行操作时,往往是依据其自身的情况。事实上,美国、德国没有将比例原则、正当程序原则、平等权等宪法审查工具全部建立起来,而我国台湾地区的宪制性文件却恰恰把这些审查工具全部确立了起来。

其二,这些审查工具在应用时有时审查基准高、有时基准低。

当"宪法司法"走入了深水区,想要再靠规格式的原则去处理违宪审查问题便不再现实。此时,便需要我们回到本土,回到这个社会的原初状态。我们必须要跨出狭义的法学范畴,到宗教、环境、传播等等领域中去,了解我们所在地区这些领域的基本特质。这便是部门宪法的第一个主张:回到本土。

美国与德国都是多秩序的组织体,内含着一些根本的价值判断。宪法之所以有时可以对抗民主多数决,就是因为它内含着一些制宪者所珍视的价值。美国有蓄奴的历史,所以在南北战争以后美国人认为平等权要把种族问题摆在最高。但是在没有蓄奴历史的国家,种族问题便可能不会被放得这么高。同样的,当处理十字架要不要放到教室里这样的问题时,经历过宗教战争的德国国民的感受,肯定不同于没有经历过宗教战争或根本就不知道宗教是什么的国家的国民感受。

类似的,大学自治的问题。德国大学与美国大学在本质上有很大的不同。德国大学的本质是社团法人加上国家的设施,它类似于一个公园;而美国大学则有一直要去追求的原定的目标,更类似于一个企业。因此,同样是谈"大学自治",美国经验与德国经验其实迥乎不同。因而当考虑大学自治、处理退学等问题时,便应当对本土特征有更多的考察。这便是部门宪法所主张的"回到本土"。

部门宪法的另外一个主张是"回到文本"。其实所有法教义学的研究,都应该回到文本。但现在因为宪法(学)非常自由,很多人便觉得宪法学说及宪法判例不必太拘泥于宪法文本。这一点在英美法系或许还有成立空间;英美法系的判例法传统使得学说和案例有时只需回到既有判例而无需回到法律文本。可是在大陆法系,便永远还是要回到文本;在大陆法系,恶法亦法;就如英美法系,恶例亦例。

德国1949年《基本法》所规定的却是一个不承担很多任务的国家,是比较开放的、多元秩序的国家。德国《基本法》中虽然有一个一般性的社会国条款,可是它没有再保留基本政策、基本义务等条款,只剩下了基本权利。这也反映了战后德国人的价值观。部门宪法研究希望我们在成功地建立宪制性规定的权威以后,老老实实地回到文本,回到我国台湾地区,去做一些实质的观察。

我相信在大陆学者确实也可以在对整体宪法进行依次解释的同时,平行地推进部门宪法教义学的建构。这确实有助于我们在宪法学人共同追求的"规范宪法"道路上,行深致远。

3. 跨域教义

接下来要谈的第三个问题是跨法域教义学。在我任教之初,曾遇到台湾地区"民法"第71条的问题,该条规定"法律行为,违反强制或禁止之规定者,无效"。有些教科书将其视作引致条款,例如"公平交易法"第34条具体规定了何种行为无效,法官在作出裁判时便需要注意是否需要引用该条款。因此,"民法"第71条的作用类似于一个标识牌,若其他法律中存在某类行为无效的规定,法官就需要在民事裁判中引用这一条文,而第71条本身没有任何独立的规范意义。但我本人认为,这一观点的解释力并不充分,因为真正的引致条款需要在立法技术上指出具体引致的条文,而非第71条这样的规定方式。反观德国学者,对此类条文(《德国民法典》第134条)的解读就相当到位,其认为这一条文是概括条款,目的在于让民事法官在个案争议里寻找其中是否存在违反刑法、行政管制法中特别规定的情况,在确有违反时,民法便需要配合这些公法的强制、禁止性规定,如若不然,就会在同一法律体系中出现"左右互搏"的情形。以雇凶杀人合同为例,甲雇佣一个杀手帮他杀掉某人,然后杀手履行了合同规定的杀人义务。很难想象,杀手被抓之后,在刑事案件中被追究故意杀人罪的责任,而在民事案件中却可以作为原告,要求对方给付杀人合同的对价。假如此时民事法官主张其不必考虑刑法规定,而在民事法庭上只处理合同问题,便显得十分荒谬。

海峡两岸共有的一个现象是,针对某一法条的判断,在结论上基本都是正确的,但说理严重匮乏。在个案中,某一条文究竟属于管理性强制规定还是效力性强制规定,学者们一般无法提出较为有力的解释理由。在法教义学当中,针对这一问题,王泽鉴老师有一定的研究,他提出了几个需要考虑的因素,但如何考虑,仍不明确。法教义学还是无法解释,为何在民法典中出现了这样一条课以民事法官如此沉重负担的规定。

各位可以想象一下,大陆的法律本就不胜枚举,如果此时订约当事人想要毁约,找出契约当中的某一个环节违反了某项法律或命令,是一件再容易不过的事情。此时当事人主张合同无效,最多涉及不当得利,那在这样的情况下,市场经济显然无法更好地得到发展。因此,大陆目前的一些学者,如南京大学的解亘老师、清华大学的耿林老师都开始讨论这个问题。

对于纯粹的、抽象的、最终目的在于保障人民福祉的民法典,不仅在契约法中存在引入公法强制的情形,在物权法、不当得利法中都有可能出现。如果仔细去看,就会发现,在台湾地区"不当得利法"的第180条中存在不法原因的给付,"侵权行为法"第184条第2项中规定了"违反保护他人之法律,致生损害于他人者,负赔偿责任",这些都涉及公法中的强制。在我看来,这样的条款可以被称之为"转介条款",这是民法典中法教义学该作出的一个跨越。也就是说,当立法者已经预想到在民事上会导致严重后果的情形时,便会在特别法当中予以直接规定。但绝大多数情况下,立法者来不及全部规定,这时候就需要把裁量权交给民事法官,由其去考虑是否把当事人主张或依职权发现的某个强制性规定转介进来,当然,也许大部分情况下不必转介强制性规定,但立法者也需要设立转介条款。

现在中国的民法学者对转介条款已有丰富的研究,并已经开始整理其中的判断因素。同样,我也曾整理出八个判断因素,理出思考次序,但这还不够。同时,这也说明民法和公法开始接轨,在公私混合的现代社会里,公法和私法不断交错,需要很多的转介方式。刚刚提到民法典中的转介条款是"从公到私",而在目前行政法学中所涉及的公私合作,未尝不是"从私到公"的情形。其中的转介条款是如何运作的,或者说应当如何设计,引发了跨领域法学的思考。也就是说,先前大陆法系的法教义学是以法律领域作为一个单位,形成法教义学的方法。法教义学在不同的法律领域里,其实已经有足够多的材料需要研究。以民法为例,除了民法典,还有很多下一层次的特别民法,再下面还有很多判例、行政规定,可见,单单一个法域就已经有足够多的研究素材。而且,这些法域会有交错,这样的问题也需要予以处理。最开始,大家都将其视作一种即兴的工作,而非法教义学本身的工作,但对此仍需要进行体系化的思考。相对地,同样专业化的英美法从来不是法域取向,而是问题取向的,所谓研究某一问题的专家,实际上了解该问题所涉及的所有法律。可见,英美法系的专业化与大陆法系是不一样的。大陆法系虽然有法教义学的天然优势,但有必要将跨法域的问题视作教义学的一部分。对此,我提了一个新的想法,即"新井田制度"。历史上的井田制度是指,每个人耕一块私地,同时大家一起来耕公地。将之类比于法学研究,可能需要不同领域的学者从不同的视角来处理同一问题。这是第一个问题。

第二是假借,即语言学里的假借,指的是私法将许多已经建构好的、精准的语言、概念或者规则输出给公法。例如,德国法学家奥托·迈耶(Otto Mayer)在早期的文章中就谈了许多这类的假借,包括行政行为(与法律行为有相当的相似性)。在行政法院的实务中也存在假借不当得利而进行处理的公法问题。对于假借而言,其研究的重点在于划定边界,即假借可以被运用到什么程度。例如,"行政契约",代表着公、私法的趋近,而如果选用"行政协议"的表述,就意味着双方没有那么接近,所以相应的原则、例外情形就不同。因此,公私法中的转介和假借,都是接下来需要研究的重要问题。

第三,在公法与私法的指导原则都不能有效处理的情况下,会产生所谓的第三法域——劳动法、经济法、社会法。它们既是公法也是私法,但逐渐形成了明确的专属指导原则,其既非私法自治,也非依法行政。例如,保护生存上依赖资方的劳动者是政策的出发点,但对其的理解存在意识形态上的差异,基于偏向公法或是私法的立场会采用对抗力(countervailing power)或是国家保护的概念;经济法也是如此,无论采用竞争还是管制的原则,它都不是纯粹的私法自治,而是追求经济总体的善、总体的正当;社会法亦然。所以,我把第三个领域称为"义和",它是公法与私法之间产生的第三领域,一种新的 ideology。

第四,实体法与诉讼法的呼应,我称这种跨领域的介面为"应和"。在早期认识中,前者是目的,后者则被视为实现前者的工具和手段。但是,现代社会中很多情形恰好相反,诉讼法有时会代行实体法的功能,或者实体法会朝向诉讼法的目的而努力。事实上,宪法也保障公民的诉讼权,并非只保障财产权或人身自由。实体法与诉讼法的关系不再是单向的,而是双向的,可以说是"应和"。这种"应和"追求的是整体的、综合的最大正义。我们也可以把"应和"的领域扩展到选择法,即国际私法与国内法的关系。

第五,宪法对所有法的"统合",这是 20 世纪后期的发展,基本为大陆法系国家所接受。除了违宪状态以外,宪法内涵的价值应该被投射到各种公私法中,单纯作为所有法律共同的概括条款。这与德国联邦主义宪法理论中的"同质性原则"非常接近,其要求联邦各州的宪法规定一些共通的基本原则,否则会改变国家的本质,可见,联邦宪法的功能就是规定共通的基本原则从而保证同质性。不过,宪法虽然具备"统合"的功能,但如果这一功能被滥用,许多法律建构起来的体系或原则便会遭到破坏,所以应确定适用的界限。如果民法、刑事诉讼法等被过度宪法化,也存在危险。那么,如何处理这个介面?间接第三人效力基本权就是一个"统合"的制度,学者们就此展开了许多研究与尝试。

最后一种界面,我称之为"耦合"(coupling),这是社会学处理系统问题时创造的概念。作为兜底条款,所有不属于前述五种介面的问题,都可划归至"耦合"项下。"耦合"关系通常出现在水平的法律领域之间,在实体法与实体法、诉讼法与诉讼法之间,规范适用交错之处很可能会出现手段、目的、前提、结果、多重选择或优先次序的问题。尤其在现代社会中,管制与自治之间处于一种微妙的平衡状态,而在此基础上,法域之间如何更好地联结、耦合,以实现最大功效,需要作出进一步深入的研究。在法律的次级领域之间展开研究是非常有趣的事情,也具有一定的偶然性。例如,我们之前讨论刑法和行政处罚法的衔接,就找到了两种耦合类型,有的是"承接",有的是"调色",像马赛克一样。在此,我仅抛出这项提议,期待大家做跨法域的教义学研究,在新的分工之下多作一些尝试。

4. 社科法学

社科法学也是一个重要议题。社科法学与法教义学并不是对立的,两者应该是邻居、好友,发挥相互补充的作用。从某个角度看,大陆法系国家和地区不需要一个完全独立于法教义学的社科法学,因此不必完全放弃大陆法系传统、遵循英美法学的思路。社科法学与法教义学合作的思考活动介于技艺和应用科学之间,是一种服务于法律的治理,是一种让教义学与社会更接地气的思维方式,同时兼及规范和事实两个层面。20世纪80年代在德国攻读博士学位时,我所在工作间的楼下便是主要进行法社会学研究的工作间,我常常花费半天的时间到这个工作间,观摩法社会学、法经济学等从美国法学界引进的新方法的运行,这是我留学期间最快乐的时光。后来参加工作之后,我便向台湾地区科学事务主管机关法学部门申请进行调查法意识的研究项目,该项目主要参照了美国伯克利大学的卡林(Jerome E. Carlin)和霍华德(Jan Howard)于1967年出版的《民事司法和贫困者》一书的思路。[2] 该书以阶级正义为主题,并对欧洲学术界产生了深刻的影响,因此具有借鉴意义。这项研究主要与台湾政治大学的陈义彦教授合作,同时参与的还有我的学生王正伟。该研究于1985年和1996年各进行了一次,使我在法学院教学之余,得以审视社会上普罗大众的法律观念以及人们如何看待法官、检察官、律师等法律人群体。事实证明,社会上的人对法律普遍了解不够深入,整体上对法律及其共同体缺乏好感,这一结果也影响到我后来参与的司法改革工作。

1985年,台湾地区社会风气还相当淳朴,人与人之间相互信任、毫无猜忌。但即便如此,社会上的人依然对法官、检察官、律师等法律从业者普遍缺乏好感。1996年的第二次调查也产生了相似的结果。但是这些被调查的人可能大

---

[2] See Jerome E. Carlin, Jan Howard & Sheldon L. Messinger, *Civil Justice and the Poor*, Russell Sage Foundation, 1967, pp.1-59.

部分都没有进入过法院的大门,对于法律及其职业共同体的观念只能凭借刻板印象确定,认为"律师可能都是要钱的""法官都是摆威严的"等。因此,司法不信任现象的决定性要素应当是文化,而不是制度。但是,司法改革主要围绕制度展开,因而我基于调查结果的倡议也收效甚微。一般认为,如果公众对于法律的信任程度仍然欠缺,司法改革就需要换一个角度继续修正,但这一观点从未注意到这种不信任自始就不是由制度所决定的。类比来看,如果调查社会上的人对医生的信任程度,绝大部分人由于都看过医生,依据自己头脑内的文化印象、价值观,自然对医生群体充满信任。至于如何提升社会上的人对法律的文化印象除了推动公众参与审判之外,我个人想不出其他办法,这一路径的正当性并不是来源于民主,而是与信任有关。这一实例表明,实证研究有助于推动与法律相关的事实发现,在许多法律领域之中,经济分析、效率分析同样能起到重要作用。

宪法体系具有开放性,作出基于宪法的决定需要强有力的证据与说理,但时至今日也缺乏知识的力量加以支撑,因此,我认为社科法学最重要的作用,是为大陆法系的规范法学注入知识的力量。虽然法律的经济分析具有一定的局限性,但相较于甲说、乙说、丙说或者目的解释的方案,仍然有一定的可取性。例如,某人在A案例中采取了目的解释的方案,但在B案例中又相信体系解释的结论,如此看来,不如借助社科法学的方法加以评价。因此,社科法学具有一定的重要性,大陆学者在这方面也取得了令人瞩目的进步。

以上就是关于法教义学的四个新议程,最后需要展望一下未来。有人在讨论过程中指出,何不抛弃欧陆的法教义学传统,直接拥抱英美法系的思想?但令人遗憾的是,英美法系并没有张开怀抱。事实上,除了通过殖民的方式,英美法系的法律从来没有成功输出过。澳大利亚、新加坡的法官依然在读英国二百余年前的判例。由此可见,转轨的成本太大,两大法系法律文化的鸿沟远远超乎一般人的想象,社科法学引入的困难症结即在于此。在司法实践中,尽管海峡两岸的法官都会使用条文和案例,但"引律不引例"已经暗含了大陆法系法源的基因。因此,我们应当坚定信念。中华民国建立初期移植西方法律之时,法政学院的教学方式也不知不觉带入了从法条出发、以法学研究作为支持法官的基础等这一整套的法律文化。可见,转轨成本太大,完全学习英美法学的思路并不可取。但是,嫁接的思路是可取的,这种思路能让我们建构一个新的大陆法系的法律文化。很显然,低水平的法教义学会让我们走投无路,恰如Legaltech部分所指出的,低水平的法教义学最终可能会被机器人所取代,但其问题并不在于法教义学,而在于教条主义。换言之,我们需要建构更高含金量的法教义学。我相信上述四个议题,以及其他的发展方向,可以强化中国乃至整个大陆法系既有的优势,即秩序维护的力量与追求善法的力量。恰如边沁的

"最大幸福原则"一般,当我们建构了体系、发现了一些跨领域原则的时候,法教义学在善法的力量贡献方面将远高于智慧的所罗门王判决。目前,我们缺少的是知识的力量,引入社科法学将有效地弥补这一短板。总而言之,大民法典和跨法域教义学可以增加秩序的力量,部门宪法可以增加正法和善法的力量,社科法学可以增加知识的力量。

五、法学的未来:想象的翅膀与共同的追求

最后,我想跟大家分享的主题是想象力。长期以来,我们可能存在一些认识上的误区。我们常认为,学生应当学习老师的做法。但若果真如此,学生便难以在学术上实现突破。所以,大家应当添加想象的翅膀,勇敢探索未知的领域。唯有如此,我们才不至于因Legaltech的发展而被替代,亦不用担心马斯克们所提出的NeuraLink会侵害法学研究的发展。[3]

我始终期待法学在两岸的发展。两岸法学人的共同追求是一致的,不管是依法治国还是法治国,都是追求法治。法治的实质相较于形式更加重要。在重注罗马法的时代,有一本书里描述了那时候欧洲的法治与法学研究的状态。在十八、十九世纪,欧洲的交通不甚便利,但如法国的大师多奈琉斯(Hugo Donellius)、德国的自然法大师普芬道夫(Samuel Pufendorf)等人,依旧坐着马车奔赴其他国家去教授法学知识。他们对法学的热爱,对公平正义的追求,帮助他们克服了物理层面的阻碍。今天两岸的法律学人,对于法学和法学所彰显的价值仍抱有共同的追求。因此,无论如何,我们仍可一同追求法治。

以上有关这四个维度的思考,我觉得都可以通过论坛的形式予以固定,并以此促进法学学者进行更为深入的研究。希望大家可以放飞自身的想象力,为法学研究与法治事业,贡献宝贵的思想与观点。因此,最后就是一个五个字的广告——"伙伴招募中",谢谢大家!

(责任编辑:朱禹臣)

---

[3] Neuralink是一家由埃隆·马斯克(Elon Musk)创立的公司,研究对象为"脑机接口"技术。"脑机接口"就是将极小的电极植入大脑,利用电流让电脑和脑细胞"互动"。

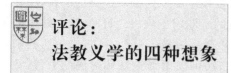

评论：
法教义学的四种想象

隔岸观法：如何看待法教义学与社科法学的发展前景

尤陈俊[*]

Watching the Science of Law across the Strait: How to View the Development Prospect of Legal Dogmatics and Social Sciences of Law

You Chenjun

内容摘要 苏永钦教授近年来在所做的一系列学术演讲中主张，海峡两岸不能抛弃法教义学传统，但可以引入社科法学以建构具有更高含金量的法教义学，亦即主张"维持以法教义学'为体'的法学，但明确增加社会科学'为用'的角色"。上述论断展现了一种令人钦佩的学术大视野。不过从某种程度上讲，这一看法还是在潜意识中受限于台湾地区法学界长期以来形成的那种学术研究格局现状，以及潜藏于其背后的一种继受德国法学发展模式的路径依赖。鉴于大陆和台湾地区在法学研究格局现状方面存在着一些重要的结构性差异，并考

---

[*] 中国人民大学法学院副教授，博士生导师。感谢侯猛、黄骏庚、韩尚宜、孙一桢在本文写作过程中提供的修改建议。当然，所有文责均由我自己承担。

本成果受到中国人民大学"统筹推进世界一流大学和一流学科建设"专项经费的支持（项目批准号：15XNLG06）。

虑到法教义学和社科法学在大陆法学界几乎是同时兴起,大陆当下及未来在法学研究范式发展上有着更多的可能性,不一定非得唯把法教义学作为其精髓的德国法学传统马首是瞻。从长远来看,更稳妥的态度应当是,让各种不同的法学研究范式在大陆自己的法律实践中和学术市场上接受充分的竞争与不断的检验,彼此尊重,砥砺前行,然后进一步思考如何相互学习、借鉴和融合,而不是先验地预设何者为尊何者为从。唯有如此,中国法学才能走出继受法学的影子,真正建立起自身的主体性。

关键词:法教义学　社科法学　法学研究范式　规范研究　主体性

苏永钦教授基于2021年3月27日在线上所做演讲整理而成的《法学怎样跟上时代的脚步》(下文中简称为《脚步》)一文,展现了一种令人钦佩的学术大视野。他认为海峡两岸的法学如今都处于一个十字路口,并在简要剖析了台湾地区法学研究目前所处的"继受法教义学"[1]之特定阶段存在的一些主要问题后,分享了自己的独到看法。苏永钦教授逐一阐述了自己所期许的未来法教义学的四种新议题,即大民法典、部门宪法、跨域教义、社科法学,以作为对两岸法学之未来发展方向的前瞻。他在其中特别强调,由于历史惯性的缘故,未来我们不能抛弃法教义学传统,但可以选择嫁接的思路,亦即引入社科法学以建构具有更高含金量的法教义学。

我不是专门研究部门法教义学的学者,并无此方面足够的学力深入到苏永钦教授所称的"大民法典""部门宪法""跨域教义"等议题内部参与具体问题的讨论。下文只是选取苏永钦教授在包括但不限于《脚步》一文中曾专门谈及,并且我自己也比较熟悉的一个学术议题,即应当如何看待"法教义学"与"社科法学"在海峡两岸尤其是大陆法学界的未来发展前景,不揣浅陋,延伸开来发表一些拙见。

一、"法学的想象"背后的路径依赖

苏永钦教授是汉语法学界我最敬佩的部门法学研究者之一。与绝大多数部门法学研究者不同的是,苏永钦教授既能扎根于部门法内部,从法教义学角度进行兼容公法与私法的卓越研究,又能超越对部门法的法律技术性分析,结

---

[1] 需要指出的是,如今正在大陆法学界普及化的"法教义学"一词,所对应的乃是德文中的"Rechtsdogmatik",而这一德文法学术语在台湾地区法学界更常被译为"法释义学""法律释义学"或者"法律信条学",参见陈妙芬:《Rechtsdogmatik——法律释义学,还是法律信条论?》,载《月旦法学杂志》第58期(2000),第183—186页;张嘉尹:《Rechtsdogmatik 的翻译与含义》,载《北大法律评论》第17卷第2辑,北京大学出版社2017年版,第280—282页。为了在行文中避免同一概念不同译名可能造成的混乱,除非是引用台湾学者在其著述中的一些原话,本文将统一使用"法教义学"这一译名。

合社会科学方法深入探讨更广阔的重要理论问题。借用他早年接受采访后刊出的一篇报导的题目来描述,苏永钦教授乃是一位"法律的、社会的、历史的法学者"。[2]在台湾地区法学界,苏永钦教授更是少有的对法教义学和社科法学皆有深刻反思的学者。但坦率地说,苏永钦教授在《脚步》一文中只是将社科法学视作能够有效地弥补法教义学之短板的知识力量予以引入的观点,以及他在其他文章中说得更为明确的对海峡两岸法学未来发展方向所抱持的总体立场,即主张"我们不是要减少或者缓和法教义学,而是要更多的法教义学,让法教义更往前走,让我们可以建立一个更有回应能力的体系,来回应整个社会的变动"[3],还有认为海峡两岸由于"在法律继受上具有大部分大陆法系的特征,转轨的成本太高",故而强调应当"维持以法教义学'为体'的法学,但明确增加社会科学'为用'的角色"的思路[4],从某种程度上讲,还是在潜意识中受限于台湾地区法学界长期以来形成的那种学术研究格局现状,以及潜藏于其背后的一种对德国法学发展模式的不自觉的路径依赖,在此基础上进行想象和发言。质言之,这主要还是一种以德式法学为其底色但也显然有所与时俱进的"法学的想象"。

例如,苏永钦教授在另一篇文章中将按照"法学为体,社科为用"之思路形成的新的合作关系系统称为"社科法学",强调如此形成的这种社科法学不再是"law and social sciences",而是"social sciences for law"。[5]这种观点不免会让人想起德国法学界关于跨学科研究的通常看法。一些相对而言观念比较开放的德国学者认为,为了能够认清社会变迁,法教义学也需要具备与社会科学研究成果进行对接的能力。例如托马斯·维滕贝格尔(Thomas Würtenberger)便主张,社会科学的研究"可以帮助人们在广泛的意义上认清法律体系变化的要求及原因,处理那些引发法律体系变化的重大社会变化议题",法教义学如果不将那些能够解释清楚社会变迁的社会科学理论包含进来,那么它"将对社会变化过程全然不见,会萎缩至单纯的法律技术"。[6]但与大陆目前方兴未艾的社科法学有很大不同的是,在极力推崇法教义学乃至于将其誉为德国法学之精髓的德国法学界[7],其所理解的跨学科研究,"并不是要求法学使用其他学科

---

[2] 曾建元:《苏永钦:法律的、社会的、历史的法学者》,载《月旦法学杂志》第38期(1998),第157页。

[3] 苏永钦:《多元法域的六个介面——现代法教义学的最后几片拼图》,载《师大法学》2019年第2辑,法律出版社2020年版,第26页。

[4] 苏永钦:《法学为体,社科为用——大陆法系国家需要的社科法学》,载《中国法律评论》2021年第4期,第91、95页。

[5] 同上书,第91页。

[6] 参见〔德〕托马斯·维滕贝格尔:《德国视角下的基础研究与教义学》,查云飞、张小丹译,载《北航法律评论》2015年第1辑,法律出版社2016年版,第12—13页。

[7] 例如德国学者马提亚斯·耶施德特(Matthias Jestaedt)便明确强调"德国法学的精髓是教义学"。参见〔德〕马提亚斯·耶施德特:《法律中的科学——科学比较中的法教义学》,张小丹译,载《北航法律评论》2015年第1辑,法律出版社2016年版,第45页。

的方法,而更多的是利用其他学科的知识"。[8]按照现任教于德国弗莱堡大学法律系的卜元石教授的介绍,在德国法学界,从事跨学科研究在很长一段时间内都被认为"是没有出路的,是离经背典、不务正业",而德国法学界之所以总体上并不关心法教义学是否能与其他社会科学学科接轨的问题,是因为在德国法学界看来,广义的法学除了法教义学之外,还有法社会学、法人类学、法心理学等所用方法源于社会科学的基础学科,只要这些法学基础学科与社会科学接轨,那么法教义学就可以借助吸收这些法学基础学科的知识来间接实现与社会科学的对接。[9]但卜元石教授也坦承,在法教义学高度发达的当下德国,即便先不说法社会学、法律史、法心理学等法学基础学科在其法学界是否真正受到重视(例如有德国学者自己就指出,德国法学界表面上倡导加强基础学科、跨学科等,但其实不过是说说而已,因为既没有为此设立专门的教席,也未对这些领域增投专门的科研资金),在法学基础研究中引入其他社会科学的方法,从而让法教义学借鉴其他社会科学的研究成果,在现实当中落实起来也都非常困难,以至于有德国学者认为,如今德国法学界的法教义学成果已经零散化,其具体表现便是法教义学文章"缺乏历史回顾、哲学深度、社会科学的全面视界、政治的前景预测"。[10]

苏永钦教授所推崇的"法学为体,社科为用"的"social sciences for law",大致相当于德国法学界所说的"基础研究"或者"法学基础学科"。但正是在这一方面,如上所述,实际上德国法学界也没有很成功的可借鉴经验,更加不用说"基础法学"被总体边缘化的我国台湾地区法学界。我国台湾地区法学界所说的"基础法学",乃是一个"搜集式概念",主要包括法理学、法制史、法社会学、法经济学等学科[11],大致类似于德国法学界所说的"基础研究"或者"法学基础学科"。"基础法学"在我国台湾地区法学界的被总体边缘化境遇,不仅反映于其相关课程在各大学法律系所中的开课率,而且也体现为此类研究成果在当地法学期刊上的发表情况。2002年的一份调研结果表明,在我国台湾地区法学界,"基础法学类的学科皆面临了一种被孤立化、边缘化的危机",不仅像法社会学

---

[8] 参见卜元石:《德国法学与当代中国》,北京大学出版社2021年版,第53页。
[9] 同上书,第53—55页。
[10] 同上书,第53—54、93页。
[11] 台湾地区法学界常说的"基础法学",按照颜厥安教授的观点,乃是一个搜集式概念,"它大致用以指称所有与法律相关,却又并非一般诠释实证法的学科"。在颜厥安教授看来,从台湾地区法学学科的内部建制来讲,基础法学起初包括法理学与法制史,后又倾向于将法社会学也包括在内,但"基础法学"一词本身意涵混且缺乏内在统一性,故而并不构成一个学科。参见颜厥安:《法与实践理性》,中国政法大学出版社2003年版,第6—8页。也有其他台湾地区学者认为,可以将基础法学当作法教义学的对应名词,亦即基础法学指的是法教义学之外其他与法律相关的学科,具体包括法理学、法社会学、法历史学、法学方法论、法经济学等,参见蔡宗圣:《法理学本土化的必要性与可能性之探讨》,载《法令月刊》第54卷第3期(2003),第29—30页。

这样的基础法学主要课程在全岛各法学院中的开课率很低（仅有 8%，亦即当时只有台湾大学法律系和中正大学法律系开设了法社会学课程），而且"基础法学类的论文在各校法学期刊中所占比例也属偏低"，绝大多数都在 10%以下，只有政治大学、台湾大学、东海大学等三所高校的法学期刊上该比例高于10%，但也仅仅只是略高而已（具体分别为 11.42%、11.19%和 10.98%）。[12]这种状况后续也没有得到实质性改善，甚至有我国台湾地区学者认为反而呈现出"越来越严重的趋势"，不仅许多新设的法律系所只有很少或者根本就不聘请基础法学的专门师资来开设相应课程，而且在一部分传统的法律系所当中也出现了"压缩"基础法学发展的迹象。[13]

事实上，如果缺乏发达的"law and social sciences"研究氛围和积淀作为强有力的支援，那么很难真正发展出乃至壮大由法律人主导的"social sciences for law"。放眼来看，苏永钦教授所期许的那种有着"法学为体，社科为用"风格的所谓"大陆法系的社科法学"[14]，也可能会出现在英国、澳大利亚等英美法系国家。例如澳大利亚昆士兰大学法学院的刘桥副教授就指出，规范研究（doctrinal study）在英国、澳大利亚占据着主流地位，在那里如今虽然也有以社会科学的模型、思路、形式来研究法学的做法，但与美国法学界流行的"法律＋XX"研究风格有很大不同的是，此类研究在英国、澳大利亚体现出"法学为体，社科为用"的学术风格，其特点之一便是对社会科学的使用"更强调对原则、观点的借鉴，而不是具体数据的社科处理"。[15]

上述刘桥副教授所说的那种体现出"法学为体，社科为用"之风格的进路，虽然他没有做进一步的详细介绍，但据我所知，在英国应该具体指的是"社会—法律"研究（socio-legal studies）。"社会—法律"研究在英国起步于 20 世纪 50年代，"它利用所有的或者任何一种的社会科学，主要解决那些用法律范畴规定的问题"，在这种学术旨趣之下，包括社会学在内的其他社会科学最初被看作是用来帮助完成法学任务的"侍女"。[16]尽管到了 70 年代，英国学术界对于法学与社会科学在"社会—法律"研究中各自的地位和角色有所反思，但法律人在此类研究中的主导地位一直保持至今。如今，在"社会—法律"研究团队中，绝大

---

〔12〕 参见黄源盛、张永鋐：《近十年来台湾法史学教育的实证分析（1993—2002）》，载《法制史研究》第 3 期（2002），第 310、315 页。

〔13〕 参见《第一届"基础法学教学与研究联合年会"——〈对基础法学教学研究之声明〉暨"基础法学教学发展之检讨"圆桌论坛纪要》，载《月旦法学杂志》第 215 期（2013），第 245 页。

〔14〕 参见苏永钦：《法学的想象》，载《现代法治研究》2020 年第 1 期，第 9—10 页。

〔15〕 参见刘桥：《英、澳等国法学研究与美国特点不同，需清楚地界定论题》，载《北大法律评论》第 17 卷第 2 辑，北京大学出版社 2017 年版，第 310 页。

〔16〕 参见〔英〕R. B. M. 科特雷尔：《当代英国的法社会学》，潘汉典译，载《比较法研究》1989年第 2 期，第 59 页。

多数的成员也都是来自于法学院的教师。[17]"社会—法律"研究往往被认为有着很强的政策研究特点[18],从而区别于更侧重理论研究的法律社会学(sociology of law),二者共同构成英国关于"法律和社会"(law and society)的研究或者说"社会中的法律之研究"(the study of law in society)的两大分支。[19]但是,如果没有学科背景更为广泛的众多研究者共同参与的法律社会学所提供的理论养分[20],那么法律人主导的"社会—法律"研究也将无法发展壮大。事实上,从80年代开始,法律社会学和"社会—法律"研究之间先前的那种差别就在逐渐消失,两者不断走向融合。许多学者都已经意识到,"社会—法律"研究所包含的学术风格类型,除了其传统采用的实证研究进路之外,如今还应当将对一些社会理论核心问题的研究也纳入进来。[21]为了使这种趋同能够具有更高的学术质量,英国"社会—法律"研究领域的代表性学者之一马克思·特拉弗斯(Max Travers)就明确建议说,应当鼓励更多的社会学家到法学院或者诸如牛津大学"社会—法律研究中心"(CSLS)之类的跨学科研究机构当中来工作,以及在对法科学生的训练当中增加讲授法律社会学及其研究方法的内容,或者至少应该让法科学生能有更多的机会参与到跨学科课程当中来;也就是说,在他看来,那些来自法学院和法律部门的研究者及其后备人才,应当更为深刻地理解社会学中的基本方法论问题以及不同范式之间的关系。[22]

二、海峡两岸法学研究格局的结构性差异

对于大陆法学界而言,我们需要非常清醒地意识到自身与台湾地区在法学研究格局现状方面存在的一些结构性差异。正如大陆一位青年民法学者所反思的,在讨论法学继受时,我们不应忘了法教义学不可能不受制于不同国家与地区"所面对的继受阶段和学界、实务界的软硬件条件都是不同的"这一前提,"法学方法的继受若亦步亦趋于一国一域甚至一人之后,那毫无疑问是要把继

---

[17] 参见何勤华、李琴:《英国法社会学研究70年——以"社会—法律"研究的变迁为重点》,载《法学》2017年第12期,第188页。

[18] 参见 Malcolm M. Feeley, "Three Voices of Socio-Legal Studies", *Israel Law Review*, vol. 35, no. 2, 2001, p. 175;於兴中:《法理学前沿》,中国民主法制出版社2015年版,第13、66页。

[19] See C. M. Campbell and Paul Wiles, "The Study of Law in Society in Britain", *Law & Society Review*, vol. 10, no. 4, 1976, pp. 549-555.

[20] 在英国,相较于"社会—法律"研究,从事法律社会学研究者的学科来源背景传统上更为多元化,除了法学,还包括社会学、人类学、政治学等社会科学学科,尤其是社会学家在理论贡献方面尤为突出。

[21] See Reza Banakar & Max Travers(eds.), *Theory and Method in Socio-Legal Research*, Hart Publishing, 2005, p. 279.

[22] See Max Travers, "Sociology of Law in Britain", *The American Sociologist*, vol. 32, no. 2, 2001, p. 37.

受法治推向走火入魔的境地"。[23] 因此，我们既要看到海峡两岸由于同文同种的缘故而在法学研究领域存在的相互学习的可能性，也要看到海峡两岸各自法学研究格局的结构性差异可能会对此种关于借鉴价值之大小的讨论所带来的实质性影响。

具体而言，我们需要看到，我国台湾地区法学界在特殊背景之下所形成的那种内部研究结构特点（在某种程度上甚至也可被视为其缺陷），即其乃是由异常强势的部门法教义学研究和相当边缘的基础法学研究共同构成的[24]，在大陆法学界则并不如此。质言之，台湾地区法学界目前那种强势的法教义学研究主导风格，因路径依赖之故而对引入社科法学之举所抱持的某种本能性抵御甚至明确排斥，既是其继受了德国法学而形成的后天产物，也构成了讨论其发展经验对于大陆有哪些借鉴价值的先天环境。此处不妨以法律的经济分析方法在台湾地区法学界的境遇为例加以说明。

在德国法学界，法律的经济分析被接受和认可的程度，虽然已经比十多年前有了较大的提高[25]，但这种相当有限的认可目前几乎仅限于私法领域[26]。更何况，即便是在法律的经济分析据称已经得到一定认可的德国私法学界，也不乏从骨子里散发出来的鄙视气息。例如一位从事民法学和民事诉讼法学研究的德国学者便明确声称，"相对于固有教义学的全面传统，经济分析理论除了另创一套概念体系外，并没有提供任何根本性的新东西……经济分析并不适合作为私法科学的教义学基础"。[27]

在台湾地区法学界，正如当地的两位学者所自承的，法律的经济分析"经常被视为异类，以民法学为例，除了少数例外，绝大部分教科书都不会提及或运用经济分析方法，甚而投稿至法学期刊的经济分析研究论文仍不时遭受'非法学研究'之讥"。[28] 或许也正是因为上述这种外部学术氛围，即便是就西方学术界当中常常被认为最具有"好斗性"的法律的经济分析而言，在台湾地区屈指可数

---

[23] 章程：《民法学的地平线——继受民法学与公私法的接轨》，北京大学出版社2021年版，第44、71页。

[24] 有台湾地区学者明确认为，"在台湾，法学作为法律社群的教学与研究科目，主要的内容由各个部门法的法释义学（Rechtsdogmatik）所构成，虽然点缀有部分的基础法学科目，这些部门法释义学在现实上仍然构成了法学的主要内容。在此意义上，台湾法学的典范即是法释义学。"张嘉尹：《台湾法学典范的反思——从德国当代法科学理论的兴起谈起》，载《世新法学》第6卷第1期（2013），第5页。

[25] 参见卜元石：《德国法学与当代中国》，北京大学出版社2021年版，第55、87—88页。

[26] 参见〔德〕埃里克·希尔根多夫：《1965—1985年法理论的复兴》，中国政法大学出版社2021年版，第70页。

[27] 〔德〕罗尔夫·施蒂尔纳：《现代民法与法教义学的意义》，陈大创译，蒋毅校，载《北航法律评论》2015年第1辑，法律出版社2016年版，第133页。

[28] 王鹏翔、张永健：《论经济分析在法学方法之运用》，载《台大法学论丛》第48卷第3期（2019），第793页。

的几位以此见长的学者中,完全看不到像桑本谦教授等一些大陆法学界同行那样明确以"替代法教义学"的强势姿态来解构和挑战法教义学研究的做法。[29] 例如台湾地区以法律的经济分析见长的代表性学者张永健研究员,虽然偶尔也会忍不住说"光蹲马步,恐怕成不了武学大师","法释义学只是法律人不能不会的'术',却不是法律人寻求灵感、改变社会、解决问题的'道'",但他在同一篇文章中讲这番话之前,还是不忘先声明这"不表示经济分析要全面取代大陆法系珍视的法学方法。法经济分析方法并不反对'法释义学'"。[30] 与此类似的低姿态声明,也可见于他在另一些文章中的表态文字,例如强调自己"并非主张经济分析可以完全取代法释义学,而是强调其可补充传统法学方法在实质内容与后设方法论的不足之处"。[31] 甚至当法律的经济分析方法在物权法研究中的运用遭到

---

[29] 桑本谦教授此种"替代法教义学"的理论追求,尤其体现在他近年来发表的一系列利用法律经济学方法针对现实刑法案例进行分析的论文当中,参见桑本谦:《法律教义是怎样产生的——基于后果主义视角的分析》,载《法学家》2019年第4期,第1—16页(该文指出:"只要掌握了创制法律教义的工作原理,法律教义本身反而变得可有可无。法律教义神秘化和法律教义崇拜的另一面,是对法律教义本身的无知。法律的面孔永远是刻板的,法律教义充其量是给它增添几副面具,但真正能够让法律面孔生动起来的,是法律和法律教义共同遵循的实践逻辑。");桑本谦:《从要件识别到变量评估:刑事司法如何破解"定性难题"》,载《交大法学》2020年第1期,第29—46页(该文写道:"对于如何破解司法实践中的定性难题,本文提出了用变量评估取代要件识别的方法来应对要件失灵,并以回应质疑的防御姿态论证了这种方法的合理性,其理论支撑显然是法律经济学。");桑本谦:《如何完善刑事立法:从要件识别到变量评估(续)》,载《政法论丛》2021年第2期,第39—49页(该文主张:"以变量评估取代要件识别,不仅可以有效应对刑事司法实践中的定性难题,而且可以帮助我们发现刑事立法中的可能失误,包括但不限于刑法关于醉驾入刑、转化型的抢劫、暴力犯罪中的致死加重情节以及两种招摇撞骗相关法律规定")。

[30] 张永健:《比较法如何与社科方法结合?》,载《北大法律评论》第17卷第2辑,北京大学出版社2017年版,第258页。

[31] 王鹏翔、张永健:《论经济分析在法学方法之运用》,载《台大法学论丛》第48卷第3期(2019),第797页。值得注意的是,另一篇由张永健研究员与北京大学法学院戴昕副教授合作撰写的文章中,展示了相较于前文明显强势得多的学术姿态,认为"学者对比例原则这一具'纯正德国血统'但内涵空洞杂乱的教义如此缺乏抵抗力,对成本收益分析这一在法律和公共政策领域已完全常规化的理论工具如此缺乏准确理解,说明法学界近年来知识更新的步伐相当缓慢。"参见戴昕、张永健:《比例原则还是成本收益分析:法学方法的批判性重构》,载《中外法学》2018年第6期,第1544—1555页。当然,上述对被法教义学的拥趸们奉为普适教义的比例原则的强势批评姿态,很可能主要是来自于该文的第一作者戴昕,因为戴昕在其独著的另一篇论文当中,针对他所谓"主导法学研究的规范教义学思维"进行了猛烈的批评,着重关注了"教义学思维对学者问题意识和研究思路的负面影响",其具体做法为借用来自心理学的一个概念,将教义学思维模式概括为"教义启发式",并通过对中国刑法学界当中的"自杀研究"这一学术个案的具体审视,剖析了"教义学启发式"思维导致的所谓学术资源错误配置乃至浪费,以此来对照凸显法律的经济分析方法更"能够帮助我们识别真正需要学术投入的实质性问题,并找到对相关问题进行有效思考的实用路径",在此基础上提出了解决方案建议,而其中一种他自称"不那么谦抑的建议",实际上便体现了"替代法教义学"的理论追求,即主张"对那些显然不能直接适用现有法律规则回答的问题,学者应调整思路,直接运用经济分析或其他实质性分析方法,寻求适当的法律适用结论。"参见戴昕:《"教义学启发式"思维的偏误与纠正——以法学中的"自杀研究"为例》,载《法商研究》2018年第5期,第80—92页。

受德国法学训练的民法学者提出的尖锐质疑时（例如，法律的经济分析究竟是体系解释还是目的解释，抑或两者皆是？是否有必要区分外在体系解释和内在体系解释？），他也反复声明其研究只是想将法律的经济分析套用到法教义学此种传统法学方法论的论证框架之上而已。[32]上述这番描述并不意味着我自己就赞同应该以法律的经济分析来替代法教义学，而只是想指出，海峡两岸的一些同行们在推崇自己所惯用的同一种范式时的言说方式和论辩姿态之差异，所反映出来的现实情况是，在我国台湾地区的法学界，"法律经济学的学者需要用一些诸如'法益''比例原则'等传统的法学词汇去包装经济学领域中通行的'效率''成本—收益分析'观念，以避免出现'语言范式冲突'的问题，必要时还需要诉诸学界权威肯定法律经济学方法的只言片语来强化自身的'合法性（legitimacy）'"，也就是说，若能得到当地一些权威学者（这些权威学者几乎都是德国法教义学的信众）的某种肯定，则"即便不能使经济学分析方法在台湾法学界冲锋陷阵，也至少可以作为相关研究者的'免死金牌'"。[33]

问题是，就其本质特征而言，法律的经济分析乃是一种"作为翻译的分析"，亦即"法经济学的支持者试图将令其感兴趣的案件'翻译'为经济学语言，并解释所得到的结论"。[34]法律的经济分析与法教义学由于各自知识体系特征方面存在的本质性差异，二者即便并非截然地"二元对立"，也很难说就可以达到一种"水乳交融"的状态。我国台湾地区擅长法律的经济分析的另一位代表性学者简资修研究员所说的"法经济学应'融入'法教义学才能有功"的寄生依附性思路[35]，真正操作起来，其反馈也未必皆如人意。事实上，一位性格直率的我国台湾地区法学研究者就认为，当地几位擅长法律的经济分析的研究者小心翼翼地在声称拥护传统法教义学之大原则的前提下试图与后者进行"对话"之举，本身就是一个勉为凑合的错误。该学者直言不讳地主张，"与其两相汇流，不如是兄弟爬山，各自努力"，因为"真正理解和忠于法经济分析对法律的理解，注定无法舍经济角度的先理解，屈就法释义学任何确定客观文义、历史原意，或目

---

[32] 参见张永健：《经济人的法经济学 vs 法律人的法经济分析——答贺剑教授等师友之书评》，载"中研院"法学期刊》第 27 号（2020），第 316、326 页。

[33] 黄韬：《台湾地区法律经济学研究现状及其成因——基于法学知识生产的分析框架》，载《华东政法大学学报》2014 年第 1 期，第 140、148 页。该文所举的一个说明"学界权威肯定法律经济学方法的只言片语"的例子，是我国台湾地区法学界的泰斗王泽鉴教授在为熊秉元教授的《熊秉元漫步法律》（时报文化出版社 2003 年版）所写序言当中的一番话——"二十一世纪的法律人不仅要确实把握法律日益专业化的正义问题，也要能了解运用经济分析，使正义具有效率的内涵"。

[34] 〔波〕耶日·施特尔马赫、〔波〕巴尔托什·布罗泽克：《法律推理方法》，陈伟功译，中国政法大学出版社 2015 年版，第 128 页。

[35] 简资修：《法律经济学和法教义学的方法都有缺陷：以侵权法为例》，载《北大法律评论》第 17 卷第 2 辑，北京大学出版社 2017 年版，第 246 页。

的、体系之下的意涵","法律经济分析与法释义学在前提、方法、目的,少有交集,本不必勉强凑合,更无前者寄生依附后者的道理。如此勉强'对话',补东填西,生拉硬扯,完全没有必要","如果(我说如果)非如此无法为自认'主流'的法释义学界接受,那我们不玩政治,宁愿相信法释义学是穷途末路,日薄西山;而自信法经济分析有其独到之处,非法释义或其他流派(包括我的诠释现象'杂家')所能望其项背。但如果在权力较量或利益分配精疲力竭之后的'交心',那就太窝囊了"。[36]若以此来看,张永健研究员下面这段在一篇论文中的表态文字——"没有法释义学的经济分析,注定不会在法律人社群中发挥深远影响。没有经济分析的法释义学,无法稳定、一贯地以较少的代价,达成所欲目的"[37],恐怕更像是在我国台湾法学界当中面对上述学术环境压力倔强地做出的一种策略性修辞。

　　法律的经济分析在我国台湾地区法学界的总体认可度尚且如此,更加不用说法社会学、法人类学等其他那些法教义学之外的社科法学研究进路(只要稍稍回想一下前文介绍过的法社会学等基础法学科目在我国台湾地区的开课率和期刊发文情况,便很容易明白这一点)。而这种整体状态,不禁让我们再一次地想起了前文谈及的法教义学之外的法学交叉学科研究在德国法学界的边缘乃至异类境遇,以及感慨于我国台湾地区长期以来主要依靠继受德国法教义学而形成的此种"继受法学"在当地学术圈中所拥有的强大话语权。当然,上述描述并不意味着我国台湾地区所有的部门法学研究者皆对法学交叉学科研究抱持着拒斥的态度,也有一些当地的研究者已经开始反思在部门法学内部"是否应采用人文社会科学研究方法,以'辅助',甚至'取代'传统上主流的法释义学",并认为这是有待未来观察的问题。[38]但此类明确意识到更新法学研究方法论之必要性且就此抱持开放心态进行学术思考的人士,在我国台湾地区的部门法研究者当中恐怕属于凤毛麟角。

　　更进一步来说,在我国台湾地区,自上世纪七八十年代以来,为数颇多的有着德国法学教育背景的人士留学归来后,陆续进入包括台湾大学、政治大学在内的当地各主要大学的法律系所任教,由此带来了台湾地区法律系所师资教育

---

[36] 黄维幸:《从诠释论辩角度——简评王鹏翔、张永健教授的〈经济分析作为法学方法〉一文》,载《月旦法学杂志》第268期(2017),第73、80—83页。

[37] 张永健:《经济人的法经济学 vs 法律人的法经济分析——答贺剑教授等师友之书评》,载《"中研院"法学期刊》第27号(2020),第326页。

[38] 参见陈忠五:《战后台湾财产法学说变迁》,载王泰升等:《战后台湾法学史》(上册),元照出版公司2012年版,第251—252页。

背景的结构性改变。[39]尤其是以王泽鉴教授为代表的一批留德学者最初通过"台大教学的德国化"大力推动的"台湾法学德国化"过程[40],使得以法教义学为核心的德国法学作为我国台湾地区法学界的主要继受对象之地位得到了稳固。因此,对于我国台湾地区的法学界而言,受限于上述既定的轨道,接下来要做的学术工作便主要是让继受法学在当地更加"落地生根"。或者借用苏永钦教授在《脚步》一文中的说法来描述,那就是如何走出我国台湾地区法学界长期所处的那种第二代的法教义学/第二手的继受法学之阶段,进而形成他所期许的第三代的法教义学/第一手的继受法学。[41]但对于大陆的法学界而言,多种可供借鉴的外来法学学术资源如今正在竞争和博弈当中,同时法学自身的主体性正日益受到重视和强调。从这个意义上讲,台湾地区的法学发展如今对于大陆法学界的可借鉴之处,未必像一些人们所说的或者所想象的那么多。或者说,我们在讨论台湾地区法学界可供大陆法学界借鉴的经验之时,应该看到上述那种路径依赖对我国台湾地区未来的法学发展本身所造成的影响乃至限制。

三、规范研究的开放性与中国法学的主体性

对于大陆法学界而言,应当立足于自身目前的结构性特点对未来的发展方向进行畅想。大陆法学界与台湾地区法学界在结构性特点方面的显著差异之一是,前者拥有人数非常庞大的基础法学研究者队伍,并且法教义学和社科法学在这里几乎是同时兴起并相互竞争,而并非像台湾地区法学界那样长期受制于以法教义学为典范的学术氛围。[42]

张翔教授曾指出,在大陆法学界,法教义学和社科法学"这两种进路几乎是

---

[39] 时至今日,留德归来者在我国台湾地区主要法学院中所占的高比例仍然相当明显。根据我的统计,截至 2021 年 8 月底,在台湾大学法律学院现有的 45 位专任教员当中,留学德国拿到博士学位者便有 16 人之多(其中以毕业于海德堡大学和慕尼黑大学的为最多,各有 6 人),占到其专任师资总人数的三分之一强,而在我国台湾地区另一所法学教育重镇即政治大学法律学院的专任师资队伍当中,留学德国获得学位者更是超过了其师资总人数(45 人)的半数,达到 23 人之多(详见附表 1 和附表 2)。

[40] 参见《王泽鉴教授访谈录》,载何勤华、黄源盛主编:《中华法学家访谈录》,元照出版公司 2020 年版,第 352—362 页。

[41] 苏永钦教授在《脚步》一文中指出,我国台湾地区法学界目前欠缺的是体现第一手的继受法学之特点的第三代的法教义学,而后者应当具备的最大特点则在于"完全扎根本土、研究本土的问题,去思考如何解释法律、如何建构体系以及如何建立秩序"。另可参见苏永钦:《法学的想象》,《现代法治研究》2020 年第 1 期,第 6—7 页。

[42] 不过值得注意的是,根据我对台湾大学法律学院、政治大学法律学院、东吴大学法律学院、辅仁大学法律学院这四所我国台湾地区最顶尖的法学院的现职专任师资之教育背景的统计(详见附表 1),留学德国取得博士学位的副教授和助理教授在各学院相同职称者当中所占的比例,较之于教授当中留学德国取得博士学位者所占的比例,已经有较明显的下降。随着现为副教授、助理教授职称的年轻一代学者当中留学国别的多元化,我国台湾地区先前那种以德国法学范式为尊的学术格局,未来恐怕将会发生一些微妙的变化。

同步发生的,甚至可以说,在中国,以批判并改善法教义学的僵化封闭为指向的社科法学进路的出现,实际上还要早于法教义学的自觉:批判甚至先于批判对象而存在了! 这是一件吊诡的事情。但无论如何,不同的研究方法确实已经存在了,无论是在立场宣誓的层面,还是在运用方法的成熟作品的层面"。[43]不过从大陆法学界的实际情况来看,上述这种"(社科法学对法教义学所做的)批判甚至先于批判对象(法教义学)而存在了"的说法,其实有些略为夸张。

早在苏力教授于2001年发表的一篇论文中首次以"社科法学"来指称上世纪90年代中期以来中国法学界形成的一种研究范式之前[44],"法教义学""法律教义学"这些名称在中国法学界中存在便已有一些年头。从现今可查到的文献资料来看,季卫东教授在其发表于1994年的一篇文章中介绍英国学者麦考密克(N. MacCormick)和奥地利学者魏因贝格尔(O. Weinberger)合著的《制度法论》一书时,就已经使用了"法教义学"这一中文表述,指出这两位学者"强调法教义学和法社会学在本体论层次上的统一"。[45]而"法律教义学"一词在中国学术界首次出现的时间,则比"法教义学"还要更早。例如在一篇发表于1986年的德国哲学家伽达默尔(Hans-Georg Gadamer)原著、由洪汉鼎先生译成中文的论文当中,就已经多处使用了"法律教义学"这一译词,例如其中提及"法学诠释学作为一门新型的法律教义学的辅助学科"。[46]而到了1995年,张文显教授和舒国滢教授先后在各自发表的文章当中使用了"法律教义学"一词,且皆花了不少文字篇幅专门就此概念进行解释。其中,张文显教授主张法律教义学是一种典型的规范主义,指出"法律教义学认为法律就是一些规范性条款,这些条款规定什么是必须做的或可以做的,什么形式或模式的权威或权力是可以行使的、并具有规范性效果"[47],而舒国滢教授则通过直接引用德语学术文献,指出"法律教义学(Rechtsdogmatik),也称'教义学法学'(dogmatische Rechtswissenschaft),是德国19世纪兴起的、研究某一特定法律体系或子体系(法律语句命题系统)的实在法理论。或者说,它是一门'法律概念和法律制度的自成体系的基础学问'",并介绍了德国法学家罗伯特·阿列克西(Robert Alexy)对于何谓"法律教义学"的理解。[48]

---

[43] 张翔:《走出"方法论的杂糅主义"——读耶利内克〈主观公法权利体系〉》,载《中国法律评论》2014年第1期,第208页。

[44] 参见苏力:《也许正在发生——中国当代法学发展的一个概览》,载《比较法研究》2001年第3期。

[45] 季卫东:《"当代法学名著译丛"评介(选登)》,载《比较法研究》1994年第1期,第63页。

[46] 〔德〕伽达默尔:《解释学》,洪汉鼎译,载《哲学译丛》1986年第3期,第8页。

[47] 张文显:《超越法律实证主义和自然法理论——制度法理学的认识—方法论和本体论》,载《比较法研究》1995年第1期,第75页。

[48] 参见舒国滢:《战后德国法哲学的发展路向》,载《比较法研究》1995年第4期,第353—354页。

当然,作为语词的"法律教义学""法教义学""社科法学"在中国学术界出现时间的先后,并不必然同步伴随着这些词语所代表的研究范式在中国法学界受重视程度之大小。事实上,虽然苏力教授在 2001 年提出了"社科法学"这一概念,但在接下来的十多年时间当中,此术语并没有迅速在中国法学界被公认为代表了一个学术学派或一种研究范式。例如有学者就明确指出,苏力教授区分政法法学、诠释法学和社科法学的"这种范式分类仍显得缺乏足够的说服力和解释力",认为"这三种'范式'只能大体上说是中国法学研究的三种不同取向或路数"。[49]大致要到 2014 年 5 月底至 6 月初在中南财经政法大学法学院召开的"社科法学与法教义学的对话"学术研讨会之后,随着会上激烈的学术讨论,以及《光明日报》(理论版)、《法商研究》等报刊在会后专门组织刊发了几组专题论文,对社科法学作为一种研究范式的认同、肯定或批评,才开始在中国法学界逐渐显性化(例如成为一些公开发表的学术论文的题目用词)。[50]在此前所有的中国法学期刊论文当中,其题目中明确使用了"社科法学"一词的仅有一篇。[51]而与这种情况形成对比的是,大致自从 2007 年开始,就已经有不少中国法学研究者在所发表的论文题目中明确打出"法教义学"的旗号。例如在上述"社科法学与法教义学的对话"学术研讨会召开之前,便有多位学者发表论文时在文章题目当中明确凸显"法教义学立场"[52]"法教义学视野"[53]"法教义学解决路径"[54]"法教义学解读"[55]"法律教义学分析"[56]"法教义学分析"[57]之类的语词。尤其是《中外法学》2013 年第 5 期专门以"法教义学"为专题,刊登了张翔、许德风、陈兴良三位教授各自撰写的学术论文,分别从宪法学、民法学和刑法学的不同角度,讨论

---

[49] 黄文艺:《对中国法学的反思的再反思》,载《现代法学》2007 年第 3 期,第 67 页。

[50] 参见尤陈俊:《社科法学的成长与发展》,载《南开法律评论》第 10 辑,南开大学出版社 2015 年版,第 6—8 页。

[51] 该文章是侯猛发表在《法学》2013 年第 4 期的《社科法学的跨界格局与实证前景》一文。

[52] 例如王旭:《中国行政法学研究立场分析——兼论法教义学立场之确立》,载《法哲学与法社会学论丛》2007 年第 1 期,北京大学出版社 2007 年版,第 222—238 页。

[53] 例如蔡桂生:《学术与实务之间——法教义学视野下的司法考试(刑法篇)》,载《北大法律评论》第 10 卷第 1 辑,北京大学出版社 2009 年版,第 211—240 页;孙海波:《在"规范拘束"与"个案正义"之间——论法教义学视野下的价值判断》,载《法学论坛》2014 年第 1 期,第 71—82 页。

[54] 例如李忠夏:《国家安全与人性尊严:伦理问题的法教义学解决路径——评联邦宪法法院"航空安全法"判决》,载《宪政与行政法治评论》第 5 卷,中国人民大学出版社 2011 年版,第 83—106 页。

[55] 例如陈天昊:《行政诉讼中"滥用职权"条款之法教义学解读》,载《西南科技大学学报》(哲学社会科学版)2011 年第 6 期。

[56] 例如朱晓喆:《房、地分离抵押的法律效果——〈物权法〉第 182 条的法律教义学分析》,载《华东政法大学学报》2010 年第 1 期。

[57] 例如朱晓喆:《第三人惊吓损害的法教义学分析——基于德国民法理论与实务的比较法考察》,载《华东政法大学学报》2012 年第 3 期;陈兴良:《口袋罪的法教义学分析:以以危险方法危害公共安全罪为例》,载《政治与法律》2013 年第 3 期。

了本学科的部门法教义学理论问题,在大陆法学界引起相当大的关注。[58]到了2015年之后,在大陆学术刊物上发表的法学论文当中,文章题目里强调其乃是"法教义学分析""法教义学阐释""法教义学解释""法教义学理解""法教义学审视""法教义学展开""法教义学路径""法教义学视角""法教义学批判""法教义学检讨""法教义学反思""法教义学研究"的,或者声明自己是"以法教义学为视角""以法教义学为分析视角"的,在数量上更是如雨后春笋般迅速增多。

也正是基于上述背景,虽然有其他学者持与前述张翔教授类似的看法,主张"别看法教义学的研究在时间上要晚些",可是以法社会学为代表的对法教义学研究取向的批判,却在后者"真正在中国产生之前就已经轰轰烈烈展开了",[59]抑或更进一步偏激地将社科法学斥为"一种破坏性的力量",认为"在此次争论中,法教义学乃处于被动的守势,而社科法学则处于主动攻击状态"。[60]但也有学者委婉地认为,在中国法学的知识竞争格局中,"社科法学者多少感受到了来自法教义学的挑战"。[61]还有学者明确主张,正是由于近年来在理论界和实务部门开始抬头的法教义学"对既有的学术潮流、特别是社科法学提出挑战或者抵抗",这才有了"属于'社科法学'阵营的一些学者纷纷提出质疑和反驳"的境况。[62]

不过,即便争辩清楚法教义学和社科法学的学术之争究竟是哪一方先行发难,其学术意义也并不大。真正重要的是,大陆法学界这场近年来正在不断走向深入的法学研究方法论之争向我们展示,相较于早已被打上了鲜明的德国法学烙印的我国台湾地区法学界,大陆当下及未来在法学研究范式发展上有着更多的可能性。同样值得我们注意的还有,正如卜元石教授所敏锐意识到的,大陆法学界的法教义学和社科法学之争,与德国法学界在面对美国式跨学科法学研究之冲击时回过头来对自身有着悠久历史的法教义学展开的反思几乎同时出现,亦即"中国和德国对这两个话题的关注达到了一种罕见的时间上的同步"。[63]这意味着,就此议题而言,即便是被法教义学的坚定拥护者们奉为求取学术真经之圣地的德国法学界,其实也未必能够给我们提供成熟的现成方案。

在这种背景下,我们更有必要在保持开放的学术视野的同时,立足于中国自

---

[58]《中外法学》2013年第5期当中的"法教义学"专题刊登的三篇文章,分别是张翔的《宪法教义学初阶》、许德风的《法教义学的应用》和陈兴良的《刑法教义学与刑事政策的关系:从李斯特鸿沟到罗克辛贯通》。

[59] 参见焦宝乾:《法教义学在中国:一个学术史的概览》,载《法治研究》2016年第3期,第49页。

[60] 参见白斌:《方枘圆凿:社科法学对法教义学的攻击》,载《中国社会科学报》2015年5月20日,第A08版。

[61] 侯猛:《社科法学的传统与挑战》,载《法商研究》2014年第5期,第74页。

[62] 参见季卫东:《法律议论的社会科学研究新范式》,载《中国法学》2015年第6期,第25页。

[63] 参见卜元石:《德国法学与当代中国》,北京大学出版社2021年版,第32页。

身的语境,去追问一些重要的问题。例如,如果我们将重视对规范的研究看作法学自身的最大特点,或者即便将法学(或者说法学的最核心部分)理解为就是法的规范研究,那么可供我们借鉴的法学知识资源,难道就只有或者主要就是那种也被一些学者批评为"太德国了、太孤僻了、太垄断了"的法教义学么?[64]源自德国的法教义学是不是从事法的规范分析时唯一可用的框架?[65]以法社会学为代表的法律的社会科学研究,是不是也能够处理甚至处理好规范性问题?[66]除了规范性法律研究中常说的内部视角外,是不是还越来越需要一种外部的规范视角?[67]进而言之,哪怕在相当长的时期内法学继受仍无法完全避免,未来的发展远景,有没有可能是一种既非效仿德国法教义学也不是照搬美国式"法律与XX"研究的新法学? 在此过程中,如果我们在吸收外部法学资源时能够保持既开放又谨慎且平视的心态,那么更有可能形成一种从大陆的母体社会之现实需要中生长出来的有着自身主体性的法学,而不是在大陆形成了又一种"继受法学"而已。更何况,不要忘了当下正在影响着大陆法学发展的研究范式,并不只有通常所说的法教义学和(以法社会学为其典型代表的)社科法学这两种,而是还包括了新政法法学[68],以及既与传统的社科法学有一定联系又有着自身鲜

---

[64] 〔德〕马提亚斯·耶施德特:《法律中的科学——科学比较中的法教义学》,张小丹译,载《北航法律评论》2015年第1辑,法律出版社2016年版,第47页。

[65] 例如张永健研究员依据各自所用分析方法的区别将法学研究分为两大类,即法的规范分析和实然分析,认为法的规范分析当中最具代表性的毋庸置疑是法教义学,但法教义学也并非从事法的规范分析的唯一论述框架,因为美国的法经济学研究也有规范分析的维度。其在此种认识的基础上,将法学研究进一步区分为六种典型类型,即对法律进行规范分析的法教义学、不应用资料进行实然分析的"非实证的实然法学"、应用资料进行实然分析的"实证法学"、对"法+X"进行规范分析的"规范社科法学"、不应用资料进行实然分析的"非实证的实然社科法学"、应用资料进行实然分析的"实证社科法学"。参见张永健:《法实证研究:原理、方法与应用》,新学林出版股份有限公司2019年版,第12—17页。

[66] 大陆法学界最近已有一些学者对此问题进行了专门的讨论,参见杨帆:《法社会学能处理规范性问题吗?——以法社会学在中国法理学中的角色为视角》,载《法学家》2021年第6期;郭栋:《法律的社会科学何以可能》,载《法学家》2021年第6期;侯猛:《只讲科学性,不讲规范性?——立法的社会科学研究评述及追问》,载《中国法律评论》2021年第4期;侯猛:《法律的经验研究范式:以规范研究为参照》,载《学术月刊》2021年第3期;程金华:《事实的法律规范化——从农业社会到信息革命》,载《学术月刊》2021年第3期。

[67] 参见〔荷〕扬·斯密茨:《法学的观念与方法》,法律出版社2017年版,第50—53页。

[68] 此处所说的新政法法学,不同于苏力教授曾讨论过的那种盛行于20世纪八九十年代的传统的"政法法学",以及他在隔了十几年后所称的经过本世纪以来一些法律学人重构后的"浴火重生"的政法法学(例如冯象的"政法"研究和强世功的政治宪法学研究),而是指站在政治意识形态的高度对当代中国的政法制度与政法实践予以系统诠释的理论性研究。关于前两种政法法学的介绍,参见苏力:《也许正在发生——中国当代法学发展的一个概览》,同前注[44];苏力:《中国法学研究格局的流变》,载《法商研究》2014年第5期。

明特色的计算法学(或称大数据法学)[69],还有随着人工智能科技日益广泛的应用而正在受到越来越多关注的认知法学[70]。

从长远来看,我们真正需要做的,不应该是先验地埋头追求如何让以法教义学为核心的德国法学研究范式或者以美国式"法律＋XX"研究为代表的社科法学范式当中的任何一种在大陆法学界原汁原味地继受生根(这种做法实际上沦为了那些"不在场的在场"的外国法学理论通过其学术代理人在中国法学界的演练,只对德国或美国法学扩大其世界影响力有意义[71]),而应该是深入思考在大陆法学界如何形成真正契合自身情况的有主体性的法学。

由此延伸开来,可进一步指出的是,大陆法学界一些学者通过强调"知识"与"方法"的区分,进而认为"法教义学知识有国界,而法教义学的方法无国界"的学术判断,以及将"德国语境下狭义的法学就是法教义学"这一判断进行脱语境化处理,移换到中国法学界后所祭出的"法学就是法教义学""法教义学才是正宗法学""法教义学是法学的正宗"等提法和主张,都应当在我们需要对其保持反思的议题清单之列。

就前一类主张来说,已经有学者以民法教义学在中国的发展为例,敏锐地指出知识与方法的区分并不总是那么泾渭分明,"方法"在发展过程中也可能会异化为对学术发展造成强大障碍的僵化"知识",认为"如果说教义学最开始是作为方法,但随着不断累积,其已经在很大程度上演变为知识。这就导致教义学的方法属性很容易被知识属性所遮蔽,进而具有较强的排他性——借助知识的外观而使人忘记其他方法的存在和意义,固然容易维持法律共同体的稳定,但也不利于法律以及法律人的进化和革新"。[72]另有大陆民法学研究者也从侧

---

[69] 关于计算法学(或者大数据法学)之研究范式的介绍,参见钱宁峰:《走向"计算法学":大数据时代的法学研究的选择》,载《东南大学学报(哲学社会科学版)》2017年第2期;邓矜婷、张建悦:《计算法学:作为一种新的法学研究方法》,载《法学》2019年第4期;于晓虹:《计算法学:展开维度、发展趋向与视域前瞻》,载《现代法学》2020年第1期;申卫星、刘云:《法学研究新范式:计算法学的内涵、范畴与方法》,载《法学研究》2020年第5期;季卫东:《计算法学的疆域》,载《社会科学辑刊》2021年第3期;周翔:《作为法学研究方法的大数据技术》,载《法学家》2021年第6期。

[70] 此处所称的认知法学,也有中国学者将其称为法律和认知科学、智能法学。关于此种研究范式的介绍,参见葛岩:《法学研究与认知—行为科学》,载《上海交通大学学报(哲学社会科学版)》2013年第4期;郭春镇:《法律和认知神经科学:法学研究的新动向》,载《环球法律评论》2014年第6期;王凌皞:《走向认知科学的法学研究——从法学与科学的关系切入》,载《法学家》2015年第5期;秦裕林、葛岩、林喜芬:《认知科学在法学研究中的应用述评》,载《法律和社会科学》第16卷第2辑,法律出版社2018年版,第1—45页;成凡:《法律认知和法律原则:情感、效率与公平》,载《交大法学》2020年第1期;张妮、蒲亦非:《计量法学、计算法学到认知法学的演进》,载《四川大学学报(自然科学版)》2021年第2期。

[71] 参见尤陈俊:《不在场的在场:社科法学和法教义学之争的背后》,载《光明日报》2014年8月13日,第16版。

[72] 参见张淞纶:《作为教学方法的法教义学:反思与扬弃——以案例教学和请求权基础理论为对象》,载《法学评论》2018年第6期,第135页。

面指出了此点,认为法教义学者面临问题时首先在教义学体系内寻找答案的习惯性做法虽然有其优点(例如有助于相同事务相同处理),"但这种习惯性思维,自觉或不自觉地就会导致,在处理法学问题时丧失运用其他学科知识和视角的敏感性"。[73]

对于后一类主张而言,值得注意的是,明确抛出"法学就是法教义学"之类论断的中国学者,大多数是从事"关于法教义学的研究"而非"法教义学研究"本身的法理学专业研究者。其中除了一些斩钉截铁般如此断言的学者外,还有一些学者则试图在口吻上加以缓和,但却因此常常自相矛盾。例如有学者一方面自承"甚至我会比较极端地认为,法教义学的作业方式就好比游戏规则那样具有构成性,不采用这种作业方式就不是法学",另一方面又声称法教义学不排斥其他研究视角。[74]但问题是,采用"其他研究视角"研究法律现象的成果是否也可能属于法学? 如果认为是,那么法学就不只是法教义学;如果认为不是,那么为何仅凭一种来自德国法学界的说法,就可以将所有用"其他研究视角"研究法律现象的成果都排除在"法学"之外?

进而言之,我们既要具体追问,坚持"法学就是法教义学"立场的那些中国学者自己具体所做的"关于法教义学的研究"成果(无论是侧重于法教义学的历史梳理,还是运用法教义学理论抽象展开但并不立足于某一具体部门法的探讨),是否属于其所界定的那种等同于法教义学的"法学"?[75]他们所给出的"一般法教义学"这种提法兼回答,是否真的能够成立?[76]也要从宏观上反思,对

---

[73] 参见纪海龙:《法教义学:力量与弱点》,载《交大法学》2015年第2期,第97页。

[74] 参见雷磊:《法教义学立场再商榷》,载《北大法律评论》第17卷第2辑,北京大学出版社2017年版,第298、303页。

[75] 对于此种质疑的一种回应方式是,可以借用一些德国学者的说法,主张"关于法教义学的研究"构成了德国法学界所说的"法学方法论"之内容,并认为"法学方法论"实际上就是后设教义学或元教义学,亦即关于法教义学的教义学,但问题是,上述看法在德国法学界也并非人人以为然。更何况也有德国学者主张,应当将以往通常用来表示狭义的法学(法教义学)的那个单数的法学概念"Rechtswissenschaft"作扩大化解释,认为其是包括了法教义学、法理学、法哲学、法社会学等多个学科在内的广义的法学。德国法学界上述观点的介绍,参见同前注[8]。

[76] 例如陈景辉教授便在多篇文章中针对"一般法教义学"的提法进行了质疑和否定。他认为,"一般法教义学"这种提法背后潜藏着"法学 = 法教义学"且"法教义学 = 部门法教义学 + 作为教义学的法理学"的立场,但这种立场从一开始就会遭遇"教义学挑战",例如法教义学这一概念要求"存在相应的实在法"作为其对应的对象,故而"一般法教义学"这一概念如果能够成立的话,那么其对应的对象就应该是"存在相应的一般(实在)法",而"实在法指的是一国目前正在生效的法律(体系),因此并不存在一国目前正在生效的'一般(实在)法'",也就是说,"一般法教义学显然并不存在与之对应的、被预设为有效的'一般法'"。不仅如此,对于那种认为"一般法教义学并不是真正的教义学,而是对部门法教义学的一般性总结"的说法,陈景辉教授也认为不能成立。参见陈景辉:《法学性质争议的历史——评舒国滢著〈法学的知识谱系〉》,载《中国法律评论》2021年第2期,第169—170页;陈景辉:《部门法学的教义化及其限度——法理学在何种意义上有助于部门法学》,载《中国法律评论》2018年第3期,第77—81页。

于那种来自德国法学界的衡量方式,我们是否就可以不加怀疑地将其用作判断什么是"法学"的先验标准?从全世界多样化的法学形态来看,上述断言的正当性有多强?我们应当意识到,尽管法教义学构成了德国法学的成熟品牌,但这套研究范式本身却并不天然就是,也不应该成为,包括中国学者在内的全世界所有法学研究者都必须亦步亦趋地予以坚定信奉的放之四海而皆准的唯一"教义"。否则的话,中国法学将无法从继受法学的影子当中走出来,真正建立起自身的主体性。

对于当下的大陆法学界而言,从长远来看,更稳妥的态度应当是,让各种伴随着知识分化而出现的法学研究范式[77],在大陆自己的法律实践中和学术市场上接受充分的竞争与不断的检验[78],彼此尊重,砥砺前行,然后进一步思考如何相互学习、借鉴和融合,而不是在这些各有优长的法学研究范式都还尚未在中国大地上真正发育成熟之前,便依据某些论者所偏好的单一种西方知识传统,先通过自下定义的方式来试图确立何者就应当为尊。

附表1:台湾大学、政治大学、东吴大学、辅仁大学法律学院专任师资中的最高学位教育背景统计

	最高学位教育背景（国家或地区）	专任教授	专任副教授	专任助理教授（含专任讲师）	合计	占专任教师总人数百分比
台湾大学法律学院	德	12	1	3	16	35.56%
	美	9	1	2	12	26.67%
	日	5	2	0	7	15.56%
	法	1	0	0	1	2.22%
	英	4	0	0	4	8.89%
	中国台湾地区	3	1	0	4	8.89%
	无信息	1	0	0	1	2.22%
	专任教师总人数				45	100%

---

[77] 陈兴良教授指出,法学知识区分为社科法学与法教义学,乃是法学知识分化的结果。参见陈兴良:《法学知识的演进与分化——以社科法学与法教义学为视角》,载《中国法律评论》2021年第4期,第79页。

[78] 谢海定研究员认为,"社科法学与法教义学的分立与竞争,能够通过促进中国法学知识生产的自我反思、整合而得到深化、进步。"谢海定:《法学研究进路的分化与合作——基于社科法学与法教义学的考察》,载《法商研究》2014年第5期,第91页。

(续表)

	最高学位教育背景（国家或地区）	专任教授	专任副教授	专任助理教授（含专任讲师）	合计	占专任教师总人数百分比
政治大学法律学院	德	15	7	1	23	51.11%
	美	6	5	0	11	24.44%
	日	1	2	1	4	8.89%
	法	1	1	0	2	4.44%
	英	1	1	0	2	4.44%
	中国台湾地区	1	1	0	2	4.44%
	无信息	1	0	0	1	2.22%
	专任教师总人数				45	100%
东吴大学法律学院	德	7	3	1	11	22.92%
	美	5	8	5	18	37.5%
	日	0	1	0	1	2.08%
	法	1	0	0	1	2.08%
	英	0	0	1	1	2.08%
	其他	1	0	2	3	6.25%
	中国台湾地区	6	6	1	13	27.08%
	专任教师总人数				48	100%
辅仁大学法律学院	德	3	2	1	6	17.65%
	美	1	2	3	6	17.65%
	日	1	0	5	6	17.65%
	法	1	0	1	2	5.88%
	英	1	1	2	4	11.76%
	意大利	1	0	0	1	2.94%
	奥地利	0	1	0	1	2.94%
	中国台湾地区	2	3	3	8	23.53%
	专任教师总人数				34	100%

附表2：台湾大学、政治大学、东吴大学、辅仁大学法律学院专任教师中在德国获最高学位的情况统计

	获最高学位的德国大学或研究机构	专任教授	专任副教授	专任助理教授（含专任讲师）	合计
台湾大学法律学院	慕尼黑大学	4	0	2	6
	海德堡大学	4	1	1	6
	哥廷根大学	1	0	0	1
	波昂大学	1	0	0	1
	杜宾根大学	1	0	0	1
	法兰克福大学	1	0	0	1
	总人数				16

(续表)

	获最高学位的德国大学或研究机构	专任教授	专任副教授	专任助理教授（含专任讲师）	合计
政治大学法律学院	慕尼黑大学	3	2	0	5
	杜宾根大学	3	0	0	3
	里根斯堡大学	0	2	0	2
	海德堡大学	2	0	0	2
	梅茵兹大学	1	1	0	2
	哥廷根大学	1	0	0	1
	乌兹堡大学	1	0	0	1
	科隆大学	1	0	0	1
	西柏林自由大学	1	0	0	1
	弗莱堡大学	1	0	0	1
	汉堡大学	0	1	0	1
	波昂大学	0	1	0	1
	帕绍大学	0	0	1	1
	法兰克福法律研究所	1	0	0	1
	总人数				**23**
东吴大学法律学院	慕尼黑大学	2	2	0	4
	哥廷根大学	2	1	0	3
	柏林洪堡大学	1	0	0	1
	敏斯特大学	1	0	0	1
	波昂大学	1	0	0	1
	特里尔大学	0	0	1	1
	总人数				**11**
辅仁大学法律学院	慕尼黑大学	1	0	1	2
	哥廷根大学	1	0	0	1
	汉堡大学	1	0	0	1
	里根斯堡大学	0	1	0	1
	敏斯特大学	0	1	0	1
	总人数				**6**

说明：(1) 以上两表的内容均系我根据台湾大学、政治大学、东吴大学、辅仁大学各自法律学院官方网站上的师资介绍信息统计所得，统计时间均为 2021 年 8 月 25 日。(2) "占专任教师总人数百分比"一项数字小数点后的第二位，系根据其后的第三位数字采取四舍五入而得。

（责任编辑：李昊林）

参照适用法律技术是照亮大民法典的阿拉丁神灯

王 雷[*]

Reference Application Technology is Aladdin's Lamp Illuminating the Big Civil Code

Wang Lei

内容摘要：大民法典六编制蓝图属于民法问题中的立法技术问题。大民法典重构财产法体系，展现了苏永钦教授的宏观巨视。大民法典所追求的更大体系容量和更高体系效益也许还可以通过其他中观层面的立法技术和司法技术实现或者接近，我国《民法典》中的参照适用法律技术是一盏照亮大民法典理想的"阿拉丁神灯"。参照适用立法技术承载着大民法典的理想。参照适用立法技术成就大民法典，通过参照适用所释放出的民法典体系效益经得住找法、储法、立法和传法四个角度的检验；参照适用立法技术还有助于我们更好地理解大民法典，是民法典"提取公因式"的总则式立法技术的升级版。参照适用司法技术保持大民法典的与时俱进，但我们也要规范参照适用的论证过程，约束参

---

[*] 作者简介：王雷，中国政法大学民商经济法学院副教授，博士生导师。

基金项目：2020年国家社科基金年度项目一般项目"《民法典》中的参照适用条款研究"（20BFX103）。

感谢苏永钦教授对本文初稿的精心审读和具体指导，感谢《北大法律评论》编委会各位编辑的充分肯定和可行建议。

照适用带给法官的自由裁量权,避免打开裁判恣意的"潘多拉魔盒"。

关键词：大民法典　参照适用　立法技术　司法技术

一、大民法典重构财产法体系

体系化是民法典的生命。民法典的颁行不是民法体系化的终点,反倒是再体系化的起点。民法典高度体系化追求的境界和带来的好处是释放出体系效益——"一波一波的民法典浪潮,有积累也有创新,其不变的考验,就是体系的效益"。[1]

法律以社会为基础,民法典的体系化不是静止的,而需与时俱进。德国民法典的潘德克顿五编制模式不是体系化的"唯一正解"。潘德克顿五编制对应债物二分、债肥物瘦的财产法体系,物权法定是这个财产法体系最主要的前提,也是这个体系升级的突破口。

苏永钦教授解开物权法定的枷锁,使债物合流,绘就六编制的大民法典蓝图,形成 2.0 版的潘德克顿法典。大民法典对潘德克顿财产法体系不是修缮粉刷,而是重构再造。大民法典的六编包括总则、财产通则、意定关系、法定关系、婚姻家庭、继承。该六编制蓝图别具一格,展现了苏永钦教授对民法典立法技术的宏观巨视。立法技术的背后是价值权衡,大民法典理念是大民法典蓝图背后的价值判断。大民法典的理念是普通法、裁判法,而非特别法、行为法,换言之,大民法典调整最基础的民事关系且秉持体制中立,公共政策考量则从大民法典中抽离出去交由特别法落实。

苏永钦教授认为,我国《民法典》采用的基本上是九部单行民事法组合起来、水平并立的高度部门化模式,错过了法典化时刻,"也许只能说是九法编纂而成的准法典,连五编制的体系化程度都没有达到","很难期待这样没有坚实下层整合的顶层规范可以产出多少体系效益,所以我国大陆《民法典》在水平整合上还不符合德国模式"。[2]

大民法典是苏永钦教授学术版图(大民法典、部门宪法、跨域教义和社科法学)中的首要模块。[3] 苏永钦教授谦虚自评大民法典是"很有未来性的,但比较脱离现实的民法典"。[4] 徐国栋教授对大民法典体系提出质疑、分析缺陷,

---

[1] 苏永钦:《寻找新民法》,北京大学出版社 2012 年版,第 114 页。
[2] 苏永钦:《大民法典的理念与蓝图》,载《中外法学》2021 年第 1 期,第 82 页、第 60—61 页。
[3] 参见苏永钦:《法学怎样跟上时代的脚步》,2021 年 3 月 27 日在"苏永钦讲座教授七秩祝寿研讨会"上的主题演讲。
[4] 苏永钦:《法学的想象》,载《现代法治研究》2020 年第 1 期,第 1 页。

认为"观点难以成立""不值得采用"。[5]

本文无意从宏观立法技术层面探讨大民法典的争论,而是从我国《民法典》参照适用这一中观法律技术角度探讨大民法典的另一种可能进路。

二、参照适用立法技术承载大民法典的理想

(一)《民法典》中出现大量参照适用条款

参照适用又被称为准用、授权式类推适用或者法定类推适用等,是指法律明确规定将对于某种事项所设规定适用于最相类似的其他事项。理论和实务中常有对参照适用和类推适用的混淆、对类推适用和拟制的混淆。立法配置的参照适用规定或者准用规定不同于具有法律漏洞补充作用的类推适用,立法者在参照适用条款中已经替法律适用者在多种漏洞补充方法中作了明确指引,减轻了法律适用者寻找漏洞补充方法时的思考负担。

参照适用也不同于直接适用、补充适用或者拟制。参照适用规范包含了法律适用者何时参照和如何参照的自由裁量权,而在直接适用和补充适用的情形下,法律适用者没有自由裁量权,只能严格适用相应规定:如《民法典》第1034条第3款规定:"个人信息中的私密信息,适用有关隐私权的规定;没有规定的,适用有关个人信息保护的规定。"该条前段中的"适用"是优先适用、直接适用,后段中的"适用"是补充适用,这些法律适用方法发挥作用时均不像参照适用那样须根据拟处理事项的性质作排除适用或者变通调适。拟制规定运用"视为"的立法表达技术,立法者对两类事项径行等量齐观,且拟制规定同样属于严格规定,也不给法律适用者留有自由裁量权。

结合原《合同法》第174条(其他有偿合同对买卖合同规定的参照)这一极为重要的参照适用条款,易军教授总结我国民法学界对该条的研究"可谓是完全空白",我国整个法学界对"参照"所作的研究"十分薄弱",法学方法论关于"参照"的研究"几乎处于空白状态"。[6] 2019年《全国法院民商事审判工作会议纪要》中出现"准用"1次,"类推适用"1次,"参照""参照适用"合计13次,第23条名称和正文中同时出现"参照"和"准用"。

我国民事立法用语呈现出从"参照"到"参照适用"的变化。《民法通则》以来,立法长期持续使用"参照"这一表述,《民法总则》开始相应统一改为"参照适用",《民法典》坚持此做法,并区分"参照适用"与"参照"的不同适用情境。《民法典》中存在大量的参照适用条款,"参照适用"字样出现28次,对应28个形式

---

[5] 参见徐国栋:《论〈民法典〉采用新法学阶梯体系及其理由——兼榷〈民法典〉体系化失败论》,载《财经法学》2021第2期,第5页、第13页。

[6] 参见易军:《买卖合同之规定准用于其他有偿合同》,载《法学研究》2016年第1期,第88—109页。

意义上的参照适用条款,此外还有 2 个实质意义上的参照适用条款(第 468 条、第 806 条第 3 款),民商事审判中对参照适用给予了前所未有的重视。

(二)参照适用立法技术的比较法观察

参照适用/准用(对应德文 entsprechende Anwendung)是大陆法系常用的立法技术,德国、法国、日本、瑞士等国的民法典均有准用条款。日本《民法典》中"准用"出现 211 次。但在大陆法系法学方法论著述中,类推适用掩盖了参照适用/准用的理论光芒。德国民法学方法论中的类推适用对应 Analogie。有关类推(analogy)的英文文献关注的大多并非对实定法的类推,而是作为先例裁判方法的类推。拉伦茨的《法学方法论》只论及通过类推适用填补开放漏洞,未涉及准用/参照适用问题。齐佩利乌斯的《法学方法论》也只是从漏洞补充和逻辑推理方法角度论及类推适用。魏德士的《法理学》同样高度关注类推适用,该书的译本词条索引中很罕见地出现了"参照规范"(Verweisnorm)这一表述,其正文所论"参照"(Verweisung)应为引用之义,而非所译的"参照适用",德语 verweisen 意为"指点某人参阅,使注意""援引、指向",无"参照"之义。克莱默的《法律方法论》也未在类推适用的通说见解之外发掘准用/参照适用的方法论意义,中译本将 Verweisung 译为"指示参引",更为允当。

比较法上则逐渐出现了区分适用与准用/参照适用的方法论自觉。第一,德文版《瑞士债法》第 798—801 条中均有"entsprechend anwendbar",两份不同的中译本将之分别译为"类推适用""准用",显示出我国学界对这两个词语的混淆。英文版《瑞士债法》在这几个条文中使用"apply",为"适用"之义。英语不是瑞士官方语言,英文版将"entsprechend anwendbar"对译为"apply",反映出英美法系思维对大陆法系中准用/参照适用的认识错位。第二,《瑞士民法典》第 7 条不加限制地将债法规定适用于(Anwendung)其他民事法律关系,司法和法学理论上不得不通过类推适用/参照适用来避免不合宜的等量齐观。卡纳里斯倾向于将此种"适用"解释为"类推适用"。[7] 克莱默也认为,《瑞士民法典》第 7 条整体参引的规定带来了相应(entsprechend)、合乎意义(sinngemäß)(不一定是字面上)地适用《债法》规定的结果。[8]

(三)参照适用立法技术成就大民法典

参照适用立法技术成就大民法典,通过参照适用所释放出的民法典体系效益经得住找法、储法、立法和传法四个角度的检验。[9]

---

[7] 〔德〕克劳斯-威廉·卡纳里斯:《民法典总则的功能及其作用的限度》,陈大创译,载王洪亮、张双根、田士永、朱庆育、张谷主编:《中德私法研究》第 10 卷,北京大学出版社 2015 年版,第 86—99 页。

[8] 参见〔奥〕恩斯特·A. 克莱默:《法律方法论》,周万里译,法律出版社 2019 年版,第 62 页注[232]。

[9] 参见同前注[2],第 59 页。

第一,参照适用立法技术丰富了民法法源理论,提高了民法法源的体系化程度,促成了大民法典,我们还可以从中总结动态法源观。"法律的体系化追求不可能只是基于一种单纯的美感,体系化最原始的功能还是在帮助找法。"[10] "就立法技术问题的讨论而言,妥当的立法技术应当是便利裁判者寻找法律依据的立法技术。"[11] 参照适用条款丰富了找法的方法,还实质上扩大了调整对象的民法法源范围,并使此种法源随着被参照适用条款的变化而动态跟进。

一方面,参照适用的找法过程是将被参照适用条款具体化。被参照适用条款的构成要件事实与拟处理案件事实应当最相类似,进言之,被参照适用条款应当是最相类似的法律规定。《民法典》第467条对非典型合同参照适用方法有此指引:"……并可以参照适用本编或者其他法律最相类似合同的规定"。《民法典》第464条第2款、第468条等未作此限,本着对参照适用条款本身进行同类解释的方法,这些条款中也包含参照适用本编"最相类似"规定,适用本编通则"最相类似"的有关规定之义。

另一方面,参照适用的找法过程展现出动态的法源冲突协调,形成动态法源观。[12]《民法典》并没有像垂直切割的部门民法那样"只顾到作单行法内的体系解释,少了跨越各法的体系化规范"。[13]《民法典》第464条第2款、第468条、第1001条、第646条等规定的参照适用方法是财产法和身份法、合同之债和非合同之债、人格权法和身份法、民法和商法等关联互动的接口,在充分顾及拟处理法律关系特殊性质的前提下,可以为身份法、非合同之债、商法等提供开放法源。对被参照适用的规范而言,其调整对象随之扩大,也对应形成了大合同编、大合同编通则、大人格权编乃至大民法典。

第二,参照适用立法技术储存了更多法律规范,成就了民法典更大的体系容量。参照适用技术推动法律发展,实现民法典的再体系化,但现代社会法律发展的任务不能由立法者独担。卡多佐曾指出:"司法过程的最高境界并不是发现法律,而是创造法律。"[14] 参照适用技术实际上是立法者对法律适用者的授权。

参照适用立法技术使被参照适用规范的调整对象扩充至最大,产生体系溢出效益,被参照适用规范也成为那块最大的积木,被放在法典底层,通过立法技术中的积木规则承载、储存、释放更多的法律规范。参照适用的大前提是参照

---

[10] 同前注[1],第76页。
[11] 王轶:《民法原理与民法学方法》,法律出版社2009年版,第187页。
[12] 参见王雷:《民法典适用衔接问题研究——动态法源观的提出》,载《中外法学》2021年第1期,第101页。
[13] 苏永钦:《体系为纲,总分相宜——从民法典理论看大陆新制定的〈民法总则〉》,载《中国法律评论》2017年第3期,第77页。
[14] [美]本杰明·卡多佐:《司法过程的性质》,苏力译,商务印书馆1998年版,第105页。

适用条款和被参照适用规范,且参照适用条款本身属于不完全法条,二者结合方能组成完全法条。相近的规则组合成一个单位,小单位再组合成大单位,符合立法技术中的蜂窝规则,可以使整部法律井井有条、结构均衡,避免畸轻畸重。[15]例如,《民法典》第966条通过参照适用技术将中介合同法律规范和委托合同法律规范组合在一起,成为一个弥补中介合同法律漏洞的完全法条单位。《民法典》第646条又将委托合同法律规范和买卖合同法律规范组合在一起,成为一个弥补委托合同法律漏洞的更大的完全法条单位。买卖合同法律规范成为典型合同规范体系中最大的那块积木。

第三,参照适用是发挥民法典体系效益、避免重复规定的立法技术。"妥当的立法技术……应当是遵循了'立法美学',力求简明、便捷,避免法律规则重复、烦琐的立法技术。"[16]参照适用立法技术通过更妥当的规范配置,避免重复规定,大道至简,实现立法简约,释放民法典的体系效益。纯粹服务于避免重复规定、实现法条简化的立法技术,对应"适用"条款,而非"参照适用"条款。参照适用条款更重要的是还具有授权式类推适用的功能,是立法者有意识地授权法律适用者在个案中进行漏洞填补。

立法技术中的标兵规则要求"在各种并立的类型中,选择其中最具普遍性、重要性者作为领头羊,放在前面的位置,并就所涉各种规则详为规定,以便其他有一定共同性者,在制定规范时可以视情形或为概括准用或就具体规则准用,即其未明文规定的情形,于适用时如发现有漏洞,仍可就近参考类推"。[17]参照适用法律技术对应的被参照适用规范都属于标兵规则,具有典型示范意义和体系辐射效应。

例如,根据《民法典》第414条第2款,抵押权清偿顺序规则可以被参照适用到其他可以登记的担保物权清偿顺序情形中。抵押权制度成为担保物权体系中的标兵规则。《民法典》第403条规定动产抵押权登记对抗主义规则,《最高人民法院关于适用〈中华人民共和国民法典〉有关担保制度的解释》第54条细化了善意第三人的范围,该司法解释第67条通过参照适用技术将善意第三人规则扩大到所有权保留买卖合同、融资租赁合同等领域,实现动产和权利担保规则的统一。

又如,所有权保留买卖合同、融资租赁合同还可以参照适用《民法典》第404条动产抵押权不得对抗正常经营买受人规则。有学者进一步指出,《民法典》第388条第1款第2句"为债物二分体系搭建了一个互通有无的桥梁,其可以发挥现有规则扩张适用的体系效应,使得《民法典》物权编的担保规则可以运

---

[15] 有关立法技术中积木规则和蜂窝规则的更详细论述,参见同前注[1],第84—86页。
[16] 同前注[11]。
[17] 同前注[1],第90页。

用到合同编的担保制度之中,这是单行法完全不可能具有的功能。"《民法典》第404条"动产抵押的规则也能够适用于具有担保功能的合同。因此,正常经营活动买受人规则可以适用于所有权保留和融资租赁等情形"。[18]

再如,《民法典》第388条第1款第2句规定的其他具有担保功能的合同清偿顺序如何确定?坚守债权平等原则还是其他?《民法典》第768条突破债权平等原则,规定了多重保理中应收账款的分配顺序,该条成为应收账款融资担保规范体系中的标兵规则。《最高人民法院关于适用〈中华人民共和国民法典〉有关担保制度的解释》第66条通过参照适用技术进一步释放了《民法典》第768条的体系效益,实现应收账款融资担保顺位规则的统一。

第四,参照适用具有鲜明的实践品格,经由更务实的理论研究和法学教育,可以建立参照适用的学术体系、话语体系,提升法学教育的实践性,避免理论和实践各行其是。民法学方法论上存在对参照适用的研究空白,我们要树立参照适用在民法学方法论体系中的地位,绽放其被掩盖的理论光芒,将参照适用夯实为大民法典的重要方法论根基。参照适用方法论的本体内部构成围绕何时参照适用和如何参照适用展开,具体又包括谁来参照、何时参照、何事参照、参照什么、应当参照还是可以参照、如何参照,再具体化为参照适用的法理基础、前提条件、找法方法(被参照适用条款的具体化)、援引技术(完全法条的呈现)、逻辑结构(类比推理)、说理论证(相似性论证)、运用边界等。参照适用理论研究有助于立法、司法和学理的良性互动,推动法律发展。

此外,在新科技革命和产业变革时代,参照适用立法技术有助于保持民法典的开放性和生命力,在民法典的变与不变之间保持适度平衡,避免亦步亦趋或者墨守成规,在多变的时代保持民法典对未来法治的充分弹性和张力,以成就大民法典。从法律发展的角度看,参照适用立法技术展现了法典在变与不变之间更高的合宜感,避免过犹不及或者消极无为。对未来法治领域不断涌现的新现象新问题,参照适用不像原《民法通则意见(试行)》第140条第1款隐私保护直接适用名誉权保护规定那样有不合宜的等量齐观,也不像《民法典》第127条对数据、网络虚拟财产的保护优先适用特别法那样"拔剑四顾心茫然",向特别法看全无回应手足无措,回观一般法又不知哪些规定适合被补充适用。

(四)参照适用立法技术有助于我们更好地理解大民法典

参照适用是释放民法典体系效益的"密码",也是理解民法典"提取公因式"的总则式立法技术的"密码"。参照适用是民法典"提取公因式"的总则式立法技术的升级版,形成更细致的总分关系。民法典总则编自有其通过抽象概括实现立法简约等优点,但也具有非总则性的缺憾——"《民法典》总则编主要以双

---

[18] 王利明:《民法典的体系化功能及其实现》,载《法商研究》2021年第4期,第12—13页。

方民事法律行为特别是合同行为为典型提炼一般规定,且主要以财产法律行为为典型提炼一般规定,这就导致《民法典》总则编对合同行为之外的其他民事法律行为、对身份法律行为的法律适用存在一定的'非总则性'。"[19]苏永钦教授也曾指出,《德国民法典》的总则精华全在法律行为上,作为财产法和身份法的公因子不能算很成功。《德国民法典》总则的体系效应极为有限,身份关系几乎都"总"不进去,这已经是不争的事实。[20]

总则式立法技术要求法律适用过程中优先适用分则、补充适用总则,《民法典》总则编的"非总则性"特点又阻断了回归补充适用总则的道路。《民法典》总则编无法有效充分发挥兜底适用和补充适用的功能,因此,类似功能只能由二级总则/隐性总则分担。此种分担技术不再是直接适用或者补充适用,而是变成参照适用。"提取公因式"的总则式立法技术和参照适用技术成为大陆法系民法典的"宿命"。

例如,针对非合同之债的法律适用,当债法总则缺位时,《民法典》通过第468条原则参照适用、例外不参照适用的立法技术以济其穷。《民法典》合同编通则"普通和特别关系以如此诘屈聱牙的文字和混乱的逻辑去处理,法条像麻花一样绞成一团,未来在找法、传法上都将滋生无穷困扰,法教义学更毫无必要地变得复杂几倍,比一个半世纪以前的德、瑞民法还要倒退"。[21] 实际上,《民法典》不存在独立成编的形式意义上的债法总则,而存在实质意义上的债法总则,合同编通则代行债法总则的实质功能,可谓是"得其意,忘其形"。非合同之债法律适用难题可在"根据其性质不能适用的除外"这一规定的基础上,通过参照适用的解释论妥当化解。参照适用立法技术也丰富了法律发展理论。"债法的一般规则是民法的重要内容,考虑到现行合同法总则已规定了大多数债的一般规则,这次编纂不再单设一编对此作出规定。"[22]《民法典》保留了1999年《合同法》总则的完整性,这种立法技术不存在进步或者倒退、正确或者错误之分,要从立法的历史延续性角度和编纂立法的特点来理解《民法典》中不设独立成编的债法总则这一现象。此时"一页历史就抵得上一卷逻辑"[23]。"唯有结合特定的法律传统(包括立法和司法传统)以及法学教育背景,才能做出何种立法技术更具有适应性的判断。具有较高适应性的立法技术即属较优的立法技

---

[19] 同前注[12],第90页。
[20] 参见同前注[1],第49页。
[21] 同前注[2],第61页注[11]。
[22] 沈春耀:《关于提请审议〈民法典各分编(草案)议案的说明〉》,2018年8月27日在十三届全国人大常委会第五次会议第一次全体会议上。
[23] Oliver Wendell Holmes, Jr. N.Y. Trust Co. v. Eisner, 256 U.S. 345,349.转引自前注[14],第32页。

术。"[24]《民法典》通过立法术语的变化,如将合同编通则很多条文中的"合同权利义务"修改为"债权债务",增加准合同分编,再结合第 468 条参照适用立法技术,努力用合同编通则的"旧瓶"装下合同之债和非合同之债法律适用的"新酒"。我们要在看得见的合同编通则中找到看不见的实质意义上的债法总则,要在显性的合同编通则中发现隐性的债法总则。《民法典》第 468 条"扩张了合同编通则的适用范围,使得合同编通则不仅仅在合同编发挥更大作用,同时发挥了债法总则的功能"。[25]《民法典》第 468 条是大民法典、大合同编的生动体现,也可以帮助我们更好地理解大民法典的体系魅力。

三、参照适用司法技术保持大民法典的与时俱进

参照适用还是一项进行法律漏洞填补的司法技术。[26] 参照适用在找法和用法方面蕴含丰富的方法论命题。"即便社会福利真的是最终的试金石,'确定性与秩序本身就是我们试图发现的社会福利的一部分。'"[27]规范参照适用司法技术要求更完善的裁判说理,法律适用者谨小慎微地从参照适用不确定性的荒漠中找到确定与有序,追求价值判断做出过程的可视性与可接受性,推进价值共识达成,避免裁判恣意和方法论上的盲目飞翔,与此同时也保持大民法典的与时俱进性。

参照适用司法技术在法人清算、非法人组织、身份关系协议、典型合同、非合同之债、身份权利、股权转让协议等领域能普遍发挥漏洞补充作用,对《民法典》中的参照适用条款做类型化和体系化解读,实现法典内在体系和外在体系的融贯,释放大民法典的体系辐射效益。少数未设置参照适用条款的,如基于身份关系协议的物权变动、物权请求权能否参照适用合同编,有可能需要通过类推适用来弥补。与类推适用相比,参照适用作为法定类推适用,本身即可防止类推适用被滥用,具有更高的确定性。参照适用司法技术存在对类推适用方法的借鉴,成熟的类推适用也有转化为参照适用乃至法律明文规定的可能,这种互动发展也是参照适用理论乃至法律发展理论研究的难点。

何时参照适用和如何参照适用是参照适用司法技术的重点,相似性论证是解决如何参照适用的方法。要在拟处理的案型和被参照法律规定之间进行相似性论证,以完成对司法三段论大前提实定法规则的有效寻找和谨慎证立。相似性论证不是形式逻辑,而是价值评价。参照适用的核心难题是规范参照适用

---

[24] 同前注[11],第 187 页。
[25] 王利明主编:《中国民法典释评·合同编通则》,中国人民大学出版社 2020 年版,第 40 页。
[26] 有关司法技术问题的更多讨论,参见同前注[11],第 265—266 页。
[27] 〔美〕本杰明·N.卡多佐:《法律的成长 法律科学的悖论》,董炯、彭冰译,中国法制出版社 2002 年版,第 45 页。

司法技术,防止法官恣意,增强法律安定性。性质考量是相似性判断中的重要和首要因素,但并非唯一因素。如何通过利益动态衡量,发挥规范目的、行为目的、交易安全维护、身份共同体维护等因素的论证力,是参照适用司法技术的难点。《民法典》第464条第2款和第468条规定"根据其性质"参照适用,以"求同存异",规范参照适用过程,厘清对被参照适用的法律规定如何结合拟处理案件的性质进行相应限制或者修正,避免不合宜的等量齐观,同时也增强法律适用的安定性。法律适用中要结合具体制度做类型化分析,不断验证完善相似性论证方法。

例如,基于身份共同体特点,可以将《民法典》第464条第2款身份关系协议的性质具体化为鼓励缔结婚姻、维护夫妻等身份关系和谐安定、实现家庭共同利益、养老育幼、未成年子女利益最大化等,这也是身份关系协议参照适用《民法典》合同编规则时对被参照适用法条限制或者修正变通的判断标准和解释依归。[28]

又如,苏永钦教授曾深刻发问:"在物权法规范不足的情形,能否适用或准用债法的规定?"[29]一般债法规定确实有参照适用于所有权人—占有人关系的必要。当立法未授权法律适用者参照适用,而实定法又存在开放漏洞时,就需要通过类推适用来补充。《民法典》第468条"非因合同产生的债权债务关系"表述略显狭窄,债权的权能包括给付请求权、给付受领权等,物权、知识产权等权利的本质在于支配而非受领,但在"请求权"方面,可与债权债务关系相提并论。债权中包括作为原权利的给付请求权,物权请求权等绝对权请求权对应作为救济权的请求权。《民法典》第460条规定:"不动产或者动产被占有人占有的,权利人可以请求返还原物及其孳息;但是,应当支付善意占有人因维护该不动产或者动产支出的必要费用。"于此涉及物权人的"返还原物请求权"、"返还孳息请求权"、返还义务人的"必要费用偿还请求权",这些请求权并非基于"债"发生,而是基于物权人的地位和无权占有的事实而发生。"罗马法就已经将债法规则适用于整个请求权法,《德国民法典》也是想当然地如此处理了(例如第990条第2款)。但是一直没有解决的问题,也是现在急迫需要处理的问题,即为债法构建的制度在多大程度上一般性地适用于请求权法。"[30]如果返还义务的履行发生给付迟延、给付不能或加害给付,《民法典》物权编并未规定延伸救济规则,立法论上可以参照适用《民法典》合同编的规定,尤其是违约责任的具

---

[28] 参见王雷:《论身份关系协议对民法典合同编的参照适用》,载《法学家》2020年第1期,第32—46页。

[29] 同前注[2],第67页。

[30] 〔德〕恩斯特·齐特尔曼:《民法总则的价值》,王洪亮译,田士永校,载王洪亮、张双根、田士永、朱庆育、张谷主编:《中德私法研究》第10卷,北京大学出版社2015年版,第70—85页。

体规则。在《民法典》各分编中,非基于合同原因发生的"请求权",若存在同样的问题,立法论上均可参照适用合同编为宜,立法未予明示,解释论上只能基于债权请求权与绝对权请求权在请求权上的共性作类推适用。当然,物权请求权也有"根据其性质不能适用"合同编通则的有关规定的情形,例如,物权请求权不能单独转让,脱离物权请求权的物权是不圆满的。物权请求权具有非财产性、预防性,原则上不以过错为要件,原则上也不适用诉讼时效。

四、结语

体系化是民法典的生命,民法典的体系化也需要与时俱进,唯一不变的是人们对法典体系化的不断追求。体系效益也是对民法典始终不变的考验。苏永钦教授绘就的六编制大民法典蓝图宏观巨视、别具一格,具有鲜明的方法论品格。大民法典所追求的更大体系容量和更高体系效益也许还可通过其他中观层面的立法技术和司法技术实现或者接近,我国《民法典》中的参照适用法律技术是一盏照亮大民法典理想的阿拉丁神灯。参照适用立法技术承载大民法典的理想。参照适用司法技术保持大民法典的与时俱进。参照适用立法技术成就大民法典,通过参照适用所释放出的民法典体系效益经得住找法、储法、立法和传法四个角度的检验。参照适用立法技术还有助于我们更好理解大民法典,参照适用是民法典"提取公因式"的总则式立法技术的升级版。

参照适用立法技术可以避免立法上的重复规定、形塑动态法源,随着被参照法律规定的不断完善,带动拟处理案型对应法源的动态发展,从中我们可以观察总结法律发展理论。参照适用司法技术可以有意识地弥补法典漏洞,通过参照适用司法技术在法典中寻找解决方案、释放大民法典的体系效益,但也有必要规范参照适用的论证过程。参照适用在大民法典体系内部有意识弥补法律漏洞,成为释放大法典体系效益的"阿拉丁神灯"。通过规范相似性论证、完善裁判说理,约束参照适用司法技术带给法官的自由裁量权,避免打开裁判恣意的"潘多拉魔盒"。

(责任编辑:刘凝)

部门宪法的回归之道:以中国劳动宪法为例

阎 天[**]

A Way Out for the Domain-by-domain Study of the Constitution
—The Case of China's Labor Constitution

Yan Tian

苏永钦教授是海峡两岸部门宪法研究的首倡者。[1] 众所周知,作为严格法律概念的"部门宪法"起源于德国宪法学,两岸的部门宪法研究因之带有鲜明的舶来色彩。而苏教授提示部门宪法研究的旨趣时,却特别强调要回归本土经验、回归宪法文本,这或许会令读者稍感意外;细细思之,又可以理解苏教授的敏锐眼光和良苦用心。本文以中国劳动宪法的研究为例,探讨苏教授所言"两个回归"的必要性与可行性,初步摸索一条部门宪法的回归之道。

一、为何回归?

应当承认,"部门宪法"的概念之所以能够在我国引起共鸣,是因为我国宪

---

[*] 本文系教育部人文社会科学研究一般项目《共享经济背景下我国劳动基准法律问题研究》(19XJC820002)的成果之一。
[**] 阎天,北京大学法学院助理教授。
[1] 苏永钦主编:《部门宪法》,元照出版公司2006年版;苏永钦:《再访部门宪法》,载《治理研究》2020年第3期,第108—120页。

法学与包括德国在内的一些国家的宪法学分享了一个重要的判断：宪法眼中的世界是划分为不同部门的。这种划分可能是学理的建构，例如系统论宪法学的观点[2]；也可能是宪法文本的规定，例如我国现行宪法总纲章就明显区分了政治、经济、文化等事务；还可能是对宪法文本加以阐发的结果，例如把我国现行宪法上关于劳动的规定统合为"中国劳动宪法"[3]。无论依据何种标准来划分部门，部门宪法都承认各个部门之间的差异性，并且认为宪法不应当试图抹平这种差异，而是要因地制宜，针对不同部门设定不同的规制目标，实施不同的规制策略。由于"部门法"概念的强势地位，宪法上的部门与各个部门法之间形成了一定的对应关系，这也强化了"宪法要区分部门"的部门宪法理念。可资佐证的是，我国各个部门宪法研究的倡导者，往往既属于宪法学界，又具有相关部门法的研究背景。

　　但是，宪法把世界划分成部门，并不意味着各国宪法对于各个部门的认知是一致的。如苏永钦教授所言，宗教虽然是各国宪法的共同主题和部门，但是宗教在社会生活中的地位有天壤之别，宪法对于宗教的态度也因而迥异。我国宗教问题与民族和边疆问题的复杂纠缠，是美国宪法所不曾面对的；反过来，美国深刻和顽固的种族问题，也是中国宪法所无需处理的。类似的例子还有很多。如果将他国宪法对于特定部门的认知机械照搬到我国，就可能误解我国宪法；如果将这种认知付诸实践，就几乎必然发生"南橘北枳"的尴尬局面。

　　在劳动宪法领域，最典型的误解存在于就业歧视问题。美国宪法上就业歧视受害者的原型是黑人，他们遭受着深入骨髓的敌意（animus），又经历了数百年的奴役和隔离。作为回应，宪法和法律一方面注重打击敌意、移风易俗，为此发展出"嫌疑归类"（只要按照种族归类就有敌视黑人之嫌）等司法教义；另一方面采取补偿的态度，以优待措施来弥补黑人在历史上形成的劣势，为此发展出"纠偏行动"（只要结果不平等就要加以纠正）等司法教义。相比之下，中国宪法上就业歧视受害者的原型主要是妇女，她们虽然受到歧视，但是经过长期的社会主义改造和教育，这种歧视已经大致弱化为一种"势利"。一旦妇女证明自己的工作能力确实不逊于男子，就很少会有用人单位继续歧视她们[4]；妇女在教育等领域的实力也不亚于、甚至整体上超越了男性。她们在劳动力市场上的劣势主要并非来自历史的重负，而是来自生育成本的不当分配。宪法所要保护的原型不同，原型所面临的困难也不同，如果简单地将美国反就业歧视的宪法措

---

[2] 参见李忠夏：《宪法学的系统论基础：是否以及如何可能》，载《华东政法大学学报》2019年第3期，第21—33页。

[3] 参见阎天：《重思中国劳动宪法的兴起》，载《中国法律评论》2019年第1期，第58—64页。

[4] 这一判断出自支振锋：《"美国宪法新理解"学术研讨会述评》，载《环球法律评论》2014年第5期，第183—191页。

施套用到我国,就会发生病症与解药的"错配",不但无法药到病除,搞不好还会危及生命。与其打着放大镜在网上或网下搜罗歧视女性的意图,或者一味强调要把女性当成弱者来优待,不如对症下药,提倡生育成本的公平分担——宪法上关于社会保障制度、获得物质帮助制度和保护母亲制度的规定,就蕴含了这方面的意义。

各国部门宪法的差异,不仅存在于对具体部门的认知,而且存在于对部门之间关系的看法。例如,美国宪法上关于精神世界的内容主要是宗教信仰自由,而极少认为精神世界与物质世界之间存在值得注意的关联。换言之,如果精神文明和物质文明是两个部门,那么美国宪法大致将它们视作两个隔离的领域。相比之下,我国现行宪法承认经济基础与上层建筑之间的辩证关系:一方面,宪法认可经济基础对于上层建筑的决定作用,为此删去了"七八宪法"中关于依靠"无产阶级政治挂帅"来提高劳动积极性的规定;另一方面,宪法力图发挥上层建筑对经济基础的巨大反作用,为此规定要以主人翁的态度对待劳动,并且设置了表彰劳动模范、开展劳动竞赛、提倡义务劳动等增强主人翁态度的措施。与美国宪法不同,中国宪法将精神文明与物质文明视作两个密切相关的部门,不仅不否认它们之间的联系,反而试图强化和利用这种联系。如果简单地搬用他国宪法关于宪法部门间关系的看法,无疑会遗漏或者曲解中国宪法的重要意涵。

毋庸讳言,不同宪法部门的国别差异程度也不同。有些部门较多地保留了中华人民共和国成立"前30年"的传统,因而与当今世界主流的资本主义宪法差异较为明显,研究者容易有较强的本土意识;有些部门则更多是经济全球化的产物,其内容似乎更有些"放之四海而皆准"的意味,研究者的本土意识就可能弱些。而苏永钦教授力图避免以偏概全,他超越到各个宪法部门之上,提出了回归本土经验和回归宪法文本的总体愿景。这一判断包含了苏教授游走于中西各国之间的治学心得,应当获得研究者的认真对待。

二、如何回归?

"两个回归",知易行难。就回归本土经验而言,关键在于要研究中国的真问题。纯从他国经验类比而出的问题,或者纯就逻辑规则推演而出的问题,都不是真问题;真问题或者已经发生,或者具有发生的具体可能性。在当下的我国,部门宪法的真问题既可以来自合宪性审查,又可以来自部门法行宪。我国合宪性审查的工作还刚刚起步,案例稀少、说理单薄,尚不能成为真问题的主要来源。而中国劳动宪法的研究表明,制定和实施劳动法是落实劳动宪法的主要手段;将劳动法中的重大问题加以提炼,就形成了中国劳动宪法需要研究的真问题。

从部门法中寻找部门宪法的真问题,进而提取部门宪法的本土经验,典型的例子是劳动宪法价值秩序的建构。许多国家的宪法都肯定甚至赞美劳动,但是劳动究竟为何值得宪法去肯定和赞美?劳动究竟服务于哪些重要的宪法价值?宪法文本对这些问题往往语焉不详。这一沉默是《劳动合同法》立法大讨论的诱因。当时,劳动法学界被划分为所谓"劳方派"和"资方派",分别抱持所谓"单保护"(劳动法只保护劳动者的利益)和"双保护"(劳动法同时保护劳动者和用人单位的利益。其下又可分为"倾斜保护"即着重保护劳动者的利益和"平衡保护"即没有保护的侧重两种观点)的立场,两者剑拔弩张,难以调和。双方分歧的实质是对于《劳动合同法》价值目标的不同看法:"劳方派"更注重劳动者的生计保障,服务于社会公平;而"资方派"则更强调提高劳动力资源的配置效率,服务于经济发展。两种观点在劳动领域的基本法《劳动法》之中都能找到依据,那么要想调和二者的关系,就不能在劳动法内找出路,而只能诉诸劳动宪法。深入分析劳动宪法的价值体系,可以发现上述有关《劳动合同法》的讨论至少存在两点误区:其一,缩小了价值目标的版图。在宪法上,劳动不仅服务于生计和效率的目标,而且还追求平等、民主和光荣。上述讨论遮蔽了后三种价值,导致了这些价值的实现不足乃至边缘化,这是《劳动合同法》相对于《劳动法》的倒退之处。其二,制造了生计与效率的简单对立。事实上,宪法从未规定生计与效率两种价值之间存在顺位高低;二者的关系除"以大压小"之外,完全可以有其他模式。可行的模式之一是:在满足最低限度的生计需求之后,再来讨论生计与效率的取舍。[5]

而就回归宪法文本而言,关键在于要开发出适合中国宪法实际的解释体系。这一体系包含宪法解释的立场、方法和材料三个层次,立场决定方法的顺位,方法决定资料的取舍。迄今为止,我国宪法解释体系的建构仍然较为初步,其局限性至少体现在:其一,立场的分殊尚未得到足够重视。作为宪法解释最为常见的两种立场,原旨主义与演化主义基本仍被视为美国宪法的特殊现象,其在中国的存在与意义还缺少深入的开掘。事实上,立场与方法之间的层次之别也很少得到注意,所谓"原旨解释"经常与历史解释、先例解释、结构解释之类解释方法并提。其二,方法的"工具箱"尚未得到充分清理。通常来说,解释方法是根据解释所依据的材料来命名的,而"扩张解释""限缩解释"等则是根据解释的效果来命名的,把它们与解释方法并提是不够妥当的;至于"有权解释"和"无权解释"是根据解释主体来命名的,它们的区分非常重要,但是与解释方法显然也不在同一维度。由于说理过于简单,从现有的合宪性审查案例之中很难看出审查者究竟使用了哪些解释方法,他们的"工具箱"还需要更多案例才能一

---

[5] 参见阎天:《供给侧结构性改革的劳动法内涵》,载《法学》2017年第2期,第43—57页。

窥究竟。其三,材料的范围还不够明确,收集整理还刚刚起步。例如,法律法规和司法解释,如果虽无宪法解释或合宪性审查之名,但是在客观上阐发了宪法,甚至明确宣示是依据宪法某条文制定,是否可以或者应该纳入释宪的材料?如果答案是肯定的,那么应当怎样防止释宪材料无限泛化,以致将绝大部分法律规范囊括其中?而另有一些文献的释宪材料属性虽然争议不大,但是残缺不全或应用不多。例如近年来日益受到重视的、实质性参加现行宪法制定工作的学者的著述,除许崇德教授的作品因为出版了全集而收集较易以外,肖蔚云、王叔文等学者的著作还不易集齐。至于参加"五四宪法"制定的"秀才"们的作品,更是很少得到系统的整理。

  不难看出,解释体系问题远远超出了部门宪法的范围,它是一国宪法解释学乃至整个宪法学发展程度的标尺。解释体系问题也充分体现在中国劳动宪法的研究之中。在解释立场上,最突出的例子来自按劳分配的原则地位。现行《宪法》第6条规定:"社会主义公有制消灭人剥削人的制度,实行各尽所能、按劳分配的原则。"这里的"原则"应做何解?新版的《现代汉语词典》给"原则"设定了两个意项,一是"说话或行事所依据的法则或标准",二是"指总的方面;大体上"。按照意项一,原则就是重要的规则,它是没有例外的;而按照意项二,原则是可以有例外的。从现行宪法的实施来看,早在20世纪80年代,《全民所有制工业企业法》就允许国企采取按劳分配以外的分配方式,这显然是采用了意项二。然而,距离现行宪法出台时间最近的《现代汉语词典》是1978年的第1版和1983年的第2版,这两个版本中的"原则"都没有意项二,只有意项一。据此基本可以断定,现行《宪法》第6条的原旨是不允许公有制下采取按劳分配以外的分配方式。那么,究竟应该采取原旨主义的立场,宣告《全民所有制工业企业法》以来的一系列法律和政策违宪,还是采取演化主义的立场,宣告原旨已经过时?这个选择事关重大,还需要充分的论证。在解释方法上,主要的问题存在于后果解释的适用范围。例如,现行《宪法》规定了公民遵守劳动纪律的基本义务。在"劳动纪律"被"用人单位规章制度"所吸收,劳动纪律的制定和执行权几乎被用人单位垄断的情况下,如果不对这一义务加以限制,就可能导致单位挥舞纪律大棒侵夺劳动者权益,损害劳动者生计和社会稳定等重要的宪法价值。正是考虑到这一后果,《劳动合同法》和司法解释均对规章制度的制定程序和内容做出了限制。问题在于,这种后果考量的边界在哪里?如果边界任由法官在个案中裁量,后果解释会不会成为吞噬一切的"霸王解释"?而在解释材料上,一个典型的例子是解释现行《宪法》中劳动条款原旨的文献。先前可用的材料基本局限于制宪时彭真所做的说明和报告,而近来发现了张友渔为这一问题所撰写的专稿。[6] 张氏曾任宪法修改委员会秘书处的副秘书长,参与制宪机要,其表述较学理解释更为权威,对于宪法原旨的佐证作用不容忽视。另外,究竟哪些法律法规可以视作对宪法的解释,也存在一些难题。比如,《劳动法》宣示自身系根据宪法制定,而《劳动合同法》没有,那么《劳动合同法》中偏离《劳动法》之处,是否意味着立法机关对相关宪法规定理解的改变?

为了回归本土经验和宪法文本,中国劳动宪法需要做的还有很多。苏永钦教授的贡献,首先在于为部门宪法研究明确了"两个回归"的任务。回归不易,但是如果遇到困难就"向外国法逃逸",就会越来越偏离宪法学的正道和主流,部门宪法研究的前景就会更加暗淡。至于"两个回归"的中国道路,则要靠中国学者去开辟。沿着这条道路坚定前行,部门宪法研究就能够成为宪法学的探路者,为宪法学整体学术品质的提升做出贡献。

(责任编辑:李昊林)

---

[6] 张友渔:《新宪法与劳动工作》,载北京市劳动学会秘书处编印:《社会主义宪法与劳动工资制度改革》,1984年。

民法规范的属性与刑民交叉的判断逻辑

陈少青[*]

The Essence of Civil Law Norms and Judgements on Cases with Criminal Law and Civil Law Evaluations

Chen Shaoqing

作为一名刚刚踏入学术研究领域的年轻学者,能够以笔谈的形式参与到苏永钦教授祝寿研讨会中,深感荣幸!苏永钦教授关注跨法域的教义学,这无疑为当下大陆"如火如荼"的刑民交叉研究提供了珍贵的理论滋养。作为一名刑法学者,笔者在近几年对刑民交叉问题的研究过程中,尝试为刑民规范之间的衔接寻求连接点,而这有赖于对民法和刑法规范本身的性质特征进行深入把握。其中,苏永钦教授对于民法规范性质的独到见解,对于探究刑民交叉的规范属性有着极为重要的意义。苏永钦教授极为敏锐地指出:"'法定'的民事规范,其功能或者只在节省交易成本或指导交易,而不具强制性,或者虽具强制性,其功能亦在于建立自治的基础结构,为裁判者提供裁判争议的依据,不在影响人民的行为。"[1]由此可以认为,民法规范侧重的是裁判规范而非行为规范。笔者以此为切入点,从行为规范与裁判规范的角度主张刑民交叉乃是裁判规范

---

[*] 对外经济贸易大学法学院讲师。
[1] 苏永钦:《走入新世纪的私法自治》,元照出版公司2002年版,第23页。

的交叉，而非行为规范的交叉，进而得出刑民交叉的连接点为"法律效果"而非"违法性"。

一、行为规范还是裁判规范

在法规范领域，行为规范与裁判规范是一组极为重要的概念，无论是刑法学者还是民法学者，对此均予以关注。"法条或法律规定之意旨，若在要求受规范之人取向于它们而为行为，则它们便是行为规范（Verhaltensnormen）；法条或法律规定之意旨，若在要求裁判法律上争端之人或机关，以它们为裁判之标准进行裁判，则它们便是裁判规范（Entscheidungsnormen）。"[2]虽然行为规范与裁判规范之间存在紧密关联——例如在刑法中，裁判规范是为了保护行为规范而存在，如果没有裁判规范，则行为规范也会失去效力[3]，但二者依然存在不少差异，其主要表现在如下几个方面：①适用目的：行为规范是针对未发生的行为带有拘束力地进行指引，裁判规范是针对既定的事实后果进行法律规制。②适用对象："行为规范以一般公众为约束对象，用以指引公民行动；裁判规范以司法人员为约束对象，目的是指导司法人员的裁判活动。"[4]③适用后果：公民违反行为规范，则构成违法[5]；违反裁判规范，则承担相应的法律后果。司法裁判中，违反行为规范未必违反裁判规范，例如，针对生命的紧急避险违反行为规范，但根据裁判规范不作为犯罪予以处罚。④逻辑关系：裁判规范包含但不限于行为规范，"刑法是行为规范与裁判规范的统一，但这里的统一并非同一。我们可以说，凡是行为规范都是裁判规范，反之则不然。换言之，存在着并非行为规范的裁判规范。例如，刑法关于未遂的规定，就是单纯的裁判规范而非行为规范"[6]。行为规范都是裁判规范，因为前者"首先系对行为者而发，然后为贯彻其规范系争行为之意旨，才又进一步要求裁判者依据系争行为规范而为裁判，从而使这些行为规范兼具裁判规范之性质"[7]；反之，裁判规范除了行为规范，还包括决定是否适用制裁措施的其他内容，如行为人的行为能力、违法性认识可能性等责任要素。

显然，并非所有的规范均是行为规范，其与裁判规范共同构建了整个规范

---

[2] 黄茂荣：《法学方法与现代民法》，中国政法大学出版社2001年版，第110—111页。
[3] 参见〔日〕井田良：《講義刑法学・総論》，有斐閣2008年版，第59页。
[4] 王永茜：《论刑法上裁判规范与行为规范的分离》，载《清华法学》2015年第5期，第145页。
[5] 参见〔日〕高桥则夫：《规范论和刑法解释论》，戴波、李世阳译，中国人民大学出版社2011年版，第16页。
[6] 陈兴良：《〈规范论和刑法解释论〉中译本序》，载〔日〕高桥则夫：《规范论与刑法解释论》，戴波、李世阳译，中国人民大学出版社2011年版，中译本序，第2页。
[7] 同前注[2]，第111页。

体系，在甄别某一规范是否属于行为规范时，需要注意以下几点：

第一，区分行为规范与行为影响要素。任何法规范均有可能对公民的行为选择产生影响，但只有对公民具有拘束力的行为指引才是行为规范。行为规范强制约束公民的行为，但不具有行为拘束力的其他法律规范同样可以影响行为。[8]例如，《刑法》第24条第2款规定，对于中止犯，没有造成损害的，应当免除处罚；造成损害的，应当减轻处罚。该规定不包含任何对一般人行为的禁止或命令，属于典型的裁判规范，法官通过适用裁判规范能够鼓励犯罪人中止犯罪，对公民的行为选择产生一定影响，但这种影响没有强行拘束力，不属于行为规范，而只不过是裁判规范反射效果的体现。

第二，是否属于行为规范，可以通过法律后果反证得出。行为规范的法律强制力体现在违反该规范则应承担相应责任，如果责任的承担（制裁）不具有确定性，规范拘束力也就无从谈起。行为规范的有无，可以通过是否存在强制性的、不可避免的法律后果予以反证。如果某种法律后果的承担是由公权力直接介入决定的，而不取决于被害人的个人意志，则导致该后果的原因是违反了行为规范。

第三，法条中包含"应当""禁止""不得"等语词并不意味着一定是行为规范。行为规范的目的是直接对行为施加拘束力，即便法条中存在上述语词，但如果存在公民排除适用该条款的余地，就不属于行为规范。例如，《民法典》第546条第2款规定，债权转让的通知不得撤销，但经受让人同意的除外，此处的"不得撤销"对公民的行为选择没有强制约束性，故不属于行为规范。

二、"行为规范—行为违法"还是"裁判规范—裁判后果"

通过上述对行为规范与裁判规范的区分不难看出，行为规范的特质是对行为人具有规范性的拘束力，其强制性地约束公民的行为，行为规范违反，构成违法。与之相对，裁判规范的特质是为裁判者提供裁判依据，对已经发生的法律事实进行规制，裁判规范被违反，导致相应法律后果的发生。

因此，行为规范与行为违法相呼应，裁判规范与裁判后果相呼应。其中，行为规范是"告诉社会大众应当做什么、不应当做什么，即发出一定的命令或者禁止指示，以指引社会大众的行为"[9]，违反行为规范即违法。以此为切入点，重新审视目前学界对于刑民交叉领域规范之间逻辑关系的研究，不难发现，绝大部分学者都是从"行为规范—行为违法"的层面展开讨论的，即，将刑法规范与民法规范之间的逻辑关系问题转化为刑事违法性与民事违法性之间的逻辑关系

---

[8] 对行为选择产生影响的，除了行为规范还包括任意规范、倡导性规范等，参见王轶：《民法原理与民法学方法》，法律出版社2009年版，第224页以下。

[9] 刘志远：《二重性视角下的刑法规范》，中国方正出版社2003年版，第119页。

问题,法秩序的统一在行为规范层面就衍化为违法判断是否一元的问题。由此展开违法一元论与违法相对论之争。

具体而言,民事违法性即违反民法的行为规范,与刑事违法性即违反刑法的行为规范之间,是否具有从属性,成为问题的焦点。(缓和)违法一元论作为多数说认为,虽然违反民法的行为规范并不意味着必然同时违反刑法的行为规范,但如果不违反民法的行为规范则必然同时不违反刑法的行为规范;与之相对,违法相对论则认为,是否违反民法的行为规范与是否违反刑法的行为规范之间没有关联,二者的判断各自独立。那么,在刑民交叉领域,"行为规范—行为违法"进一步与刑法的从属性(刑事违法是否从属于民事违法)密切相关。

与之相对,如果从裁判规范的视角出发,梳理刑民规范之间的逻辑关系的话,刑民规范之间的连接点就不是"违法性",而是作为裁判后果的"法律效果",刑民规范之间的逻辑不再是刑事违法性与民事违法性之间是否具有从属性,而是刑事法律效果与民事法律效果之间能否共存。基于法秩序统一性原则,刑民的法律效果应当能够在法秩序中共存,但由于刑罚这一刑事法律效果具有强制性,当刑民法律效果发生冲突时,公民为了趋利避害,会优先考虑刑事法律效果进而导致民事法律效果被架空。其中最为典型的例证就是不法原因给付与侵占罪的关系问题。在受领人拒不返还不法原因给付物的场合,倘若根据刑法构成侵占罪,则受领人畏惧刑罚的严厉性而不得不将给付物返还给给付人,这与不法原因给付条款所要求的"给付人不得请求返还"相矛盾,民法条款将沦为一纸空文。"从刑法的立场出发,进行目的论思考当然是必要的,但对民法上不具有返还义务的人施以刑罚制裁而强制返还——至少不能处分——破坏了法秩序全体的统一。"[10]

为了协调刑民之间的法律效果,避免民事法律效果被架空,应当将刑法的补充性作为基本原则。具体到刑民交叉领域,面对具有严重危害性的行为,只有当民事法律效果(民事责任的承担)不足以使得人身、财产秩序恢复正常时,刑罚这一刑事效果才有必要予以辅助,弥补民事效果制裁力度之不足,并且不能颠覆、否定民事效果。补充性原则决定了民事效果和刑事效果之间的逻辑关系,即刑事法律效果是民事法律效果的保障,起辅助作用,不能越俎代庖,更不能架空民事法律效果。[11]因此,"行为规范—行为违法—从属性"与"裁判规范—裁判后果—补充性"形成两种并行的处理刑民交叉问题的解决思路。

---

[10]〔日〕団藤重光:《刑法綱要各論》,創文社1990年版,第636—637頁。
[11] 参见陈少青:《刑民交叉实体问题的解决路径——"法律效果论"之展开》,载《法学研究》2020年第4期,第80页。

三、行为规范、私法自治与民法规范

在上述两种解决思路中,何种思路才是处理刑民规范之间逻辑关系的关键?这取决于民法规范是更侧重行为规范属性还是更强调裁判规范属性。如果将法秩序的统一理解为行为规范的内在一致,则需要各个法律部门对公民社会生活的调整均以行为规范为基础,刑法作为最具有强制力、制裁措施最为严厉的法律部门,自然满足这一要求,但是民法规范是否属于行为规范却颇有疑问。

不少民法学者主张,民法规范兼具行为规范与裁判规范双重属性[12],即民法乃日常生活之行为准则,此为行为规范;当行为规范不被遵守惹起纷争时,法院以民法为裁判依据,此为裁判规范。[13] 但上述理解是将行为规范广义地理解为行为准则,不以拘束力为必要(行为影响要素),并非是作为违法判断基础的具有规范拘束力的行为规范;在法秩序统一视野下研究与违法判断性质相关的行为规范只能限于后者。在"行为规范—行为违法"的视角下分析民法规范的性质,不难发现绝大多数的民法规范都不具有行为规范的属性。

民法中的绝大多数规范属于任意规范。任意规范不具有强制性,当事人能够依其意思或依其与相对人之合意拒绝系争规定之适用或修正其规定之内容[14],其意义在于节约交易成本、提高裁判的可预见性、提供交易选择以及透过有名契约,对各种典型交易中双方权利义务与风险成本进行公平分配等。[15] 显然,任意规范不属于行为规范,因为其"非旨在制造行为准则,并无需要行为人遵守之拘束力,它对于行为人不具有所谓'规范的性格'"。[16] 因此,凡是能够由当事人自治的规范,均不属于行为规范,违反该规范,不具有(民事)违法性。

事实上,民法在规范配置时,之所以较为排斥行为规范,是因为其与私法自治原则难以相容。私法自治是民法基本原则中最核心的原则,强调私人之间的法律关系应取决于民事主体的自由意思,避免法律强行为之设立带有强制力的行为指引。[17] "如果主张民法规范是当事人必须遵守的行为规范,在逻辑上就必然会得出私法自治不是民法根本理念的错误论断;反之,如果主张私法自治

---

[12] 参见王利明:《民法总论》,中国人民大学出版社2015年版,第16页;梁慧星:《民法总论》,法律出版社2011年版,第35—36页。

[13] 参见郑玉波:《民法总则》,中国政法大学出版社2013年版,第15页。

[14] 参见同前注[2],第124页。

[15] 参见同前注[1],第19页。

[16] 朱庆育:《意思表示解释理论——精神科学视域中的私法推理理论》,中国政法大学出版社2004年版,第184页。

[17] 参见王轶:《民法原理与民法学方法》,法律出版社2009年版,第49—50页。

是民法的根本理念,就必然会得出民法规范不是行为规范的逻辑结论。"[18] 以此为前提,重新检讨刑法学者关于民法中的行为规范以及民事违法的理解,可以发现刑法学者对于违法的理解并没有立足于违反行为规范,存在一定误读。

误读一:"根据民法而被可以损害赔偿的行为规范是民法上的行为规范。"[19] 行为规范的核心特征是对公民具有规范拘束力,公民必须按照民法规范的指引行事,否则会受到法律的制裁。这种制裁应具有确定性,不能由私人自由决定,否则规范的拘束力将无从谈起。将根据民法中的行为规范界定为"可以获得损害赔偿"的规范,明显不妥。"可以"说明并非一定,损害赔偿与否依然取决于被害人的自由意思,这意味着即便最终没有要求损害赔偿,依然被民法所容许,既然如此,公民是否实施该行为,实施后是否会被要求损害赔偿,都由当事人自由决定,民法并没有对行为选择施加强制性的拘束力,此类规范明显不属于行为规范。

误读二:民事违法可以分为两类,一类是民事违约,另一类是民事侵权。[20] 如前所述,违法的内核是违反行为规范,那么民事违法就是违反民法中的行为规范。然而,民法规范多为任意性规范,任意性规范因对行为选择欠缺拘束力,不属于行为规范。

第一,民事违约不等于民事违法。民事契约以私法自治为核心,契约如何设立、履行以及违约之后如何救济等均基于双方当事人的协商加以确定;民事违约的法律后果多是违约行为人支付违约金,而违约金的数额以及违约条款的确立均基于双方当事人的意思自治,行为人违约以及相对人是否追究违约责任取决于其个人意愿,没有法律强制力的拘束——民法中不存在禁止违约的行为规范。而且,民事违约本身可能成为当事人基于自己的意思追求更大利益的途径。违约的动机多为行为人权衡履约成本与违约成本后,认为后者(支付违约金)的成本更低。如果通过违约行为人能够利益最大化,并且相对人获得足额的违约金补偿,双方完全可能共赢,这比法律强行要求行为人履行合约所能给双方带来的收益更大,此时很难认为违约行为应当被法律所否定。故违反当事人一致意思的违约行为,不能称之为违法。

第二,民事侵权不等于民事违法。民事侵权行为具有法益侵害特征,被法律所禁止,但是否构成违反行为规范之违法,则需要明确侵权责任法中的规范是否属于行为规范。《民法典》第120条规定:"被侵权人有权请求侵权人承担

---

[18] 钟瑞栋:《民法中的强制性规范:公法与私法"接轨"的规范配置问题》,法律出版社2009年版,第79页。

[19] 同前注[5],第25页。

[20] 参见陈兴良:《刑民交叉案件的刑法适用》,载《法律科学(西北政法大学学报)》2019年第2期,第162页。

侵权责任。""此意味着,被侵权人亦'有权'不请求承担侵权责任。换言之,有关侵权责任之法律规范能否得到适用,取决于当事人意志,属于任意规范。实际上,不仅侵权责任,民法几乎所有责任规范,均具有任意性质,由当事人自治。"[21] 上文提到违法的判断,可以通过法律后果予以反证,只有法律要求行为违反后确定要承担法律责任的规范,才属于行为规范。是否承担侵权责任,由被侵权人自由选择,法律不能越过当事人统一、明确要求行为人承担责任,故民事侵权也只是违反了民法中的任意性规范,民法对侵权行为没有规范拘束力,不成立民事违法。

概言之,对于民事责任承担的相关条款,应以"可否由当事人自治"为标准,判断是否属于行为规范。即便民法中存在少量的强制性规范,也并不"管制"人民的私法行为,而毋宁说是提供一套自治的游戏规则[22];而违约责任与侵权责任是否承担,均系当事人之间的沟通、协商,法律不能强制为之设定唯一的选择,故以任意性规范为主。欠缺行为规范的民法规范对公民的行为选择不会提供明确的指引,行为的实施与否属于私法自治的范畴,此时很难认为刑法与民法提供的行为指引一致或冲突,违法判断的一元论与相对论的讨论空间变得极为有限。现有学者也注意到在"行为规范—行为违法"层面处理刑民交叉案件的局限性,对于一些具体刑民疑难案件的解决,已经不再从违法判断一元论与相对论的立场出发进行探讨。

例如,在处理侵占不法原因给付物的问题时,民法虽然否定给付人的返还请求权,但并未也不可能认可受领人侵占给付物符合民法的行为规范(否则民法就是强制要求受领人侵占给付物,鼓励"黑吃黑");换言之,对于受领人侵占给付物,民法没有给出相应的行为规范强制要求其侵占或不侵占,也就不能将侵占行为评价为民事合法或民事违法。于是学者将该问题转换为"民法不予保护的利益,刑法是否应予以保护"。[23] 法律是否保护一种既定的权利状态,与法律是否要求行为人通过特定行为来达到该种权利状态,属于两个不同层面的问题,前者关乎事后法官的裁判依据,后者关乎事前公民的行为选择。民法否定给付人的返还请求权的规定只是法官处理已经发生的侵占不法原因给付物的法律依据,并非强制要求当事人实施特定行为,不属于行为规范。因此不法原因给付与侵占罪的问题属于裁判规范之间的协调问题,与违法性的判断没有直接关系。

再如,善意取得与诈骗罪之间的关系日益受到学者的关注。无处分权的行

---

[21] 朱庆育:《民法总论》,北京大学出版社2016年版,第52页。
[22] 参见同前注[1],第20页。
[23] 参见于改之:《法域冲突的排除:立场、规则与适用》,载《中国法学》2018年第4期,第96页。

为人隐瞒事实将财物卖给善意第三人,民法规定第三人取得所有权,财产损失由原所有人承担,这是否影响诈骗罪中的财产损失与刑事被害人的认定,成为困扰实务界与学界的重要理论难题。对此,很难从违法判断的一元论与相对论的视角予以解决,因为第三人是否遭受财产损失与无权处分行为本身是否违法无关,重点在于无权处分行为导致的后果是否被民法认定为有效,此时考虑的是民事法律后果(原所有人最终丧失所有权)对诈骗罪认定所产生的影响,即在"裁判规范—裁判后果"的层面展开讨论。

从上面两个例证不难发现,民法规范关注的并非是民事违法/合法,而是民法上有效/无效,而后者本身就是法律后果层面的问题。民法对于既定的法律事实的效力予以评价,进而确定民事主体的权利归属,其本身就是以裁判规范为依托。相较于"行为规范—民事违法","裁判规范—民事效力"才是民法规范适用的核心内容。

四、结语

以私法自治为根本原则,民法规范的重心在于裁判规范而非行为规范,所以在"行为规范—行为违法"层面展开刑民规范之间逻辑关系的讨论并无太大裨益。真正成为问题的是,在"裁判规范—裁判后果"的层面,刑民之间的法律后果(民法上的权利归属是否影响犯罪的认定、刑事犯罪的成立是否影响民法上权利归属的判断等)如何能够在统一的法秩序中共存。换言之,法秩序的统一性并非是指各个法领域行为规范的统一,而是指裁判规范的统一,其核心在于各个法领域的法律后果、规范目的能够协调自洽地存在于整个法律体系之中。

(责任编辑:刘继烨)

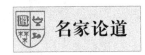

数字法治的三维面向

马长山

Three Dimensions of Digital Legalization

Ma Changshan

内容摘要：数字法治并不是一个"横空出世"的概念，而是信息革命和数字时代发展变革的重大成果。它基于数字化发展变革的驱动、"数字中国"建设战略的"刚需"和法治创新实践的诉求而生，具有厘定数字政府/数字公民新框架、塑造数字治理新范式、构建"数字主权"新形态的三维面向，需要采取法治原则重塑、规制秩序重塑和法治理论重塑的发展进路，进而实现从现代法治（法治 1.0）向数字法治（法治 2.0）的转型升级。

关键词：数字政府　数字公民　数字人权　数字治理　数字法治

纵观人类历史发展进程，迄今已经历了三次重大革命。传统农业革命，确立了以土地为中心的村落化、家庭化的分散作坊式生产生活和等级身份秩序；近代工商业革命，确立了以资本/劳动为中心的城市化、集中化、规模化的生产生活和自由平等秩序；当代信息革命，则确立了以数据/信息为中心的扁平化、

---

* 本文系国家社科基金重大项目——数字社会的法律治理体系与立法变革研究（编号20&ZD177）的前期成果之一。

** 哲学博士，华东政法大学教授，博士生导师。

碎片化、智慧化的生产生活和分享共建秩序。正是这一时代背景，孕育了新型的数字法治。

一、从"问题"到"命题"

任何一个重大变革的时代，都会给人类提供超出想象的巨大创造空间，进而经孕育、提炼而形成全新的价值理念和理论命题。民主、法治、人权是如此，数字法治也是如此，它是当今信息革命的必然后果，是当今法治变革和转型升级的理论呈现。催生数字法治的因素主要有如下三个。

其一，数字化发展变革的强劲驱动。人们常说，未来已来，人类已经由经济全球化迈进了数字全球化时代。随着人工智能、区块链和大数据带来的生产力、生产关系和生产资料的深度变革，数据信息也成为至关重要的生产要素，并对土地、劳动、资本、企业家才能等原有生产要素进行数据化描绘、网络化连接、可视化引导、速优化配置和融合化发展，新业态、新模式、新引擎不断涌现，新基建、新生态、新价值链日渐形成，进而对传统产业进行着全方位、全角度、全链条的改造，产生了数字经济的放大、叠加和倍增效应。物联网、车联网、身联网、元宇宙等新生事物加速发展，可以说，"信息革命已经深远地、不可逆转地改变了世界，其步调惊心动魄，其范围前所未有"。[1] 这必然会引起根本性的变迁转型与总体性的制度塑造，并在数字全球化的进程中产生日益深刻的颠覆性重建。就法治领域而言，人们通常认为市场经济、民主政治、理性文化和市民社会是现代法治得以产生、运行及发展的根本条件与现实基础，但在当今数字社会背景下，原有的市场经济转型为数字经济，原有的民主过程嵌入了数字平台机制，原有的理性文化为赛博空间逻辑所加持，原有的市民社会面临着政府与平台双重权力的挑战；人们通常认为以自由、平等、权利为核心的正义是法治的价值目标和理念追求，但在如今分享经济、平台经济的发展态势下，基于启蒙精神的这些价值理念则受到了不同程度的消解和限缩；人们通常认为权力分立、规则至上、正当程序是现代法治的基础架构与机制安排，但在数字化、网络化、智能化技术逐渐被司法深度应用的条件下，庭审方式和控辩关系、地域和级别管辖、智能辅助中的自由裁量、区块链技术中的司法程序等都发生了深刻重塑甚至制度突破。可见，"许多以前我们曾经依赖的东西，正在数字化时代支离破碎。"[2] 这意味着，现代法治正面临着数字法治的消解甚或替代。

其二，"数字中国"建设战略的追切"刚需"。在当今数字全球化时代，核心

---

[1] 〔英〕卢恰诺·弗洛里迪：《信息伦理学》，薛平译，上海译文出版社2018年版，序言第1页。
[2] 〔德〕克里斯多夫·库克里克：《微粒社会——数字化时代的社会模式》，黄昆等译，中信出版社2018年版，前言，第XII页。

竞争力已不再是工商业时代的石油、资本和制造,而是数据、算力和智造。为了发展数字经济和推进数字化转型,在2015年12月的第二届世界互联网大会上,中国首次正式提出推进"数字中国"建设的倡议,党的十九大报告又进一步提出建设"数字中国""智慧社会"的宏大构想。而从2018年到2021年,"数字中国建设峰会"已经连续在福州举办四届,"新方位、新理念、新动能、新发展、新辉煌"也已成为"数字中国"建设的战略安排与核心路径。[3] 刚刚发布的《国民经济和社会发展第十四个五年规划和2035年远景目标纲要》,则在第五篇中做出了"加快数字化发展,建设数字中国"的具体战略部署,要求打造数字经济新优势、加快数字社会建设步伐、提高数字政府建设水平、营造良好数字生态,从而以数字化转型驱动生产、生活和治理方式变革。这些深度变革与转型,一方面必然使司法制度和法治建设面临诸多难题和挑战,另一方面,又迫切需要大量的制度创新来适应"数字中国"建设战略的时代要求。为此,全面推进依法治国就不能局限于仿制现代法治的进路,而应该致力于数字时代的法治创新,特别是要对近年来智慧法院、智慧检务、智慧警务、智慧治理等创新成果进行理论升华和制度化运行。可见,提出数字法治的理论命题并付诸实践,已经成为"数字中国"建设战略的现实而迫切的"刚需"。

其三,法治创新实践的理论诉求。从2016年到2019年,智慧政务、智慧司法建设进程不断加快,其主旨是技术赋能、提高效率,让百姓少跑腿、多办事,也即从技术应用的工具化角度来推进智慧交通、智慧警务、智慧法院、智慧检务、智慧司法等等。然而,从2020年开始,各个领域已经从一个简单的工具性应用场景转向了机制再造、制度重塑的变革升级阶段。例如,《浙江省数字化改革总体方案》就明确提出,要对省域治理的体制机制、组织构架、方式流程、手段工具进行全方位、系统性的重塑。它有5个关键词,即一体化、全方位、制度重塑、数字赋能、现代化;它具体包括6个方案,即一体化智能化公共数据平台建设方案、党政机关整体智治系统建设方案、数字政府系统建设方案、数字经济系统建设方案、数字社会系统建设方案、数字法治系统建设方案。同时,浙江高院还提出了《关于推进建设"浙江全域数字法院"重大改革的实施方案》,以实现业务流程再造、组织构架重塑、诉讼制度变革。这些就不再是简单提高效率、简单技术应用的问题[4],而是一个从技术应用到制度变革的深度转型,是全面数字化的升华过程。可见,数字法治的实践已经远远跑到了法治理论的前头,或者说,数

---

[3] 参见:《以信息化培育新动能 用新动能推动新发展 以新发展创造新辉煌》,https://baijiahao.baidu.com/s?id=1598421314159359505&wfr=spider&for=pc,最后访问日期:2021年7月19日。

[4] 参见:《浙江省数字化改革总体方案》,https://www.100ec.cn/detail—6587614.html,最后访问日期:2021年7月19日;《浙江全面推进数字法院建设》,http://society.people.com.cn/n1/2021/0409/c1008-32073615.html,2021年7月19日访问。

字法治理论研究是相对滞后的。

具言之,面对创新活跃的数字法治实践,法治理论研究无疑还没有找到太多的感觉。主要问题有三:一是"宏大"有余,"实证"不足。现在好多的理论研究都是宏大叙事,缺少实证的、细致的分析考察。二是"问题"有余,"命题"不足。数字时代的到来,给既有法学理论和法律实践带来了很多冲击和挑战,很多问题用原来的制度规范都难以解决。虽然很多理论研究对此十分关注,但却处于一个"头痛医头、脚痛医脚"的个案化解决状态,少有类现象、类问题的整体性分析,相应的命题提炼和前瞻性的把握,这就导致一种疲于应付的研究状态。三是"内卷"有余,"创新"不足。当我们遇到很多新问题、新挑战的时候,总是"合法性"思维、"教义性"思维当先,力图用既有的法律规范去解释它、涵盖它、框住它,认为通过修补法律、出台司法解释等就可以解决它。这种"内卷"思维认为数字化挑战只是既有制度体系面临的新问题,不承认它是数字时代的颠覆性变革,在理论上的创新不足也就顺理成章了。这犹如丑小鸭的故事一样,大家总觉得丑小鸭怪怪的、很另类,但又按照对待和评价一只鸭子的常规方式去对待它、评价它,殊不知这只另类的丑小鸭不仅会走,将来还会飞。此时,总想用行走的逻辑去框住它,无疑就锁住了它飞翔的翅膀。对现代法治而言,其生成发展仅依托于物理时空,并没有数字时空的因素,它的价值原则、规则体系、运行机制、秩序构造等,都是对物理时空条件下生产生活规律的法律抽象,这些逻辑无法再简单地演绎、套用在数字时空条件下的生产生活关系上。因此,这就需要走出"内卷"思维、深切关注法治创新实践,从"行走"(物理时空)和"飞翔"(数字时空)的双重逻辑来审视数字法治实践、提炼数字法治命题,让数字法治这只"丑小鸭"成长为数字时代的"白天鹅"。这无疑是法治创新实践对法治理论的客观诉求。

可喜的是,学术界近来开始高度关注数字法治的研究,相关研究机构也陆续创立。[5] 因此,基于时代诉求来提炼数字法治命题、发现数字法治规律、探寻数字法治逻辑的学术研究将成为一种新的趋势,这可能会开启一个数字法治研究的新时代。

二、数字生态下的法治发展面向

随着网络化、数字化和智能化技术的加速融合和叠加发展,数字化转型已成为驱动生产方式、生活方式和治理方式变革的核心动力,人类社会开始全面进入数字化时代。置身其中的现代法治,也面临着空前重大的历史性转型,并

---

[5] 如从 2020 年 6 月至今,先后成立了华东政法大学数字法治研究院、浙江大学数字法治研究院、中国政法大学数据法治研究院等,形成了各具特色的研究方向和领域。

在三个宏观维度上迈向了数字法治。

（一）厘定数字政府/数字公民新框架

当今信息革命打破了"上帝"给人类划定的界限——突破了物理空间，创造了虚拟时空；突破了人的生物性，增赋了人的数字性[6]，进而孕育了全优配置的数字经济，创造出高效的生产力和便捷的智慧生活。事实也表明，数字时代的我们，从衣食住行到生产生活，离开数字化应用几乎寸步难行。换言之，"人们的行为越来越多地以在线的方式实现，个人信息或数据成为大数据和人工智能应用的原料，人也因此获得数字人这一全新的存在形态"。[7] 因此，每个人都拥有自己的数字身份和数字人格。这样，就会深刻改变政府与公民的既有关系。

其一，确立数字行政的合理性、正当性。众所周知，现代国家/社会、政府/公民的二元关系框架，是在启蒙思想和理论的指引下建立起来的。它主要是受到工商革命的推动，变革的目标是封建社会关系，面临的是物理时空环境。而在当今数字时代，则是受到信息革命的推动，变革的目标是工商社会关系，面临的是虚实同构环境。于是，国家/社会、政府/公民的制度框架就必然进行数字化转型。

近年来，世界各国均竞相加速数字政府和数字社会建设，我国"十四五"规划也提出了数字经济、数字社会、数字政府和数字生态四大建设目标。因此，越来越多的国家事务、社会事务都要进行大数据归集和全流程在线通办，这自然就会形成数字化公共服务和数字化公共参与形态。目前，我国正在加快从"数字政府1.0"向"数字政府2.0"的转型与升级，实现"新五化"，即"从线上到双在线"的网络化、"从分散小平台到统一大平台"的平台化、"从分散的信息化产物到整合的数据资源"的数据化、"从基于业务的信息技术应用到基于数据的智能化创新"的智能化、"从相对封闭的自循环到开放的创新大生态"的生态化，这就会带来"治理、服务、决策模式上的根本性改变，服务组织模式的创新，以及从服务和服务对象出发的业务协同模式"[8]，使得政府的服务能力和治理水平大幅提升。然而，也必须注意到数字政府已经和可能遇到的一些挑战与问题：一是"大量无法充分利用互联网的人群使公平性的问题凸显出来"[9]，这种"数字鸿沟"和公共服务的"数字化障碍"不仅限制了技术助力公共服务和民主运行的能力，而且还有增加不平等、不公平的社会风险。因此，如何让技术促进数字政府

---

[6] 参见马长山：《智能互联网时代的法律变革》，载《法学研究》2018年第4期。

[7] 段伟文：《信息文明的伦理基础》，上海人民出版社2020年版，第8页。

[8] 张建锋：《数字政府2.0——数据智能助力治理现代化》，中信出版集团2019年版，第42页。

[9] 〔美〕达雷尔·韦斯特：《数字政府：技术与公共领域绩效》，郑钟扬译，科学出版社2011年版，第207页。

的公平性、民主性，是一个重要的时代课题。二是自动化行政中的算法决策，固然具有很高的工作效率、一致的标准和客观的计算结果，但算法黑箱、算法错误、算法偏见等问题也难以避免。因此，这就需要规制公共算法，促进数字行政和数字治理的合理性、正当性。三是数字政府在履职和运行成果中，会进行大量的数据采集、运营和管理，这些公共数据具有重要的经济和社会价值，一方面应面向社会进行必要的开放利用，进而克服数据孤岛和数据壁垒，增强数字政府的透明性和可问责性，促进公众的民主参与，确保其"取之于民、用之于民"，推动数字经济发展和数字技术创新；另一方面，又要维护数据安全，保障个人信息权利，确保国家安全利益。可见，数字行政的合理性、正当性，体现着数字政府与数字公民之间的新型互动关系和价值原则。

其二，确认数字公民权身份。在现代性的公共生活理念中，人们以自然人角色来展现私人生活，以公民身份来参与公共生活。但他们在接受公共服务和参与政治过程时，都只能采取以生物人为载体、以物理空间为基础的"面对面"活动方式，并没有、也不可能有数字化的选项。而进入数字时代后，公民则更多地通过在线方式，按照数字政府的数字化流程来办理申请、申报、审批等各项私人事务；通过在线听证、在线投票、电子选举方式参与公共事务和投身政治过程。其间，在线流程中的身份认证、信息交互、信息处理等，已经超越了人的生物属性和物理空间，其活动方式则呈现为"屏对屏"的虚实交融状态，其实质都是公民的数字身份、数字表达和数字行为。

可见，随着国家/社会、政府/公民关系框架的数字化转型，亟需把数字公民身份确认和权利保障提上议事日程，培育数字公民的素养与能力，加强数字政府与数字公民法治化互动。从2017年起，就有政协委员在两会上提出"数字公民"的提案，认为"数字公民"是数字时代画像展示、获取公共服务升级、参与社会治理创新。[10] 2018年4月23日，在福建省空间信息工程研讨中心、福建省物联网工业联盟、新大陆科技集团联合举办的数字公民生态共建及作用发布会上，又发布了全球首颗"数字公民"安全解码芯片。[11]这表明，数字公民身份和数字公民权已经成为数字社会的一种客观诉求。

其三，保障数字人权。在短短的几十年中，互联网已经发展到物联网、车联网、身联网、脑机接口、元宇宙、数字孪生、平行系统（世界）等创新成果或社会现象纷纷涌现，生成了全时空泛在的数字环境和数字生态，"信息圈开始在任何空

---

[10]《"数字公民"破解公共服务困境的新支点》，http://www.chinaxiaokang.com/17quanguolianghui/xkjzplh/2017/0305/173008_1.html，最后访问日期：2021年9月26日。

[11]《全球首颗数字公民安全解码芯片在福州发布》，http://media.people.com.cn/GB/n1/2018/0424/c14677-29946236.html，最后访问日期：2021年9月26日。

间中弥散"。[12] 这无疑给人类带来了"超能"的生产力和"异想天开"的智能体验，但同时也会产生一定的风险和威胁，确认和保障数字人权就成为数字法治建设的一个重要主题。

一是自动化的不平等。随着数字时代的到来，信息鸿沟、算法黑箱、算法歧视等问题越来越突出。人们往往看重算法决策的效率性、客观性和一致性，但算法决策一旦出现歧视和错误，就会被系统锁定，进而将不平等和歧视机制化、常规化、自动化，美国的"数字济贫院"就是一个典型。[13]

二是诱导推送的政治操控。在美国的总统大选中，Facebook、Twitter、YouTube等平台通过抓取、分析大量用户信息，进行数据画像和个性化推送，从而操纵选民的意识和行为。"这种影响不会触发用户的意识，而是一种潜意识，使它们成为你思想的一部分，还让你觉得这是自己的主见。"[14]英国脱欧过程中，也上演了这样的操控大戏，并直接影响了投票结果。这就引起了一场"新政治形态革命"，即"未来操控政治的，将是数据，而不是你的大脑"[15]，这就在无形中侵蚀、吞噬了公民的自主性和自由民主权利，并会在国际政治环境中蔓延和发展，带来新型的人权威胁。

三是算法决策的劳动操控。进入数字时代之后，算法就成为全新的社会秩序构建力量。然而，与以往的技术不同，它并不是工业机器那种"无意识"的替代和控制，而是"有意识"的计算化操控。以"外卖骑手"为例，算法可以针对骑手年龄和身高等特征维度，测算出骑手相应的步长和速度；并结合餐厅的楼层、平均出餐速度、订单的积压情况等来划定骑手最终的送达时间。在这一过程中，"数字控制不仅削弱着骑手的反抗意愿，蚕食着他们发挥自主性的空间，还使他们在不知不觉中参与到对自身的管理过程中"。[16]这无疑就产生了全新的数字人权问题。为此，2021年7月16日，人力资源与社会保障部等六个中央部门联合最高人民法院、全国总工会，共同制定发布了《关于维护新就业形态劳动者劳动保障权益的指导意见》，督促企业制定修订平台进入退出、订单分配、计件单价、抽成比例、报酬构成及支付、工作时间、奖惩等直接涉及劳动者权益的制度规则和平台算法，旨在为网约配送员、网约车驾驶员、货车司机、互联

---

[12] 同前注[1]，第426页。

[13] 〔美〕弗吉尼亚·尤班克斯：《自动不平等——高科技如何锁定、管制和惩罚穷人》，李明倩译，商务印书馆2021年版，第174页。

[14] 《算法操控大选，数据左右美国》，https://new.qq.com/rain/a/20201015a025hs00，最后访问日期：2021年9月28日。

[15] 《新型政治形态革命，用网络操控你有多简单？》，https://www.sohu.com/a/300329750_488672，最后访问日期：2021年9月26日。

[16] 陈龙：《"数字控制"下的劳动秩序——外卖骑手的劳动控制研究》，载《社会学研究》2020年第6期。

网营销师等新型劳动者提供更多权益保障,这无疑是保障数字人权的重要举措。

四是国家层面开始关注数字人权。数字人权是信息革命所带来的新兴问题,也是基于智慧社会发展诉求的"第四代人权"。[17] 对此,国家有关部门也高度重视,一方面,工信部于2020年年底发布了《互联网应用适老化及无障碍改造专项行动方案》,从"操作难"和"内容陷阱"两方面入手,来改善老年群体的"上网自由",进而"缩小数字鸿沟,让所有公民享有技术发展的红利,既是技术发展本身的逻辑所在,也是全面建成小康社会的必然要求"。[18] 另一方面,2020年7月,经全国科学技术名词审定委员会批准,"数字人权"一词正式在社会上公开发布试用;同时,2021年《国家社会科学基金招标项目指南》,则将"数字人权基本问题研究"列为一个重要的招标选题。这说明,国家层面的相关部门已开始关注数字人权的保障问题。

综上可见,数字行政合理性、正当性、数字公民身份和数字人权,承载着数字政府和数字公民的新型关系,同时也构成了数字法治形成和发展的一个重要维度。它重塑着现代法治的公民身份和人权价值,标识着数字法治的时代特征。

(二)塑造数字治理新范式

随着网络化、数字化、智能化的交融发展与深度变革,现代性的社会治理模式必然面临着深刻的数字化重塑,进入了"数治"新时代,催生了数字治理新模式。这个"数字治理"超越了传统的以道德、法律、惯例等为主导的治理模式,而以有效收集、分析和处理数据作为国家和社会治理的主导方式和手段。它仍离不开道德、法律、惯例等的支撑、规制和保障,但此时的道德、法律、惯例等不再是"彼时规范",而是数字社会的新生规范,体现着数字权利观、数字正义观和数字秩序观,具有清晰精准、高效便捷、智慧可视、共建共享等鲜明特征,反映着数字法治的逻辑要求和数字治理的新趋向。

其一,共建共享共治属性。数字经济、数字社会、数字政府、数字生态构成了数字时代的基本图景,其基础都是数据信息的流通、控制与分享,也就是说,消除"数据鸿沟"与"数据孤岛",打破数据垄断与壁垒,同时加强数据信息权利保护,无疑是数字治理的基本准则。其次,"大数据技术的广泛应用实际上正重塑着整个法律体系运作于其中的社会空间,改变着大数据掌控者(包括国家和商业机构)与公民个人之间的权力关系,并创生出许多无需借助法律的社会控

---

[17] 参见马长山:《智慧社会背景下的"第四代人权"及其保障》,载《中国法学》2019年5期。
[18] 参见《跨越数字鸿沟,别让老人被数字时代边缘化》,https://baijiahao.baidu.com/s?id=1690549923464706507&wfr=spider&for=pc,最后访问日期:2021年10月1日。

制方式"[19],因此,代码也成为一种新的"法律"。这些是共建共享共治的根本动力,展现了数字时代的"自生自发"秩序。再次,各种新业态、新模式和平台治理中,形成了大量"众创试验"的民间治理规则[20],这些规则反映了信息革命和数字经济时代的新规律、新趋向,而且还具有"破窗性"和颠覆性,从而倒逼监管部门将其纳入国家立法之中,并与国家法律形成互动互补,促进了国家与社会力量的秩序共建,形成了数字治理的新形态。

其二,三元结构平衡机制。现代社会治理的重要基础是国家/社会的二分结构和社会契约论,以宪法为轴心来设定国家和社会的纵向"官民"关系,以民法为轴心设定社会生活中平等主体之间的横向人身财产关系,形成了横纵两条线的总体构架。随着数字时代的到来,这个二元结构转变成国家/平台/社会的三元结构。平台是"一脚门里、一脚门外",也就是说,它固然是一种新业态的企业,但同时,它却拥有制定平台规则的准立法权、管理平台的准行政权、解决平台纠纷的准司法权。国家的三权是需要分立制约的,而平台拥有的这些准公权则是自己内部来运行的,平台本身既是裁判员又是运动员。它所形成的是新型社会权,既是社会的 power,又是社会的 right。这样,就打破了传统社会治理的二元结构基础,形成了数字政府、平台经营者、数字公民(数字用户)之间的公权力、私权力(权利)、私权利的博弈格局,确立起三元平衡的数字治理框架和运行机制。

其三,交互回应型规制。数字经济也是平台经济、分享经济,它不仅需要法律规则的规制,也需要各类平台规则的规制代码等技术规则的规制以及相应行业规则的规制。这些"网络互动经常具有复杂的身份构建、规则制定和执行等特征"[21],但与以往所不同的是,它们不再力图通过宏大的、体系的、一劳永逸的立法来解决问题,而是针对数字经济发展的纷繁业态和个性化要求,转向场景化的专项定制、回应性的弹性框架、自主性的多元规约等,来实现类型化、精细化、多元化规则的数字治理。

其四,智慧司法可视。智慧司法的关键,并不是对数字技术的工具性应用,也不仅仅是提高效率、技术赋能,而是要进行数字化的机制再造和制度重塑,如司法平台化与分工制约机制改革、司法区块链与诉讼证据制度改革、异步错时庭审与诉讼程序改革、算法决策与审判监督制度改革等。通过这些机制和制度变革,来打破物理时空限制,促进司法过程的阳光透明、技术规范、智慧可视,从

---

[19] 郑戈:《在鼓励创新与保护人权之间——法律如何回应大数据技术革新的挑战》,载《探索与争鸣》2016 年第 7 期。

[20] 参见马长山:《智慧社会建设中的"众创"式制度变革——基于"网约车"合法化进程的法理学分析》,载《中国社会科学》2019 年第 4 期。

[21] 〔英〕安德鲁·查德威克:《互联网政治学:国家、公民与新传播技术》,任孟山译,华夏出版社 2010 年版,第 34 页。

而维护数字治理秩序。

其五,呈现数字正义。在工商时代,法律是通过国家/社会来规范人、事、物的;而在数字时代,国家与社会中间出现了平台这一主体。透过国家/平台/社会的复杂关系,法律通过数据信息这一"中介"来分配社会资源、解决社会纠纷、传递社会价值,因此,"信息是权力的中心"。[22] 这时,法律所呈现的就不仅仅是以往的分配正义,而是更多地加持了基于分享/控制的数字正义,从而实现数字治理的核心价值。

其六,坚持以人为本。在当今数字经济时代,全样本的数据分析和智能算法将在社会生产生活中扮演越来越重要的角色。然而,"数据的意义在于价值而非数字。如果人所有的行为、所有的感情、所有经历的事情、所有认识的人都可以进行量化,变成一组数据,那人类存在的价值在哪里?"因此,如何在这场技术变革中合理安放人性,构筑尊重人权的"道德基础设施",从而促进个人信息权利保护,消除数据鸿沟和算法歧视,保障公众知情权,就成为"数字治理"的根本任务。一是应客观认识到任何技术应用都是有价值偏好的,故而要理性审视"技术中立论",确立并完善"以人为本"的行业规范和职业伦理;二是不宜把人类的行为及其结果进行过于量化的分析设计,避免数据崇拜和"唯科学主义"的职业倾向;三是在行业规范和职业伦理中,植入法治理念和人权精神,无论是数据挖掘、数据画像和"私人定制",还是建模算法、代码编写和精准服务,都应秉持数据正义准则、塑造数据正义观,才能"赢得数据"和保障"数字人权",从而建立智慧社会的法治秩序。在国际上,美国设立了生物伦理问题研究总统委员会、英国设立了纳菲尔德生命伦理学理事会,Google、Lucid AI、Microsoft 等多家大型科技公司也都已设立了伦理审查委员会(或伦理道德委员会、伦理风险委员会)。2020 年 10 月 21 日,中国成立了国家科技伦理委员会;2021 年 9 月 25 日,国家新一代人工智能治理专业委员会又发布了《新一代人工智能伦理规范》,这些都表明,我国的科技伦理建设也已正式起航,成为"数字治理"的重要价值指引。

(三)构建"数字主权"新形态

数字时代的到来,彻底打破了物理时空的边界,因此,基于物理时空的主权概念就面临着严峻的挑战。目前,各国都十分注重网络安全立法,它既具有维护自身安全的目的性,又具有大国竞争的博弈性,因此,网络空间主权问题就显得十分突出,这也是数字法治的域外呈现。

我们知道,在互联网兴起之初,网络自由主义曾盛行一时,该观点认为"控

---

[22] 〔美〕安德雷斯·韦思岸:《大数据和我们——如何更好地从后隐私经济中获益?》,胡小锐等译,中信出版集团 2016 年版,第 12 页。

制互联网就好像是'试图将果冻钉在墙上'"[23],因此,可以称其为"网络无政府时代"。但随后的发展表明,网络空间并非是自由主义的天堂,"网络环境允许一个人与志趣相同的人迅速取得联系,不过,欺骗与不和的机会也同样存在"。[24] 民粹主义、数据黑灰产、犯罪活动等无疑打破了网络自由主义的梦想,各国的国家权力纷纷开始介入。这样的权力介入不仅使那种扁平化、匿名化、无国界的网络空间观念被颠覆了,也越来越演变成大国竞争的政策工具。特别是在近几年,美国泛化国家安全观念,使用单边制裁、技术封锁、极限打压等。此外,澳大利亚、加拿大、英国、以及一些欧盟的国家,也都运用网络安全、空间安全这样的法律工具,力图在世界大国的博弈当中占据有利地位。他们采取的策略大多是长臂管辖,如欧盟的 GDPR 就是一个典型。美国则更进一步,其《澄清境外数据合法使用法案》(亦称"云法")已经不再是长臂管辖了,而应该是"规避管制"。因为它不是要把手伸到别国那里去"管",而是直接伸到别国那里去"拿"。具言之,"云法"明确规定美国执法机构可以直接获取境外数据,同时,应外国政府(适格国家)请求向其提供美国公司控制的非美国人数据(个人信息)[25],这无疑是在规避所在国的管辖,可以说是数字疆域之下的"治外法权"。

中国采取的策略是从立法上确认和界定"网络空间主权"。尽管这也曾引起了一些争议,然而,如果我们摆脱物理思维、迈进数字思维的话,那么,就可以突破物理边界而确立数字身份、规制数字行为和实现数字治理。事实上,我国立法也并没有从物理思维下的"范围"或者"地域"上来对网络安全主权进行界定,而是从行为上来进行规制,展现着数字法治理念下的体系化逻辑。一是对网络空间主权进行价值设定,即在总体安全观之下,确立了保障合法权益原则、保障信息自由流动原则、网络安全和信息化发展并重原则、促进公共数据的资源开放原则、构建多边民主透明的网络体系原则等[26],从而体现了分享与控制的数字法治价值观。二是确定了网络空间主权边界,即在坚持属地原则之外,还确立了效果原则,不管在境内还是在境外,只要对我国产生社会后果,那就要纳入我国的法律管辖[27],这样,就超越了传统以物理边界来向域外主张网络空间主权疆域的做法。三是确立网络空间主权的规制方式,除《国家安全法》是关系法外,《网络安全法》《数据安全法》都是行为法,它们主要涉及网络和信息行为的物理层、连接层、网络层、传输层和应用层,构建了相应的规制方式。当然,仅有这些还远远不够,我们还需要阻断外国"长臂管辖""规避管制"的不当适

---

[23] 同前注[21],第 306 页。
[24] 〔美〕彼得·德恩里科、邓子斌编著:《法的门前》,北京大学出版社 2012 年版,第 393 页。
[25] 参见张露予:《美国〈澄清域外合法使用数据法〉译文》,载《网络信息法学研究》2018 年第 1 期。
[26] 参见《网络安全法》第 1 条、第 3 条、第 7 条、第 12 条、第 18 条等。
[27] 参见《网络安全法》第 75 条、《数据安全法》第 2 条、《个人信息保护法》第 3 条。

用,增强网络空间主权的适用效力,加强国际合作和建立"朋友圈",并积极参与国际规则的制定。这样,才能让我国的法律真正产生域外效力、落地生根。总体来看,网络空间主权也是一种数字法治竞争,如果把网络空间主权的理论命题再提升一步,那就应该是"数字主权"。它并不仅限于网络空间范围,而是一种基于数字治理的主权形态,是维持一国数字治理秩序,保护其数字经济权益、网络和数据安全的重要保证。因此,构建必要的、适当的"数字主权"新形态,无疑是数字法治的一种时代要求和重要面向。

三、数字法治的重塑进路

数字法治并不是现代法治的数字化,也不是现代法治的自然延展,而是现代法治的代际转型和总体升级。如果说现代法治是法治1.0版的话,那么,数字法治就是法治2.0版。这样看来,现代法治和数字法治乃是法治发展变革的不同阶段和类型,数字法治反映了数字时代的生产生活规律,是平衡公权力、私权力(权利)、私权利关系,保障数字社会权利,实现数字正义的治理方式、运行机制和秩序形态。因此,数字法治是在现代法治基础上的数字化改造、重塑与新生。

其一,法治原则的重塑。近代以来,法学家们分别从形式意义和实质意义上对现代法治进行了要素分析和原则提炼。比较有代表性是,戴雪提出了法治"三原则",富勒、拉兹、菲尼斯等都各自提出了法治"八原则"等。[28] 但他们高度认同的部分是:法律的目标在于控制公权力、保障私权利,"治者"与"被治者"同等地服从法律权威、依法办事,法律具有公开性、一致性、稳定性、连续性和不溯及既往性,确保司法独立、正当程序和执法司法公正,司法解释以及自由裁量权的行使符合法律原则和法治精神,法院对公权行为具有合法、合宪性审查权等。通过这些法治原则的概括和提炼,形成了形式法治和实质法治的不同版本。[29]

然而,不管是"三原则"还是"八原则",无疑都是对物理时空中法治运行机制与逻辑的抽象和升华。首先,现代法治的作用场域是地理主权背景下国家/社会的二元生活,其核心是公权力/私权利以及权利/义务的互动关系,具有明显的地域化、中心化特征,司法机关也基于此设定了地域、级别管辖制度。其次,现代法治的社会基础是实在可及、经验分析、所有权至上的工商生产生活关

---

[28] 参见〔英〕戴雪:《英宪精义》,雷宾南译,中国法制出版社2001年版,第232~239页;〔美〕富勒:《法律的道德性》,郑戈译,商务印书馆2005年版,第55~106页;〔英〕约瑟夫·拉兹:《法律的权威——法律与道德论文集》,朱峰译,法律出版社2005年版,第187—190页;沈宗灵:《现代西方法理学》,北京大学出版社1992年版,第79页。

[29] 参见〔美〕布雷恩·Z.塔玛纳哈:《论法治——历史、政治和理论》,李桂林译,武汉大学出版社2010年版,第117—118页。

系,主体是自然人、法人和非法人组织,调整对象是物理环境下的人/财/物/事,因此,人格权/物权/债权也就成为了法权核心。最后,现代法治的价值源泉来自启蒙运动所展现的精神价值,包括生命至上、保护财产、自由、平等、人权等等。它主要从工商业时代孕育发展而来,反映着现代性的生活方式、现实交往和价值观念的伦理尺度。就是说,那个时候还不存在人的数字属性和虚拟时空,因此,在法学家们的视界内不可能有数据/信息上的应对和考量,其内涵和指向也难以对数字时代的法治变革提供有效的包容和解说,这就需要确立新型的数字法治理念、范畴、原则、机制和体系。比如,过去物理性的主/客体二元对立逻辑,需要转换成数字性的主/客体包容逻辑;政府/公民的传统二元构架,会转向数字政府/平台/数字公民的三元平衡体系;人身财产关系的构建与运行,会依托于算料、算力、算法的支撑调配;从物理时空生活中抽象出来的以自由、平等、权利为轴心的法律逻辑,会转化为物理/电子空间一体化基础上的以分享和控制为轴心的法律逻辑,等等。

其二,规制秩序的重塑。众所周知,现代法治是以国家和社会的分离为基础的,其核心是制约公权力、保障私权利、尊重正当程序、维护公平正义。为了实现这些目标,现代法治建立起了横纵交互的两大规制体系。纵向上,以社会契约论为基础,通过以宪法为中轴的公法体系来划分和确定国家与社会、公权与私权的权益边界和法律关系;横向上,则以意思自治为基础,通过以民法为中轴的私法体系来划分和确定社会中个人与组织、个人与他人的权益边界和法律关系。这横纵两条线,实际上就相当于两个交互作用的"合同关系",共同框定了现代法治的规则秩序。上述这种横纵交互的规制体系,则展现着启蒙价值和精神。从古到今,法律精神经历了从自然理性到神的理性再到人的理性的巨大变迁,现代法治充分反映了启蒙时期的价值追求和人的理性精神,把生命至上、保护财产、自由、平等、人权等价值理念确立为"良法"的前提和基准,从而以"良法"来实现"善治"目标。这样,启蒙价值就成为贯穿横纵两大规制体系的一条主线,为现代法治提供道德基础和价值指引,促进社会公平正义。上述横纵交互的规制体系和作为主线贯穿其间的启蒙价值,还都是对现代法治的结构性的形式描述,反映着工商时代的规制方式和规律。

在当今数字时代,传统物理空间的生活方式依然存在,人的生物属性依然是立身之本,因此,现代法治的一些价值原则、重要规则体系、主要规制方式等依然有效,如物权、合同、婚姻、侵权等法律规范体系依然起着基本的支撑作用。因此,数字法治不可能是推倒重来、另起炉灶,而是一种重塑新生。具言之,数字法治是基于数字经济业态、数字社会生活方式和数字价值理念的新型法治形态,需要高度关注虚实同构的生活空间和行为方式,以及人的生物/数字两种属性。因此,它在包容、吸纳现代法治的同时,必然要实现数字时代的方向性重塑。一是确立数字法治价值，对自由、平等、权利的内涵、属性与边界进行重新厘定和限缩平衡，并秉持以人为本和人类中心主义的理念，防止数字技术对人性和人文精神的侵蚀。二是建构数字规则体系，即数字社会空间、数字社会行为、数字社会纠纷三大规则体系。其中，在数字政府与数字公民的关系上，应对自动决策与自主选择、算法公开与多元参与、自动执行与人本价值等进行制度界定；在数字司法上，需回应集约化、平台化、智能化的变革要求，对诉讼制度、组织架构、运行机制等进行改革或制度重置。三是构建自主互动的秩序机制，从以人力运作为中心的执法司法过程，演化为自动执行和代码规制。四是采取多方互动、协同推进的策略，包括党政智治、平台治理、智慧司法、社会组织参与、国际合作等，从而打造适应数字时代发展要求的规制体系和规制秩序。

其三，法治理论的重塑。一如上文，人类已经全面进入了数字时代，现代法治转型升级为数字法治已是大势所趋。面对这场前所未有的重大法治变革，我们不应过多地回溯历史，力图用我们比较熟悉的既有理论来阐释它、审视它、框定它，看它是否符合既有的概念、范畴、规则和逻辑，进而决定认同它、支持它，还是否定它、拒斥它。我们知道这种做法是很省事的，也更有利于捍卫自己的研究领域和传统优势，但真正的问题并没有得到解决，而且会越来越尴尬。恰恰相反，我们应该面向未来，对有效的理论传统固然应该予以积极传承，但对不适应数字时代发展变革的理论体系，则应予以客观的反思批判和重塑重建。虽然这样做比较辛苦，也会遭遇不懂信息技术、不了解新兴业态、跨专业难度大等诸多重大难题，但只有如此，才能不负我们在数字时代所应有的法学担当。无论是在民法、刑法、竞争法、市场法、行政法、诉讼法等法律制度体系上，还是在数字正义、数字人权、数字政府、数字公民、电子证据、智慧司法上，都理应如此。可见，积极回应数字时代的社会诉求和发展方向，反映数字法治的实践探索和转型升级规律，进而构建相应的数字法治理论，就成为法律共同体的一个重要使命。其中，包括数字法治基本范畴、数字法治核心价值、数字法治体系、数字法治运行、数字法治秩序等等，都需要进行理论重塑或者重建。

总之，推进数字法治建设，无论在理论上还是在实践上都应做出巨大的努力。在现代法治的生成发展进程中，中国是落伍的、一直在追赶和模仿的；但在当今数字时代，中国有与发达国家大致相当的条件和机会，只要我们共同参与、齐心协力，就能够实现数字法治建设上的中国创新，做出中国的贡献！

（责任编辑：王瑞剑）

刑事诉讼法发展的新动向:比较法上的考察

魏晓娜[*]　李雪松[**]

The New Trend of Criminal Procedure Law: From the perspective of comparative law

Wei Xiaona　Li Xuesong

内容摘要:英国政治气候的变化,导致刑事司法改革的重心从20世纪90年代开始发生广泛的转移,从对被告人权利的关注日益转向对案件管理和效率的关切。德国2017年和2019年的两次修法,一方面致力于强化对犯罪嫌疑人辩护权的保障,赋予辩护律师在警察讯问中的在场权,增设讯问录音录像制度;另一方面致力于强化侦查能力,加强对DNA检测、通信监控的规范。日本本世纪以来的第一轮司法改革致力于公判中心主义,并通过引入裁判员制度基本实现了这一目标;第二轮改革则致力于审前程序改革,一方面通过增设讯问录音录像制度等措施强化辩护权保障,另一方面为了破解取证困难引入司法交易制度。上述国家的刑事司法改革,在技术层面与中国近年来发生的改革具有相似性,但仍存在结构性差异,在宪法化、国际化方面也存在重大差异。

---

[*]　魏晓娜,法学博士,中国人民大学刑事法律科学研究中心教授,博士生导师。
[**]　李雪松,中国人民大学法学院博士生。

关键词: 英国刑事司法改革　德国刑事司法改革　日本刑事司法改革　比较法

本文将分两个部分对比较法上刑事诉讼的新发展进行考察,第一部分以国别为线索,具体介绍英国、德国、日本近年来刑事诉讼制度的发展动向,第二部分是综合性评论。在比较法上,英国和美国同属于英美法系当事人主义的代表,欧洲大陆法系职权主义的代表则主要是德国和法国,此外还有两个从职权主义进行转型的代表性国家,意大利和日本。本文之所以选择英、德、日三个国家是因为它们分别属于上述英美法、欧陆法和转型法的代表。美国近年来刑事司法的关注点主要集中在警察暴力执法、监狱拥挤、青少年犯罪等问题上,《联邦刑事诉讼规则》除了一些技术性修改并无大的变化,再就是联邦最高法院通过判例进行的局部推进,因此不再将美国单独作为考察对象。考虑到语言和篇幅限制,本文也不把法国、意大利、俄罗斯单独作为考察对象,不过这并不意味着这些国家的刑事诉讼制度不重要。以俄罗斯为例,由于中国与苏联的刑事诉讼制度存在传承关系,因此理解俄罗斯其实更有利于我们理解自己。至于法国和意大利,施鹏鹏教授基于一手文献进行过大量研究[1],本文也不再专门展开讨论,但在评论部分会涉及有关国家的改革近况。为了使研究更加聚焦,本文将尽量把对上述国家刑事诉讼制度发展动向的考察限定在最近十年,但出于叙事的完整性,有关英国部分的考察时间线需要向前推得更多一些。

一、英国刑事诉讼法发展的新动向

英国近年来的刑事诉讼改革往往是出于对司法不公或者重大事件的回应,这些危机启动或者加快了亟需的法律改革行动。

(一) 皇家刑事诉讼委员会报告(1981):审前程序改革

该轮改革的动因是麦克斯韦尔·康费特(Maxwell Confait)案。1972年,康费特的尸体在伦敦南部卡特福德一套烧毁的公寓里被发现。三名男孩在供述后被认定犯有谋杀罪,但事后的医学证据证明他们是无辜的。该案反映了警察行为的不规范以及虚假口供的后果。1981年,皇家刑事诉讼委员会(Philips委员会)在对警察权和起诉进行调查的基础上出具了报告,该报告最终成为《1984年警察与刑事证据法》(Police and Criminal Evidence Act 1984)的基础。

---

[1] 参见施鹏鹏:《意大利"双重卷宗"制度及其检讨》,载《清华法学》2019年第4期;施鹏鹏:《迈向刑事诉讼的宪法化——意大利的"奥兰多"改革及其评价》,载《国家检察官学院学报》2019年第2期;施鹏鹏:《警察刑事交易制度研究——法国模式及其中国化改造》,载《法学杂志》2017年第2期;施鹏鹏:《口供的自由、自愿原则研究——法国模式及评价》,载《比较法研究》2017年第3期。

《1984年警察与刑事证据法》扩大了警察逮捕、截停搜查的权力,规范了警察羁押制度,设置羁押期限,创立了羁押警官一职。该法也首次明确规定了被警察羁押中的嫌疑人获得法律帮助的权利。伴随《1984年警察与刑事证据法》出台的还有一系列执行守则,对立法规定进行细化,解释特定权力和程序如何运作,例如执行守则C主要关注羁押和讯问嫌疑人,执行守则D主要涉及辨认程序。Philips委员会报告产生的另一项重大立法成果是《1985年犯罪起诉法》(Prosecution of Offences Act 1985),该法将原本属于警察的起诉犯罪的权力交给了新设立的皇家检控署(Crown Prosecution Service)。

此轮改革影响重大。1986年之前,侦查犯罪、起诉犯罪的责任由警察一揽子承担,但由于英国悠久的私诉传统,即使是警察上法庭起诉被告人,也是以个人的名义。起诉之前的格局主要是一个私权利对另一个私权利,所以刑事案件在起诉之前基本上不在刑事诉讼法的视野范围内,当时的"刑事诉讼"基本是"刑事审判"的同义语。但是,《1984年警察与刑事证据法》《1985年刑事起诉法》相继出台,加上皇家检控署的设立,英国不仅有了专司侦查的职业警察部队,也有了专司起诉的职业检察官队伍。起诉之前的权力(利)格局发生重大变化,由私权利对抗私权利演变成公权力与私权利的对垒。在经典自由主义理念的支配之下,立法不可能再对起诉之前的活动弃之不顾,这标志着一个受到立法严密规范的审前阶段的产生。

(二)皇家刑事司法委员会报告(1993):上诉程序改革

20世纪80年代晚期至90年代早期,一系列冤案继续曝光,揭示出刑事司法程序更多的问题。在20世纪70年代爱尔兰民族主义者实施的一系列爆炸事件中,伯明翰六人案(Birmingham Six)、吉尔福德四人案(Guildford Four)、马奎尔七人案(Maguire Seven)等案的被告人都被定罪。在这些案件中,有的被告人迫于警察方面的巨大压力和暴力而违心认罪;有些牵涉法庭科学证据,令人怀疑法庭科学家的独立性和中立性;有的案件警察没有向辩方开示证据、没有向检察官披露证据。另一个令人不安的事实是,有些冤案的被告人已经申诉多年。例如,伯明翰六人案在1991年最终宣告无罪之前曾两次接受上诉法院的审讯。刑事诉讼如何处理上诉、冤案申诉以及刑事诉讼的早期运作问题因此成为了关注的焦点。对上述关切的直接回应就是设立另外一个委员会,即皇家刑事司法委员会(Runciman委员会),考察这些案件的影响并提出改革建议。1993年,该委员会发布了报告,较之Philips委员会报告,其建议的影响没有那么深远,但Runciman委员会报告对定罪后提出上诉和对冤案进行上诉后审查的程序提出了改革建议。当然,这些建议大部分只是微调而非根本性变革。还有一些建议与误判无关,而与诉讼效率有关,例如如何在刑事法院和治安法院之间分配案件以及答辩交易方面的建议,这二者都非常有争议。

在1993年Runciman委员会报告的影响下出台的立法和实施的改革举措包括：

1.《1994年刑事司法与公共秩序法》(Criminal Justice and Public Order Act 1994)，该法允许陪审员在法律规定的四种情形下对被告人的沉默作不利推断，在全世界范围内率先对沉默权施加限制；

2.《1995年刑事上诉法》(Criminal Appeal Act 1995)，该法涉及对上诉程序和上诉后程序的改革；

3.《1996年刑事诉讼与侦查法》(Criminal Procedure and Investigations Act 1996)，该法对证据开示制度作出重要改革；

4. 1997年设立刑事案件审查委员会（The Criminal Cases Review Commission，简称CCRC）。在英国，初审判决作出后一定时间内（刑事法院对定罪提起上诉的期限是28天）如果没有提起上诉，则上诉权归于消灭。但是，上诉权用尽后，案件仍然可能被提交回刑事法院或者上诉法院。原来的做法是由内政部根据内政办公室公务人员的建议来决定是否把案件再提交给上诉法院。刑事案件审查委员会自1997年开始运作后，接管了此项责任，负责调查冤案申诉并将案件提交给相应的上诉法院。通常的程序是：① 向刑事案件审查委员会提出申请。② 由刑事案件审查委员会审查申请是否合格；如果申请人当初没有提出上诉，对这种申请，刑事案件审查委员会一般会拒绝；如果申请合格，则开始调查申请。刑事案件审查委员会有权启动警察调查并取得信息。③ 刑事案件审查委员会就案件是否提交上诉法院作出决定。如果决定不提交，通常会告知申请人或律师不提交的理由，并听取其意见。《1995刑事上诉法》规定的提交标准是"委员会认为存在一种现实的可能性，定罪难以维持"。

（三）麦克弗森（William Macpherson）报告（1999）

为了全面理解1993年Runciman委员会报告影响之下出台的各项立法举措以及英国刑事诉讼改革风向的变化，必须提及"麦克弗森报告"。促成该报告的直接动因是1993年发生的Stephen Lawrence案。史蒂芬·劳伦斯（Stepher Lawrence）是一名黑人青年，在伦敦公交车站等车时受到5名白人青年攻击后死亡。5名白人青年受到了警察的讯问，但最终没有被起诉。劳伦斯的家人对5个人发动了私诉，但法官裁定证据不足。为此，政府启动调查，由高等法院法官麦克弗森爵士担任主席，调查委员会于1999年发布了报告。该报告的结论是，对劳伦斯谋杀案的侦查工作受阻于警察专业能力不足、制度性种族歧视和高级警官缺乏领导力。报告的大部分内容是对侦查程序和劳伦斯案侦查工作的批评，但该报告的另外两点值得特别注意：其一，报告揭示了警察系统存在"制度性的种族歧视"(institutional racism)，虽然这种提法颇有争议，但该报告成功地引起了公众对刑事司法中根深蒂固的种族歧视问题的关注；其二,报告建议重新审视并松动阻止对被宣判无罪的人重新起诉的双重危险规则。实际上,《1996年刑事诉讼与侦查法》第54条就引入了一个双重危险规则的例外,即如果认定无罪判决被"涉及干涉或者威胁陪审员或证人的妨害司法的罪行"所"污染",那么可以撤销无罪判决。但此项权力从未被行使过。《2003年刑事司法法》(Criminal Justice Act 2003)第10编基本接受了麦克弗森报告提出的松动双重危险规则的建议,该法第78条创造了一个"新证据"例外:当出现新证据动摇了无罪判决时,可以向上诉法院申请撤销无罪判决或者命令重新审判。只要存在"新的有力证据"(new and compelling evidence),法庭必须这么做。

麦克弗森报告显示了对未成功进行的追诉、不当的无罪判决、种族歧视、被害人及其家人的境遇的关切如何和冤案一样推动刑事诉讼改革。在此特别需要注意的是围绕刑事司法改革的政治气候的变化。在20世纪的大多数时间里,刑事司法一般不会引起政治上的争论,主要政党之间对于如何形成刑事司法政策有着广泛的共识。但在1979年的大选中,保守党首次提出了"法律与秩序"的议题。20世纪80年代,警察明确表达了对保守党而不是执政的工党的支持,这进一步强化了保守党是一个促进法律与秩序的政党的形象。这标志着两党共识的终结:刑事司法已经变成一个政治和选举议题。Runciman委员会报告之后第一个重要的刑事立法就是标题包含着"秩序"一词的《1994年刑事司法与公共秩序法》,这部法律率先允许陪审团对在审判或者警察讯问过程中保持沉默的被告人作不利推论。

围绕刑事司法改革的政治气候的另外两个方面也值得注意,即刑事司法政策的政治化和效率驱动之下对司法管理的重视。现在刑事司法政策的政治化已经根深蒂固。在1992年大选失利后,工党开始重新考虑自己的政策,包括刑事司法政策。"重拳打击犯罪"(Tough on crime, tough on causes of crime)已经成为工党的新口号,他们开始拥抱曾经激烈反对的刑事诉讼改革。执政后,工党的刑事司法政策让刑事司法系统变得强硬起来,促进被害人而不是被告人的利益。2010—2015年间,保守党与自由民主党联合执政,其刑事政策的调门反而低了许多,主张兼顾公民权利和打击犯罪,明显与工党交换了立场。政治化的结果是刑事司法政策开始变得不稳定,有时候甚至相互矛盾。但是,刑事司法议题在大选中有着相当大的牵引力,已经成为政治领域的一个重要议题。此外,1993年Runciman委员会报告中已经开始关注提高刑事司法系统的效率,例如它关于审判方式和答辩交易方面的建议。以上种种,反映出英国刑事司法政策的重心在20世纪90年代开始发生广泛的转移,从对被告人权利的关注日益转向对案件管理和效率的关切。以下两个方面的改革更是突出地反映了这一点。

(四)奥尔德(Sir Robin Auld)报告《英格兰和威尔士刑事法院考察》(Review of the Criminal Courts of England and Wales)、哈里戴(John Haliday)报告《使刑罚有效起来:考察英格兰和威尔士量刑系统的报告》(Making Punishments Work: A Review of the Sentencing Framework for England and Wales)(2001);法院程序和量刑程序改革

奥尔德爵士受命的调查委员会的优先议题是对刑事法院的案件管理和效率开展调查,对效率的追求在主张私有化和财政紧缩的保守党执政时期表现得更为突出,在财政困难时,案件管理和效率变得越发重要。哈里戴报告则集中于量刑。在这两份报告的基础上,2002年7月,英国政府发布了白皮书——《所有人的正义》(Justice for All),具体列出了刑事司法体系的改革纲要,特别关注了法院程序和量刑程序改革,以使审判更加快捷、量刑更加清楚、一贯和适当。2003年,英国根据白皮书对刑事程序和刑罚制度方面的法律进行了全面修改,主要内容包括警察权改革;缩小陪审团审判的范围;增加禁止双重危险原则的例外(如前文所述);废除品格证据规则[2],松动传闻证据规则[3],量刑制度改革[4]。

(五)莱韦森(Brian Leveson)报告《考察刑事程序中的效率》(Review of Efficiency in Criminal Proceedings)(2015)

2014年,高等法院王座庭庭长莱韦森爵士受命就刑事诉讼的效率开展考察,"以找出在符合司法利益的情况下可以快速处理刑事案件的各种方式,降低各公共机构在刑事诉讼中的开支"。这次考察虽然为时不长,但考察范围十分广泛。最终的报告发布于2015年1月,其建议主要包括:(1)广泛运用视频会议技术,确保治安法院更为弹性的工作时间;(2)法官更积极地进行案件管理;(3)早期认罪的激励机制。

与莱韦森报告相联系的有一系列改革方案,其中比较重要的是由法院牵头,旨在改善案件处理方式的改革。"改善案件管理计划"(Better Case Management)引入了两个重要的案件管理方案:全国统一的"早期认罪答辩方案"(Early Guilty Plea Scheme)和在有大量文件的案件中的"刑事法院开示方案"。"简易司法转型"(Transforming Summary Justice)则是2015年引入的一

---

[2] 《2003年刑事司法法》第99条直接规定"废除刑事诉讼中关于不良品格证据可采性的普通法规则"。

[3] 《2003年刑事司法法》第114条第(1)款规定:"在刑事诉讼中,不是以言词形式提供的陈述只有符合下列情形之一的,才能被采纳为任何事项的证据:(a)本章的任何条款或者任何其他成文法条款规定可采的;(b)第118条保留的任何法律规则规定可采的;(c)诉讼的各方当事人一致同意可采的;或者(d)法院认为司法利益要求其为可采的。"

[4] 1999年英国设立量刑咨询委员会,根据哈里戴报告,2003年改革为量刑指南委员会,强化了量刑指南的约束力,该委员会又在2009年为量刑委员会所取代。

个旨在提高治安法院效率和有效性的方案,致力于减少治安法院的拖延和每个案件聆讯的次数。受到王座庭庭长莱韦森爵士大力支持的"简易司法转型"项目包含10个特征,包括可预见的答辩聆讯,控方证据细节的早期知悉,流畅的开示,对有效性的明确期待,视频会议中法庭各方WiFi的连接性等。

为了提高效率、提前发现被告人认罪的案件,英国从20世纪90年代以来就非常重视案件管理和审前准备活动。《1996年刑事诉讼与侦查法》规定了一种类似于庭前会议的程序,即在复杂案件中的"答辩和指导的聆讯"(plea and directions hearing),其主要功能在于接受被告人的答辩,评估控辩双方的准备情况等等。2001年奥尔德报告发现在刑事法院有4种审前聆讯,并对这些聆讯的重叠性、僵化和官僚化提出了批评。同时,奥尔德报告推荐了一种更具弹性的单一程序,即"答辩和案件管理聆讯"(plea and case management hearing),该程序吸收了《2017年强化刑事程序效率和实用组织的法案》(Act on the More Efficient and Practical Organisation of Criminal Procedure 2017)中"答辩和指导的聆讯"的许多功能,并于2009年进入《刑事诉讼规则》(Criminal Procedure Rules)。

但是,在不太可能认罪的案件中举行"答辩和案件管理聆讯"被认为没有必要,而且法官被期待在案件管理中发挥更为积极的作用,而不是坐等被告人答辩有罪。于是,作为"改善案件管理计划"的一部分,"答辩和案件管理的聆讯"在刑事法院被一种新型的聆讯程序所取代,该程序最初在治安法院在"简易司法转型"项目下实施,并与"早期认罪答辩方案"密切关联,在2012年被引入刑事法院。这就是"答辩和审判准备的聆讯"(plea and trial preparation hearing),该程序的目标是识别被告人很可能答辩有罪的案件,并通过早期的聆讯促进有罪答辩。

当然,不是所有的改革都被接受。例如,2015年英国政府在《刑事司法和法院法》(Criminal Justice and Courts Act 2015)中引入了刑事案件收费方案,努力从犯罪人身上补偿一些刑事诉讼的开支,减轻纳税人的负担。这种强制性收费在定罪后收取,从150—1200英镑不等,具体数额取决于成本因素,例如犯罪类型,案件是在治安法院还是在刑事法院处理,犯罪人是否认罪等。这一收费方案遭到了很多人的反对,2015年8月,有30位治安法官为此辞职表示抗议。2015年12月,该方案被废止。

二、德国近年来的刑事诉讼制度改革

作为欧洲大陆职权主义的代表,德国刑事诉讼近年来也经历了一些重要的改革。2017年7月5日,德国立法机关通过了《更高效和实用地组织刑事诉讼的法案》(Act on the More Efficient and Practical Organisation of Criminal

Procedure);2019 年 12 月 10 日通过了《刑事诉讼现代化法》(The Law on the Modernisation of Criminal Proceedings),同时,《少年法院法》也有一些重要的修改。本文主要围绕 2017 和 2019 年两次重要的立法修改介绍德国刑事诉讼制度的新变化。

(一) 辩护制度

两次立法修改涉及辩护制度的部分有三项:

1. 增加了强制辩护的情形

在 2019 年之前,德国《刑事诉讼法》第 140 条第 1 款规定了 9 种须有辩护人参与诉讼的情形:(1) 审判将要在州法院或者州高等法院举行;(2) 被指控的罪行是重罪(最轻法定刑为 1 年或 1 年以上自由刑);(3) 诉讼可能导致剥夺执业资格;(4) 该人要出席法官根据第 115,115a,128 或者 129 条作出的待审羁押、精神病院收容或者拘禁性戒瘾治疗聆讯;(5) 该人将被置于法官命令或法官批准的第(4)项以外的拘禁措施之下;(6) 就该人的精神状态作鉴定时根据第 81 条可能要对他进行拘禁;(7) 可能会判处保安处分;(8) 之前的辩护律师已经被排除出诉讼;(9) 被害人已经根据第 397a 条、第 406h 条第 3 款、第 4 款获得指定的律师。在此基础上,2019 年立法增加了两种强制辩护情形,即 (10) 在十分重要的法官讯问中为了保护嫌疑人的权利需要得到律师帮助时;以及 (11) 盲聋哑嫌疑人申请指定律师。

2. 增加了嫌疑人申请指定辩护律师的权利、增加了指定律师的人数

德国《刑事诉讼法》第 141 条第 1 款原本只是规定"在第 140 条第 1 款第 1—3 项、第 5—9 项和第 2 款情形下,一旦依据第 201 条要求被告人就起诉书作出声明,应当为尚无辩护人的被告人指定辩护人",2019 年修改后的第 141 条第 1 款增加规定,"在向嫌疑人解释对他提出的指控后,没有律师的嫌疑人可以申请指定辩护律师;对于该申请,必须在讯问或者列队辨认之前作出决定"。之后增加的第 141a 条规定了例外,即"在侦查中出现紧急情况,且有造成严重后果的危险时,可以推迟指定"。

修改后的第 144 条规定,"为了保证诉讼的顺利进行,特别是如果有理由担心例如由于私人委托的律师频繁缺席或者破坏性行为,接下来的诉讼很可能会被拖延或者打断时,现在允许在私人委托或者指定的律师之外再指定 2 名律师"。

3. 被追诉人的审前阅卷权

2017 年以前,辩护人有权查阅已经移送法院的案卷和官方保管的证据,而嫌疑人、被告人和受审人则没有此项权利。2017 年修改后的第 147 条第 4 款使得自行辩护的被追诉人享有广泛的阅览卷宗(电子卷宗)的权利。修改后的德国《刑事诉讼法》第 147 条第 4 款规定:"没有辩护律师的被追诉人可以根据

第 1 款到第 3 款的规定阅览案卷,以及在监督下查看官方保管的证据,只要不危及(甚至是其他刑事诉讼中)侦查的目的,以及不对第三人值得保护的重要利益构成妨碍。如果案卷并非以电子形式保存,可以以向被追诉人提供卷宗副本代替阅览案卷。"对阅卷权施加的限制也与律师相同,即不得阅览其他嫌疑人的案卷。如果提前向辩方披露相关信息可能会危及侦查,那么可以拒绝阅览。[5]但是,上述限制并不适用于被告人作出的任何陈述,以及辩护律师在场或者辩护律师有在场权的情况下实施的司法性侦查行为。[6]

(二)侦查程序

近年来德国《刑事诉讼法》在侦查程序方面的修改主要集中于三种侦查措施:讯问犯罪嫌疑人、DNA 检测和通信监控。

1. 讯问犯罪嫌疑人

(1)讯问前的告知

德国《刑事诉讼法》第 136 条第 1 款规定了讯问前的告知程序,2019 年的法律修改丰富了告知的内容:"初次讯问开始时,应当告知嫌疑人指控的罪行和考虑适用的刑法规定。然后应当告知他如下事项:法律赋予他回答指控或者对指控不作任何陈述的权利,以及在任何阶段,甚至在讯问开始之前,咨询他选择的辩护律师的权利。**如果嫌疑人想要在讯问开始之前咨询辩护律师,应当向他提供便于他与该辩护律师联络的信息。因此应当向他提及可以得到的紧急法律服务。**而且,他应当被告知可以申请有利的证据,并在符合第 140 条第 1 款和第 2 款规定的条件下,根据第 141 条第 1 款和第 3 款指定辩护律师;**在后一种情况下,应当向他提及第 465 条规定的可能产生的费用。**[7] 在适当的案件中,嫌疑人还应当被告知他可以作书面陈述,以及犯罪人—被害人和解的可能性。"

对于违反告知义务的法律后果,宪法法院的立场是:从宪法的角度看,要考虑追求实质真实的大背景,以及有效追诉犯罪所欲保护的公共利益,任何证据排除都属于需要提供充分根据的例外。但宪法法院承认,严重、故意或客观上武断(serious, intentional or objectively arbitrary)以及故意或系统性(deliberate or systematic)地侵犯基本权利可以触发证据排除。[8] 而联邦法院

---

[5] 德国《刑事诉讼法》第 147 条第 2 款规定:"警察或检察官在侦查中制作的其他嫌疑人的卷宗,不打算在审判中使用,但其内容可能对辩护方有定罪或者量刑方面的价值,如果对被追诉人过早地披露某些重要信息可能危及侦查,可以拒绝阅卷要求。"

[6] 德国《刑事诉讼法》第 147 条第 3 款规定:"在诉讼的任何阶段都不能拒绝辩护律师查阅对被追诉人的讯问笔录,或者辩护律师被允许参与或者本应被允许参与的司法侦查行为的笔录,也不得拒绝辩护律师查阅鉴定意见。"

[7] 着重符号部分为新增的告知内容。

[8] BVerfG NJW 2012,907.

则通过一系列判例确立了以下立场:第一,违反该条的情况下嫌疑人作了陈述,该错误可以在提供合格的警告后再重新讯问来治愈。嫌疑人之前所说的任何内容不能采纳为证据,他可以选择保持沉默或者改变陈述,当然他也可以在得到新的警告后援用之前记录下来的陈述,确认仍然坚持原来陈述的内容。第二,违反沉默权警告原则上导致陈述不可采。德国联邦法院在1992年放弃了它之前认为第136条规定的告知义务只是程序命令规范的立场,开始改采美国联邦最高法院在米兰达判决中的路线。但是,在下列情形下,未履行告知义务不引发排除:一是如果可以证明嫌疑人知晓此权利,这样违反该规定可以认定为无害错误;二是如果有律师代理的被告人同意或者不反对在审判中使用该陈述。三是如果不能证明嫌疑人得到了适当的警告,陈述仍然不可采。四是如果嫌疑人因为其精神状态或因为醉酒或受到精神打击在警告时不能理解作出陈述的后果,该陈述也不可采。五是如果嫌疑人在可以对他警告之前作出了陈述,则该陈述可采。六是如果没有被警告的嫌疑人只是一个证人,或者是在对共同被告人进行的诉讼中,违反警告规定不影响对其他被告人的诉讼(因为这里保护的是没有得到适当警告的被告人——而不是其他被告人——的权利)。七是如果其他国家的法律并没有规定第136条的义务,在该国取得的没有提供适当警告的陈述可以采纳,除非违反了基本的保障。八是违反告知嫌疑人沉默权的义务,或者在嫌疑人提出请求后拒绝其接触律师,一定会导致证据排除。九是违反上文提到的其他义务并不自动导致证据不可采,但是必须以个案为基础逐案评估。所以,违反义务这一错误是可以被治愈的。

(2) 讯问录音录像

德国《刑事诉讼法》2019年修改时,在原来的第136条第3款后增加了一款,作为第4款:"对犯罪嫌疑人的讯问可以录音录像。在下列情形下,应当录音录像:1. 程序涉及故意杀人罪,且录音录像不影响讯问的紧急性;2. 受严格智力能力影响或严重精神疾病影响的犯罪嫌疑人,录音录像能更好地保护其利益的。"此外,《少年法院法》(Jugendgerichtsgesetz)在2019年12月增加了第70c条,该条规定:"除了法庭审理,对未成年被告人的讯问可以录音录像。非法官讯问,如果审讯时要求律师在场,但辩护人缺席,则应当录音录像。"但是,违反录音录像的规定是否会触发证据排除,目前没有说法。

(3) 辩护律师的讯问在场权

在德国刑事诉讼中,法官、检察官和警察三种主体均有权进行调查活动,根据调查主体的不同,辩护律师对调查活动的参与权也不相同。对于法官主持的司法调查活动,包括讯问犯罪嫌疑人,辩护律师均有参与权;对于检察官主持的调查活动,辩护律师有参与权的仅限于讯问犯罪嫌疑人;对于警察进行的讯问,在2017年之前,辩护律师没有在场权。但是,2017年法律的修改使得辩护律师在警察讯问犯罪嫌疑人时所享有的权利,和其在法官、检察官讯问犯罪嫌疑人时所享有的权利相比,实现了一致。也就是说,辩护律师不仅可以在警察讯问嫌疑人时在场,而且在警察讯问嫌疑人后可以对讯问进行评论、向嫌疑人进行提问。[9]

2. DNA 检测

在 2017 年之前,德国《刑事诉讼法》涉及 DNA 检测的法律修改主要有 4 次:(1) 1997 年首次规定 DNA 检测(第 81e 条、第 81f 条):如果有必要,可以对细胞样本进行 DNA 测试,用于确定亲子关系或者生物学意义上的遗传关系。即使样本来源于无名人士,也需要法官授权。(2) 1998 年法律修改,旨在建立全国 DNA 数据库,开始登记特定种类的严重犯罪的犯罪人信息。当时,对已被认定犯有严重罪行且被评估为有再犯可能性的嫌疑人进行溯及既往的取样受到了来自宪法的挑战。对此,宪法法院原则上肯定这种做法,但认为应当有相应证据证明再犯可能性。(3) 2005 年的法律修改涉及以下几个方面:一是删除了对现场发现的无名生物性痕迹进行 DNA 检测需要法官批准的要求,可以由检察官和警察签署,但是从犯罪嫌疑人身上获取生物样本仍需要法院的令状,除非嫌疑人在得到警告后明确表示同意进行 DNA 测试。二是改变了 DNA 图谱存入中央 DNA 数据库的条件:2005 年以前的所有严重犯罪案件和所有性犯罪案件的 DNA 图谱可被存入数据库;2005 年以后,如果犯罪人为惯犯,DNA 图谱也可以被保存,但保存需要一个风险评估,即犯罪人将来可能再次实施性犯罪、严重犯罪或者重复犯罪。三是扩展了 DNA 大规模筛查的可能性(第 81h 条)。对于最严重的犯罪(谋杀、绑架、性侵等)可以采用 DNA 筛查。筛查需要法官的令状授权,在令状中需要根据被测试群组的性别、年龄、地区给出具体的要求。但是,属于 DNA 群筛范围的人没有义务参加测试,他们必须被告知自愿参与。四是要求侦查机关与 DNA 检测机构的组织分离(第 81e 条):DNA 测试的专家不可以是侦查人员,也不可以隶属于警察的某个部门,鉴定机构必须在组织上与实施侦查的警察机关相分离。

2017 年和 2019 年的法律修改细化了适用标准,具体涉及以下几个方面:(1) 明确了分子遗传学检测(molecular genetic testing)的三个目的:一是查明

---

[9] 德国《刑事诉讼法》第 163a 条【讯问犯罪嫌疑人】第 4 款规定了警察讯问:"警察官员第一次讯问犯罪嫌疑人时,应当告知其被指控的行为。此外,在警察讯问犯罪嫌疑人时,第 136 条第 1 款第 2 到 6 句、第 2 款和第 3 款,以及第 136a 条适用。"2017 年的修改在后面增加了一句话:"第 168c 条第 1 款和第 5 款也相应地适用于辩护律师。"而第 168c 条第 1 款和第 5 款是关于辩护律师参与法官讯问的规定:"第 168c 条【法官讯问时在场】:(1) 检察官和辩护律师可以参加法官对被告人的讯问。讯问后应赋予他们对讯问进行评论或者向被告人提问的机会。提问或陈述不当或者与主题无关的可以拒绝。……(5) 应当预先通知有在场权的人聆讯的日期。如果会危及侦查,也可以不通知。有权在场的人如果不能到场,无权申请变更聆讯日期。"

DNA 识别图谱；二是确定遗传关系；三是确定特定个人的性别。上述目的之外的其他目的（例如，为了确定种族）均在禁止之列，出于其他目的得到的证据不可采纳。对于上述规则，2019 年的法律修改引入了一个例外，即如果样本来源于不明身份的人，那么可以测试其眼睛、头发和皮肤的颜色和年龄。如果已知该人身份，那么适用第 81f 条第 1 款的标准。[10] 只要诉讼不再需要，这些材料必须被销毁。(2) 关于存入 DNA 数据库（第 81g 条）。第 81g 条第 1 款规定，如果犯罪嫌疑人被指控严重犯罪或者性犯罪，可以出于建立数据库和记录该人的 DNA 图谱的目的保存该人的身体细胞样本，以用于未来在诉讼中识别身份，条件是如果犯罪的性质或者实施犯罪的类型、嫌疑人的个性或者其他信息令人产生这样的关切，即他未来可能成为严重犯罪的实施者。反复实施系列犯罪的嫌疑人的 DNA 图谱也可以存入。第 2 款规定，细胞样本只能被用于上述目的，且只要不再有此目的上的要求，必须被销毁。取得细胞的程序，如果没有嫌疑人的同意，必须得到法官的授权，紧急时可以由检察官或其代理人授权。但是，检测程序只能由法官授权，除非该人同意。第 81g 条第 5 款第 3 句话规定，上述材料可以被移交给其他机构用于其他刑事诉讼、预防性的行政法措施(Gefahrenabwehr)或者国际刑事司法合作。(3) 大规模筛查。第 81h 条规定，在对生命、肢体、个人自由的严重犯罪或者性犯罪中，可以对符合特定条件的群组的人进行基因检测，以与被害人身上或者犯罪现场发现的基因痕迹作对比。这种侦查方法必须由法官命令，且执行时需要得到被检测人的同意，不能违反比例原则。但是，根据这种群筛的结果，排除了一些人，使得剩下的可能的嫌疑人数量极少，而且，如果有进一步的事实足以产生针对一个或几个人的具体的怀疑，那么，法院可以根据第 81a、81c、81e 和 81f 条签发针对个人的强制检测令。通过该种筛检得到的材料不能用于第 81g 条规定的数据库建设。

3. 电子通信监控（Electronic Surveillance of Telecommunications）

1968 年德国《刑事诉讼法》引入监听（wiretapping），鉴于对《基本法》保护的隐私权的严重侵犯，这一措施只能用于对特别严重的犯罪的侦查。自 1968 年以来，德国《刑事诉讼法》第 100a 条第 2 款规定的罪名清单不断扩张，目前已经包括 43 组罪名。《刑事诉讼法》第 100a 条到第 100j 条允许在侦查严重犯罪时，对宪法所保护的个人隐私有不同程度的侵犯。这些侵犯隐私的通信监控措施大多需要法官命令或者确认（如果最初是由检察官命令的，必须在 3 个工作日内得到法官的确认）。可以授权电子通信监控的条件包括：被监控人从事了法律列举的特定犯罪行为的嫌疑必须基于"特定事实"；不能或明显难以通过其

---

[10] 第 81f 条第 1 款规定："如果被检测人不同意，就需要法官令状；紧急情况下检察官或其代理人也可以命令。同意检测的人必须被告知所取得的资料将被用于什么目的。"

他方法进行侦查;监控只能及于嫌疑人或者代表嫌疑人进行通讯的人使用的通讯设备。如果可以预料监控涉及隐私权的绝对核心领域,例如配偶、亲密的家庭成员之间的对话、与牧师或辩护律师的交流等,这些信息被记录后必须马上删除,不可以采纳为证据。第100d条第5款规定,如果嫌疑人以外的人(牧师、律师、心理医师)享有拒绝作证权,一般规则是禁止监控,除非经过利益权衡,侦查的利益超出对隐私的关切。监控措施终止时,被监听的对话参与人应当被告知被监控的事实。任何接到通知的人可以在两周内申请法院审查监听措施的合法性。监控获取的数据和记录不再为刑事诉讼所需要时,应当删除。第101条到第101b条规定了根据上述侦查措施取得的数据如何保存,何时以及如何履行关于这些侦查措施的通知。

(1)电子通信监控。德国《刑事诉讼法》第100a条允许对电子通信(包括电话、传真、因特网和e-mail)进行监控。但是,通过远程的监控软件,例如"木马程序"或"后门程序"实施的在线秘密监控因违反宪法而被禁止。电子通信监控的令状有效期为3个月,但可以重复签发令状。如果监听涉及私生活核心领域的信息(比如配偶、近亲属之间的对话)则不得监听,除非对话涉及过去或未来的犯罪。禁止监控受到作证特权保护的职业性交流(牧师或律师),除非他们本人涉嫌参与被侦查的犯罪。

(2)对计算机的秘密在线搜查。2017年修正后的第100b条规定了对计算机的秘密在线搜查,包括网络和在线浏览记录、云储存等。但并未授权远程开启摄像和麦克风。该项措施只能针对嫌疑人,只有在有理由相信嫌疑人正在使用未涉足犯罪的第三人的设备,或者仅搜查嫌疑人的系统不足以查清事实、找到共同嫌疑人的下落,或者对其他资料的影响不可避免时,才允许对第三人实施该措施。

(3)针对私人住宅的秘密监听。2017年修改后的第100c条规定了针对私人住宅的秘密监听,这是一种非常有争议的监控和记录房屋内(包括办公室、固定或流动的为人的活动提供基础的一般公众不能到达的任何空间)私人谈话的措施。该方法原则上只能针对嫌疑人及其住宅,其他人的住宅只有在有理由相信嫌疑人正在那里以及只监控嫌疑人住处不足以进行有效的侦查时才可以被监控。如果其他人不可避免地受到影响,不影响该措施的合法性。住宅监听须经地区法院3名法官联席授权才可以进行。2017年的法律修改中,第100d条第1款和第2款、第100e条第1款、第3款和第4款,取代了之前的第100a条第4款,规定了第100a条到第100c条授权的各项措施的地位和程序。

(4)私人住宅外的监听。第100f条规定了在相同条件下对住宅外非公开谈话的监控和记录。

(5)对通信链接数据的检索(第100g条)。德国《刑事诉讼法》原来允许使用电信服务提供商根据《联邦通信法》第113a条的数据保留条款存储的通信数据,但是2010年宪法法院认为过久留存通信数据构成了不成比例的侵害,宣布这一规定违宪。2015年该制度进行了全面的改革。然而,新法仍非常具有争议性,也在宪法法院再一次面临挑战。2017年,联邦网络局(Bundesnetzagentur)中止了网络和电话服务运营商提供这些信息的义务,目前这些措施在全德处于中止状态。

(6) 对物品的追踪和对人的追踪。第100h条赋予警察对嫌疑人和其他人摄像或使用其他技术手段进行监控的权力,例如追踪一辆汽车、通过GPS追踪一个人、使用运动传感器等。2013年,联邦法院判决私人侦探及其委托人通过GPS追踪一个人的利益在特定情况下可以高过保护被追踪人的隐私和信息的利益,因此可以免于承担根据《联邦信息保护法》应负的刑事责任,即使仅是为了准备或实施民事诉讼。

(7) 识别、追踪电子设备,针对移动电话终端的措施。第100i条允许警察在特定时间弄清移动电话的位置。

(8) 检索通信服务用户信息。第100j条允许传输姓名、地址和电话号码以及其他留存的数据。但是,作为其基础的《联邦通信法》第113条以及相关条文于2020年5月27日被宪法法院宣布违宪,所以该条目前还难以实施。

(三) 审判阶段

近年来,德国《刑事诉讼法》有关审判阶段的修改主要涉及两处:

1. 审判中改变法律定性

2017年修正后的德国《刑事诉讼法》第265条第1款要求法院在考虑改变同一事实的法律定性时不仅要向辩护律师发出通知,而且要向受审人发出通知,并尽可能清楚地指明改变定性的理由,给受审人提供调整辩护的机会。这不仅适用于变更为更严重的犯罪或者犯罪实施方式,而且适用于变更为更轻微的犯罪或者罪过形式,例如将故意实施犯罪变更为疏忽的责任,将既遂变更为未遂等等。但是,如果按照"无害错误"的标准来看,提供上述通知是多余的,比如只是取消了某一加重情节,例如将持有武器盗窃罪变更为基本盗窃罪则无须通知,因为在这种情况下对辩护策略没有造成实质性的不利。同理,如果法律给一些情节规定了更高的刑罚,或者审判中出现了判处康复或剥夺能力措施的因素时,例如受审人为瘾君子,可能被判处德国《刑法》第64规定的拘禁性戒瘾治疗,就必须提供《刑事诉讼法》第265条要求的通知。

2. 法庭上的证据调查

众所周知,德国《刑事诉讼法》第244条是规范法庭证据调查的重要条文,其中第2款更是著名的德国职权主义审判的核心条款。该条的第3款、第5款和第6款在2017年7月5日和2019年12月10日的两次修改中均有调整,有些地方还属于重大修改。

第3款是关于法庭对于当事人提出的查证申请的处理,基本原则是除非属于法律明确列举的情形,法庭原则上是不能拒绝查证申请的。与原有条文相比,目前的第3款有几处变化:一是对查证申请增加了具体要求,"查证申请需要申请人正式提出请求,特别说明要调查的证据是影响定罪还是量刑,要证明什么具体事实,该请求必须清楚指明证据方法,以使得对该证据方法为何能够证明所主张事实进行评估"。二是增加了两种可以拒绝查证申请的情形,即"因要证明的是司法认知事项而无须调查证据"和"要证明的有利于被告人的相关事实可以视为真实"。[11]

第5款原来的表述是"如果法院通过适当行使裁量权认为勘验对查明真相没有意义,可以拒绝要求勘验的查证申请。在同样的条件下,如果需要向国外送达证人传票,要求询问证人的查证申请可以被拒绝"。后面增加了一种可以拒绝查证申请的情形,即"要求宣读原始文件的查证申请,如果法院通过适当行使裁量权认为没有理由怀疑其内容与上传的文件的一致性,可以拒绝"。这是2017年7月5日的立法引入电子卷宗之后作出的相应修改。

第6款要求法庭拒绝查证申请时需要作出裁定。对于这个一般性要求,2019年增加了一个例外,即"如果所申请的查证不能产生有利于申请人的结果,申请人明知这一点,目的是为了拖延诉讼,则不要求第一句中的裁定;追求不符合诉讼法其他目标的意图并不否定拖延的意图"。

三、日本近年来的刑事司法改革

从20世纪末起,日本刑事司法制度经历两轮大规模的改革。1999年6月,日本内阁设立"司法制度改革审议会",经过两年的审议,于2001年6月发表了《支撑21世纪日本的司法制度:日本司法制度改革审议会意见书》(以下简称《意见书》)[12],提出了司法改革的3项基本理念:"制度基础建设"(国民使用司法制度的便利性,司法制度的易懂性和切实可靠性);"人才基础建设"(为保证司法质量,需要确保存在大量专业人士的法曹)和"国民司法参与"。《意见书》被采纳后,2001年11月,日本制定了《司法制度改革推进法》,同年12月设

---

[11] 目前的第244条第3款规定:"查证申请需要申请人正式提出请求,特别说明要调查的证据是影响定罪还是量刑、要证明什么具体事实,该请求必须清楚地指明证据方法,以允许对该证据方法为何能够证明所主张事实进行评估。如果调查该证据不被准许,应当拒绝查证申请。除此之外,只有下列情形下才可以拒绝查证申请:(1)因要证明的是司法认知事项而无需调查证据;(2)要证明的事实对判决没有意义;(3)要证明的事实已经获得证明;(4)该证据方法明显不足;(5)该证据方法无法收集;(6)要证明的有利于被告人的相关事实可以视为真实。"

[12] 该文件的中文版,参见最高人民检察院法律政策研究室:《支撑21世纪日本的司法制度:日本司法制度改革审议会意见书》,中国检察出版社2004年版。

立了"司法制度改革推进本部",开始进行大规模的立法工作。第一轮改革的成果有 2004 年 5 月 28 日制定的《部分修改刑事诉讼法的法律》和《关于裁判员参加刑事裁判的法律》,同年 5 月 26 日还通过了《综合法律支援法》。概括而言,在"制度基础建设"方面,开庭审理之前设置的整理程序缩短了刑事案件的审判时间,设置司法支援中心以搭建法律咨询和辩护活动支援平台;在"人才基础建设"方面,并未建立起法曹一元制,改革仅限于法科大学院的设置及法曹培养方案;在"国民参与司法"方面,建立了裁判员制度,但侦查的"透明化"未获发展。2009 年,以一起检察官篡改证据的案件为契机,日本启动了第二轮刑事司法改革。2016 年 5 月 24 日,国会通过了《刑事诉讼法等部分条文改正的法律案》,生效时间从 2016 年到 2019 年不等。总的来看,日本两轮刑事司法改革的重心并不一致。

(一) 第一轮改革关键词:公判中心主义

从引入近代刑事司法制度开始,日本一直倡导公判中心主义,目的是改变"审判阶段之前的程序并不一定能够充分确保公正性,但还在实质上决定了裁判结果"的状况。1989 年,平野龙一教授发表了一篇批评日本刑事司法状况的论文[13],称日本的刑事司法是"令人绝望的",是"笔录审判",认为其主要症结是:(1) 侦查阶段制作的笔录决定了审判的结果;(2) 法官不是在审判法庭上形成心证,而是在办公室里形成心证。而所谓"公判中心主义",意味着:(1) 实现不依靠侦查阶段制作的笔录进行裁决的审判;(2) 事实认定者应当在审判法庭形成心证。日本《刑事诉讼法》虽然也规定了口头原则,然而,实践中所谓的口头辩论演变成了书面朗读笔录;虽然《刑事诉讼法》规定了集中原则,但实际案件中审判期日相隔一个月以上,案件审结花费几年时间的例子不少见。

2004 年,日本颁布了《关于裁判员参加刑事审判的法律》(简称《裁判员法》),并于 2009 年 5 月 21 日开始施行。日本最高法院自我评价认为,通过裁判员制度的施行,"恢复追求核心司法与公判中心主义等刑事诉讼法本意的审判,法曹三方也一直为此努力进行配合"。[14] 通过下列数据,日本裁判员制度的实施状况大致可以窥见一斑。在适用裁判员制度的案件数量方面,原来的立法设想是每年 2500 件,但据统计,从 2009 年 5 月到 2018 年 12 月,实际使用裁判员审结案件的被告人人数为 11771 人,年均 1000 余人,实际适用数量相较于立法预期而言很难说令人满意。在这 11771 名被告人中,获得有罪判决的共 11429 人,无罪判决 99 人,移送少年家庭法院 11 人,死刑 36 人,无期徒刑 223

---

[13] 参见〔日〕平野龙一:《现行刑事诉讼法的诊断》,载《团藤重光博士古稀祝贺论文集》(第 4 卷),有斐阁 1985 年版,第 407 页以下。

[14] 最高裁判所事务总局『裁判员制度 10 年の総括報告书』(2019 年)第 6 页。http://www.saibanin.courts.go.jp/vcms_lf/r1_hyousi_honbun.pdf,最后访问日期:2021 年 9 月 8 日。

人。2017年,日本地方法院无罪判决率为0.2%,而裁判员案件无罪率略高,为0.9%。但有调查指出,裁判员法庭在性犯罪等案件中,存在比职业法官法庭量刑更重的倾向;裁判员量刑更难以预测,实践中既出现过超出检察官求刑的判决,也出现过低于辩护人量刑辩护意见的判决。[15]

1. 裁判员制度对第一审的影响

裁判员制度的引入确实给第一审的审理方式带来了显著的变化。例如,司法实践中发展出所谓的"讯问被告人先行型审理",这是一种为了避免书证审理而采取的做法。具体含义是指检察官申请调查被告人的供述笔录时,法院保留对"是否将供述笔录作为证据采用"的判断。在不进行供述笔录调查的情况下,先对被告人进行讯问,如果被告人作出了与供述笔录内容相同的供述,那么就不再有在法庭上调查供述笔录的必要,因此应当让检察官撤回调查供述笔录证据的申请;如果被告人作出与供述笔录内容不同的供述,则有必要对供述笔录进行调查,应当允许供述笔录作为证据使用。

在裁判员参与的审判中,"用眼看、用耳听能够明白的审理"成为改革的标语,要求当事人看着裁判员的眼睛进行容易理解的说明。在这种理念的指导下,裁判员制度给审判方式带来了实实在在的变化,主要包括:第一,审判趋于口头化。较之供述笔录,法庭中的供述受到了更多的重视。即使被告人供述的任意性没有争议,也不使用供述笔录作为证据,而是把被告人在法庭上的供述作为证据。第二,审判日益集中化。在审前整理程序制定出审理计划的基础上,法庭审理逐渐转变为连日开庭、短时期内审结。第三,刑事审判变得越来越容易为旁听者所理解。第四,裁判员制度产生了一定的溢出效应。也就是说,不仅在有裁判员参与的审判中检察官、辩护人的询问、辩论技巧得到了磨练,这种变化也影响到了没有裁判员参与的审判,进而推动了争点整理程序、证据开示制度的改革。

2. 裁判员制度对上诉审的影响

引入裁判员制度后,日本的上诉制度在立法上基本没有变化,对于裁判员参与作出的判决,检察官和被告人都可以申请控诉(上诉)审,控诉(上诉)理由可以是事实认定错误、量刑不当、适用法律错误。[16]

控诉审法庭由3名职业法官构成,没有裁判员,其中可能存在的问题是,控诉审法庭撤销或者变更裁判员法庭的事实认定和量刑是否正当。实践中也出

---

[15] 参见〔日〕后藤昭:《裁判员制度带来的变化》,2019年3月"中日刑事司法中误判的发现、预防和救济"国际研讨会论文。

[16] 在日本,"上诉"是一种为"未确定的裁判"提供救济的程序的总称,与之相对的是为"确定的裁判"提供救济的"非常程序"。具体而言,"上诉"又可以分为控诉、上告和抗告三种,"非常程序"则包括再审和非常上告。参见〔日〕田口守一:《刑事诉讼法》(第七版),张凌、于秀峰译,法律出版社2019年版,第575页以下。

现了一些典型案例,例如,在一个案件中,裁判员法庭作出无罪判决,东京高等法院撤销并作出有罪判决,但最高法院撤销了东京高等法院的判决,确定了无罪判决。最高法院给出的理由是,根据法院《刑事诉讼规则》第382条,因原审认定事实错误而撤销原判,必须指出其不合理性。该判决的意义是,控诉审法庭应当尊重第一审事实认定,审慎审查。但是,最高法院肯定高等法院撤销第一审事实认定错误的判决的案例也不少。据统计,在引入裁判员制度的早期,裁判员法庭的判决比仅由法官组成的法庭作出的判决在控诉审中撤销率更低,但最近的迹象不是很清晰,因为有的年份裁判员法庭判决的案件撤销率比仅由法官组成的法庭判决的案件撤销率更高。在另一个案件中,裁判员法庭宣布了远超检察官求刑的刑罚,控诉审维持了原判,最高法院采纳了被告人提出的量刑不当的主张,撤销了第一审和控诉审的判决,改判了刑罚。[17] 最高法院的理由是,裁判员案件中的量刑判断也有必要与其他裁判员案件的量刑相均衡,背离一般的量刑倾向宣告刑罚时,应当"具体地、有说服力地"说明背离的理由。

(二)第二轮改革的焦点:审前程序

第一轮的司法改革将重心集中于审判阶段,除了将国选辩护人的适用范围扩大到起诉前以外,基本没有触及起诉前的调查程序。在这之后,2007年发生的违反选举法案件和2010年发生的邮件欺诈案件成为了第二轮改革的重要契机。[18] 其中,前者揭露出警察对犯罪嫌疑人的强制讯问问题,让公众意识到对讯问进行规制的必要性,讯问可视化的主张变得更加强烈。后者则揭示出检察官强制讯问、篡改物证的问题。在上述案件的推动下,日本开启了第二轮刑事司法改革的历程。

2010年10月,法务大臣针对检察制度的改革设立了检察机构讨论会议,2011年提出"面向检察机构的更生"提案,建议"从根本上审视过度依赖讯问和供述书的调查和审判方式,建立包括调查可视化在内的新的刑事司法制度"。随后,新法务大臣向法制审议会提出第92号咨询:"围绕近年来刑事程序的情况,立足于时代的新的刑事司法制度的构建,为了重新审视过度依赖口供和供述书的调查、公审现状,以及对犯罪嫌疑人的讯问情况录音录像制度的引入等刑事实体法与程序法的整顿模式,想听听您的意见。"法制审议会经过三年多的讨论,提出"关于构筑刑事司法制度的调查审议结果"的议案作为答复。内阁据此制定修订法案,2015年提交国会,2016年国会几乎全部予以通过。修订法案的主要内容包括:

---

[17] 参见〔日〕绿大辅:《裁判员裁判与公判中心主义》,2021年3月中日刑事诉讼法国际研讨会参会论文。

[18] 参见〔日〕后藤昭:《2016年刑事诉讼法修改背景与概述》,2018年3月中日刑事诉讼法国际研讨会参会论文。

1. 增设讯问录音录像制度

（1）适用范围。修订后的《刑事诉讼法》第 301 条规定，检察官、司法警察官等侦查人员对被逮捕、拘留的犯罪嫌疑人进行讯问时，原则上必须全程录音录像。但该要求并不针对所有案件，仅限于可能判处死刑、无期徒刑以及故意犯罪致使被害人死亡的案件。此外，在检察官没有接受司法警察人员押送，独立展开调查的案件中，在对被逮捕或者拘留的嫌疑人进行讯问时，应当全程录音录像。在日本，上述案件据估计仅占全部刑事案件的 2%—3%。[19] 此外，没有被限制人身自由的嫌疑人、证人并不属于应当进行录音录像的对象。

（2）制度目的。引入录音录像制度的目的是使法院容易判断检察官对嫌疑人的调查是否适当，因此修正案规定录音录像只用于供述自愿性的证明。至于讯问录音录像能否用作实质性证据，日本目前仍在进行激烈的讨论。

2. 引入"协议·合意制度"

日本审前阶段的"调查可视化"改革和国选辩护人制度向侦查阶段的延伸使得实践中口供的获取变得更加困难，在这一背景下，2016 年的修订法案引入了日本式的司法交易制度，即"协议·合意制度"，具体规定在修正后的日本《刑事诉讼法》第 350 条之二至第 350 条之十五。该制度的主要内容是检察官和嫌疑人、被告人及其辩护人进行协商，以嫌疑人、被告人协助"他人"的刑事案件的搜查、公审为交换，换取检察官不起诉或者从轻求刑。具体而言：

（1）适用范围。日本的司法交易制度首先区分"协议案件"和"目标案件"。所谓"协议案件"是指通过交易获得有利地位的嫌疑人、被告人的案件，而"目标案件"则是指作为证明对象的他人的案件。通常情况下协议案件与目标案件具有共犯关系，但修正案并未将其作为必要条件。修正案要求协议案件和目标案件都属于"特定犯罪"的范围，主要包括智能犯罪、有组织犯罪、药物犯罪。暴力犯罪和性犯罪不在"特定犯罪"的范围内，应当判处死刑和无期徒刑的重罪也不在"特定犯罪"的范围内，这说明该制度的适用范围充分考虑到了国民的法感情。

（2）参与主体。检察官，嫌疑人、被告人及其律师必须参与协商。司法警察不能单独参与协商，但检察官可以将部分协议交给司法警察进行。

（3）合意内容。嫌疑人、被告人承诺的内容包括：针对目标案件，阐述真相、证明事实、提供证据，或者帮助收集其他证据。如果达成协议的当事者是目标案件的共犯，要承诺作真实的证词，其实质是不行使日本《宪法》第 38 条第 1 款和《刑事诉讼法》第 146 条的拒绝自证其罪的特权。检察官基于协议事件的起诉斟酌权可以承诺不起诉、以轻微罪名起诉、根据简易程序请求判处罚金刑

---

[19] 参见同前注[18]。

或者缓期执行。对于已经起诉的协议案件,可以取消公诉,变更为轻微的罪名,或者停止对某一量刑幅度的要求。检察官的承诺要考虑双方的意见,同时要考虑要取得的证据的重要性、有关犯罪的轻重情况等。总之,检察官必须合理行使酌定权。

(4) 检察官如果要在协议案件和目标案件中将作为协商结果的供述作为证据,则必须向法院提交协议内容的书面材料,不得隐瞒司法交易的存在。

总而言之,日本的司法交易制度是一种调查、追诉合作型的司法交易。与中国的认罪认罚从宽制度不同,日本现行法中并不存在"自己负罪型"(嫌疑人、被告人通过承认自己的罪行来换取不起诉或者从轻处罚)的司法交易。

3. 引入刑事免责制度

修正后的日本《刑事诉讼法》第 157 条第 2 款和第 3 款引入了刑事豁免制度,即通过对证人的免责处分,消灭拒绝自证其罪特权并强制取得证词。豁免的效果是衍生豁免,即根据其证言获得的证据不能作为起诉证人自身犯罪的证据。刑事免责通常也是为了得到共犯的证词,这一点与协议合意制度有相似的目的。不过,和司法交易不同的是,刑事免责不以检察官和证人达成合意为前提,根据检察官的申请,法院决定在免责的前提下对证人进行审问,而且刑事免责制度并没有案件适用范围的限制。

4. 其他改革措施

(1) 大幅度扩大通信监听的范围:杀人、掠取、欺诈、盗窃等。允许将通信内容转发到警察署并进行监听,允许保存通信后再进行播放。

(2) 加强证人保护措施,放宽询问证人的条件,允许视频询问,加强对证人的强制。

(3) 扩充辩护权。2004 年法律修订后,嫌疑人以可能判处 3 年以上有期徒刑的罪名被逮捕时,可以申请国家法律援助。2016 年的修订法案进一步取消了罪名限制,嫌疑人被逮捕或者拘留后都可以申请法律援助。

四、总结

综合上述国家近年来刑事诉讼制度的发展,尤其是与中国近年来刑事诉讼制度改革相对比,我们会觉得似曾相识。因为上述国家正在经历和已经进行的改革,与中国近年来正在讨论或者已经进行的改革非常相似。例如,对案件管理的重视、对通信监控的规范、讯问录音录像制度的确立、协议或合意制度在刑事诉讼中的引入等。可以说,在中西方刑事司法制度中,技术层面改革的趋同化倾向十分明显。

究其原因,大概是因为各国近期刑事诉讼制度改革的驱动力是相似的。首先,技术发展带来了两个方面的变化:一是技术发展导致刑事诉讼发现真相的能力大幅度提高,例如,DNA 技术自 20 世纪 90 年代以来变得更加成熟,开始广泛应用于刑事司法,在提高侦查能力的同时也催生出平衡保护隐私和其他社会价值的规范要求;二是技术发展导致社会生活方式发生变化,互联网技术、智能手机的普及导致犯罪形式和证据形式发生重大变化,进而也要求办案方式随之改变。与此同时,各国刑事司法制度在嫌疑人、被告人权利保障方面继续完善,律师介入刑事诉讼的范围扩大、时间提前,讯问录音录像制度纷纷引入立法。这些都给犯罪的侦破、证据的收集带来了困难。破解侦查难题,有两种应对方案:一是引入新的技术手段,提高侦查能力。比如扩大通信监控的范围、发展出多样的监控手段基本上遵循的是这一路径。二是引入特殊的制度手段,寻求来自被追诉人的合作。比如传统的职权主义国家纷纷在刑事诉讼中引入协商或者合意机制,走的就是这一路线。有的国家甚至双管齐下。各国面临的问题比较相似,因而也采取了相似的应对措施,所以在技术层面我们看到了刑事司法改革措施的趋同化。然而,不应该忽视的是这些技术层面背后存在的重大差异。

（一）结构性差异

中西方刑事司法制度的结构性差异主要包括:(1) 法官个体独立的保障。(2) 干预公民基本权利的措施是否奉行令状主义和法官保留原则。(3) 对公民获得聆讯的权利的保障。公民在权利受到侵犯时有机会向法院寻求救济,这是联合国《公民权利和政治权利国际公约》第 14 条第 1 款和《欧洲人权公约》第 6 条第 1 款保障的权利。在我国刑事诉讼中对涉案财物采取搜查、查封、扣押、冻结等侦查措施,前无司法审查,后无司法救济,在贯彻这一原则方面尚有不足。(4) 权力边界界定的清晰性问题。目前,我国在 DNA 取样检测、技术侦查措施方面的立法表述不够明确,在实践中势必造成立法与司法界限不清的局面。

（二）宪法化:刑事诉讼法的合宪性控制

刑事诉讼法与宪法的密切关系毋庸多言,在许多法治国家刑事诉讼制度的发展历程中,合宪性控制机制都发挥了不容忽视的作用。在美国,不少刑事诉讼判例是宪法性判例,在讯问犯罪嫌疑人的规范标准上,美国最高法院与立法机关更是进行了长期的斗争。在意大利,20 世纪 90 年代,立场偏保守的宪法法院多次作出刑事诉讼法条文违宪的判决,立法机关和宪法法院几经交手后,最终只能以立法机关修改宪法而告终。在德国,宪法法院宣布无效的权利也指向立法行为,这意味着《基本法》中的公民权利在面对行政机关、立法机关甚至下级司法机关可能的侵犯时,可以迅速获得必要的救济。

（三）国际化

这一点在欧洲国家表现得尤为典型。欧洲国家多为《欧洲人权公约》的签约国,根据《欧洲人权公约》第十一任择议定书第 34 条、第 35 条的个人申诉条款,允许签约国的公民在穷尽了国内法的救济手段后到欧洲人权法院(European Court of Human Rights)起诉本国政府。所以,欧洲各国国内刑事司法的发展,不得不考虑《欧洲人权公约》和欧洲人权法院的立场,如果是欧盟国家,还必须考虑欧盟法院(European Court of Justice)的立场。这就使得各签约国的国内法与国际法密切互动,刑事诉讼制度呈现出国际化的倾向。

例如,在德国,与刑事诉讼关系密切的法律有《刑事诉讼法》《法院组织法》和《刑法》,近几十年来对它们的解释深受欧洲人权法院法理的影响,尤其是宪法法院,通过以一种公约友好型的方式解释基本法原则,它已经将欧洲人权法院的判例法提高到了"准宪法"的高度。有时候,欧洲人权法院甚至给德国宪法法院"布置"任务。比如,德国《刑法》第 67d 条第(3)款规定的"保安监禁"(Sicherungsverwahrung),宪法法院最初认为并不违宪,但欧洲人权法院在 2009 年和 2010 年的一系列案件中宣布"保安监禁"部分地违反公约。宪法法院——显然是不甘被欧洲人权法院超越——在 2011 年 5 月 4 日一个里程碑式的案件中,抓住一系列宪法诉请呈上来的机会,宣布"保安监禁"的全部法律违宪,给联邦和州两年的时间通过新的合乎要求的立法,这个判决甚至超出了宪法诉请人提出的诉讼请求。

同样,在英国,国内刑事诉讼立法被欧洲人权法院和欧盟法院宣布违法也是家常便饭。例如,《2003 年刑事司法法》中关于 DNA 图谱的取得与基因库保留的规定,在 2009 年被欧洲人权法院宣布违反公约第 8 条[20],结果,英国不得不在《2010 年犯罪与安全法》和《2012 年自由保护法》中限制在基因库中保留 DNA 图谱的权力。又如,直到 20 世纪 80 年代电话窃听在英国都没有相关的立法框架,仅由内政部授权,这种做法在 1985 年受到挑战,被欧洲人权法院认定违反公约第 8 条,英国随后通过《1985 年通信拦截法》,为电话窃听提供了立法框架。[21] 再如,《2014 年数据保留和侦查权法》(DRIPA)中的有关规定在 2016 年 12 月 21 日被欧盟法院宣布违法。英国随之于 2016 年 12 月 31 日废止该法,并代之以《2016 年侦查权法》(IPA),但该法的第 4 编被欧盟法院认定违法,原因是数据保留的目的未限于打击严重犯罪,未规定事先的司法授权。欧盟法院要求在 2018 年 11 月 1 日前修订该法,作为其结果,英国出台了《2018 年数据保留和取得规制法》(Data Retention and Acquisition Regulation 2018)。

(责任编辑:王瑞剑)

---

[20] S and Marper v. UK (2009) 48 EHRR 50.
[21] Malone v. UK (1985) 7 EHRR 14.

从万民法到万国法

——论欧洲中世纪到近代早期"国际法"理论的嬗变

郭逸豪[*]

From "Ius Gentium" to "Ius Inter Gentes"
On the Evolution of "International Law" Theory from Medieval Europe to Early Modern Times

Guo Yihao

内容摘要：本文通过分析欧洲中世纪和近代早期法律著作的文本，探析中世纪万民法（ius gentium）向近代早期万国法（ius inter gentes）转变背后的深层次问题。中世纪万民法概念发展很大程度上依赖教会法学家的努力，他们通过将罗马法文本与社会现实相结合，推进了万民法概念的发展，而背后的本质问题其实是教权和皇权之争。在所谓基督教王国（Res publica Christiana）的法权结构和地理空间瓦解后，欧洲近代的法学家和哲学家在"主权"与"国家"概念的基础上，通过几方面的努力，再造出了新型的近代万国法。

关键词：万民法 教会法学家 主权之争 万国法

---

[*] 法学博士，中国政法大学法律史研究所讲师。本文系国家社会科学基金项目"欧洲中世纪的国家与主权理论研究"（项目编号：20CFX009）的阶段性成果。

一、引言

在国际法史的研究中,格劳秀斯(Hugo Grotius)作为"国际法之父"的地位曾一度不可撼动,因此,在很长一段时间内,《论战争与和平法》(De jure belli ac pacis)被学者们视为现代第一部成熟的国际法著作。然而,这个观点在近几十年来遭到了学界的普遍质疑,其主要原因是学界对萨拉曼卡学派(School of Salamanca)研究的不断深入,在此基础上,"国际法之父"的桂冠被该学派的创始人维多利亚(Francisco de Vitoria)所摘获。维多利亚在主权国家的理论背景与发现美洲大陆的历史背景下,结合了中世纪教权与皇权之争的传统,探讨了占领美洲大陆和统治印第安人的合法性问题。不仅如此,近代国际法的主体——"国家"和世俗权力的来源也成为他学术研究的关注对象。

本文无意继续探讨近代国际法的起始点,而更关心这些被视为近代国际法之父的人们如何在中世纪晚期的万民法的基础上,通过对法学理论的传承、续造和创新,开创出了近代意义上新型的万国法,以面对地理大发现带来的欧洲新政治格局——基督教王国的崩塌和近代主权国家的诞生,以及如何在法理上解决新发现的土地的占有与欧洲各新兴主权国家之间的竞争问题。

因此,本文的关注点部分在于新型万国法诞生之前的法学理论,即中世纪晚期的万民法理论,它主要由教会法学家基于罗马法学家的理论续造而成;同时基于"破与立"的结构,分析应运而生的新型万国法是如何被创造的。

二、中世纪万民法之基础——罗马法传统中的万民法

11世纪末,《民法大全》(Corpus Iuris Civilis)在比萨的重新发现无疑为中世纪的思想界提供了巨大的知识库。对于中世纪法学家而言,乌尔比安(Ulpianus)对法律的分类和定义也被奉为圭臬。乌尔比安认为,万民法涉及人类之间的共同法则,自然法则适用于全体动物。[1] 戴克里先皇帝时期的法学家赫默真尼阿努斯(Hermogenianus)列举了万民法所涉及的领域,包括战争、氏族的区分[2]、王国的建立、所有权的划分、公地的边界、建筑物、市民法之外的商贸、买卖、租赁土地和缔约。[3] 由此可见,古典罗马法中的万民法有其特定的视域和政治背景。结合罗马史和罗马法学家的论著来看,万民法的参照系

---

[1] D. 1, 1, 1, 4: "Ius gentium est, quo gentes humanae utuntur. Quod a naturali recedere facile intellegere licet, quia illud omnibus animalibus, hoc solis hominibus inter se commune sit."

[2] Alan Watson 将 discretae gentes 翻译成 nations differentiated,本文认为有待商榷。

[3] D. 1, 1, 5: "Ex hoc iure gentium introducta bella, discretae gentes, regna condita, dominia distincta, agris temini positi, aedificia collocata, commercium, emptiones venditiones, locationes conductiones, obligationes institutae: exceptis quibusdam quae iure civili introductae sunt.";同时参见 Gaius, D. 1, 1, 9。

是市民法,在这种参照的背后,更深层次的本质问题其实是罗马公民权(civitas)。在卡拉卡拉敕令(212 AD)颁布、罗马公民权扩大至整个罗马帝国境内之前,万民法的适用范围是那些伴随着罗马扩张而出现的自由市(municipium)、殖民地(colonia)、行省(provincia)以及罗马的同盟(如北非的Numidia)等。与此同时,近代国际法意义上的"国际条约"在罗马的历史中也并不罕见,如罗马与迦太基、努米底亚、马其顿的合约,但它们并未进入古典罗马法学家关注的万民法领域。

罗马通过一次次的战争,从亚平宁半岛上的一个城邦逐步发展成为将地中海视为内海的庞大帝国,而对于万民法而言,这个历史进程体现在罗马人与外邦人的战争与和平事务中,其中被讨论最多的是"正义战争"(bellum iustum)。汉斯·凯尔森(Hans Kelsen)曾认为,没有"正义战争"原则,国际法就无从谈起。[4] 然而,古典罗马法学家并未真正处理过"正义战争"这个概念,他们讨论更多的是国家公敌(Hostes)、自卫、俘虏、奴隶与战和祭祀团法(ius fetiale)。

乌尔比安认为,国家公敌是罗马公开宣战的敌人,或者公开对罗马宣战的敌人,其他的则被称为强盗和土匪。因此,被土匪强盗掳获的人并不是他们的奴隶,他们无需拥有"复境权"(postliminium)。[5] 古典罗马法学家也确立了敌人使节的不可侵犯性,认为攻击使节是违反万民法的行为[6],这种行为将遭到刑事处罚(Lex Iulia de vi publica)。[7]

罗马有一句广为人知的古谚:以武力对抗武力是合法的(vim vi repellere licet)。在欧洲近代早期的革命传统中,它常被引作革命的合法性基础。对于

---

[4] 引自 Alfred Rub, Hans Kelsens Völkerrechtslehre, Versuch einer Würdigung, Zürich, 1995, s. 229。同时参见 András Jakob, Kelsens Völkerrechtslehre zwischen Erkenntnistheorie und Politik, in Zeitschrift für ausländisches öffentliches Recht und Völkerrecht, 64, 2004, ss. 1045-1057.

[5] D. 49, 15, 24: "Hostes sunt, quibus bellum publice populus Romanus decrevit vel ipsi populo Romano; ceteri latrunculi vel praedones appellantur. Et ideo qui a latronibus captus est, servus latronum non est, nec postliminium illi necessarium est." 复境权(Postliminium)是指,由于外国人的原因失去原有的地位,随后又恢复原有的权利,见 D. 49, 15, 19,关于复境权的研究参见 Hans Kreller, Juristenarbeit am Postliminium, in ZRG Rom. Abt. 69, 1952, ss. 172-210; Vasile Lica, "Clades Variana" and "Postliminium", in Historia: Zeitschrift für Alte Geschichte, Bd. 50, H. 4, 2001, ss. 496-501.

[6] D. 50, 7, 18: "Si quis legatum hostium pulsasset, contra ius gentium id commissum esse existimatur, quia sancti habentur legati."

[7] D. 48, 6, 7: "Lege Iulia de vi publica tenetur, qui, cum imperium potestatemve haberet, civem Romanum adversus provocationem necaverit verberaverit iusseritve quid fieri aut quid in collum iniecerit, ut torqueatur. item quod ad legatos oratores comitesve attinebit, si quis eorum pulsasse et sive iniuriam fecisse arguetur."

罗马人而言，用武力进行自卫，是所有法律（omnes leges omniaque iura）允许的。[8] 他们认为，武力在两种情形下是合法的：其一是无法容忍（incontinenti），意指无法容忍他人的暴力而予以反击[9]；另外一种称为"适度、无可谴责的保护"（moderamen inculpatae tutelae），指的是依据情形而定、为保护自己和财产的理性反击。[10]

而对于中世纪的注释派法学家而言，自卫的权利同时来源于自然法和万民法[11]，但他们主要讨论的是"合法战争"（bellum licitum），而非"正义战争"。中世纪注释派法学家阿佐（Azo）用司法裁判的介入对"以武力对抗武力"的原则加以了限制。[12] 另一位注释派法学家奥多夫列杜斯（Odofredus）也同样认为，对于侵犯权利的暴力行为首先应该向法庭寻求救济[13]，仅在法律救济失效的情况下才能行使武力。[14] 阿佐和阿库西乌斯（Accursius）都对对抗暴力的战争进行了合法性论证，其依据就是万民法。[15]

发动合法战争的主体可以是哪些呢？中世纪法学家的答案均为皇帝。阿佐认为，皇帝代表权威，所有未经授权而使用武器的人都有罪。因为缺少皇帝的掌控，武器的使用会对和平造成危害。[16] 奥多夫列杜斯也认为，只有皇帝才

---

[8] D. 9, 2, 45, 4: "Qui, cum aliter tueri se non possent, damni culpam dederint, innoxii sunt; vim enim vi defendere omnes leges omniaque iura permittunt." 参见 S. Kuttner, Kanonistische Schuldlehre von Gratian bis auf die Dekretalen Gregors IX (Studi e Testi), Vatican City, 1935, ss. 334-339. 同时可见《优士丁尼法典》, C. 3, 27, 1: "Liberam resistendi cunctis tribuimus facultatem, ut quicumque militum vel privatorum ad agros nocturnus populator intraverit aut itinera frequentata insidiis adgressionis obsederit, permissa cuicumque licentia dignus ilico supplicio subiugetur ac mortum quam minabatur excipiat et id quod intendebat incurrat. Melius enim est occurrere in tempore, quam post exitum vindicare."

[9] D. 43, 16, 3, 9: "Eum igitur, qui cum armis venit, possumus armis repellere, sed hoc confestim, non ex intervallo, dummodo sciamus non solum resistere permissum, ne deiciatur, sed et si deiectus quis fuerit, eundem deicere non ex intervallo, sed ex continenti."

[10] C. 8, 4, 1: "Recte possidenti ad defendendam possessionem, quam sine vitio tenebat, inculpatae tutelae moderatione illatam vim propulsare licet."

[11] Irnerius, D. 1, 1, 5, V. ex hoc iure gentium; Azo, Summa Institutionum, I. 2

[12] Azo, Summa Codicis, 8, 4, 转引自 Frederick H. Russell, The Just War in the Middle Ages, Cambridge University Press, 1975, p. 43。

[13] Odofredus, Lectura Codicis, 9, 12, 7.

[14] *Ibid*, 2. 1.

[15] Accursius, D. 1, 1, 5, v, bella: "Ergo ius gentium iniquum est, cum iniquum inducat, sed dic, quod dicit de bello licito, ut indicto a populo Romano vel imperatore…Item dicit de bello indicto ad iniuriam propulsandum, quod licet.. Non autem de alio, ne inde iniuriae nascatur occasion." 转引自 Frederick H. Russell, The Just War in the Middle Ages, Cambridge University Press, 1975, p. 45。

[16] Azo, Summa Codicis, 11, 47; Accursius, Glossa Ordinaria, C. 11, 47, I, V. movendorum.

有权发动合法战争。[17] 此外,奥多夫列杜斯还在封建制度的语境中处理了合法战争问题,他认为,封臣在战争中应该协助领主,除非这场战争表现出明显的不正义,或者跟随领主会让他自身有罪;而如果仅怀疑战争的正义性,那封臣就有义务参加。[18] 实际上,中世纪法学家结合了当时的实际,在三个维度上讨论了合法战争:其一是古典罗马法和帝国,其二是封建制度,其三是国王或城市领主以及其他行政首领是否有权发动合法战争。[19]

虽然在优士丁尼皇帝下令编纂《民法大全》的6世纪,基督教不仅早已得到合法化,而且成为罗马帝国的国教,同时还扩散到了日耳曼人之中,但罗马法中涉及异教徒和宗教战争的部分却并不多见。在《优士丁尼法典》(Codex)涉及异教祭祀和寺庙的规定中,仅针对基督徒骚扰犹太人和异教徒做出了限制。[20] 然而,中世纪的罗马法学家并未对十字军东征进行合法性论证,其决定性原因在于,十字军东征名义上的发起人是教皇。也正因如此,在中世纪教会法学家那里,"正义战争"取代"合法战争",成为他们不断评注和争论的问题。

三、中世纪教会法对万民法的续造及贡献

(一)正义战争的话语

一批研究国际法史的学者认为,在格劳秀斯的《论战争与和平法》诞生之

---

[17] Odofredus, Lectura Codicis, 11, 47: "Dicit quod nullus poterit movere guerram et arman portare sine licentia imperatoris. Hoc dicit et sic vedetur alias licitum bellum."

[18] Odofredus, Summa in Usus Feudorum, c. 21: "quod si dominus habet guerram, debet vassallus eum iuvare. Sed quid si dominus habet geurram iniustam? Respon. si vassallus scit, quod iusta est, planum est. Si vero scit quod iniusta, quia publicum est tunc ad defendum, si vult, potest; sed non tenetur si non vult, per hoc non perdit feudum. Si vero dubitat sit iusta, vel non, tunc indistincte debet eum adiuvare. Sed videtur quod postquam scit vassallus quod habet guerram iniustam, sine distinctione non teneatur eum adiuvare…nec vassallus tenetur adiuvare dominum, ne incidat in peccatum vel periurium."

[19] 比如阿佐在他的《问答》中认为,国王如今在他的领土中拥有权力,而非皇帝。Azo, quaestio XIII: "Item quilibet (rex) hodie videtur eandem potestatem habere in terra sua, quam imperator, ergo potuit facere quod sibi placet", 参见 E. Landsberg, Die Quaestionen des Azo, Freiburg i. Br. 1888, s. 87;关于罗马法学家对王权的构建,参见 Francesco Calasso, I glossatori e la teoria della sovranità, Milano, 1957, pp. 33 ff;另有 Durantis 的 Speculum,他在其中也说道:"法国国王在其王国里是君主,他可以不承认其他的上级。"Durantis, Speculum iuris, IV, III, De feudis 2: "Rex Franciae princeps est in regno suo, ut pote qui in illo in temporalibus superiorem non recognoscat."

[20] C. 1, 11, 6: "Christianis, qui vel vere sunt esse dicuntur, specialiter demandamus, ut Iudaeis ac paganis in quiete degentibus nihilque temptantibus turbulentum legibusque contrarium non audeant manus inferre religionis auctoritate abusi. Nam si contra securos fuerint violenti vel eorum bona diripuerint, non ea sola qua abstulerint, sed convicti in duplum quae rapuerint."

前,万民法理论是由教会法学家所锻造的。这些学者包括了 Ernest Nys[21],Thomas E. Holland[22], Alfred Vanderpol[23], James Brown Scott[24], James Muldoon[25]等,他们无一例外地肯定了教会法学家对国际法的贡献。Ernest Nys 认为,中世纪罗马法学家仅对重新挖掘的古典罗马法文献进行评注,并未形成自觉、独立、一以贯之的万民法学说。此外,中世纪罗马法学家并未真正区分万民法和自然法。[26] 事实上,阿佐和阿库西乌斯有时的确将万民法直接等同于自然法。[27] 而在古典罗马法的基础上,结合中世纪政治和宗教局势对万民法进行拓展和深化的是教会法学家和经院哲学家。

欧洲中世纪万民法的主体是基督教王国和基督徒(Populus Christianus),因此,在基督教王国中,基督教贵族之间的战争具有封闭性和内部性,不影响基督教王国的统一性,而异教徒的世界(尤其是伊斯兰世界)则是敌人的疆域,需要借助十字军的武力去吞并和征服,而这种武力的方式被称为"正义战争"。[28]在 1095 年的克莱芒会议(Council of Clermont)期间,教皇乌尔班二世(Urban II)宣布发动第一次十字军东征,期冀重夺圣地,以及在君士坦丁堡建立"拉丁帝国"。在一封写给西班牙主教的信中,教皇亚历山大二世(Alexander II)呼吁

---

[21] Ernest Nys, Les origins du droit international, Bruxelles et Paris, 1894; ibid, Le droit de la guerre et les précurseurs de Grotius, Bruxelles et Leipzig, 1882; ibid, The Papacy considered in relation to international law, London, 1879。

[22] Thomas Erskine Holland, *Studies in international law*, Oxford, 1898。

[23] Alfred Vanderpol, *le droit de guerre d'après théologiens et les canonistes du moyen-âge*, Paris et Bruxelles, 1911。

[24] James Brown Scott, *The Catholic Conception of International Law*, Georgetown University Press, 1934。

[25] James Muldoon, The Contribution of the Medieval Canon Layers to the Formation of International Law, in Traditio, 28, 1972, pp. 483-497; ibid, Medieval Canon Law and the Formation of International Law, in ZSR. Kan. Abt, 112, 1995, ss. 64-82。

[26] Ernest Nys, Les origins du droit international, Bruxelles et Paris, 1894, p. 7。

[27] "Et nota quod quattuor modis ius naturale ponitur. Quandoque pro iure gentium… quandoque pro iure pactorum…quandoque pro eius contrario, scilicet pro eo quod rescindit pacta, ut in restitutione minorum…Secundum canones ius naturale dicitur quod in lege mosaica et Evangelio continetur ut in principio decretorum."转引自 Rudolf Weigand, Die Naturrechtslehre des Legisten und Dekretisten von Irnerius bis Accursius und von Gratian bis Johannes Teutonicus, s. 57;同时参见 Machael Bertram Crowe, The Changing Profile of the Natural Law, Martinus Nijhoff, the Hague, 1977, p. 92。

[28] 〔德〕卡尔·施米特:《大地的法》,刘毅、张陈果译,上海人民出版社 2017 年版,第 23—24 页;同时参见 Carl Erdmann, Die Entstehung des Kreuzzugsgedankens, W. Kohlhammer, 1935; Fritz Dickmann, Friedensrecht und Friedenssicherung. Studien zum Friedensproblem in der Geschichte, Vandenhoeck&Ruprecht, Göttingen, 1971, ss. 98-9; Wilhelm G. Grewe, *The Epochs of International Law*, Walter de Gruyter, 2000, pp. 51-59。

发动对阿拉伯人的战争,并将其称为"合法的反抗"。[29]

实际上,第一个提出"正义战争"概念的并不是罗马法学家,而是演说家和哲学家西塞罗(Cicero),他的"正义战争"概念对后世影响深远。[30] 西塞罗的观点经常被中世纪教会法学家引用,原因在于基督教教父奥古斯丁(Augustine)和伊西多尔(Isidore)经常援引西塞罗的作品。西塞罗认为,有两种事物影响着人类的生活:"强力"(vis)和"法律"(ius)。而在一个"国家"中,法律毫无疑问要优先于强力[31],在法律缺席的情形下方可使用强力。[32] 并且,西塞罗赞同用武力对抗武力的合法性和必要性(verum etiam necessarium)。[33] 我们现在所知的西塞罗作品中关于"正义战争"的重要片段皆源自后世基督教教父对其作品的援引和阐发,如伊西多尔在其《词源》(Etymologiae)中所引用的《论共和国》(De re publica)的片段。西塞罗认为,非正义的战争是那些毫无理由发动的战争。如果不是为了复仇或回击敌人的进攻,任何战争都不可能是正义的。如果没有事先声明和宣布,发动战争是为补偿所遭受的损失,任何战争都不可能是正义的。[34]

然而,也有部分学者认为西塞罗笔下的"bellum iustum"并不是指"正义战争",而是指"合法战争"[35],因为"iustum"一词在拉丁文中既有"正义"也有"合

---

[29] 见《格拉提安教令集》,Decretum gratiani, sencunda pars, causa XXIII, quaest. VIII, ch. XI:"Iudaeos non debemus persequi, sed Sarrace nos."; 另参见 Wilhelm G. Grewe, *The Epochs of International Law*, Walter de Gruyter, Berlin, New York, 2000, p.52。

[30] 参见 Maximilian Forschner, Stoa und Cicero über Krieg und Frieden, Kohlhammer, 1988; Klaus Martin Gerardet, Rom auf dem Weg von der Republik zum Prinzipat, Habelt, Bonn, 2007。

[31] Cicero, Pro Sest. 92:"atque inter hanc vitam perpolitam humanitate et illam immanem nihil tam interest quam ius atque vis. Horum utro uti nolumus, altero est utendum. Vim volumus exstingui, ius valeat necesse est, id est iudicia, quibus omne ius continetu."

[32] Ibid:"iudicia displicent aut nulla sunt, vis dominetur necesse est."

[33] Cicero, Red. Sen. 19:"…vim vi esse superandam…"; ibid, Pro Sest. 39:"…non verebar ne quis aut vim vi depulsam reprehenderet…"; ibid, Pro Sest 92:"Milo et vidit et fecit, ut ius experiretur, vim depelleret."; ibid, Pro Milo. 9:"Atqui si tempus est ullum iure hominis necandi, quae multa sunt, certe illud est non modo iustum, verum etiam necessarium, cum vi vis inlata defenditur."; ibid, Pro Milo. 30:"Insidiator superatus est, vi victa vis, vel potius oppressa virtute audacia est."; ibid, Pro Milo. 52:"consuetudinem illius perpetuam in vi inferenda, huius tantum in repellenda."

[34] Cicero, De re publica, III, XXXV:"…Illa iniusta bella sunt, quae sunt sine causa suscepta. Nam extra ulciscendi aut propulsandorum hostium causam bellum geri iustum nullum potest…Nullum bellum iustum habetur nisi denuntiatum, nisi indictum, nisi repetitis rebus…"; 中文版参见:〔古罗马〕西塞罗:《论共和国》,王焕生译,上海人民出版社 2006 年版; Isidor, Etymologiae, 18, 1, 2。

[35] Luigi Loreto, Il bellum iustum e i suoi equivoci. Cicerone ed una componente della rappresentazione romana del Völkerrecht antico, ed. Jovene, Napoli, 2001, pp. 2-4; 13-26; 101-105; Antonello Calore, Forme giuridiche del "bellum iustum", Giuffé Edittore, 2003; Silvia Clavadetscher-Thürlemann, Polemos dikaios und bellum iustum: Vergleich einer Ideengeschichte, Juris Dr. Und Verlag, Zürich, 1985.

法"的含义。在古罗马传统中，发动战争所必须遵守的法律和仪式被称为战和祭司团法，而之所以后世学者认为西塞罗是第一个提出"正义战争"概念的人，是由于基督教教父们在援引其作品的同时，又结合了基督教教义，将"合法战争"的概念发展成为适应中世纪基督教王国的"正义战争"话语。

希波主教奥古斯丁关于"正义战争"的论述主要出现在其作品中的六处（De civitate Dei, 4, 15; 19, 7; 19, 15; Quaestiones in Heptateuchum 4, 44; 6, 10; Contra Faustum Manichaeum 22, 74-75）[36]，他在西塞罗的理论基础上，认为人聚集在共同体中，不仅因为自然上的平等，还因为上帝意志所期冀的和谐与和平。[37] 奥古斯丁在《上帝之城》（De civitate Dei）中同样援引西塞罗的观点，认为最完善的国家不会发动任何战争，除非是为了守信或自身安全。[38] 因为全能的上帝，战争才能得以开始、继续和终结，因为上帝希望人类变得更好或谴责人类。[39] 若是出于上帝或君主的法律，发动战争者则不受"你不得杀生"戒令的约束。[40] 那么，在世俗之城中，谁才能发动战争呢？奥古斯丁给出的答案是君主（princeps）。奥古斯丁追随安布罗斯（Ambrose）的轨迹，援引了大卫王的例子，认为只有君主的权威才能够发动战争。[41]

以上所提及的奥古斯丁关于正义战争的论述片段，在 12 世纪都被编入了《格拉提安教令集》（Decretum gratiani）第二部分第 23 "动因"（causa）中。在此处，格拉提安提出了以下问题：(1) 发动战争是否是罪？(2) 作为以色列的子民，怎样的战争以及何种方式的战争才算是正义的？(3) 是否能武装击退同盟

---

[36] 关于奥古斯丁"正义战争"概念的研究，主要参考 V. Hrabar, La doctrine de droit international chez Saint Augustin, in Archives de Philosophie du droit et de Sociologie juridique, 1932, pp. 441ff; J. Kosters, Le droit des gens chez Saint Augustin: la geuure, R. D. I. L. C, vol. 60, 1933, pp. 634 ff. G. Vismara, Problemi e istituti giuridici della guerra altomedievale, in Scritti di storia giuridica, vol. 7, Milano, 1989, pp. 475ff; R. S. Hartigan, "Saint Augustin on War and Killing: The problem of the innocent", in *Journal of the History of Ideas*, vol. 27, 1996, pp. 195ff; Karl-Heinz Ziegler, Biblische Grundlagen des europäischen Völkerrechts, in ZSR, Kann. Abt. vol. 86, 2000, ss. 1-32。

[37] Augustine, De civitate Dei, XVI, 8; XIX, 12, 中文版参见：[古罗马]奥古斯丁：《上帝之城：驳异教徒》（中）（下），吴飞译，上海三联书店 2008 年和 2009 年版。

[38] Cicero, De re publica, III, XXXIV: "Nullum bellum suscipi a civitate optima nisi aut pro fide aut pro salute……"; Augustine, De civitate Dei, XXII, 6.

[39] Augustine, De civitate Dei, VII, 30: "qui bellorum quoque ipsorum, cum sic emendadum et castigandum est genus humanum, exordiis progressibus finibusque moderatur."

[40] Ibid, I, 21: "et ideo nequaquam contra hoc praeceptum fecerunt, quo dictum est: Non occides, qui Deo auctore bella gesserunt aut personam gerentes publicae potestatis secundum eius leges, hoc est iustissimae rationis imperium, sceleratos morte punierunt."

[41] Ambrose, De off. 1, 35/177: "Numquam David nisi lacessitus bellum inulit… Postea numquam nisi consulto Domino bellum adorsus."; Augustine, Contra Faustum 22, 75: "Ordo tamen ille naturalis mortalium paci accomodatus hoc poscit, ut suscipiendi belli auctoritas atque consilium penes principem est."

国的非法行为？（4）是否能够实施刑罚？（5）对于骑士或其下属来说，杀死一个有罪的人是否有罪？（6）是否应该强迫邪恶变成善？（7）是否能够剥夺异教徒的财产和教产？（8）主教或其他教士能否出于自身的权威，或者因为教皇和皇帝的命令使用武器？格拉提安完全延续了奥古斯丁和伊西多尔的传统，认为在上级命令下，为夺回自身所属之物或抵抗敌人而发动的战争，是正义的。[42] 保卫祖国免受野蛮人侵扰，保护弱者或者帮助盟友对付强盗的行为，也完全是正义的。[43] 格拉提安还延续伊西多尔的定义，认为战争属于万民法的范畴，除此之外，万民法还包含了监禁、奴隶、休战和和平协定。[44] 而"以武力对抗武力"的罗马法原则也被纳入该教令集，但被视为属于自然法的范畴。[45] 关于能否剥夺异教徒的财产和教产，格拉提安认为应该遵循以下的原则，即地上的事务应由人类的法律来管辖，而非神法。[46]

在格拉提安关于正义战争的论述中，最关键的议题便是谁有发动战争的权威。格拉提安在奥古斯丁学说的基础上，对发动战争的权威提出了严格的限制。这种权威不仅要合法，在道义上还必须履行谨慎义务，只有合法的权威，同时士兵只有在权威的命令下才能发动正义战争。[47] 合法的权威只能是上帝的命令或某些合法的权力（sive deo, sive aliquo legitimo imperio）。[48] 主教因为缺乏这种权威而无法对发生在他们身上的不正义行为实施报复。[49] 而当一个正义的个体在渎神的权威要求下参与战争时，他是无罪的，所有的罪算在渎神的权威头上。[50]

（二）发动正义战争的权威

那么，如何处理教会的权威和皇帝的权威呢？尽管格拉提安本人经历了续任权之争（investiture controversy）的后半期，他却未在发动正义战争的权威序列的问题上给出明确的答案，也未将教会的权威直接等同于上帝的权威。他认为，对教皇、主教或者其他教士的不正义行为并不等同于对教会的不正

---

[42] Decretum gratiani, C. 23, q. 2, c. 1.
[43] Decretum gratiani, C. 23, q. 3, c. 5.
[44] *Ibid*, Dist. 1, c. 9: "Ius gentium est sedium occupatio, edificatio, nunitio, bella, captivitates, servitutes, postliminia, federa pacis, induciae, iegatorum non violandorum religio…"
[45] *Ibid*, Dist. 1, c. 7: "Ius natural est commune omnium nationum, eo quod ubique instinctu naturae, non constitutione aliqua habetur, ut…violentiae per vim repulsio."
[46] *Ibid*, C 23, q 7, c 1: "Res terrenae non nisi diuino, vel humano iure tenetur…nisi vel iure diuino quo cuncta iustoru sunt; vel iure humano, qd in protestate est regum terrae."
[47] Decretum gratiani, C 23, q 2, c 2.
[48] *Ibid*, C 23, q 1, c 4.
[49] *Ibid*, C 23, q 4, c 27: "Pro iniuria propria episcopo aliquem excommunicare non licet."
[50] *Ibid*, C 23, q 1, c 4; C 23, q 5, c 25.

义行为。[51] 然而,格拉提安同时又举出了历史上诸多教皇授权清洗异教徒的例子。异教徒是格拉提安在正义战争理论中最关切的对象。他合法化了针对异教徒的宗教清洗行为,而且教会有权强迫异教徒违背其意志改宗[52],这为后来的十字军东征提供了理论依据。同时,清洗质疑教皇权威者的行为也是合法的。[53]

如同格拉提安一样,中世纪经院哲学的领军人物托马斯·阿奎那(Thomas Aquinas)也在《新约》《旧约》和奥古斯丁的传统上提出了他的正义战争理论,此处无需赘言,但需重点强调的是,阿奎那认为,正义战争的发动必须依靠君主的权威(auctoritas principis),因为他拥有上帝赐予的世俗之剑(materiali gladio)。[54] 意大利教会法学家胡古齐奥(Huguccio)在第三次十字军东征前夜写到,对阿拉伯人的战争还具有惩罚的功能。[55] 阿拉伯人不仅因其不信仰上帝而冒犯上帝,而且还侵占了基督徒因为神法和人法所获得的土地,所以基督徒有权夺回原本属于他们的土地。发动战争的权威既可以是教会,也可以是世俗政权。[56]

另一位意大利的教会法学家莱尼亚诺的乔瓦尼(Giovanni da Legnano)在1360年写作了其著名的著作《论战争法》(Tractatus de bello),他在其中提出,普遍的身体性战争源于神法和万民法,因为耶和华不仅同意,而且还主动许可;任何向善的权力都由上帝主动赋予,而不只是同意。[57] 依据万民法,战争不仅来源于公平正义这一人类所创之智慧,其源头更在于富有创造力的自然安

---

[51] *Ibid*, C 23, q 4, cc 26-28; Dist 46, c 8; 参见 Frederick H. Russell, The Just War in the Middle Ages, Cambridge University Press, 1975, p. 74; César Auguste Horoy, Droit international et droit des gens public d'après le Decretum de Gratien, Chevalier-Marescq, 1887, p. 150; Stanley Chodorow, Christian Political Theory and Church Politics in the Mid-Twelfth Century, University of California Press, 1972, pp. 233 ff。

[52] *Ibid*, C 23, q 4, cc 38-40; C 23, q 5, c 43-44。

[53] Frederick H. Russell, The Just War in the Middle Ages, Cambridge University Press, 1975, p. 74。

[54] Summa Theologiae, II, II q. 40 a. 1: "Et sicut licite defendant [scil. principes] eam [scil. rempublicam] materiali gladio contra interiors quidem perturbatores, dum malefactors puniunt."

[55] Huguccio, Summa, C. 14 q. 4 c. 12。

[56] *Ibid*, Dist. I c. 9: "Ergo interveniente auctoritate maioris, iuste pugnatur contra hostes, sive imperii sive ecclesie, scilicet hereticos, et tunc non solo iure divino de sedibus, que contrarius usurpantur, vel ad iniuriam dei detinentur. Pius expellit impium et iustus iniustum, et iustas et ipsas occupat sine peccato." C. 23 q. 4 c. 40: "quod Christiani sedes inimicorum ecclesie possint occupari et tenere, similiter aliorum hostium. Unde sedium occpuatio de iure gentium dicitur esse…et nota quod quidam sunt de iure gentium, que sic et de iure divino."

[57] 莱尼亚诺的乔瓦尼:《论战争法》,黄家镇译,上海三联书店2018年版,第29—30页。

排。[58] 乔瓦尼进一步认为,战争源于自然法,甚至区别于万民法。[59] 与生俱来的消灭对立者的争斗,属于自然法;而对这一自然倾向进行控制,则源自万民法。[60] 不仅如此,有别于其他教会法学家,乔瓦尼认为战争也可能源于市民法和教会法,因为两者表述的公平和正义与万民法表述的并无二致,所有法律都包含着正义和正确,所以才被称为法律(ius)。[61]

在《论战争法》第 12 节"论谁最先且主要拥有宣告普遍战争的权力"的标题下,乔瓦尼触及了帝国与教皇的关系问题。乔瓦尼的答案非常明确,他认为,地球上只有一个主人,那便是教皇,他对基督教教徒和异教徒都行使管辖权。[62] 因此,在权威的等级上,教皇要高于皇帝。乔瓦尼接着说,无论是罗马帝国的全体臣民,还是部分臣服于罗马帝国的伦巴底城市,还是坚称自己有特权的威尼斯,还是宣称自己独立的王国,因其皆服从于罗马教会,其人民都属于罗马人,因此也都臣服于罗马皇帝。乔瓦尼追溯罗马历史,认为战争要师出有名,**普遍战争**只能由罗马人民或罗马皇帝宣告,因此,当罗马皇帝向意大利任一反叛城市宣战时,该战争便成了一场公战。[63] 对于中世纪罗马法学家而言,封建制度下的国王或城市领主以及其他行政首领是否有权发动合法战争的问题实质上是"主权"。

然而,对于教会法学家而言,教皇和教会远比封建制度中世俗权力的位阶更高。乔瓦尼认为,教皇是世间唯一的主人,最先且主要拥有发动**正义战争**的权力。由此可见,罗马法学家和教会法学家在权威的理论问题和事实问题上产生了明显的分歧。而谁有发动战争的权威这一问题背后隐藏的是"主权"之争。中世纪最伟大的评注派法学家巴特鲁斯(Bartolus of Sassoferrato)曾为权威的序列提出了他的解决方案——理论上(de iure)和事实上(de facto)的两分。对于战争发动者这一问题而言,战争事实上的发动者才是最主要的,而非名义上的发动者。[64]

(三) 非基督徒的所有权(dominium)争论

在教会法传统中,伟大的教会法学家同时也是教皇的英诺森四世

---

[58] 同前注[57],第 36 页。
[59] 同前注[57]。
[60] 同前注[57],第 36—37 页。
[61] 同前注[57],第 37 页。
[62] 同前注[57],第 39 页。
[63] 同前注[57],第 40—41 页。
[64] Karl-Heinz Ziegler, Völkerrechtsgeschichte: Ein Studienbuch, C. H. Beck, 2007, ss. 135 ff; ibid, Zum gerechten Krieg im späteren Mittelalter und in der Frühen Neuzeit—vom Decretum Gratiani bis zu Hogo Grotius, in ZSR, Rom. Abt, Bd. 122, 2005, s. 181.

（Innocent Ⅳ）与其弟子霍斯特西斯（Hostiensis）之间关于野蛮人所有权的争论对中世纪万民法的发展产生了深远的影响。教皇英诺森四世认为，无论是基督徒还是非基督徒，都拥有对其财产和领土的所有权。基督徒不能仅仅因为他们是非基督徒而侵占他们的土地。而英诺森四世的弟子霍斯特西斯反对他老师的观点，他认为，基督化成肉身，所有合法的占有（所有权）都基于基督徒的土地，基督徒可以侵占非基督徒的土地，因为他们本身无权占有。这两种观点的争论一直持续到了17世纪。[65] 15世纪，波兰克拉科夫的教会法学家保罗·弗拉基米尔（Paulus Vladimiri）在条顿骑士团伪造教皇和皇帝的文件获取了波兰土地后，于康斯坦茨会议（Council of Constance）上与条顿骑士团的代表法尔肯贝里（Falkenberg）展开辩论，其辩论基础便是英诺森四世与霍斯特西斯所争论的议题。[66]

在教会法史中，存在着所谓"教会法学家三大错误"的观点，这三大错误指的是：一、异教徒无权占有任何东西。他们无权占有领土，针对他们的战争都是正义的；二、皇帝的世俗权力覆盖全世界；三、教皇的权力覆盖全世界。[67] 如上文所述，教皇英诺森四世认为，无论是基督徒还是非基督徒，都拥有对其财产和领土的所有权。这个教会法史上著名的论断是出自英诺森四世对教皇英诺森三世（Innocent Ⅲ）的教皇敕令"Quod super his"的评注。英诺森三世的敕令原本涉及的是十字军进军圣地的誓言问题，英诺森四世在对其进行评注时提出了这样的疑问："侵入异教徒所**占有**（possident）的土地是否合法？如果合法，为什

---

[65] 参见 James Muldoon, Medieval Canon Law and the Formation of International Law, in ZSR. Kan. Abt, 112, 1995, s. 69. 同时参见 Ibid, Extra ecclesiam non est imperium: The Canonists and the Legitimacy of Secular Power, in Studia Gratiana, 9, 1966, pp. 553-580; K. J. Pennington, An Earlier Recension of Hostiensis's Lectura on the Decretals, in Bulletin of Medieval Canon Law, 17, 1987, pp. 77-90.

[66] 参见 Stanislaus F. Belch, *Paulus Vladimiri and His Doctrine concerning International Law and Politics*, 2 vols, The Hague, 1965; Frederic H. Russell, Paulus Vladimiri's Attack on the Just War: A case study, in *Legal Polemics, Authority and Power*, studies on medieval law and government presented to Walter Ullmann, Brian Tierney, P. Linehan (eds.), Cambridge, 1980, pp. 237-254; James Muldoon, *Popes, Lawyers, and Infidels: The Church and the Non-Christian World 1250-1550*, the University of Pennsylvania Press, 1979, pp. 113-119; Władysław Czapliński, Paulus Wladimiri and the Polish International legal doctrine of the 15th Century, in Baltic Yearbook of International Law, 7, 2007, pp. 65-82; Paul Srodecki, "Quia inter vos stabilita concordia est valde opportuna", zu den vermittelnden Kräften im Konflikt zwischen dem deutschen Orden und dem Königreich Polen im frühen 15. Jahrhundert, in Bulletin der polnischen historischen Mission, 11, 2016, ss. 321-358.

[67] Alfred Vanderpol, Le Droit de Guerre d'après Théologiens et les Canonistes du Moyen-âge, Paris et Bruxelles, 1911, p. 151.

么合法?"[68] 首先,英诺森四世认为,基督徒夺回圣城是正义的,因为耶路撒冷本身就属于基督徒。[69] 但他更关注的是,除了圣城之外的地方,基督徒是否有权侵占? 可见,英诺森四世并未将讨论限于特定领土,而是将问题普遍化。

英诺森四世认为,在创世之初,所有的土地是共有的,但亚当的后代之间出现了争论和纠纷,土地因而被分成不同部分被最初的父母即亚当和夏娃所使用(usibus priorum parentum)。[70] 正是在这种纠纷过程中,区别出了"你的占有"和"我的占有"。[71] 依据自然法,占有和合法的管辖也适用于异教徒,因为所有人都被造成了理性的生物。[72] 因此,教皇和基督徒不能剥夺异教徒合理(sine peccato,原意为无罪地)拥有的所有权和管辖权。[73]

霍斯特西斯则否认了异教徒的所有权和管辖权,提出了"我们的统治"(dominus noster)的概念[74],即无论基督降生前如何,基督降生后,所有的权利尽数转移(translata)到基督徒手中。[75] 霍斯特西斯认为,异教徒拥有所有权

---

[68] Innocent IV, Commentaria doctissima in Quinque Libros Decretalium, Turin, 1581, 3. 34. 8: "Pro defensione. Hoc non est dubim, quod licet Papae fidelibus suadere, et indulgentias dare, ut Terram sanctam, et fideles habitantes in ea defendant…sed nunquid est licitum invadere terram, quam infideles possident, vel que est sua?" 另参见 Brian Tierney, *The Crisis of Church and State*, *1050-1300*, Englewood Cliffs, N. J.: Pretice-Hall, 1964, pp. 155-6; James Muldoon, *The Expansion of Europe*, University of Pennsylvania Press, 1977, pp. 191-2。

[69] Innocent IV, Commentaria doctissima in Quinque Libros Decretalium, Turin, 1581, 3. 34. 8: "Quod autem Papa facit indulgentias illis, qui vadunt ad recuperandam terram sanctam, licet eam possideant Saraceni, et etiam inducer bellum, et dare indulgentias illis qui occupant Terram sanctam: quam infidels illicite possident."

[70] *Ibid*: "Et nos respondemus, quod in veritate domini est terra, et plenitude eius, orbis terrarum, et universi, qui habitant in ea…et haec a principio seculi fuit communis, quousque usibus priorum parentum introductum est."

[71] *Ibid*: "Et ideo licebat cuilibet occupare quod occupatam non erat, sed ab aliis occupatam occupare non licebat, quia fiebat contra legem naturae, qua cuilibet inditum est, ut alii non faciat, quod sibi non vult fieri, habuerunt etiam specialia dominia per divisiones primis parentis, sicut apparet in Abraam, et Loth, quorum unus accepit ad unam partem et alius ad aliam."

[72] *Ibid*: "possesiones et iurisdictiones licite sine peccato possunt esse apud infideles. Haec enim non tamen pro fidelibus, sed pro omni rationabili creatura facta sunt."

[73] *Ibid*: "dicimus, non licet Papae, vel fidelibus auferre sua, sive dominie sive iurisdictiones infidelibus, quia sine peccato possident."

[74] 参见 L'age Classique, 1140-1378: sources et théorie du droit, Histoire du Droit et des Institutions de l'Eglise en Occident, ed. Gabriel le Bras, C. Lefebvre, J. Rambaud, vol. 7, paris, 1965, pp. 410-11。

[75] Hostiensis, Lectura quinque Decretalium, 3. 34. 8: "Mihi tamen videtur quod in adventu Christi omnis honor et omnis principatus et omne dominium et iurisditio de iure et ex causa iusta, et per illum qui suppremam manum habet nec errare potest omni infideli subtracta fuerit ad fidele translata." 而最早持这种观点的其实是英国的教会法学家 Alanus Anglicus, 参见 Walter Ullmann, Medieval Papslism, Methuen, London, 1949, pp. 10-11; A. M. Stickler, Alanus Anglicus als verteidiger des monarchischen Papsttums, in Salesianum, 21, 1959, ss. 345-406.

的前提是信仰基督教以及教会的容忍。[76] 意大利法学家欧尔德拉杜斯(Oldradus de Ponte)也赞成霍斯特西斯的观点,他说,在基督降生的那一刻,所有异教徒原本依据自然法占有的土地和统治全部终结。[77] 欧尔德拉杜斯以西班牙为例,在英诺森四世和霍斯特西斯之争的基础上发展了他的学说,增加了"基督教君主无需教皇同意便可剥夺异教徒的所有权"的原则。

四、中世纪万民法向近代早期万国法的转变

近代早期"万国法"有一个本文不做赘述的大前提,即主权概念和主权国家的诞生,这一点已经被国际法史学界所普遍接受。自博丹(Jean Bodin)提出主权概念以来,除了怀疑论和不可知论以外,法学家们还遭遇了"决断主义"的问题,这个问题就是由国家主权的概念所引发的。[78] 施米特(Carl Schmitt)认为,国家主权通过主权决断消灭了中世纪万民法中极端的道德优越感,也消除了责任问题。法学家的兴趣不再关注正义的规范性内涵和"正当理由"的实质性内容,而是专注于形式、程序和管辖等。只有运用主权的概念才能在国内和国家之间解决"将由谁来决断"(Quis iudicabit?)这个问题。[79]

除了国家主权这个因素外,1495年美洲大陆的发现也为近代国际法注入了新的血液。中世纪"基督教王国"体系和地理概念在这一记重拳之下彻底崩塌。基督教王国内部尽管存在着各种权威之争,但这种争斗并不被视为是"公共的",而是"私人的",因为在他们外部存在着不信基督教的异教徒。美洲新大陆的发现与主权国家一起打破了这种"敌—我"的格局,原本基督教王国内部的"私人"斗争转变成了"公共"的斗争。而近代法学家和经院哲学家所要面临的任务,便是如何改造中世纪的万民法,使其变成更符合近代世界格局的万国法。

(一)权威问题——萨拉曼卡学派的解答

萨拉曼卡学派在西班牙的兴起与占领美洲运动(Conquista)的历史紧密相联。诸多国际法学者认为,近代国际法之父并非格劳秀斯,而是该学派的创始

---

[76] Hostiensis, Lectura quinque Decretalium, 3. 34. 8: "concedimus tamen quod infideles qui dominium ecclesie recognoscunt sunt ab ecclesia tolerandi: quia nec ad fidem precise cogendi sunt⋯Tales etiam possunt habere possessiones et colonos christianos: et etiam iurisdictionem ex tolerantia ecclesie."

[77] Oldratus de Ponte, Consilia, Venice, 1571, c 72: "De Christo enim verificatur, quod omnes reges terrae adorabunt eum, et omnes gentes servient⋯et ideo dicit Host. quod hodie non est iurisdictio, nec dominium nec honor, nec potestas poenas infideles: nam per advertum Christi translata sunt in Christianos."

[78] 同前注[28]。

[79] 同前注[28]。

人维多利亚。[80] 维多利亚一方面受到人文主义的和平观,主要是伊拉斯谟(Erasmus)的《和平之怨》(Querella Pacis)和《战争对未经历之人的甜美》(Dulce Bellum inexpertis)两部作品的影响[81];另一方面,维多利亚又拒斥特尔图良(Tertullian)在《论士兵的桂冠》(De corona militis)中的和平理论。同时他也反对路德的观点,后者在其1518年的著作《关于仁慈之德性的争议解决》(Resolutiones disputationum de indulgentiarum virtute)中将土耳其人的威胁解释成为上帝对有罪的基督徒的惩罚。[82]

在维多利亚的《讲义集》(Relecciones)中,有关"正义战争"的论述主要见于《论印第安人上篇》(De Indis prior)和《论印第安人下篇》(De Indis posterior),后者亦称《论战争法》(De iure belli)。维多利亚将侵占分为七种不适当且不合法(tituli non idonei nec legitimi)和七种合法的名义(tituli legitimi)。[83] 显然,维多利亚在"正义战争"议题上坚持了圣经和早期基督教教父(尤其是奥古斯丁)的传统,他只是细化了具体内容,并宣称他的《论印第安人》不仅是为了西班牙征服者的利益,也为了野蛮人的利益和善。[84]

在维多利亚关于"正义战争"的论述中,最关键的部分是他对托马斯·阿奎那"正义战争"理论的阐发,及发动战争的权威问题。维多利亚作为巴黎大学的学生,曾对阿奎那的《神学大全》(Summa Theologiae)进行评注。阿奎那曾在《神学大全》中提出正义战争的三个关键条件:其一是君主权威

---

[80] James Brown Scott, *The Catholic Conception of International Law*, Georgetown University Press, 1934; Ernest Nys, Les origins du droit international, Bruxelles et Paris, 1894.

[81] 参见 Robert P. Adams, The better part of Valor. More, Erasmus, Colet and Vives on Humanism, War and Peace 1496-1535, Seattle, 1962; Marcel Bataillon, Erasme et l'Espagne. Recherches sur l'histoire spirituelle du XVIe siècle, Paris, 1937; Ricardo García Villoslada, Erasmo y Vitoria, in Razon y Fé, 107, 1935, pp. 19-38, 340-350, 509-519。

[82] 维多利亚和路德之间的关系,参考 Gaëlle Demelemestre, Martin Luther et Francisco de Vitoria: de la relation entre la théologie, la loi naturelle et l'action humaine, in Laval théologiaue et philosophique, vol. 69, n. 2, pp. 239-259。

[83] 七种不适当且不合法的资格分别是:皇帝的帝国统治权(imperium)、教皇的世界统治权、发现权(ius inventionis)、拒绝基督教传教、野蛮人违反自然法的罪(contra legem naturae)、野蛮人自愿承认(Voluntaria electio barbarorum)、特定的神圣授予。七种合法的资格分别是:移民、通商、参与和交流的自由权利(ius peregrinandi, ius commercii, ius participationis et communicationis)、传播基督教的权利(ius christianae religionis propagandae)、保护权(ius protectionis)、教皇的委托、针对僭政的干预权(ius interventionis contra tyrannos)、自由选举权(ius liberae electionis)、保护社团权(ius protectionis sociorum)。

[84] Francisco de Vitoria, De Indis prior, III, 8: "ut fiant propter bona, & utilitatem eorum, & non tantum ad quaestum Hispanorum…";关于维多利亚正义战争理论的论述,主要参考 Dieter Janssen, Die Theorie des gerechten Krieges im Denken des Francisco de Vitoria, in Die Ordnung der Praxis—Neue Studien zur spanischen Spätscholastik, ed. Frank Grunert and Kurt Seelmann, Thübingen, 2001, ss. 205-243。

(auctoritas principis);其二是正义理由(causa iusta);其三是正确目的(intentio recta)。[85] 而在这三个条件中,谁是合法的权威触及了中世纪"主权"的根本性问题。[86] 中世纪基督教王国的权力结构在遭遇新兴的近代主权国家后解体,原本教权、皇权和王权之争的格局如今主要变成王权与王权之间,抑或王权与大贵族(Adel)之间的斗争,所谓的"欧洲公法"(ius publicum Europaeum)也因此诞生。[87]

维多利亚解释权威的逻辑前提是,战争是人与人之间暴力相见的形式,每个人都有权力直接对相对方使用暴力。[88] 这就意味着,没有更高等级的第三方能对战争进行裁判,战争参与各方本身就是战争、秩序、安全的最高和最终决定者。阿奎那认为战争的发动方只能是君主,他的论证理由是相对于私人而言的:因为私人可以寻求上一级的司法裁判来维护自己的利益,并且他们没有能力召集大众(multitudinem)来发动战争。[89] 因此,保护公共利益的行为只能交由君主来执行,只有君主有能力维护他的城市、王国和行省的公共利益。[90]

维多利亚在阿奎那的理论基础上,援引了亚里士多德的完美城邦理论,认为一个共同体只有在有能力对不正义的行为进行报复和教训敌人的情况下,才能说它足以维护公共的善和稳定,而在此过程中,权威不可或缺[91],国王便是这种权威的扮演者,他是经由共同体授权的代表。一旦共同体有一个合法的国王,那么所有的权威都置于他之手,没有一种公共的行为(无论是在战争中还是在和平中)能在没有他的情形下作出。[92]

---

[85] Thomas Aquinas, Summa Theologiae, II-II, q. 40, de bello in quatuor articulos divisa.

[86] 参见 Friedrich August von der Heydte, Die Geburtsstunde des souveränen Staates. Ein Beitrag zur Geschichte des Völkerrechts, der allgemeinen Staatslehre und des politischen Denkens, Regensburg, 1952; James A. Brundage, The Limits of War-Making Power. The Contribution of Medieval Canonists, in Peace in a Nuclear Age: The Bishop's Letter in Perspective, ed. by Charles J. Reid, Washington, 1986, pp. 69-85; Fritz Dickmann, Friedensrecht und Friedenssicherung. Studien zum Friedensproblem in der Geschichte, Vandenhoeck&Ruprecht, Göttingen, 1971.

[87] 参见 Josef Engel, Von der spätmittelalterlichen respublica christiana zum Mächte-Europa der Neuzeit, in Handbuch der europäischen Geschichte 3, ss. 1-448.

[88] Francisco de Vitoria, De iure belli, I, 3: "Bellum defensiuum quilibet potest suscipere&gerere, etiam privatus. Haec patet, nam vim vi repellere licet."

[89] Thomas Aquinas, Summa Theologiae, II-II, q. 40, a. 1.

[90] Ibid.

[91] Francisco de Vitoria, De iure belli, I, 5: "Resp. Debet esse sibi sufficiens: sed non posset sufficienter conferuare bonum publicum, & statum reip. Si non possit uindicare iniuriam, & animaduertere in hostes. Fierent enim mali promptiores, & audaciores ad iniuriam inferendam, si possent impune hoc facere: & ideo necessarium est ad commodam rerum mortalium administrationem, ut haec authoritas cocedatur reipublicae."

[92] Francisco de Vitoria, De iure belli, I. 6: "ergo gerit uices, & authoritates illius: imò iam ubi sunt legitimi principes in republica, tota authoritas residet penes principes, neque sine illis aliquid publice aut bello, aut pace geri potest."

谁才是拥有战争发动权的君主呢？维多利亚在此问题上对因果关系进行了倒置，他的逻辑在于，回答这个问题需要先解决什么是"完美共同体"的问题，解决之后，完美共同体中的君主就是真正拥有发动战争权威的主体。而完美共同体在于其"自身的完整性"(per se totum)，这意味着它不能从属于其他共同体。并且，它必须拥有自己独立的法律、议会(concilium)和行政体系(magistratus)。卡斯蒂亚和阿拉贡王国便是这种完美的共同体，还有就是威尼斯。[93] 正是因为这种完美共同体不属于任何其他共同体，因此君主发动战争无需皇帝的批准。

　　维多利亚在他另外一部受到西塞罗和亚里士多德影响的著作《论世俗权力》(De potestate civili)中探讨了世俗权力的来源。他认为，政治共同体的权力和权威首先源于其自身(per se)，同时，同样的权威也属于代表共同体的君主和管理者。维多利亚直截了当地说，他倾向于君主统治，尽管并未有书面的权威(指圣经)涉及此事，但理性足以解决这个问题。尽管共同体的权力最终来源于神法，但并不意味着它不能源自其自身，也就是说，源自诸众(multitudo)。同时，在涉及国王权力和共同体权力的问题上，维多利亚区分了权力(potestas)和权威(auctoritas)的概念。他认为，国王拥有的只是共同体移转给他的权威，而权力依旧属于共同体本身。[94]

　　维多利亚明确否认了皇帝在新型万国法上的权威：皇帝不是世界的统治者(Imperator non est dominus totius orbis)。因为，统治的存在只能依赖自然法、神法和人类的法律，而这三种法律都不赋予皇帝这种权威。维多利亚曾说，在自然法意义上，所有人都是自由的，而非服从于家父或者丈夫，没人能成为自然法上的皇帝。其次，神法也不曾授权予世界帝国。再者，不曾有真正的法律(lex)授权某人成为皇帝。[95]

　　1493年，教皇亚历山大六世(Alexander VI)颁布敕令，史称"其他之间"

---

[93] Francisco de Vitoria, De iure belli, I, 7: "id est quae non est alterius reip. pars…sed quae habet proprias leges, proprium consilium, & proprios magistratus…quale est regnu Cstelle, & Aragonie, principat Venetoru, & alii familes."

[94] Francisco de Vitoria, De potestate civili, I, 8: "… Quamuis enim a republica constituatur (creat enim respublica regem) non potestate, sed propriam authoritatem in regem trasfert, nec sund duae potestates, una regia, altera communitatis."

[95] Francisco de Vitoria, De Indis prior, I, 25: "Probatur, Quia dominium non potest esse nisi vel iure naturali, vel diuino, vel humano…De iure enim naturali pater habet dominium supra filios, & maritus in uxorem. Ergo nullus est qui iure naturali habeat imperium orbis…Quia vel esset sola authoritate legis: & nulla talis est, & si esset, nihil operaretur, quia lex praesuponit iurisdictionem."关于否认皇权的论断，亦可参见 José A. Maravall, Carlos V y el pensamiento politico del renacimiento, Madrid, 1960, pp. 246 ff.

(Inter caetera)敕令,划定了距离亚述尔群岛—佛得角经线往西一百海里的"教皇子午线",它象征着教皇在两个基督王国对新大陆的攫取发生冲突时依旧扮演着第三方裁判者的角色。1513年,西班牙法学家胡安·洛佩斯·德·帕拉西奥斯·鲁比奥斯(Juan López de Palacios Rubios)起草了一份请求(Requerimiento),在这份请求中,他认为新发现的大陆和岛屿是教皇赠予西班牙国王的。[96]

在处理完皇帝的权威问题之后,维多利亚便把剑指向了教会和教皇的权威。关于这个问题,维多利亚在他的《论教会权力(上下篇)》(De potestate ecclesiae, prior & posterior)和《论宗教会议权力》(De potestate concilii)两本著作中已有专门的论述,因此,他在《论印第安人》中仅对这两本著作进行了简单的归纳。维多利亚驳斥了中世纪教皇和教会法学家们构建起来的教皇的"全权"(plenitudo potestatis)话语,认为世俗权力和精神权力泾渭分明。教皇不是市民或世俗事务的统治者,因为其作为上帝的代理人仅管辖精神层面的事务。[97]但维多利亚保留了教皇对世俗权力精神事务的管辖,因为教皇有义务废除世俗权力制定的违背上帝意志的法律。然而,教皇对于野蛮人,或者说对于非基督徒的世俗事务无管辖权。[98]詹姆斯·马尔登(James Muldoon)认为,教皇和教会的权威在国际法问题上的式微,不仅是由于占领美洲运动,还因为君士坦丁堡的陷落,它标志着由乌尔班二世发起的十字军东征的全面破产。[99]

(二)"正义战争"话语的破产

关于发动战争的权威者,意大利人文主义法学家真提利(Alberico Gentili)在他的《论战争法》(De iure belli)中表达了与维多利亚相近似的观点,尽管他们的论证方式和引用材料十分不同。真提利的国际法与战争法思想主要有三个源头:希腊和罗马的自然法思想、优士丁尼《民法大全》和博丹的国家主权理

---

[96] Juan López de Palacios Rubios, Requerimiento, in Fontes Historiae Iuris Gentium, 1493-1815, Bd. 2, p. 69.

[97] Francisco de Vitoria, De Indis prior, I, 27: "Papa non est dominus civilis, aut temporalis totius orbis … Item dato quod Christus haberet hanc potestatem, constat no esse commissam papae. Patet, quia non minus papa est vicarious Christi in spiritualib, quam in temporalibus."

[98] Francisco de Vitoria, De Indis prior, I. 30: "Papa nullam potestatem temporalem habet in barbarous istos, neque in alios infideles."

[99] James Muldoon, *Popes, Lawyers, and Infidels. The Church and the Non-Christian world*, 1250-1550, University of Pennsylvania Press, 1979, p. 132.

论。同时,他还基于实际发生的历史经验和重要事件完善了他的学说。[100] 真提利认为,只有主权者(summi)才能被称为"公共人",世界上不存在审判君主之人,否则他就不是君主,后者才是。[101] 君主拥有剑权(ius gladii),拥有纯粹的和混合的治权(merum et mixtum imperium)。不同于维多利亚的是,他认为君主可以是意大利曼托瓦、帕尔马、费拉拉的大公,可以是德国萨克森、不伦瑞克的大公,或者其他类型的君主和自由城市[102],这显然是意大利法学家们的独特观点。真提利模仿中世纪历史悠久的"国王在自己的王国里是皇帝"话语,并引用了来自费拉拉的法学家乔瓦尼·切法利(Giovanni Cefali)的话,认为"大公在自己的领地里就是皇帝"。[103]

真提利对近代国际法的贡献主要在于,他将宗教赶出了国际法的论证体系,使"正义战争"的话语破产。他在《论战争法》第一卷第六章开篇就问:是否能够发动一场依据双方法律的战争?[104] 正如其他法学家如弗尔格修斯(Fulgosius)和阿尔恰托(Alciatus)的回答一样,真提利认为自己回答这个问题是基于他对正义之原因(dubitatio intercedit de iustitia causae)的怀疑。对此存在一种可能,如犹太人以上帝的秩序对迦南人发动战争,而不信上帝的迦南人同样正义地反击犹太人,这又如何解释?庇护二世(Pius Secundus)曾对反对皇帝的匈牙利使节说,他认为匈牙利的国王不应该远离真诚的事物,同时他也知道,皇帝是热爱正义的,只是匈牙利国王和皇帝在他王国的事务上不统一,实际上他们都并非不正义。[105] 人文主义法学家中译(Alciatus)也认为,战争双

---

[100] 关于真提利的国际法和战争法思想,参考 Rafael Domingo, Giovanni Minnucci, Alberico Gentili and the secularization of the law of nations, in Christianity and Global Law. An Introduction, ed. Rafael Domingo, John Witte, Jr. Cambridge University Press, 2020; Claire Vergerio, "Alberico Gentili's De iure belli: An Absolutist's Attempt to Reconcile the ius gentium and the Reason of State Tradition", in *Journal of the History of International Law*, 19, 2017, pp. 429-466. Andreas Wagner, "Francisco de Vitoria and Alberico Gentili on the Legal Character of the Global Commonwealth", in *Oxford Journal of Legal Studies*, 2011, pp. 1-18; Francisco Jozivan Guedes de Lima, O Direito de Guerra e a Legitimidade da Guerra Justa Segundo Alberico Gentili, in Revista Opinião Filosófica, Porto Alegre, vol. 3, n. 2, 2012, pp. 124-135。

[101] Alberico Gentili, De iure belli, I. III: "et sic summi sunt, et publicorum appellationem merentur soli. Reliqui autem inferiores omnes loco privatorum censentur. Non est Principi in terries iudex. aut ille Princeps non est, supra quem capit alius locum primum."

[102] Ibid: "Quaestio illa est, si Princeps, qui ius gladii habet, et merum, et mixtum imperium, quales sunt Duces Mantuae, Parmae, Ferrariae in Italia, et illi in Germania, Saxo, Brunsuicensis, reliqui Principes, et civitates liberae, eo titulo superiorum censeri in propositio hic possint."

[103] Ibid: "Et duces sunt Imperatores in suo ducatu."

[104] Alberico Gentili, De iure belli, I. VII: "Sed an potest iure geri bellum ab utraque parte?"

[105] Ibid.

方都自认为有充足理由。[106] 评注派法学家巴尔杜斯（Baldus de Ubaldis）则认为，存在着战争双方有一方是非正义的可能。[107] 但如果两个国王为了维护王权和正义而进行战争，那么这场战争也可以被视为是正义的。[108]

真提利说，我们的实证法明确赋予的战争权利中就包括了双方都被允许占有自己掠夺的东西，以及双方都赞同让监禁者变成奴隶。因此无需改变下述原则，即双方都可以适用敌人的法律和战争的法律。[109] 真提利认为，战争首先应该是公共的，私人之间的"战争"叫作决斗（duello）。双方的武装也应该是公共的，并且双方平等追求胜利的结果。真提利理解的正义，不仅意味着符合法律，还意味着这对于双方而言都是完美的。[110]

因此，真提利是第一个成功创设出战争新概念的人，结合他对发动战争的主体的解释，这个概念建立在近代主权国家的基础上，建立在"正当敌人"之平等性的基础上，而不是建立在交战国之间根据战争理由划分出正义和非正义这样的歧视性理论的基础上。[111]

在尼德兰叛乱期间，西班牙军事首领的法律顾问阿亚拉（Balthazar Ayala）也对正义战争话语的消解产生过极大的影响。[112] 施米特认为，阿亚拉的著作中出现了三种观点，使其成为法律史上的转折点。第一，"法律意义上的战争"远离了"正当理由"中的实质正义，转向由最高权力（summa potestas）的主权者主导的公法性战争所体现的形式品质。第二，正义战争的概念通过正当敌人的概念被形式化，而敌人概念依据国家主权的性质，交战国都具有平等地位，非歧视性战争就此确立。第三，对于主权国家来说，是否具备正当理由是无需考虑的。

因此，"正义战争"概念的破产是人文主义法学家在博丹主权理论的基础上

---

[106] Andrea Alciatus, Consilia, VIII, 93.

[107] Baldus de Ubaldis, In primam Digesti Veteris partem commentaria, in l. 5, de iustitia et iure, D. I, 1, 5.

[108] Baldus de Ubaldis, Consilia, II, 358.

[109] Alberico Gentili, De iure belli, I. IV: "Certissima autem mihi haec videtur iuris nostri sententia: quod tribuit belli iura utrinque: capta facit utrinque capientium: et utrinque captos sevuos habet…Non igitur mutandum de hoc iure hostium, et belli utrinque aequali."

[110] Alberico Gentili, De iure belli, I. VII: "porro autem et publica sit contentio oportet. Et publica esse arma utrinque debent. Etenim ex eo bellum dictum est, quod inter duas partes aequales de Victoria contenditur. Sic iustum, non solum quod a iure est, sed et quod est ex omni parte perfectum, significat."

[111] 卡尔·施米特：《大地的法》，同前注［28］，第 137 页。

[112] Balthazar Ayala, De iure et officiis bellicis et disciplina militari Libri III, 2 vol., ed. by John Westlake, Oxford University Press; 另参见 W. S. M. Knight, "Balthazar Ayala and his work", in Journal of Comparative Legislation and International Law, 3 series, vol. 3, no. 4, 1921, pp. 220-227.

努力的结果。他们重拾异教的罗马文明,将神学和教会法学家的理论赶出论证的过程,并将国家的"完整"和战争主体间的平等性视为新的"正义",才使得近代的国际法拥有再往前迈一步的空间。

(三) 以主观权利为核心的自然法

通说认为,主观权利(subjektives Recht)的概念诞生于近代欧洲的自然法学说。古典罗马法并未发明主观权利,其关注对象主要是物(res)。[113] 中世纪的罗马法学家也并未发展出关于主观权利的学说。然而,有部分当代法律学者认为,主观权利的概念最早诞生于中世纪教会法学家和哲学神学家的学说之中,对此本文不做赘言。[114]

1495年,占领美洲运动开始之后,维多利亚遇到和中世纪教会法学家所遇到的同样问题,即野蛮人或印第安人是否拥有其土地的所有权和统治权。他在《论印第安人》中提出疑问:在西班牙人到来之前,野蛮人是否拥有真正的所有权,无论是公共的还是私人的?因为依据罗马法(奴隶自己不拥有任何东西)和亚里士多德学说(低等生物不足以管理自己),印第安人就不拥有所有权。维多利亚给出的答案是,有罪的、非基督徒、非理性的人都拥有所有权。[115]

尽管从"占有"(possessio)和"所有权"(dominium)到抽象的主观权利概念还有一段距离,但我们发现,中世纪的教会法学家和经院哲学家已经在具体问题上,就异教徒是否拥有所有权展开了诸多讨论。其实,在公会议运动(Conciliarism)的理论家热尔松(Jean Gerson)那里,主观权利就以"能力"(facultas)的面貌出现。[116] 而到了萨拉曼卡学派的耶稣会哲学家苏亚雷斯

---

[113] 参见方新军:《盖尤斯无体物概念的建构与分解》,载《法学研究》2006年第4期,第88—101页。

[114] 对此学界论述颇丰,可参见当代罗马法学家的著作:Michel Villey, La formation de la pensée moderne, Presses Universitqires de Frqnce, 2e edition, 2013; Helmut Coing, Zur Geschichte des Begriffs "subjektives Recht", in Das subjektives Recht und der Rechtsschutz der Persönlichkeit, ed. Helmut Coing, Frederick H. Lawson, Kurt Grönfors, Metzner, Frankfurt, 1959, ss. 7-23;亦可参见当代教会法学家的著作:Kenneth Pennington, Lex Naturalis and Jus Naturale, in The Jurist, vol. 8, 2008, pp. 569-91; Brian Tierney, The Idea of Natural Rights: Studies on Natural Right, Natural Law, and Church Law, 1150-1625, Wm. B. Eerdmans Publishing, 2001; Ibid, "Natural Law and Natural Right: Old Problems and Recent Approaches", in The Review of Politcs, 64, 2002, pp. 389-406; Ibid, "Natural Rights in the Thirteenth Century: A Quaestio of Henry of Ghent", in Speculum, vol. 67, no. 1, 1992, pp. 58-68。

[115] Francisco de Vitoria, De Indis prior, I, 4-23.

[116] Jean Gerson, Œuvres complete, III, ed. P. Glorieux, Paris, 1962, pp. 141-142: "Ius est faculatas seu potestas propinqua conveniens alicui secundum dictamen rectae rationis…Ponitur" faculatas seu potestas", quoniam multa conveniunt secundum dictamen rectae rationis aliquibus quae non dicuntur jura eorum, ut poena damnatorum, et punitiones viatorum; non enim dicimus aliquem jus habere ad eius nocumentum.";参见 Richard Tuck, Natural Rights Theories. Their origin and development, Cambridge University Press, 1979, p. 26。

(Suárez)那里,主观权利已经成为了昭然若揭的事实。

苏亚雷斯从词源学的角度列举了诸多法权(ius)的含义,他说,法权有时意味着法律(lex),有时意味着所有权,有时也意味着对他人之物的类所有权(quasi dominium alicuius rei),或者是其他类型的主张和使用。[117] 因此,对于苏亚雷斯而言,从所有权的概念到主观权利的概念,中间只差一步抽象理论的创建。而在进一步和严格的意义上,法权经常是指自身(proprie)拥有的某种道德能力(facultas quaedam moralis),是每个人拥有的针对"他之物"或者"他所被欠之物"的能力;因此,物的主人被视为"在物之上拥有 ius",劳工被认为对工资拥有 ius。[118] 苏亚雷斯的自然法理论不仅止步于此,在将法权等同于能力(facultas)之后,他又提出了强制性的自然法(ius naturale praeceptivum)的概念。苏亚雷斯说,没有一种人的权力,当然教皇除外,能为其自身废除强制性的自然法。强制性自然法依赖于强制性义务,主要指的是人类意志的合意[119],而这就是第二经院哲学对以托马斯·阿奎那为首的中世纪经院哲学的最大发展。

除此之外,苏亚雷斯还提出了法律的"智力论"和"意志论"。苏亚雷斯遵循柏拉图和阿奎那的传统,认为法律首先是一种智力行为。[120] 与此同时,法律基于意志。意志不仅包括神的意志,也意味着统治者的意志。[121]

格劳秀斯便是受到了苏亚雷斯的自然法权学说影响,同时在自然法的主观权利和法律的意志论基础上,完善了近代的国际法学说。[122] 如同苏亚雷斯,格

---

[117] Suárez, De legibus ac Deo Legislatore, I. II: "Diximus enim ius aliquando significare legem; aliquando vero significare dominium, vel quasi dominium alicuius rei, seu actionem ad utendum illa."

[118] Suárez, De legibus ac Deo Legislatore, I. II, 4-5: "Et iuxta posteriorem et strictam iuris significationem solet proprie ius vocari facultas quaedam moralis, quam unusquesque habet vel circa rem suam, vel ad rem sibi debitam; sic enim dominus rei dicitur habere ius in re, et operarius dicitur habere ius ad stipendium."

[119] Suárez, De legibus ac Deo Legislatore, II. XIV, 5: "Dico primo: Nulla potestas humana, etiamsi pontificia sit, potest proprium aliquod praeceptum legis naturalis abrogare…Dico secundo: Praecepta iuris naturalis, quae pendent in sua obligatione praeceptiva a priori consensu voluntatis humanae."

[120] Suárez, De legibus ac Deo Legislatore, I. V, 1: "legem esse actum intellectus…"

[121] Suárez, De legibus ac Deo Legislatore, I. V, 6: "magis convenient voluntati, et aliquae convenient voluntati…Maior patet, quia in primis legi tribuitur, quod sit regula et mensura; at hoc maxime convenit divinae voluntati…voluntates autem superiorum hominum esse secundam regulam participatam a prima."

[122] 关于格劳秀斯的万民法和自然法学说,主要参见李猛:《自然社会——自然法与现代道德世界的形成》,生活·读书·新知三联书店 2015 年版,第 227—30 页,第 249—54 页,第 274—290 页;同时参见 Peter Haggenmacher, Grotius et la doctrine de la guerre juste, Presses Universitaires de France, 1983; Onuma Yasuaki (ed.), A Normative Approach to War. Peace, War, and Justice in Hugo Grotius, Oxford University Press, 1993; Pietro Sebastianelli, Il diritto naturale dell'appropriazione. Ugo Grozio alle origini del pubblico e del privato, Casa editrice Emil di Odoya srl, 2012。

劳秀斯把法权（Recht）的其中一个意思解释为一个人的道德属性。他在《论战争与和平法》中说，法律的另一个意思是，它可以被视为一种与人有关的权利体系。在这个意义上，权利成为了一个人的道德属性，并使其合法地拥有某项财产或者实施某种行为成为可能。[123] 接下来，格劳秀斯依照亚里士多德《尼各马可伦理学》中的观点，又将法律分为自然法和意志法，而亚里士多德使用了"成文法"这个术语，有时候也称其为"制定法"。[124] 上文说过，苏亚雷斯发展出了基于人的共同意志的强制性自然法的概念，而格劳秀斯在他的《论战利品法》（De jure praedae，又译为《捕获法》）中将法权结构进行了分类，认为上帝的意志即为法权，人的共同意志为法权，自身意志为对自身的法权。因此，这种需要人参与（respectu hominis）的自然法逐渐具备了"实证法"的含义。

在《战利品法》第二章的规则七（Regula VII）中，格劳秀斯融合了罗马法中的市民法和万民法，并称其为第二万民法（ius gentium secundarium）。这种新型的万民法有时基于私人的共同的善，有时也可以基于共同体的共同的善，所谓的共同体就是在国家之间（inter gentes）构建起来的。[125] 那么，对格劳秀斯而言，第一万民法就是传统罗马法和基督教意义上的万民法，它意味着普遍和自然（自然法也是其渊源之一），同时反映上帝的意志。而第二万民法同第一万民法一样，皆是基于普遍的合意，但第二万民法的主体增加了共同体，即近代的主权国家，那么此刻，万民法便具有了古代市民法的性质。这种基于主观权利和意志论的自然法所导致的实证化也大力推动了近代国际法的发展。

五、结论

毋庸置疑，新型万国法的最重要和最关键的背景是近代早期欧洲主权国家的诞生以及主权理论的发明，它们是国际法史展开论述和论证的基础。然而，本文的立足点与特殊视角在于时空中的转型：时间上，它定位于中世纪晚期到近代早期；空间上，它处在中世纪基督教王国的崩塌和以近代主权国家为主体的初具模型的新欧洲政治格局中。

---

[123] Hugo Grotius, De Jure Belli ad Pacis, I. I. IV: "quo sensu ius est, Qualitas moralis personae, competens ad aliquid iuste habendum vel agendum." 中文版参见：〔荷〕格劳秀斯：《战争与和平法》（第一卷），马呈元译，中国政法大学出版社2015年版。

[124] Hugo Grotius, De Jure Belli ad Pacis, I. I. IX: "Iuris ita accepti potima partition est quae apud Aristotelem exstat, ut sit aliud ius natural, aliud voluntarium, quod ille legitimo vocat, legis vocabulo strictius posiro: interdum&, constitutum."

[125] Hugo Grotius, De iure praedae, II, Regula VII: "esse quoddam ius mixtum ex iure gentium et civili, sive ius gentium quod recte ad proprie secundarium dicitur. Ut enim commune bonum privatorum ea induxit, quae jam recitavimus, ita cum sit aliquod commune rerumpublicarum inter se bonum, eas inter gentes quae respublicas sibi constituerant de hoc etiam convenit." 中文版参见：〔荷〕格劳秀斯：《捕获法》，张乃根等译，上海人民出版社2006年版。

本文涉及的文本与理论的主角是法学家与经院哲学家。故事前半段的中世纪罗马法学家延续了古典罗马法对万民法的解释,而教会法学家在基督教王国与异教徒王国的对立上处理了"正义战争"和"合法占有"等问题,他们续造了古典与中世纪罗马法中的万民法理论。故事后半段的法学家和经院哲学家在各自的领域为新型万国法的不同面向做出了属于自己知识传统的努力,这种努力主要有三点:确立主权国家作为新型万国法的主体;基督教传统中的"正义战争"话语的破产;以主观权利为核心的自然法的发明。

　　基于这种分析,近代国际法正是中世纪以来的多种知识与学术传统,在各自的领域经历不断的续造与创新之后,最终汇集而成。因此,无论是维多利亚还是格劳秀斯,都以他们对传统知识的熟谙和对现实的洞察力,以不同的标准最终摘取了"国际法之父"的桂冠。

(责任编辑:李旭)

"转向历史"如何可能
——海外国际法史研究新动向及其启示

卓增华[*]

How the "Turning to History" Happens
—New Oversea Research on the History of International Law and the Its Inspiration

Zhuo Zenghua

内容摘要：近些年,海外国际法研究进一步"转向历史",带来了许多新的研究范式和视角。一方面,国际法第三世界方法与全球史视角都把目光投向欧洲之外,以克服欧洲中心论视角。同时,"转向历史"在一定程度上也引起了一些争议,特别是在思想史方法上,国际法学者和历史学者存在着视角上的差异。另外,法律社会学等方法也被引入国际法史的研究中,这些方法强调实践中的历史,进一步拓展了研究的主体、对象和材料。不过,中国学者在国际法史方面的研究却相对滞后,需要进一步发展。本文在总结海外新研究的基础上,提出了我国在这一领域可以进一步拓展的新方向和新视角。

关键词：国际法史 空间转向 思想史 法律实践 中国书写

---

[*] 清华大学法学院博士研究生。

一、引论

随着冷战结束,后冷战时代的国际局势发生了巨大的变化。第三世界去殖民化运动的兴起以及恐怖主义的发展都对国际局势产生了巨大的影响,国际社会中出现了越来越多的新挑战,例如气候变化、难民问题以及金融危机等,这些发展都不断冲击着人们对国际法的理解和认识。为了进一步探寻国际法在新局势中的位置和角色,面对新问题和新挑战的国际法学者开始回到历史中去寻找答案。海外国际法学界在 2000 年左右开始掀起一股"转向历史"(Turning to history)的思潮[1],尝试通过对国际法历史进行反思性研究,为国际法的未来发展寻找新的方向。在这个过程中,越来越多的国际法学者开始强调国际法研究要回归历史,重视国际法史(The History Of International Law/The International Legal History)[2]在国际法研究中的地位,大卫·肯尼迪(David Kennedy)、马蒂·科斯肯涅米(Martti Koskenniemi)、格里·辛普森(Gerry Simpson)以及安东尼·安吉(Antony Anghie)等都是其中的代表人物。[3] 另外,国际法期刊对国际法史的重视[4]以及相关主题研究的不断涌现都进一步

---

[1] See George Rodrigo Bandeira Galindo, "Martti Koskenniemi and the Historiographical Turn in International Law", *European Journal of International Law*, vol. 16, no. 3, 2005, pp. 539-559.

[2] See David W. Kennedy, "International Law and the Nineteenth Century: History of an Illusion", *Nordic Journal of International Law*, vol. 65, no. 3-4, 1996, pp. 99-138.

[3] See David W. Kennedy, "Primitive Legal Scholarship", *Harvard International Law Journal*, vol. 27, no. 1, 1986, pp. 1-98; Martti Koskenniemi, *The Gentle Civilizer of Nations: The Rise and Fall of International Law 1870-1960*, Cambridge University Press, 2001; Antony Anghie, *Imperialism, Sovereignty and the Making of International Law*, Cambridge University Press, 2004; Gerry Simpson, *Great Powers and Outlaw States: Unequal Sovereigns in the International Legal Order*, Cambridge University Press, 2004.

[4] 如 1999 年发行的《国际法史杂志》(*the Journal of the History of International Law / Revue d'histoire du droit international*),见 Peter Macalister-Smith & Joachim Schwietzke, "Literature and Documentary Sources Relating to the History of Public International Law: An Annotated Bibliographical Survey", *the Journal of the History of International Law*, vol. 1, no. 2, 1999, p. 136. 另外,《欧洲国际法杂志》(*European Journal of International Law*)、《莱顿国际法杂志》(*Leiden Journal of International Law*)、《伦敦国际法评论》(*London Review of International Law*)等也都十分重视国际法史议题。

推动了国际法史的研究。[5]

传统国际法史总体上是一种"大历史"（Grand History）的研究范式，以大的历史事件、历史时期以及重要的思想家为研究对象。[6]这种研究范式有两种研究方法，其一是以时代分期（Epochs）为核心，把国际法史按照特定的历史时期进行划分和描述，重点关注某些概念和原则的转型与发展，而具体的历史事件和人物只是这种时代背景的点缀；其二以传记式的写法，关注某些伟大思想家，例如格劳秀斯（Hugo Grotius）、普芬道夫（Samuel Pufendorf）、瓦特尔（Emer de Vattel）等国际法学者，以及他们的国际法思想和理论。[7]总体来说，该研究范式以一元进步主义的视角和线索对国际法的历史进行梳理，构建某种宏大的国际法叙事。[8]其侧重于抽象概念和谱系的建构，忽视历史实践和细节。在这种结构主义的框架下，"具体的历史事件只是点缀和注脚，（该研究范式）因此被批评为过于脱离实际（Disembodied）和抽象"。[9]同时，传统研究范式主要把目光集中在欧洲，相对忽视欧洲之外的历史，或仅仅把非欧洲地区视为被动的征服对象。因此，这种研究模式也因其欧洲中心主义及建构主义

---

[5] See Martti Koskenniemi, "Why History of International Law Today?", *Rechtsgeschichte*, vol. 4, 2004, pp. 61-64; *Supra* note [1]; Randall Lesaffer, "International Law and Its History: The Story of an Unrequited Love", in M. Craven, M. Fitzmaurice & M. Vogiatzi (eds.), *Time, History and International Law*, Brill | Nijhoff, 2006, pp. 27-42; T. Skouteris, "Engaging History in International Law", in D. Kennedy & J. M. Beneyto (eds.), *New Approaches to International Law: The European and American Experiences*, T. M. C. Asser Press, 2012, pp. 99-121; Obregón Tarazona Liliana, "Writing International Legal History: An Overview", *Monde(s)*, vol. 7, no. 1, 2015, pp. 95-112; M. Clark, "Ambivalence, Anxieties / Adaptations, Advances: Conceptualhistory and International Law", *Leiden Journal of International Law*, vol. 31, no. 4, 2018, pp. 747-771; Valentina Vadi, "International Law and Its Histories: Methodological Risks and Opportunities", *Harvard International Law Journal*, vol. 58, no. 2, 2018, pp. 311-352; Matilda Arvidsson, Miriam Bak McKenna, "The Turn To History In International Law And The Sources Doctrine: Critical Approaches And Methodological Imaginaries", *Leiden Journal of International Law*, vol. 33, no. 1, 2019, pp. 1-20; Jean d'Aspremont, "Critical Histories Of International Law And The Repression Of Disciplinary Imagination", *London Review of International Law*, vol. 7, no. 1, 2019, pp. 89-115; Jean d'Aspremont, "Turntablism in the History of International Law", *Journal of History of the International Law*, vol. 20, no. 3, 2020, pp. 472-496; Cogan Jacob Katz, "A History of International Law in the Vernacular", *Journal of the History of International Law*, vol. 22, no. 2-3, 2020, pp. 205-217.

[6] See Martti Koskenniemi, *The Gentle Civilizer of Nations: The Rise and Fall of International Law 1870-1960*, Cambridge University Press, 2001, p. 6.

[7] Ibid., pp. 6-8.

[8] See Martti Koskenniemi, "Why History of International Law Today?", *Supra* note [5], pp. 61-64.

[9] See Martti Koskenniemi, "Histories of International Law: Significance and Problems for a Critical View", *Temple International and Comparative Law Journal*, vol. 27, no. 2, 2013, pp. 215-240.

而饱受批评。

随着历史学和后殖民主义（Post-colonialism）的发展，新一代学者开始寻找新的研究范式，以摆脱过去单一、抽象的叙事方式，不断拓宽国际法史的内涵和外延。另外，国际法"转向历史"的研究主体不仅仅局限于国际法学界，许多来自历史学界的学者也开始进入这一研究领域。[10] 这些变化和发展都大大丰富了国际法史研究的视角和方法。新的研究视角通过对法律观念和历史实践之间的纠缠与互动进行研究，对过去的进步主义（Progress）、欧洲中心主义以及进化主义（Evolution）叙事提出了挑战。[11] 在这个过程中，一些学者开始打破传统国际法史研究的边界，从空间上把视角转向边缘地带（Periphery）或者欧洲之外，探寻欧洲之外的历史。这些研究也进一步重视情境化，把各种"冲突、规则、决定、参与者、制度"置于特定的时空下，在具体历史背景和实践中分析历史。[12] 同时，"把大量的历史材料和历史实践主体都纳入研究"，研究对象和材料也更加丰富和复杂。[13] 这些新的研究路径进一步否定国际法的功能主义或者目的论主义，强调国际法在特定时空中的冲突与发展，突出历史的不确定性（Historically Contingent）和偶然性。[14]

这些研究范式的引入给国际法史的研究带来了新的方法和视角，大大拓宽了国际法史研究的边界，进一步推动了国际法史的发展。当然，不可避免的，学者们在视角、旨趣上的不同也在一定程度上引起了国际法史的方法论之争。本文将对当前海外国际法史学界的研究视角和方法进行概述分析[15]，并在此基础上讨论应该如何推动中国的国际法史书写，构建中国在国际法史中的主体性。

---

[10] See Richard Tuck, *The Rights of War and Peace: Political Thought and the International Order from Grotius to Kant*, Oxford University Press, 1999; Lauren Benton and Lisa Ford, *Rage for Order*, *The British Empire and the Origins of International Law, 1800-1850*, Harvard University Press, 2016; Jennifer Pitts, *Boundaries of the International: Law and Empire*, Harvard University Press, 2018.

[11] See Nathaniel Berman, *Passion and Ambivalence: Colonialism, Nationalism and International Law*, Martinus Nijhoff, 2012, p. 44.

[12] See Lauren Benton, "Beyond Anachronism: Histories of International Law and Global Legal Politics", *Journal of the History of International Law*, vol. 21, no. 1, 2019, pp. 7-40.

[13] See B. S. Chimni, "Customary International Law: A Third World Perspective", *American Journal of International Law*, vol. 112, no. 1, 2018, pp. 1-46.

[14] See Matilda Arvidsson, Miriam Bak McKenna, "The Turn To History In International Law And The Sources Doctrine: Critical Approaches And Methodological Imaginaries", *Supra* note [5].

[15] 由于作者阅读能力的限制，本部分的讨论主要以英文发表的学术著作为基础。

二、国际法史的空间转向：从第三世界方法到全球史视角

一直以来，国际法史的书写带有很重的欧洲中心主义（Eurocentrism）色彩。在传统的国际法史论述中，存在着一个"威斯特伐利亚迷思"（Westphalian myth）的论述[16]，即认为国际法起源于欧洲内部，是欧洲文明的成果，其发展可以追溯到罗马法中的万民法。[17] 国际法被认为兴起于1648年威斯特伐利亚条约签订后，并且随着欧洲向外扩张的过程不断走向美洲、亚洲、非洲，最终成为一个全世界共同承认的国际法体系。因此，现代的国际法秩序被看作是欧洲威斯特伐利亚体系的扩大版[18]，是"一个以主权为核心，发展和完善于欧洲的，现成（Ready-made）的，然后出口扩散到全球的现代国际法秩序"。[19] 因此，国际法被视为从欧洲内部发展起来，随着欧洲的海外扩张逐步拓展到全世界。在这一视角下，欧洲被看作国际法的地理、政治和概念的中心，而非欧洲地区的国家则是在一个同质化（Isomorphism）的进程中引入、接受和吸收了欧洲的国际法。[20] 可以说，传统的国际法叙事把国际法看作基督欧洲的产物，非欧洲地区则是国际法的真空地带，在欧洲殖民扩张之后才成为欧洲国际法的被动的接受者。一些学者开始把目光投向欧洲之外，从空间上进行国际法史的反思。

（一）欧洲之外：第三世界国际法学者视角

二战以后，随着原欧洲殖民地的独立，后殖民主义思潮不断兴起，开始反思传统欧洲中心主义的论述，国际法史也不例外。国际法史开始将非欧洲地区纳入国际法史叙事中。在这个过程中，国际法史的视角和边界被不断打破，一些学者开始打破传统国际法史研究的边界，把视角转向边缘地带或者欧洲之外，寻找欧洲之外的国际法史。其中，以国际法第三世界方法（Third World Approaches to International Law，"TWAIL"）[21]为代表的学者开始对国际法史重新进行论述，反思国际法史中的欧洲中心主义。

---

[16] See Stephane Beaulac, "The Power of the Westphalian Myth in International Law", in R. V. P. S. Gama & W. Menezes (dir.), *Paz de Westphalia/Peace of Westphalia (1648-2008)*, Sao Paulo University Press, 2013, pp. 1-20.

[17] See Jennifer Pitts, "*International relations and the critical history of International Law*", *International Relations*, vol. 31, no. 3, 2017, pp. 282-298.

[18] See Daniel Philpott, *Revolutions in Sovereignty: How Ideas Shaped Modern International Relations*, Princeton University Press, 2001, p. 6.

[19] See Yuan Yi Zhu, "Suzerainty, Semi-Sovereignty, and International Legal Hierarchies on China's Borderlands", *Asian Journal of International Law*, vol. 10, no. 2, 2020, pp. 293-320.

[20] See Kroll Stefan, "The Emergence and Transformation of International Order: International Law in China, 1860-1949", *Asian Perspective*, vol. 37, no. 1, 2013, pp. 31-52.

[21] See Samuel Berhanu Woldemarian, Amy Maguire, and Jason von Meding, "Forced Human Displacement, the Third World and International Law: A TWAIL Perspective", *Melbourne Journal of International Law*, vol. 20, no. 1, 2019, pp. 248-276.

作为第一代 TWAIL("TWAIL I")[22]的先驱,波兰学者亚利桑德诺维奇(C. H. Alexandrowicz)在20世纪中叶就提出要摆脱欧洲中心主义视角。他以15世纪以来欧洲与亚洲的交流,特别是欧洲与东南亚之间的交往为视角,来说明当时事实上已经存在一套国际法秩序。在他看来,这套国际法秩序是更加平等和包容的,完全不同于后来带有欧洲中心主义色彩的国际法秩序。[23] 在他的叙事中,国际法呈现出一个更加多元的历史。他指出,早在欧洲殖民开始之前,在亚洲、非洲等地早已存在着有类似功能的调整国家间关系的国际法秩序,世界各地在一种更加平等的关系中进行互动。

印度学者阿南德(R. P. Anand)也持类似的观点。在他看来,欧洲的国际法秩序只是一个区域性秩序,在全球秩序中并不具有垄断性。相反,在欧洲之外,存在着一种超越欧洲并且具有全球普遍性的国际法秩序,欧洲是在这种秩序下与世界其他区域发生联系的。[24] 他在研究中提出要从亚洲视角(Asian Perspective)出发,对国际法的历史发展进行研究,并特别强调印度在国际法中的位置,从而进一步否定欧洲的中心位置。[25] 可以说,他认为早在欧洲殖民扩张之前,全世界就已经存在一套具有普遍性的、可以调整不同国家之间关系的秩序,因此欧洲并不是国际法的起源或者中心。

TWAIL I 在国际法史的叙事中已经开始试图摆脱欧洲中心论,强调欧洲之外世界的重要性,或者要求把欧洲仅仅看作世界中的一个普通区域,而不是中心。他们的论述主要集中于欧洲殖民扩张之前的历史,要么强调在欧洲殖民扩张之前已经存在一个普遍性的世界秩序,欧洲和其他区域一起在这个秩序下相互联系;要么强调国际法并不仅仅是欧洲特有的,在欧洲之外,各个区域都有着特定的区域秩序,因此国际法并不是由欧洲垄断的。TWAIL I 从这两个角度出发,把目光投向欧洲之外的广阔世界,寻找欧洲之外的国际法史,进而摆脱欧洲中心论的桎梏。

以安东尼·安吉为代表学者的第二代国际法第三世界方法("TWAIL II")则把视角投向欧洲殖民扩张时期,把国际法的历史和欧洲的帝国扩张、殖民主义联系在一起,放在欧洲殖民帝国的时代背景下进行分析。安吉在其研究中指

---

[22] 关于第三世界国际法学者的分析参见:Antony Anghie, "Foreword: Welcoming The TWAIL Review", *TWAIL Review*, vol. 1, no. 1, 2020, pp. 1-6.

[23] See C. H. Alexandrowicz, *Empirical and Doctrinal Positivism in International Law*, *The Law of Nations in Global History*, edited by David Armitage and Jennifer Pitts, Oxford University Press, 2017.

[24] See RP Anand, "Influence of History on the Literature of International Law", in R. St. J. Macdonald & Douglas M. Johnston(Eds.), *The Structure and Process of International Law*, *Modern Essays in Legal Philosophy Doctrine and Theory*, Martinus Nijhoff, 1983, pp. 341-380.

[25] See RP Anand, *Studies in International Law and History: An Asian Perspective*, Martinus Nijhoff, 2004, p. 287.

出,国际法是伴随着殖民遭遇(Colonial confrontation)不断发展起来的,是一套为欧洲的殖民扩张进行辩护的话语体系,因此国际法的历史是和欧洲的殖民历史联系在一起的。[26] 安吉认为殖民主义是国际法发展的中心,主权等国际法概念都是伴随着殖民遭遇而产生的。在他看来,主权学说的提出是为了创造出一个能够在殖民碰撞中处理欧洲国家和非欧洲国家关系的法律体系。他认为处理国际法和殖民主义的关系主要集中于"文明"的问题,"文明使命"可以把殖民行为正当化为一种把非欧洲国家纳入到欧洲文明的普遍性体系中的手段。因此,安东尼·安吉认为殖民遭遇是促使国际法诞生和发展的重要因素,正是在殖民过程中,欧洲国家发展出了一套话语体系为其殖民扩张做辩护,而国际法就是这套话语体系的核心。[27] 同样的,纳撒尼尔·博曼(Nathaniel Berman)也认为殖民扩张是国际法发展的一个主要背景,国际法在欧洲的征服与殖民地的反抗中不断发展,殖民的历史是和国际法的历史联系在一起的。[28] 可以说,TWAIL II 进一步强调非欧洲地区在国际法发展过程中的重要性,否定国际法内生于欧洲的观点。

不过,一些学者指出,TWAIL 并没有完全摆脱欧洲中心主义。例如,科斯肯涅米就指出,虽然 TWAIL 试图摆脱欧洲中心主义的色彩,但是他们更多的是停留在对欧洲殖民历史的批评,使用的"词汇、概念以及历史分期仍然都是欧洲的"。[29] 因此,虽然说 TWAIL 在一定程度上是反欧洲中心主义的,但总体上还是一种停留在西方框架内部的批评,没有建立一个欧洲之外的新历史叙事。[30] 从这个角度来看,TWAIL 关于国际法史的叙事没有完全摆脱欧洲中心主义。

(二) 超越中心:全球史(Global History)视角

近些年来,全球史研究在世界范围兴起。全球史研究反对传统以地区为对象的研究范式,强调跨民族、跨国家、跨地区、跨文化研究。这种去国家,去地区甚至去中心化的模式在很大程度上可以克服欧洲中心主义。全球史不仅仅强调研究区域或者范围的扩大,同时强调"物质、思想、制度等在全球范围内的交

---

[26] See Antony Anghie, *Imperialism, Sovereignty and the Making of International Law*, Cambridge University Press, 2004, pp. 1-3.

[27] *Ibid.*, pp. 1-3.

[28] See Nathaniel Berman, *Passion and Ambivalence: Colonialism, Nationalism and International Law*, Martinus Nijhoff, 2012, p. 44.

[29] See M. Koskenniemi, "Histories of international law: Dealing with eurocentrism", Inaugural lecture delivered on 16 November 2011 on the occasion of accepting the Treaty of Utrecht Chair at Utrecht University.

[30] See Xiaoshi Zhang, "Rethinking International Legal Narrative Concerning Nineteenth Century China: Seeking China's Intellectual Connection to International Law", *The Chinese Journal of Global Governance*, vol. 4, no. 1, 2018, pp. 1-21.

换与互动,联系与纠缠,网络和流动"。[31] 在托马斯·杜斐(Thomas Duve)看来,全球法律史意味着研究和分析"不同法律体系之间的并存与互动"。[32] 因此,对于国际法的全球史分析,不仅需要把目光投向欧洲之外的地区,还要进一步分析不同地区之间的互动。

在TWAIL之外,还有一些学者尝试引入全球史视角来对欧洲中心主义进行反思,强调"地方化欧洲"(Provincializing Europe)。[33] 其中,安娜·彼得斯(Anna Peters)主编的《牛津国际法史手册》(简称"手册")就是代表之一,它强调欧洲之外地区的重要性,进一步拓展国际法史的范围。在手册中,国际法史不再局限于欧洲公法,而是从一个非欧洲的视角叙述国际法的历史,关注不受欧洲影响的其他地区,讨论非洲、亚洲、阿拉伯地区和美洲地区所特有的国际法历史。书中有接近四分之一的章节讲述欧洲之外其他地区的国际法史。在导言部分,安娜·彼得斯指出手册的目的是要"超越欧洲中心主义"(Overcoming Eurocentrism)。在方法论上,她强调国际法的全球史路径[34],关心不同地区和主体之间的联系、转化、网络和合作,而不是对不同时代、不同地区的简单划分。手册除了关注欧洲之外不同地区的国际法历史,同样也关注不同地区之间互动的历史。[35] 可以说,手册的目的就是希望从全球史的角度来摆脱国际法中的欧洲中心主义魅影。[36] 当然,也有学者批评安娜·彼得斯没有完全脱离欧洲的视角[37],还是把欧洲公法看作一个普遍性的框架[38],欧洲仍然作为无声的参照而存在。

另外,一些学者进一步强调国际法史中欧洲与非欧洲地区的交流和互动,

---

[31] See Sebastian Conrad, *What is Global History?*, Princeton University Press, 2017, p. 5.

[32] See Thomas Duve, "Global Legal History—A Methodological Approach", Max Planck Institute for European Legal History Research Paper Series no. 2016-04.

[33] See Dipesh Chakrabarty, *Provincializing Europe: Postcolonial Thought and Historical Difference*, Princeton University Press, 2007, pp. 1-12.

[34] See Anne Peters, Bardo Fassbender, "Prospects and Limits of a Global History of International Law: A Brief Rejoinder", *European Journal of International Law*, vol. 25, no. 1, 2014, pp. 337-341.

[35] See Bardo Fassbender and Anne Peters(eds.), *The Oxford Handbook of the History of International Law*, Oxford University Press, 2012, pp. 1-13.

[36] See Jacob Katz Cogan, "Book Review: The Oxford Handbook of the History of International Law", *American Journal of International Law*, vol. 108, no. 2, 2014, pp. 371-376.

[37] See Forji Amin George, "Book Review: The Oxford Handbook of the History of International Law", *Journal of the History of International Law*, vol. 16, no. 1, 2014, pp. 90-95.

[38] See Anne Charlotte Martineau, "Overcoming Eurocentrism? Global History and the Oxford Handbook of the History of International Law", *European Journal of International Law*, vol. 25, no. 1, 2014, pp. 329-336.

从而突出其他地区的重要性。南美洲国际法学者阿努尔夫·贝克·洛尔卡（Arnulf. Becker Lorca）把研究重点放在欧洲之外,强调非欧洲地区的国际法学者在国际法史中的重要性。他认为国际法是一个"混血儿"（Mestizo）[39],是由欧洲和非欧洲地区特别是美洲和亚洲地区的学者共同推动形成的。因此,"边缘地区不再是边缘,在某种意义上边缘地域和中心一样在国际法的发展中有着重要的地位"。[40]洛尔卡的视角以"边缘世界"为中心,重点分析南美洲、亚洲和非洲国家在近代对欧洲的反抗以及在这过程中对国际法发展的影响。他指出,19世纪以来,在"边缘地区",包括南美洲、亚洲和土耳其等地,出现了一批国际法学者,他们为了维护本国的利益,在世界舞台上和欧洲国际法学者不断进行沟通和辩论,推动国际法的进一步发展。[41]正是在这个过程中,欧洲之外的其他地区也对国际法的发展发挥了自身的作用。

格里·辛普森也有类似的论述。他认为19世纪以来,国际社会在对国际法的认识上保持着一种形式上的平等与实质上的不平等并存的特征。一方面,在国际法特别是主权平等的话语下,各个主权国保持着形式上的平等;但是另一方面,大国政治仍然大行其道,欧洲大国凭借其强大的经济、军事实力,在国际社会中占据着主导地位。[42]法律平等下的政治不平等受到很多欧洲国际法学者的支持[43],而非欧洲国家在这个过程中则积极反对这种国际法上的不平等,追求实质上的平等。因此,欧洲之外的地区在国际法的发展中并不是完全被动的,而是在很大程度上主动参与了国际法的发展。[44]利利阿纳·奥夫雷贡（Liliana Obregón）也从南美洲的视角出发,分析了南美洲的学者如何利用欧洲国际法的概念来对抗欧洲对美洲的同化。他指出在19—20世纪期间,虽然南美洲国家不断获得独立,但是由于国力相对弱小,难以摆脱欧洲与美国的控制。为了摆脱这种困境,南美洲的国际法学者使用了欧洲的国际法原理,借用主权平等、不干涉等国际法概念来维护国家的独立。[45]

---

[39] See Arnulf Becker Lorca, *Mestizo International Law 1842-1933*, Cambridge University Press, 2014.

[40] *Ibid.*, p. 13.

[41] See Arnulf Becker Lorca, "Universal International Law: Nineteenth-Century Histories of Imposition and Appropriation", *Harvard International Law Journal*, vol. 51, no. 2, 2010, pp. 475-552.

[42] See Gerry Simpson, *Great Powers and Outlaw States, Unequal Sovereigns in the International Legal Order*, Cambridge University Press, 2004, pp. 3-24, 62-90.

[43] 参见劳特派特修订:《奥本海国际法》（上卷）,王铁崖、陈体强译,商务印书馆1989年版,第208—211页。

[44] See *supra* note [39], pp. 6-13.

[45] See Liliana Obregón, "Completing civilization: Creole consciousness and international law in nineteenth-century Latin America", in A. Orford (Ed.), *International Law and Its Others*, Cambridge University Press, pp. 247-264.

另外一些学者则强调伊斯兰世界特别是奥斯曼帝国在国际法发展中的重要地位。伊格纳西奥·德拉·拉西拉(Ignacio de la Rasilla)肯定了伊斯兰世界(Islam)在国际法发展历史中的重要位置,他追溯前殖民时期的国际法史,指出伊斯兰世界在和欧洲交往的过程中有很多思想和理论都对欧洲的国际法思想产生了很大影响,例如欧洲的"正义战争"(just war)理论就受到伊斯兰观念的影响。[46]类似的,有学者以奥斯曼帝国学者和外交官为切入点,认为奥斯曼帝国在和欧洲的交往过程中,通过这些群体与欧洲的国际法学者的辩论和沟通,推动了国际法的发展。[47]可见,在国际法发展过程中,可见,从前殖民时期到近代,伊斯兰世界与欧洲在国际法方面有着大量的交流与互动。

道格拉斯·霍兰(Howland Douglas)则通过对日本近代国际法的使用进行分析,指出日本并不是欧洲国际法的被动接受者,而是在使用国际法的过程中推动了近代国际法的发展。[48]他指出日本在日俄战争等战争过程中,十分注意使用国际法来论证其正当性,同时利用中立(Neutrality)这一概念相对模糊的特征进行有利自己的解释和行动,从而利用国际法获取了特定利益。日本对中立概念的解释和使用引起了国际社会的讨论,并在第二次海牙国际会议上对"中立"进行了进一步的明确规定。[49]可以说,日本在国际法的发展历史中也有着特定的作用。

可见,不管是 TWAIL 还是全球史视角,在国际法史的研究中都强调摆脱欧洲中心论的影响,在欧洲之外寻找新的历史,进一步拓展研究的空间范围。

三、法学家思维与"时空错置":如何理解历史与现在

在传统的国际法史研究中,思想史是一个重要的研究路径。这种研究范式主要关注历史上重要法学家(Great mind)的理论、思想和相关概念,更多的是进行文本上的分析,通过文本在过去与现在之间建立联系。这种以文本为核心的研究范式和方法也受到一些批评和质疑特别是受到历史学方法的冲击。同时,也有一些学者站出来对这些冲击进行回应。

(一) 从现在理解历史:"时空错置"之恶(Sin of Anachronism)

20世纪70年代开始,以斯金纳(Quentin Skinner)为代表的"剑桥学派"

---

[46] See Ignacio de la Rasilla "Islam and the Global Turn in the History of International Law", In *International Law and Islam*, Brill | Nijhoff, 2018, pp. 1-14.

[47] See Umut Özsu and Thomas Skouteris, "International Legal Histories of the Ottoman Empire: An Introduction to the Symposium", *Journal of the History of International Law*, vol. 18, no. 1, 2016, pp. 1-4.

[48] See Howland Douglas, *International Law and Japanese Sovereignty: The Emerging Global Order in the 19th Century*, Palgrave Macmillan, 2016.

[49] See Howland Douglas, "Sovereignty and the Laws of War: International Consequences of Japan's 1905 Victory over Russia", *Law and History Review*, vol. 29, no. 1, 2011, pp. 53-97.

(Cambridge school)开始对传统的思想史研究进行反思,提出思想和理论的研究要强调"语境"(Context),不能忽视研究对象所处的时代背景和环境,以避免"时空错置"(Anachronism)。斯金纳认为,历史研究要避免以当前的视角去理解过去,这很容易造成对历史的误读和歪曲。[50] 因此在历史研究中,对特定思想家以及理论的研究分析,要回到特定的历史情境中去,才能够正确理解过去。

这一视角与国际法史研究,特别是批判国际法(Critical international law)[51]研究在很多方面都不谋而合,因此不少国际法史研究者开始接受这一研究范式,对传统的国际法研究进行批判和修正。[52] 这种研究方法反对"大历史"的书写,强调国际法史的研究要注重历史情境,把国际法思想和理论放在特定的历史情境中来分析,而不是脱离当时的社会历史背景去构建某种思想和理论的连续性。因此,国际法史的研究应该是高度情境化的,国际法理论和思想都应该在特别的历史背景中进行理解。[53] 这种研究方法在一定程度上推进了国际法史的研究,把研究视角从一种结构主义的框架中解放出来。

例如,兰德尔·乐斯福(Randall Lesaffer)指出,传统的国际法思想史研究,特别是对人物的思想的研究过于忽视特定的历史情境。在关于格劳秀斯的分析中,他指出大量的著作都是从现代的角度去理解格劳秀斯的思想,而没有从当时的时代背景出发去分析格劳秀斯的立场和理论。传统的研究过于强调不同思想家之间的对话,这在他看来其实是后人自己施加的一种视角。因此,他强调思想史的研究要"把自己和研究对象放在同时代进行研究"。[54] 伊恩·亨特(Ian Hunter)也指出,安吉等学者在研究过程中虽然强调国际法的帝国语境,但是这种研究范式仍然犯了某种"时空错置"的错误。他认为安吉等学者的帝国主义批判还是把国际法放在一个统一的历史脉络中来阐述,用现在的眼光去认识过去。在他看来,把国际法放在帝国的背景下不过是为了揭示当代国际法中的不平等属性,这还是陷入了从当前的视角出发去研究过去的错误。[55] 可以说,传统国际法史研究往往试图在历史和当前之间建立连续性,从当前的

---

[50] See Quentin Skinner, "Meaning and Understanding in the History of Ideas", *History and Theory*, vol. 8, no. 1, 1969, pp. 3-53.

[51] See Prabhakar Singh & Benoît Mayer, *Critical International Law Postrealism, Postcolonialism, and Transnationalism*, Oxford University Press, 2014.

[52] See Anne Orford, "On International legal Method", *London Review of International Law*, vol. 1, no. 1, 2013, pp. 166-197.

[53] See Randall Lesaffer, "International Law and its History: The Story of an Unrequited Love", in M Craven, M Fitzmaurice & M Vogiatzi (eds.), *Time, History and International Law*, Martinus Nijhoff, 2007, pp. 27-33.

[54] See *supra* note [53].

[55] See Kate Purcell, "On the Uses and Advantages of Genealogy for International Law", *Leiden Journal of International Law*, vol. 33, no. 1, 2020, pp. 13-35.

问题出发去理解历史,因此难以摆脱"时空错置"的问题。[56] 为了解决这个方法论上的问题,他们都认为应该在国际法史的研究中引入斯金纳的分析方法,避免让现在的问题影响对过去的理解。

不少学者在国际法思想史的研究中接受了这一方法。理查德·塔克(Richard Tuck)在分析维多利亚(Francisco de Vitoria)和格劳秀斯等国际法学者时,强调语境在分析中的重要性,把近代以来的国际法学者的思想放在具体的语境中去分析。虽然他在一定程度上也认同近代欧洲国际法学者的国际法思想和理想与欧洲的殖民扩张是联系在一起的这一观点,但是他在分析的过程中更加强调历史情境,把每一个思想家放在具体情境中去分析。[57] 科斯肯涅米在他的著作《温和的教化者》中也强调从历史情境的角度出发对19世纪的国际法学者(Man of 1870)进行研究,分析不同的学者在特定历史背景下的观点和理论。[58] 他同样反对过于宏大的历史叙事,要求从更加具体的历史细节中对国际法思想家进行分析。

可以说,"剑桥学派"的思想史方法给国际法史的研究带来了一定的冲击。不少学者开始强调在国际法史研究中要重视情境,避免陷入"时空错置"。这种视角特别强调在历史研究中不能把现在与历史混同起来,而是要在现在与历史之间划清界限,避免从现代的视角出发去理解历史。

(二)以历史认识现在:法学家思维(Juridical Thinking)视角

针对来自历史学方法的冲击,一些学者对"剑桥学派"视角在国际法史中的应用提出了质疑。他们认为,虽然强调历史情境的研究范式具有可取性,但是不能完全陷入这种研究范式之中。[59] 特别是国际法自身具有一定的特殊性,不能够简单地对历史与现在进行割裂,完全陷入语境研究的陷阱。

安妮·奥福德(Anne Orford)认为,国际法学者在面对现实问题时,往往诉诸历史,通过历史来对现实进行证成。对于国际法学者来说,"特别是受普通法传统的影响,先例或者说历史一直以来都是国际法一个十分重要的组成部分,历史在某种程度上扮演着权威的角色"。[60] 因此在国际法学科中,过去与现在是不能割裂的。另外,她还指出,很多思想家的理论对话是在书本和文献中进

---

[56] See Ian, Hunter, "Vattel's Law of Nations: Diplomatic Casuistry for the Protestant Nation", *Grotiana*, vol. 31, no. 1, 2010, pp. 108-140.

[57] See Richard Tuck, *The Rights of War and Peace: Political Thought and the International Order from Grotius to Kant*, Oxford University Press, 1999.

[58] See Martti Koskenniemi, *The Gentle Civilizer of Nations: The Rise and Fall of International Law 1870-1960*, Cambridge University Press, 2001.

[59] See supra note [52].

[60] See Anne Orford, "International Law and the Limits of History", in Wouter Werner, Marieke De Hoon & Alexis Galán(eds.), *The Law of International Lawyers: Reading Martti Koskenniemi*, Cambridge University Press, 2017, p. 297.

行的,这在某种程度上也减少了语境影响,因此思想家确实在某些程度上可以超脱于时代。而且,这种超脱不仅在理论研究中出现,在实践中也不例外。在特定的国际法实践中,国际法学者或者当事人在寻求正当性的时候,总是倾向于从历史中寻找权威,把历史的资源投射到当前,从而实现法律上的论证,因此法律的实践和运用在某种程度上确实存在一定的连续性。虽然这种行为在历史学者看来就是"时空错置",但是奥福德认为国际法的历史实践在有些时候就是这么进行的。[61] 因此,国际法史的研究不能忽视"法学家思维","含义(Meaning)在时间和空间中的流动"仍然是国际法史研究的重点。[62] 所以,她认为虽然在历史学者看来"时空错置"是一种罪恶(Sin),但是在国际法学科中,"时空错置"又确实存在于法律实践中,不能被完全否定。[63] 从这个角度来看,在国际法的研究中,从过去中为现在寻找支撑是一个十分重要的途径,因此不能过度割裂过去和现在之间的联系。

另外,科斯肯涅米虽然在其研究中强调历史情境,但是也认为不能过度陷入这种方法之中。他认为在一个特定的历史时刻中,研究对象所处的语境是十分复杂的,包括政治、经济、文化、宗教等各种各样的社会背景。影响因素那么多,在实际研究中是无法穷尽的,因此情境化的研究是不存在的。[64] 同时,他也指出如果过于强调历史语境,完全否定某些理论或者概念在长时段历史中的作用和存在,也有可能陷入一定的相对主义。[65] 在他看来,并不存在完全"纯粹"的历史,历史学家在书写历史的时候,总是会不可避免地带上自己的理解和倾向。对于国际法来说,过去的思想对于现在而言是十分重要的,过去的实践对于现在来说在很多时候是权威的来源。[66] 因此,过去与现在并不需要完全割裂,也没有办法完全割裂。

可见,在当前国际法史的研究中,虽然"转向历史"大大推动了国际法史研

---

[61] See Andrew Fitzmaurice, "Context in the History of International Law", *Journal of the History of International Law*, vol. 20, no. 1, 2018, pp. 5-30.

[62] See Anne Orford, "On international legal method", *London Review of International Law*, vol. 1, no. 1, 2013, pp. 166-197.

[63] See Anne Orford, "The Past as Law or History? The Relevance of Imperialism for Modern International Law", (September 9, 2011). IILJ Working Paper 2012/2 (History and Theory of International Law Series), University of Melbourne Legal Studies Research Paper No. 600.

[64] See Martti Koskenniemi, "Vitoria and Us: Thoughts on Critical Histories of International Law", *Rechtsgeschichte Legal History*, vol. 22, 2014, pp. 119-138.

[65] See Martti Koskenniemi, "Histories of International Law: Significance and Problems for a Critical View", *Temple international and comparative law journal*, vol. 27, no. 2 2013, pp. 215-240.

[66] See M. Koskenniemi, "Imagining the Rule of Law: Rereading the Grotian Tradition", *European Journal of International Law*, vol. 30, no. 1, 2019, pp. 17-52.

究的深度和广度,但是也引起了很大的争议,特别是在方法和视角上,法学学者和历史学学者各自有不同的认识和倾向。这种分歧和冲突集中体现在对"时空错置"的认识上。对于倾向于历史学规范的学者来说,国际法史的研究要尽量情境化,强调历史的偶然性(Contingency)和断裂性,避免构建宏大和长时段的历史叙述。但是对于法学院的学者来说,过去或者历史,往往是当前问题的答案。不少国际法学者认为,国际法中的原则是一些概念或观念不断进化的产物。因此,他们十分重视国际法概念的谱系和脉络,并从过去中寻找先例和习惯,这在某种程度上需要或者存在一定的"时空错置"。[67] 这也就难怪不少国际法学者仍然强调,"我们必须承认,在国际法实践中,时空错置在某种程度上是不可避免的"。[68]

不少学者在研究中尝试弥合这种国际法史方法论上的分歧和矛盾。其中,概念史(Conceptual history)[69]成为一个重要的研究方法。概念史的目的在于追溯某一概念在不同时期、不同背景下,其内涵是如何被增加、删减、改变和使用的。概念史的研究方法在国际法史研究中具有一定的优势:一方面,它十分强调语境和变化,即强调概念在不同历史时期的变化和使用以及特定的历史情境,从而能够避免过度的"时空错置",在一定程度上符合历史学的规范,避免遭到历史学家的攻讦;另一方面,概念史的研究方法仍然强调某种历史的延续性,虽然一个概念在历史长河中是不断变化的,但是它在某种程度上还是保持着一定的连续性,因此能够满足国际法学科自身的要求。[70] 例如,马丁·克拉克(Martin Clark)就以国际法上的"承认"(Recognization)为研究对象,追溯了该概念在近代国际法历史中的发展。[71] 也有学者主张在国际法史的研究中引入福柯的谱系学(Genealogy)方法。凯特·普赛儿(Kate Purcell)认为批判国际法学者对国际法史的研究总是倾向于解构(Deconstructive)而缺乏建构性(Constructive),而主流的国际法学者更加强调国际法历史的连续性,需要从过去寻找当下的正当性。对于这两种视角的分歧,普赛儿认为可以用谱系学的方法进行一定程度的弥合。他认为谱系学能够在过去和当下之间建立起连续性,同时也能够对不同时期国际法理论和实践的变化和发展进行区分和厘清,从而

---

[67] See *supra* note [64].
[68] See *supra* note [65], p. 161.
[69] See Reinhart Koselleck, *Futures Past: On the Semantics of Historical Time*, Columbia University Press, 1985.
[70] See Martin Clark, "A Conceptual History of Recognition In British International Legal Thought", *British Yearbook of International Law*, vol. 87, no. 1, 2017, pp. 18-97.
[71] *Ibid.*, pp. 18-97.

推动国际法史研究的发展。[72] 可以说,不论概念史还是谱系学都是学者在方法论上提出的新的尝试,以图进一步推动国际法史的研究。

国际法史作为法学和历史学的交叉学科,在研究方法上受到两个学科自身视角的影响。法学和历史学从不同的角度出发进行研究,因此也在一定程度上引起了方法论上的争论,国际法思想史的争论就是一个典型代表。

四、实践中的国际法史:跨学科与新材料

如果说有一些国际法学者认为要避免在国际法史研究中过度强调情境,那么另一些学者则认为当前主流国际法史的研究还不够情境化,需要进一步甚至彻底地情境化。[73] 一般认为,传统的国际法史研究主要"关注法律原则和学说的演进,法律和仲裁机构的裁定,法学家和外交官的观点以及国际法专业本身的脉络"。[74] 一些学者认为传统的国际法史在视角上过于狭窄,需要进一步拓宽研究的视角与范围。科斯肯涅米也批评这种研究过于强调国家的中心位置(State-centric)[75] 和外交官的法律(Diplomats' law)[76],而忽视了国家以及国际法学者之外的历史。因此,一些研究开始挖掘新的研究对象和材料,强调实践中的历史。

(一)法律社会学(socio-legal)和地方化(vernacular)视角

在新的研究中,一些学者开始反思传统以文本为中心的研究范式,强调法律社会学的方法。[77] 这种研究视角认为国际法的历史不仅仅局限于思想、学说和观念,更在于法律的实践(practice of law)。[78] 与思想史方法不同,这种视角认为国际法是在观念和实践、法律和政治的互相塑造中形成的[79],需要更加

---

[72] See Kate Purcell, "On the Uses and Advantages of Genealogy for International Law", *Leiden Journal of International Law*, vol. 33, no. 1, 2020, pp. 13-35.

[73] See Andrew Fitzmaurice, "Context in the History of International Law", *Journal of the History of International Law*, vol. 20, no. 1, 2018, pp. 5-30.

[74] See Cogan, Jacob Katz, "A History of International Law in the Vernacular", *Journal of the History of International Law*, vol. 22, no. 2-3, 2020, pp. 205-217.

[75] See Martti Koskenniemi, "Expanding Histories of International Law", *American Journal of Legal History*, vol. 56, no. 1, 2016, pp. 104-112.

[76] Martti Koskenniemi, "Why History of International Law Today?", *Supra* note [5].

[77] See Witt John Fabian, "A Social History of International Law: Historical Commentary, 1861-1900", in David L. Sloss, Michael D. Ramsey & Williams S. Dodge (eds.), *International Law in the U.S. Supreme Court: Continuity and Change*, Cambridge University Press, 2011, pp. 164-177.

[78] See Lauren Benton, "Beyond Anachronism: Histories of International Law and Global Legal Politics", *Journal of the History of International Law*, vol. 21, no. 1, 2019, pp. 7-40.

[79] Ibid., pp. 7-40.

强调历史实践和特定主体在法律发展过程中的作用。[80]因此,伟大文本、思想和人物不再是研究的重点,非精英阶层(non-elite actors)的历史实践成为研究的核心。[81]这个视角不仅关注少部分精英和思想家,而且关注精英阶层之外的历史实践者,包括政府低级官员以及普通人群体。在法律社会学的视角下,知识、规则或者法律不是自上而下产生的,而是通过日常的实践特别是冲突产生的。因此,研究的视角也就不再停留于思想家、政治家等上层阶级,而是要把目光投向更加普通的人物和事件。

劳伦·本顿(Lauren Benton)在研究中指出,国际法史的研究要注重具体的历史实践和特定历史人物。[82]在她的历史叙事中,她把目光投向低层级的法律实践者,也即所谓的中层官员(mid-level officers)。[83]她认为国际法是通过这些中层力量在帝国的历史实践中不断发展的。劳伦·本顿突出了大英帝国内部中层官员的作用,论述这些官员如何在帝国治理的过程中构建起一个法律帝国,从而推动国际法的发展。[84]另外,利萨·福特(Lisa Ford)对殖民者在美洲和澳大利亚的实践进行研究,分析殖民者在不同的法律空间如何通过日常的司法实践实现管辖主权。她指出近代国际法,包括主权概念,都是在这些不断的实践中建构起来的。[85]可以说,利萨·福特和劳伦·本顿都把国际法的产生和发展放在帝国治理的背景下来分析,她们没有关注思想家如何阐述国际法思想,而是分析具体的历史主体如何在日常的法律活动中推动国际法的发展。

类似的,雅各布·卡茨(Cogan Jacob Katz)也主张国际法史的研究要关注"地方化"。与法律社会学的关注点类似,他强调法律是在"低层官员、非法律职业者以及法庭之外产生的"。[86]在他看来,国际法史的地方化视角主要体现在

---

[80] See Thompson, E. P, *Whigs and Hunters: The Origins of the Black Act*, Pantheon Books, 1975.

[81] See Hanley Will, "Statelessness: An Invisible Theme in the History of International Law", *European Journal of International Law*, vol. 25, no. 1, 2014, p. 321.

[82] See Lauren Benton and Lisa Ford, *Rage for Order: The British Empire and the Origins of International Law, 1800-1850*, Harvard University Press, 2016; See Lauren Benton, *A Search for Sovereignty: Law and Geography in European Empires, 1400-1900*, Cambridge University Press, 2009.

[83] See Lauren Benton and Lisa Ford, *Rage for Order, The British Empire and the Origins of International Law, 1800-1850*, Id.

[84] See Lauren Benton, *A Search for Sovereignty: Law and Geography in European Empires, 1400-1900*, Supra note [82].

[85] See Lisa, Ford, *Settler Sovereignty: Jurisdiction and Indigenous People in America and Australia, 1788-1836*, Harvard University Press, 2009.

[86] See Cogan Jacob Katz, "A History of International Law in the Vernacular", *Journal of the History of International Law*, vol. 22, no. 2-3, 2020, pp. 205-217.

四个方面:第一,国际法史研究不能仅仅局限于国际法学者、法官、高级官员和外交官,也要把中低层的实践主体纳入研究范围;第二,国际法史的研究不能脱离产生法律的社会和政治背景,需要把国际法当作一种社会实践和信仰体系来研究;第三,要研究国际法的实践,也即国际法在实践中如何被使用以及产生的冲突,而不是研究书本上的国际法;第四,要摆脱传统的视角,从国际法的功能、目的以及对话中去分析国际法如何产生、发展以及被使用。[87] 另外,有学者在关于奥斯曼帝国晚期的国际法实践的研究中也把视线投向奥斯曼帝国的法律职业者,分析这些群体在国际私法方面的工作以及与国际法之间的关系,分析奥斯曼帝国的律师和工作人员如何在日常工作和案件中处理住所、国籍以及贸易和投资等国际私法问题。[88] 这些研究的共同点在于把视线投向了更加普通的法律实践者,以此来构建国际法的历史。

可以说,劳伦·本顿和雅各布·卡茨等学者都强调一种自下而上的视角,认为国际法的历史不仅仅局限于伟大的人物,更在于普通历史主体的实践中。因此,他们的研究不再集中于一些伟大的政治家或者思想家,而是从一些普通人出发,分析在具体的历史实践中,国际法是如何不断发展和完善的。可以说,法律社会学或者地方化的研究更加强调和突出日常的历史实践,从一些小的历史事件中分析国际法史。

(二)新材料与新对象

在国际法史研究中引入法律社会学等新的视角,不仅进一步拓展了研究对象和主体,也进一步丰富了研究材料(Materials)和来源(Sources)。[89] 传统国际法史的研究,主要围绕精英阶层(包括重要的学者、思想家、政治家、律师等群体)展开,被称作是法学家的历史(Jurists' history)。[90] 这种研究的材料主要集中于学者的理论著作、法院司法判决以及外交文书等。由于传统的国际法史研究主要局限在法学领域,只受过法律学科训练的学者在材料的使用方面往往只关注法律学科内部的资料,而缺乏对其他材料的敏感性。

随着视角和方法上的扩张,国际法史也越来越朝向跨学科(Interdisciplinarity)方向发展,特别是历史学和社会学方法引入,进一步推动了研究材料的丰富。目前,越来越多的研究者开始跳出传统的研究领域,把视

---

[87] *Ibid.*

[88] See Hanley Will, "International Lawyers without Public International Law: The Case of Late Ottoman Egypt", *Journal of the History of International Law*, vol. 18, no. 1, 2016, pp. 98-119.

[89] See Valentina Vadi, "Perspective and Scale in the Architecture of International Legal History", *European Journal of International Law*, vol. 30, no. 1, 2019, pp. 53-71.

[90] See Valentina Vadi, "International Law and Its Histories: Methodological Risks and Opportunities", *Harvard International Law Journal*, vol. 58, no. 1, 2018, pp. 311-352.

野投向更加广阔的空间,越来越多原来被忽视的材料被纳入研究。[91] 不少研究将报纸、期刊、传单、议会辩论、政府资料、日记、信件等等都纳入研究范畴,对传统的研究带来了一定的冲击。[92] 同时,这也进一步拓展了国际法史研究的空间。在概念史研究中,民主化和政治化都要求扩展研究的材料。民主化的视角要求研究概念在大众群体中的使用,政治化意味着要研究概念使用的时代背景和政治意涵。因此,材料的使用就不能局限于精英阶层或者某个学科的视角,而是要不断扩充。

2017 年《伦敦国际法评论》以"历史、人类学和国际法档案"(History, Anthropology and the Archive of International Law)为主题刊登了一系列论文,进一步拓展了国际法史研究的材料和档案。[93] 在这个系列中,五位学者从人类学的角度出发,分别以信件、战争的记实文学、外套、反战海报以及纪念碑为对象,对一战中的国际法问题进行分析和讨论,对这些物品进行解读和分析,讨论其背后的国际法史内涵。[94] 这些研究强调国际法史研究不能局限于传统的对象,而是要纳入新的研究对象、材料和档案。凯特·迈尔斯(Kate Miles)则以视觉载体为研究对象,分析绘画图像中体现的国际法史。他强调在欧洲殖民时期,欧洲艺术家通过绘画的形式对一些条约签订场景、重要思想家以及国际会议进行艺术性的视觉呈现和加工,从而体现欧洲国际法的普遍适用性和权威。[95] 另外,有学者也强调实物(Materiality)在国际法史研究中的地位。丹尼尔(Daniel R Quiroga-Villamarı)以集装箱(Containers)为研究对象,分析集装箱如何在国际贸易中被标准化,以及标准化背后的历史故事。他从一个物品入手,揭示了国际贸易规则发展的历史和背后的经济、政治因素,也为国际法史

---

[91] See Rose Parfitt, "The Spectre of Sources", *European Journal of International Law*, vol. 25, no. 1, 2014, pp. 297-306.

[92] See Martin Clark, "Ambivalence, anxieties/Adaptations, advances: Conceptual History and International Law", *Leiden Journal of International Law*, vol. 31, no. 4, 2018, pp. 747-771.

[93] See Madelaine Chiam, "History, Anthropology and the Archive of International Law", *London Review of International Law*, vol. 5, no. 1, 2017, pp. 3-5.

[94] See Genevieve Renard Painter, "A letter from the Haudenosaunee Confederacy to King George V: Writing and Reading Jurisdictions in International Legal History", *London Review of International Law*, vol. 5, no. 1, 2017, pp. 7-48; Luis Eslava, "The Materiality of International Law: Violence, History and Joe Sacco's The Great War", *London Review of International Law*, vol. 5, no. 1, 2017, pp. 49-86; Rose Sydney Parfitt, "The Anti-Neutral Suit: International Legal Futurists, 1914-2017", *London Review of International Law*, vol. 5, no. 1, 2017, pp. 87-123; Madelaine Chiam, "Tom Barker's 'To Arms!' Poster: Internationalism and Resistance in First World War Australia", *London Review of International Law*, vol. 5, no. 1, 2017, pp. 125-152; Charlotte Peevers, "A Deathless Story: the ANZAC Memorial, Memory and International Law", *London Review of International Law*, vol. 5, no. 1, 2017, pp. 153-184.

[95] See Kate Miles, "Painting International Law as Universal: Imperialism and the Coopting of Image and Art", *London Review of International Law*, vol. 8, no. 3, 2020, pp. 367-398.

的研究开拓了新的研究对象和材料。[96] 杰西·霍曼(Jessie Hohmann)以一部打字机(Typewriter)为研究对象,分析这部打字机在加拿大殖民进程中的作用和象征意义,以此来反映特定物体与国际法的关系。[97] 在这些跨学科的视角和方法下,国际法史研究的材料和对象也呈现出越来越多元的趋势,新的研究对象和资料都不断被引入国际法史的研究。

可以说,通过引入新的研究方法和视角,国际法史研究的主体和材料被不断扩充。国际法史的研究不再局限于少部分精英对象,而是从实践的角度出发,扩展到更多元的主体。这些多元主体也进一步丰富了研究的材料和对象,推动了国际法史研究的发展。

五、启示:国际法史的中国写作

目前,国际法史研究在国际学界已经成为一大潮流,产生了大量优秀的作品,也出现了各种研究范式以及相应的讨论和争议。但是,这些作品中,来自中国学者以及关于中国的讨论都相对较少。国际法史的新研究动向在中国学界也没有引起太大的反响,中国问题以及中国学者在国际法史的研究中都存在着一定的缺位。总体来说,国际法的研究中缺乏以中国为核心的研究,在我国的国际法教课书中也缺乏中国的位置,几乎没有与中国相关的案例。[98] 这个问题也体现在国际法史的研究中,中国在主流的国际法史研究中也是一种"失踪者"的状态。

中国在国际法史中的缺失与"百年屈辱"的历史叙事密切相关。近代中国与西方的交往一直都被视为一段屈辱的历史,即中国在西方列强的武力强迫下,不得不打开国门,签订一个又一个不平等条约。中国是作为一个受害者、被压迫者的形象,被动地被纳入西方国际法秩序中。因此,一种受害者的历史(Victimization in history)[99]一直是中国近代国际法史的主流,使得中国的学者难以更加全面地参与到国际法史的讨论中去。当然,这并不是说要否定传统的叙事,而是要在此基础上进一步拓宽研究视角,推动中国国际法史的研究。因此,在新的时代,我们仍然面临着一个问题,即应该如何进行国际法史的中国

---

[96] See Daniel R Quiroga-Villamarín, "Normalising Global Commerce: Containerisation, Materiality, and Transnational Regulation (1956-68)", *London Review of International Law*, vol. 8, no. 3, 2020, pp. 457-477.

[97] See Jessie Hohmann, "The Treaty 8 Typewriter: Tracing the Roles of Material Things in Imagining, Realising, and Resisting Colonial Worlds", *London Review of International Law*, vol. 5, no. 3, 2017, pp. 371-396.

[98] See Anthea Roberts, *Is International Law International?*, Oxford University Press, 2017, p. 113.

[99] See *supra* note [30].

写作,重新找回中国在国际法史中的主体性。随着国际法史近些年来的发展,新的研究视角和思路不断出现,这也为中国的国际法史书写提供了一些借鉴。以下将在前文分析的基础上,提出中国国际法史可以发展的一些新方向和视角。

(1) 近些年来,TWAIL 和全球史研究等都强调研究视角的空间转向,即在研究中不仅仅盯着欧洲或者少数几个资本主义强国,而是进一步强调欧洲之外的其他区域和空间,东亚、南亚、奥斯曼土耳其以及美洲等地区都成为国际法史研究的对象。这种空间的转向也意味着中国的国际法史研究可以将目光投向更加广阔的空间。TWAIL 对前殖民时期国际法史的研究就表明,在西方殖民之前,全球范围内早就存在着一定的国际法秩序。这种秩序既可以被解释为包括欧洲在内的普遍性世界秩序,也可以被解释为欧洲之外的其它特定区域秩序。同时,中国在前殖民时期的国际法实践还有进一步探索的空间。自古以来,中国一直与世界各地有着密切的联系。从这个角度来看,中国并不是到 19 世纪才被动地被纳入到国际法秩序中,也不仅仅是和欧洲发生联系,而是一直以来就处于国际法秩序之中。因此,不管是古代中国通过丝绸之路与西亚乃至欧洲的联系,还是在鸦片战争之前与包括俄罗斯、东南亚以及荷兰、西班牙、葡萄牙等国家和地区之间交往的历史都需要得到重新审视。在这个视角下,中国是在一个普遍性的世界秩序下与外界发生联系,还是在"天下"秩序的理解下与其他地区进行交流,还有待进一步挖掘。因此,中国国际法史的研究需要转向一个更加广阔的空间视角。

(2) 近代中国国际法史主要围绕着"百年屈辱"这一问题展开,这主要是因为过去的研究都集中于"列强"(Great Power)之上。传统的历史叙事中,近代中西交往的历史往往着眼于叙述英法等列强如何将欧洲国际法强加于中国或者利用西方国际法的概念侵害中国,而忽视了中国与欧洲其他国家的交往和行为。在这种叙述中,西方被看作一个整体,在近代中国的历史中是侵略者和压迫者,把西方国际秩序强加到中国身上。这在某种意义上是一种简单化的历史叙事[100],欧洲诸国被看作一个同质性整体,都以殖民者和侵略帝国的形象出现,在一定程度上将近代中西的国际关系简单化为单一的压迫与被压迫关系,忽略了中西交往的复杂性。我们不能忽视的是,欧洲列强在不同历史时期存在着很大的差异。例如,在 16、17 世纪,西班牙、葡萄牙以及荷兰先后成为欧洲的霸主,但是在 19 世纪,这几个国家都已经走向衰弱,取而代之的是英国、法国和德国等国家。同时,在一定时期内,欧洲内部也同时存在着强国与相对边缘的

---

[100] See Arnulf Becker Lorca, "Universal International Law: Nineteenth-Century Histories of Imposition and Appropriation", *Harvard International Law Journal*, vol.51, no.2, 2010, pp. 475-552.

弱国。例如,19世纪的欧洲不仅仅有英国、法国、俄国这样的帝国主义列强,还有比利时、瑞士、挪威等相对边缘的国家。[101] 这些国家不像英法那样拥有强大的国力和军事力量,因此在与中国交往的过程中也并不全是压迫和不平等,中国在面对这些国家的时候也并不是毫无招架之力,而是能够与之尽力周旋,维护国家利益,在有些时候也能够利用国际法秩序来与这些欧洲国家建立平等关系。

对此,不少学者开始反思传统的历史叙事,把目光投向欧洲的边缘国家,研究近代中国与挪威、荷兰、比利时、西班牙等国家的交往历史,从而更加全面地勾勒出中西交往的历史。例如有学者以荷兰、比利时等欧洲低地为对象,分析这些国家与中国的交往历史。[102] 弗兰斯-保罗·范德普滕(Frans-Paul van der Putten)分析了像荷兰这样的欧洲小国如何在中国借用英法等强国的势力获取特殊利益。[103] 鲁道夫(Rudolph Ng)则以中国在1874年派往古巴的代表团为视角,分析中国使者如何利用欧洲国际法秩序来保护在海外的中国苦力的利益。[104] 上述这些研究进一步拓宽了近代中国国际法史的研究,特别是表明中国在近代所面对的不仅仅是英国这样的强国,也有一些实力相对较弱的国家。因此,在屈辱外交之外,近代中国还有着更加复杂的对外交往历史和国际法史。

(3)对于1840年以来的历史,传统的叙事往往把中国看作欧洲国际法的被动接受者,忽视中国在这个过程中的主体性。特别是对于中国如何从本国的需要和实践出发,主动吸收和学习西方的国际法知识,并对其加以重新解释和运用的实践缺乏深入的研究。[105] 例如,中国在引入和使用主权概念时就充分利用了这个概念来维护中国的利益。19世纪以来,随着主权概念输入中国,中西为了各自的利益,从不同的角度对这一概念进行使用。英国试图使用宗主权的概念来否认中国对西藏的控制[106],而法国更是直接否认清政府在越南的实际控制。而清政府为了维护对边疆的控制,积极使用主权概念来维护边疆,在

---

[101] Frans-Paul van der Putten, "Small Powers and Imperialism: The Netherlands in China, 1886-1905", *Itinerario*, vol. 20, No1, 1996, pp. 115-131.

[102] See W. F. van de Walle & N. Golvers (eds.), *The History of the Relations between the Low Countries and China in the Qing Era(1644-1911)*, Leuven University Press, 2003.

[103] See *supra* note [101].

[104] See Rudolph Ng, "The Chinese Commission to Cuba (1874): Re-examining International Relations in the Nineteenth Century from a Transcultural Perspective", *The Journal Of Transcultural Studies*, vol. 5, No2, 2014, pp. 39-62.

[105] See Arnulf Becker Lorca, "Universal International Law: Nineteenth-Century Histories of Imposition and Appropriation", *Harvard International Law Journal*, vol. 51, No2, 2010, pp. 475-552.

[106] See *supra* note [30].

越南、新疆等问题上强调其主权地位。[107] 另外,民国时期的中国学人也对西方的国际法概念进行了一定程度的转译(Reinterpretion)[108],即重新解释和理解西方的国际法概念,以用来维护国家利益。例如,在民国时期的很多国际法著作中,生存权(The Right To Existence)这一在西方已经过时的概念却经常出现,被用来否定列强在中国的特权并维护中国的主权。可以说,在近代,西方国际法概念在全球的流行,不仅仅要强调它的欧洲来源,也不能忽视其在中国的使用。

另外,强调中国国际法书写的主体性也不能忽视中国实践在国际法发展过程中起到的作用。我们需要认识到,近代中国的国际法实践的影响并不仅仅局限于国内,在国际上也曾经引起大量讨论,并对国际法的发展产生了一定的影响,例如中国在 20 世纪二三十年代废除不平等条约的行为。1927 年中国单方面废除中比条约,引起了列强的极大关注。而且,由于比利时的上诉,争议最终走向了国际法庭。这是国际法庭成立以来第一个单方面上诉的案件,国际法庭不得不对此案件的管辖问题进行了细致的论述。另外,关于不平等条约的问题也引起了很大的国际讨论。1927 年 4 月,美国国际法学会(the American Society of International Law)年会就以中国的不平等条约问题进行了讨论,讨论废除在华不平等条约(Termination of Unequal Treaties)的国际法问题。美国国际法学会虽然不是一个正式的官方机构,但是在当时的国际法领域具有重要的影响力,可见中国的不平等条约问题已经成为一个国际性话题,受到主流国际法学界的重视。[109] 同时,中国对情势变更原则的使用也引起了国际法学界的极大讨论,对后来的国际条约规则产生了很大的影响。[110] 可以说,中国并不仅仅是国际法的被动接受者,在某种意义上也是积极的参与者与创造者。因此,对于中国在国际法史中的贡献还有待进一步挖掘。

(4)法律社会学、历史学和人类学等视角在国际法史中的应用进一步扩展了研究的领域、对象和材料,这对国际法史在中国的研究也有一些新的启发。近代以来,国际法在中国的应用和发展是一个全面的过程,其主体不仅仅局限

---

[107] See Amanda Cheney, "Tibet Lost in Translation: Sovereignty, Suzerainty and International Order Transformation, 1904-1906", *Journal of Contemporary China*, vol. 107, No26, 2017, pp. 769-783.

[108] See Thomas Duve, "European Legal History-Concepts, Methods, Challenges, Entanglements in Legal History: Conceptual Approaches", in Thomas Duve(ed.), *Entanglements in Legal History: Conceptual Approaches*, Max Planck Institute for European Legal History, 2014, pp. 55-59.

[109] See American Society of International Law (ed.), *Proceedings of the American Society of International Law at Its Annual Meeting* (1921-1969), vol. 21, 1927, pp. 82-100.

[110] See John P. Grant & J. Craig Barker, *The Harvard Research in International Law: Original Materials*, Volume 2, Buffalo, 2008, pp. 1-20, pp. 1115-1117, pp. 1124-1125.

于少数精英阶层或者思想家,而是包含更大范围的法律实践者。同时,在材料上,不能仅仅局限于外交档案、谈判历史或者理论著作,而应该把更加丰富和多元的资料纳入研究范围。例如,皇甫峥峥(Jenny Huangfu Day)以清政府驻英国伦敦公使馆(Legation)为研究对象,考察了收藏于英国国家档案馆FO17档案号下的双语照会。她以公使馆的工作人员和英国顾问马格里(Macartney Halliday)为分析对象,研究低级的外交工作人员以及外国工作人员如何使用国际法概念来维护中国在国际社会中的平等主权地位。[111] 类似的,沈艾娣(Henrietta Harrison)关注中外交流过程中的翻译人员问题,她以1793年访华的马戛尔尼使团的翻译为研究对象,分析近代以来翻译在中外交往过程中的重要地位以及国际法意义。她认为早期中外交往的过程中缺乏足够能力的翻译,而翻译人员能否准确传达双方的真实意思极大影响了国际谈判的结果。因此,这些翻译在国际谈判中发挥重要作用,因此在国际法史的研究中不能忽视这个群体。[112]

另外,近代中国海盗镇压与海关缉私活动中的国际法问题也开始受到一些学者的关注。乔纳森(Jonathan Chappell)以清政府在东南沿海镇压海盗活动中的国际法问题为切入点,分析清政府如何在近代国际法框架下对海盗行为进行定义并进行进一步的镇压。在这个过程中,清政府和英国进行了大量谈判,清政府通过对海盗的镇压来维护国家主权,英国也在谈判中利用国际海事法(International maritime laws)实现了与清政府的妥协与合作。[113] 菲利普(Philip Thai)以中国海关总税务司(Chinese Maritime Customs Service)的缉私活动为对象,探索近代中国海关管理过程中的国际法问题。他以海关管理和缉私为切入点,分析中国如何在海关实践中维护中国的主权,从更加具体的实践角度来探讨近代中国的国际法实践。[114] 这些研究都进一步丰富了中国国际法史研究的对象和材料,也意味着还有更多的对象和视角等待挖掘。

六、余论

随着海外国际法学界对历史的关注不断加深,国际法史的研究正在不断发

---

[111] See Jenny Huangfu Day, "Mediating Sovereignty: The Qing Legation in London and its Diplomatic Representation of China, 1876-1901", *Modern Asian Studies*, 2020, pp.1-34.

[112] See Henrietta Harrison, "A Faithful Interpreter? Li Zibiao and the 1793 Macartney Embassy to China", *The International History Review*, vol.41, no.5, 2019, pp.1076-1091.

[113] See Jonathan Chappell, "Maritime Raiding, International Law and the Suppression of Piracy on the South China Coast, 1842-1869", *The International History Review*, vol.40, no.3, 2018, pp.473-492.

[114] See Philip Thai, "Law, Sovereignty, and the War on Smuggling in Coastal China, 1928-1937", *Law and History Review*, vol.34, no.1, 2016, pp.75-114.

展,涌现了大量新的研究。这些研究在一定程度上对传统国际法史的研究进行了反思,发展出多种不同的研究视角和范式。一些学者以摆脱欧洲中心主义为目标,将视角投向欧洲之外的世界。第三世界国际法方法和全球史视角都进一步拓展了国际法史的研究空间,弥补了传统研究的局限,也进一步突出了非欧洲地区在国际法史中的重要地位。另外,思想史作为传统国际法史研究的主要范式也受到了反思。一些学者从历史学中引入新的研究范式,特别是引入"剑桥学派"的视角,强调要从历史情境出发去研究国际法历史中的人物、思想和学说,不能以现在的视角去理解历史。不过,也有学者认为法学研究具有自身学科的特殊性,不能在研究中过度情境化,特别是不能忽视历史与现在之间的联系。最后,法律社会学等方法的引入也进一步丰富了国际法史的研究。一些学者强调历史实践,即要从实践中研究历史。与传统视角不同,这种研究角度不关注学说或者思想,而是更加重视历史实践以及实践中的历史人物。这是一种自下而上的视角,更加关注低层官员等历史中的"小人物"。这种视角不仅使研究对象从大思想家或者重要人物转向普通的历史群体,而且进一步丰富了研究的材料,报纸、期刊、传单、议会辩论、政府资料、日记、信件等都被纳入研究范围。可以说,新的研究视角、方法和范式都从不同角度推动了海外国际法史的研究。

不过,海外国际法史的研究在中国学界没有引起太多的关注,中国学界对国际法史及相关的中国问题都欠缺足够的研究。从这某种意义上来说,"百年屈辱"的历史记忆和观点在中国的主流地位在一定程度上限制了中国在国际法史方面的研究。目前,中国正在不断强化对国际法的使用以及运用国际法话语的能力。这意味着作为国际法学科中的重要部分,国际法史的研究需要得到进一步的关注。海外国际法史的新研究在一定意义上拓宽了研究的视角和方法,为中国在国际法史方面的研究提供了一些借鉴和启示。当然,海外学者的研究有其特定的问题意识和取向,与中国的情况并不完全一致。因此,中国的学者应该在了解海外国际法学者研究的基础上,从中国现实出发,推动国际法史在中国的发展。

(责任编辑:李　旭)

英国国王专权的思想史考察

吴景键[*]

An Intellectual History of the Royal Prerogative

Wu Jingjian

内容摘要：2017年初，英国最高法院就脱欧问题所作出的"米勒案"判决，在让"国王专权"（royal prerogative）这一古老的宪制概念重新进入公众视野的同时，也让王权与法律之关系问题再一次成为公法学界的关注焦点。从历史来看，在都铎王朝时期，关于"绝对专权"与"普通专权"的宪制共识使得"王在法上"与"王在法下"并行不悖；而此后斯图亚特君主对于国王专权的滥用，则打破了原有的宪制共识，并最终成为英国内战爆发的一条重要导火索；光荣革命以降，洛克、布莱克斯通以及戴雪等英国思想家相继试图在传统基础上，把国王专权进一步驯化为现代宪制意义上的执行权。但时至今日，如何将国王专权妥善安置于现代宪制之中，仍值得人们进一步思考。

关键词：国王专权　执行权　英国宪制

导言："米勒案"的焦虑

2017年1月24日，英国最高法院在"米勒诉英国脱欧事务大臣案"

---

[*] 耶鲁大学法学院博士研究生（J. S. D.）。

(R(Miller) v. Secretary of State for Exiting the European Union，下文简称"米勒案")中就英国脱欧程序问题作出判决。针对英国政府是否有权在未经议会批准的情况下依据《里斯本条约》第 50 条启动脱欧程序之争议，以廖柏嘉勋爵(Lord Neuberger)为首的法庭多数意见指出，"英国政府不可用专权作为发出脱欧通知的正当性基础；在其发出通知之前，需要有议会立法的授权"。[1] 这一判决在将英国脱欧问题再一次推上风口浪尖的同时，也把"专权"(prerogative)这一古老的宪制概念重新带入公众视野。

这里所提到的"专权"，更为准确地说，是指英国政府以英王名义所行使的"国王专权"(royal prerogative)，即"君主和英王政府享有的某些维持政府所必需的且不能与普通公民所共享的权力、权利、豁免权和特权"，其中主要包括缔约权、宣战权、荣典权以及赦免权等。[2] 由于国王专权的行使不以议会立法为基础，在奉"议会主权"原则为圭臬的现代英国宪制之中，它实有如"异类"(black sheep)般存在[3]，而国王专权与议会立法间的冲突也因此成为英国公法上的一个棘手问题。如在"米勒案"中，原、被告双方的一个争议焦点即在于，英国政府可否凭借国王专权影响 1972 年英国议会通过的《欧洲共同体法》(European Communities Act)赋予英国公民的权利。对此，英国最高法院多数意见认为，"在正常情况下，王权不得通过缔结或解除条约而改变国内法"。[4] 而以大卫·费德曼(David Feldman)为代表的部分公法学者则反对称，在外交事务等特殊领域内，英国政府可以通过国王专权影响英国公民的法定权利。[5] 围绕"米勒案"的上述种种讨论，其实正是将英国宪制中最古老的问题——王权与法律的关系问题——以一种最现代的方式充分展现了出来。法律能否约束国王专权？"王在法上"还是"王在法下"？这些根本性的问题似乎依然困扰着当代公法学人。正如英国法学家托马斯·普尔(Thomas Poole)所言，通过"米

---

[1] R (Miller) v. Secretary of State for Exiting the European Union, [2017] UKSC 5.

[2] [英]A. W. 布拉德利，K. D. 尤因:《宪法与行政法》(第 14 版)[上册]，程洁译，商务印书馆 2008 年版，第 478 页。译文参照英文版有所改动。A. W. Bradley & K. D. Ewing, *Constitutional & Administrative Law*, Longman, 2011, 15th ed., p.246. 但需要注意的是，这必然只能是一个粗略的定义，因为国王专权的本质属性之一，正是其定义的模糊性。英国司法部的特别报告即承认，"国王专权之范围因其难加定义而恶名昭著"。Ministry of Justice (The Governance of Britain), *Review of the Executive Royal Prerogative Powers: Final Report*, 2009, p. 7.

[3] Thomas Poole, "United Kingdom: The Royal Prerogative", *International Journal of Constitutional Law*, vol. 8, no. 1, 2010, p. 147.

[4] R (Miller) v. Secretary of State for Exiting the European Union, [2017] UKSC 5.

[5] See David Feldman, *Brexit, the Royal Prerogative, and Parliamentary Sovereignty* (UK Constitutional Law Blog, November 8, 2016), at https://ukconstitutionallaw.org/2016/11/08/david-feldman-brexit-the-royal-prerogative-and-parliamentary-sovereignty (last visited Jul. 1, 2021).

勒案",我们可以察觉到一种"对于古老宪制结构所承受之压力的焦虑感"。[6]而也正是这种"焦虑感",促使我们把目光超越"米勒案",进而更为系统性地考察英国国王专权的历史生成与现代转化。

目前国内学界对于英国国王专权的研究主要集中在都铎王朝以前,但这一时期的国王专权实则更接近于国王封建"特权",与都铎王朝以降的国王专权内涵殊异。[7]而对于本文所要探讨的现代宪制意义上的国王专权,最为深刻的分析来自李猛教授。在《革命政治——洛克的政治哲学与现代自然法危机》一文中,他从洛克《政府论(下篇)》第十四章出发,提纲挈领地点出了国王专权问题在英国宪制中的特殊地位。[8]但该文的关注焦点是洛克的自然法思想,因此并没有就国王专权问题做进一步的展开。此外,还有部分学者从个案出发,对于斯图亚特时期的国王专权问题进行了简要分析,但比较系统性的梳理至今仍告阙如。[9]依照英国国王专权思想的发展脉络,本文第一部分将首先分析作为国王专权问题原型的中世纪"布拉克顿难题";第二至四部分则分别梳理都铎时期、斯图亚特王朝前期以及光荣革命后国王专权思想的演进;结语处将以美国总统的执行专权为例,简要探讨国王专权问题的现实意义。

一、从中世纪"布拉克顿难题"出发:麦基文与蒂尔尼的王权论战

在英国宪制思想脉络中,有关王权与法律之关系的系统思考始于13世纪的布拉克顿。在被梅特兰誉为"英国中世纪法学的鲜花与王冠"(the flower and crown of English medieval jurisprudence)的《论英格兰的法律与习惯》一书中[10],布拉克顿对于王权问题的论述,在相当长一段时间内都是公法学界的聚讼所在,构成麦基文(C. H. McIlwain)所谓的"布拉克顿难题"(Bractonian Problem)。

一方面,布拉克顿对乌尔比安的名言"国王所好即具法律效力"进行了重新解读。"学说汇纂中说,君主意志是法律,是因为(cum, because)人们已把所有

---

[6] Thomas Poole, "Devotion to Legalism: On the Brexit Case", *The Modern Law Review*, vol. 80, no. 4, 2017, p. 697.

[7] 参见孟广林:《英国封建王权论稿——从诺曼征服到大宪章》,人民出版社2002年版;孟广林,《英国"宪政王权"论稿——从〈大宪章〉到"玫瑰战争"》,人民出版社2017年版;王栋:《构建王权的专权:诺曼征服到亨利二世时期英国森林区制度的历史变迁》,载《中南大学学报(社会科学版)》2018年第6期,第196—204页。有关国王"特权"与"专权"之区别,详见下文。

[8] 李猛:《革命政治——洛克的政治哲学与现代自然法危机》,载吴飞主编:《洛克与自由社会》,上海三联书店2012年版,第35—37页。

[9] 参见王涛:《国王专权背后的"布拉克顿难题"——1688年"七主教"案评析》,载《朝阳法律评论》(第13辑),中国华侨出版社2017年版,第221—236页。

[10] Frederick Pollock & Frederic William Maitland, *The History of English Law before the Time of Edward I*, vol. 1, Cambridge University Press, 1895, 2nd ed., p. 206.

权力让给了他；而现存的布拉克顿文本则表示，君主意志是法律，但只有在与王权法一致时（cum, in accordance with），才是法律。而这种王权法所容许的，并不会超出法律业已明确的内容，也只有在与权贵商讨并听取他们的建议后才会为国王所公布。"因此，按照布拉克顿的理解，"国王所好即具法律效力"的含义，"并非国王意志的鲁莽胡来，而是依据权贵同伴的建议，在审慎考虑和讨论后，由国王授权正当确立的事情"，故而颇具宪制主义色彩。[11] 可另一方面，布拉克顿又提出，"无论是法官，还是私的个人，都不应该也不能质疑国王特许状的合法性。任何人都不能对国王特许状和法令作出判决，从而使国王法令无效"。[12] 这二者间的鲜明对比使得麦基文不禁发问，"布拉克顿究竟是专制主义者，还是宪制主义者？抑或他只是个傻瓜，胡言乱语，前后矛盾？"[13]

对于"布拉克顿难题"，麦基文给出的解答则来自布拉克顿另外一段有关外在物所有权取得的论述："作为领主的国王对王国内所有人拥有普遍的审判权、尊严和权力，因为他手中拥有与王权相关的全部权利，拥有与王国治理有关的世俗权力和有形宝剑"。[14] 因此，麦基文认为，国王的权力可分为两种：一是"治理权"（gubernaculum），它的行使与维护王国之和平紧密相关，"在治理权和相关事务中，国王是个独裁者……在该领域，他的任何行为都不可能是违法的，因为在该领域，他的专断权是正当的、完全的和独占的"[15]；另一种则是狭义的"审判权"（jurisdictio），主要涉及"居民或臣民的传统权利"，而由于这些权利"完全外在于且超越于国王管理的正当权限"，因此国王在这方面的权力需要受到限制。[16] 换而言之，在"治理权"领域内，"王在法上"；而在"审判权"领域内，"王在法下"。

而麦基文的上述解读却遭到了蒂尔尼（Brian Tierney）的细致反驳。在后者看来，布拉克顿理论中专制主义与宪制主义的紧张并不存在。所谓的"专制主义"是指"国王享有民事诉讼或刑事诉讼中的绝对豁免"，而"宪制主义"则是指"国王行使立法权力的一种方式"，"在给予王国首脑诉讼豁免的同时，又避免

---

[11] 〔美〕C. H. 麦基文：《宪政古今》，翟小波译，贵州人民出版社 2004 年，第 58—59 页。译文参照英文版有所改动，下文不再单独说明。Charles Howard McIlwain, *Constitutionalism: Ancient and Modern*, Cornell University Press, 1947. 不过，舒尔茨（F. Schultz）以及里维斯（Ewart Lewis）都指出，麦基文是因为不熟悉拉丁文法而在此处进行了过度解读，而布拉克顿思想中的宪制主义元素实则另有体现。参见 F. Schultz, "Bracton on Kingship", *English Historical Review*, vol. 60, no. 237, 1945, pp. 153-156; Ewart Lewis, "King above law? 'Quod Principi Placuit' in Bracton", *Speculum*, vol. 39, no. 2, 1963, pp. 240-243.

[12] 〔美〕C. H. 麦基文：《宪政古今》，同前注[11]，第 60 页。

[13] 同前注[11]，第 61 页。

[14] 同前注[11]，第 62 页。

[15] 同前注[11]，第 64 页。

[16] 同前注[11]，第 66 页。

给予其任意而不受限制的立法权力,这中间并不存在什么逻辑或实践上的困难"。蒂尔尼认为,麦基文之所以会有所误读,是因为其站在现代人的立场上简单假定,国王享有法律上的豁免地位必然意味着其可以随心所欲地不遵守法律。但问题是,这样的假定与中世纪王权的运作实际并不相符。[17] 除此之外,绝对"治理权"与相对"审判权"之二分也同样不能成立。因为从布拉克顿的文本来看,麦基文划分出的"治理权"实际上只是"审判权"的一个部分;而"治理权"与"审判权"之间的鲜明区分,与其说是中世纪的政治原则,倒不如说是现代的产物。[18]

虽然在技术层面上不同意麦基文的具体分析,但蒂尔尼并不否认布拉克顿思想中国王身份的二元性——既要在某些方面遵从法律,又有着部分不受日常法律约束的权力。他清醒地意识到,"(布拉克顿)在诉讼卷宗中所发现的那个半封建领主、半神圣统治者的国王角色,并不容易转化为一个宪制政府的首席长官(first magistrate)"。[19] 而在《国王的两个身体》一书中,康托洛维茨(Ernst H. Kantorowicz)对此问题也同样有所察觉。在关于布拉克顿的一节里,他总结道,"国王受法律的约束,这一点使他成为国王;但使他成为国王的法律也加强了他的王权,并赋予统治者许多特别的权利,以合法的方式,在许多方面将国王置于法律之上"。所以"我们从布拉克顿的政治理论中,看不出他有废除其或减损那些'准圣之物'(res quasi sacrae),后者从属于王权,并在不久的将来构成所谓的'专权'"。[20] 由此,布拉克顿——这位13世纪的法学巨匠——所呈现出的理论张力,便隐微地指向了未来几个世纪英国宪制中最为重要的国王专权问题。

二、"绝对专权"与"普通专权":都铎时期英国国王专权的形成

> 与至伟(greatness)一体双生(twin-born)的,是仰承每一个蠢材的鼻息,
> 他们想到、感觉到的,无非是个人的苦楚!
> 做了国王,多少民间所享受的人生乐趣他就得放弃!……

---

[17] Brian Tierney, "Bracton on Government", *Speculum*, vol. 38, no. 2, 1963, p. 306.

[18] *Id.*, pp. 307-308. 与之类似,里维斯也认为,"审判权与治理权之间的区分似乎只是麦基文的巧妙分类,而非布拉克顿的",Lewis, *supra* note [11], p. 266.

[19] *Supra* note [17], p. 317.

[20] 〔德〕恩内斯特·康托洛维茨:《国王的两个身体》,徐震宇译,华东师范大学出版社2018年版,第255—257页。译文参照英文版有所改动。Ernst H. Kantorowicz, *The King's Two Bodies: A Study in Medieval Political Theology*, Princeton University Press, 1997, pp. 149-150.

> 你究竟算是什么神祇,竟比你的崇拜者受到更多的人间苦恼?[21]
> ——莎士比亚,《亨利五世》,第四幕,第一景

在《亨利五世》中,莎士比亚借亨利王之口颇为生动地道出了国王身体的二元性——"至伟"与"普通"的一体双生。而其背后所指向的"国王的两个身体"理论[22],则正是国王专权走出封建时代之枢纽。在都铎王朝以前,国王专权更多是指国王作为最高封建领主所享有的权利,正如凯尔(D. L. Keir)与劳森(F. H. Lawson)所言,"国王'特殊的优越性'给他带来作为封建领主所享有的财产权,同时也赋予他在诉讼中一定的优势地位。但在整个中世纪,这就是与专权概念相连的一般含义,甚至几乎"。[23]而国王专权之内涵此后得以扩张,还有赖于都铎时期所形成的"国王的两个身体"理论。

无论是康托洛维茨的《国王的两个身体》,还是其他都铎时期政治思想史专著,都倾向于将伊丽莎白一世时期的普劳登报告(Plowden's Reports)视作"国王的两个身体"理论之标准表述:

> 国王有两个职能(Capacities),因为他有两个身体:其一是自然之体(Body natural),由自然的肢体构成,与常人无异,在其中,他与其他人一样,受制于激情和死亡;另一个是政治之体(Body politic),其肢体是他的臣民,他和他的臣民一同构成了这个合众体,就像索斯科特所说的那样,他与他的臣民结为一体,他们也与他结为一体,他是首脑(Head),他们是肢体,并且他是他们之中唯一的统治者。[24]

在此,国王不仅是作为封建制顶端的"自然之体",同样也是作为王国首脑的"政治之体";与之相应的,国王所拥有的也不仅是作为封建领主的权利,更是为王国整体利益服务的权力。而重塑这种王权概念的根本动因则来自现代民族国家的兴起。在规模日益扩大的西欧民族国家战争中,王权既是民族的象征,同时也代表着秩序的确立,这就要求同时期的政治思想家对于国王专权进行重新诠释,使得原先仅仅作为领主权利的国王专权能够适应这种全新的

---

[21] 译文参照〔英〕莎士比亚:《亨利五世》,方平译,载《莎士比亚全集》(三),人民文学出版社1994年版,第419页;以及〔英〕莎士比亚:《亨利五世》,梁实秋译,中国广播电视出版社2001年版,第151页。但无论是方译本,还是梁译本,对于"greatness"与"twin-born"这两个词的处理都多少失之简单,也由此削弱了其中可引申出的政治哲学内涵。

[22] 莎士比亚戏剧与"国王的两个身体"理论之关联性,参见同前注[20],第99页。

[23] D. L. Keir & F. H. Lawson, *Cases in Constitutional Law*, Oxford University Press, 1928, pp. 32-33.

[24] Plowden's Reports, 233a. 转引自前注[20],第83页。译文参照英文版有所改动,参见 Ernest H. Kantorowicz, *The King's Two Bodies: A Study in Medieval Political Theology*, supra note [20], p. 13.

需求。[25] "作为王国政治体的代表与头颅",国王"在王国之中被赋予了一个全新而又独特的位置。显而易见的是,那一系列包含在如《国王之专权》(*Praerogativa Regis*)这类文件中的半封建特权(semi-feudal privileges),现在已不能准确表述相关的法则","它无法再告诉法学家或是政客任何有关国王及其专权在王国中所占新位置的内容"。因此,"我们需要重新表述有关这一问题的法则,以求使其同当下的事实与需要相一致。"[26] 这也正说明,为什么 prerogative 一词应译为"专权",从而与封建时代的"特权"(privilege)相区别。[27]

而"重新表述有关这一问题的法则"的早期尝试,则来自于亨利八世时代的法学家如威廉·斯坦福(William Staunford):

> 专权就好比说是一个人相对于其他人的优先权,它在一些情况下被容许,特别是将其赋予国王或王国至高无上的统治者。因为国王是王国共同体中最突出、最重要的那一部分,他通过自己的善治,成为共同体内其余民众的保护者、抚育者与捍卫者。[28]

这种都铎时期新兴的国王专权思想有两个特点。首先,国王专权被视作与国王本人不可分离的权力,不得转授他人,具体而言包括宣战/媾和、召集/解散议会、皇家赦免以及在特定情况下暂停实施议会法规之权力(dispensing power)等。[29] 此外,国王专权又可进一步划分为"绝对专权"(absolute prerogative)与"普通专权"(ordinary prerogative)。[30] 国王代表国家处理外交事务、代表王国整体利益应对国内紧急情况以及作为教会首脑管理教会事务时

---

[25] 凯尔和劳森即指出,"在十六世纪,专权术语的使用范围被进一步扩张以涵盖这些权力,这一时期对于整个国王专权理论的发展实际都与此相关",参见 D. L. Keir & F. H. Lawson, *Cases in Constitutional Law*, *supra* note [23], pp. 33-34. 关于民族国家兴起与王权之间的密切联系,参见〔英〕佩里·安德森:《绝对主义国家的系谱》,刘北城、龚晓庄译,上海人民出版社 2001 年版,第 113—140 页。

[26] W. S. Holdsworth, "The Prerogative in the Sixteenth Century", *Columbia Law Review*, vol. 21, no. 6, 1921, p. 558.

[27] 参见同前注[8],第 36 页。也正因此,《国王之专权》(*Praerogativa Regis*)中的 praerogativa 虽然与后来的 prerogative 相同,但其内涵实则更接近于"特权"(privilege)而非"专权"(prerogative)。

[28] G. R. Elton, *The Tudor Constitution*: *Documents and Commentary*, Cambridge University Press, 1982, p. 18. 值得注意的是,伯吉斯(Glenn Burgess)指出,囿于是对《国王之专权》这份真伪存疑的中世纪文件的评注,斯坦福对于专权的阐述不够完整且具误导性。可即便如此,它也相较原文件赋予了国王专权更多意义,参见 Glenn Burgess, *The Politics of the Ancient Constitution*: *An Introduction to English Political Thought*, *1603-1642*, The Pennsylvania State University Press, 1993, p. 166.

[29] *See supra* note [26], p. 558.

[30] 关于"绝对专权/普通专权"二分法的起源,参见 Francis Oakley, "Jacobean Political Theology: The Absolute and Ordinary Powers of the King", *Journal of the History of Ideas*, vol. 29, no. 3, 1968.

行使的是前一种专权,在此领域内,国王拥有不受干扰的自由裁量权;而后一种专权则包括发布许可状、没收财产等,这一部分专权涉及民众的基本权利,故其行使多少要受到法律的制约。[31] 对于上述"绝对专权"与"普通专权"之区分,培根曾经颇为生动地比喻称,"普通专权"的运用就好比上帝通常也会根据自然律统治整个宇宙一样,而国王的"绝对专权"则近似于上帝创造神迹的能力。[32] 因此,虽然"绝对专权"的使用范围要小于"普通专权",但两者之地位却正好相反。在两种权力中,"绝对专权"在本质上要高于"普通专权",在必要时刻可出于"国家理由"(reason of state)凌驾于后一种权力之上,染指后者所覆盖的领域。[33] 而从此后的历史来看,也正是"绝对专权"与"普通专权"在边界上的这种模糊性,导致了斯图亚特时期的宪制纷争。

不过需要注意的是,"绝对专权"中的"绝对"(absolute)并不等同于"任意妄为"(arbitrary)。达利(James Daly)即提出,"绝对"只是指权力的不可抵抗性(irresistible),而非其运用的任意性。而我们之所以会对"绝对"一词望而生畏,是因为我们往往采用后英国革命的视角来审度革命前的各种政治概念。[34] 然而,纵使我们避免以现代视角来把握"绝对"之含义,国王专权在英国宪制中的特殊地位也依然令人感到困惑。"绝对专权"与"普通专权"间的划分,似乎意味着"王在法上"与"王在法下"并存。事实上,这种暧昧不明可谓是此时期英国宪制的一大特征。正如伯吉斯所言,这一时期的宪制实则就是"一束松散的惯习与准则……国王与法律直面彼此(face one another directly),但却没有一个总体的宪法来规制二者间的互动"。[35] 因此,国王专权与法律之间注定存在一种含混性,从而与现代宪制的确定性要求相违背。针对此问题,迈克尔·弗利(Michael Foley)提供了一条相当富有启发性的思考路径。在他看来,英国社会在这一时期形成了一种特殊的默契——国王与法律精英们各自保持节制,有意搁置对于王权与法律之关系的明确界定。而正是这种"宪法性搁置"(constitutional abeyance),最终铸就了英国内战爆发前相当长一段时间内的宪

---

[31] See supra note [26], pp. 560-561.

[32] C. C. Weston & J. R. Greenberg, *Subjects & Sovereigns: The Grand Controversy over Legal Sovereignty in Stuart England*, Cambridge University Press, 1981, p. 12. 事实上,"绝对专权/普通专权"背后有着相当深厚的政治神学背景,特别是与中世纪神学家有关上帝如何体现其意志的讨论密切相关,参见 supra note [30], pp. 331-335.

[33] *Id.*, pp. 343-346.

[34] See James Daly, "The Idea of Absolute Monarchy in Seventeenth-Century England", *The Historical Journal*, vol. 21, no. 2, 1978. 关于"绝对"(absolute)与"绝对主义"(absolutism)在英国语境中的含义,还可参见 Glenn Burgess, *Absolute Monarchy and the Stuart Constitution*, Yale University, 1996, chap. 2.

[35] Glenn Burgess, *Absolute Monarchy and the Stuart Constitution*, supra note [34], p. 135.

制共识。[36] 换言之,国王专权与法律之关系的含混性非但没有破坏宪制,反倒恰是这一时期英国宪制的精髓所在。而这种关于国王专权的微妙共识一旦破裂,内战与革命也就在所难免。

三、宪制共识的破裂:以斯图亚特时期柯克之国王专权观为例

> 斯图亚特时期的英格兰不是都铎时期的英格兰;一个人可以忠诚地拥护伊丽莎白一世的专权,但却诋毁詹姆斯一世的专权。[37]
> ——凯瑟琳·德林克·鲍文(Catherine Drinker Bowen)

就像鲍文在其关于柯克的经典传记中所指出的那样,从都铎王朝到斯图亚特王朝,英国人对于国王专权的态度发生了一个重大转变。在都铎时期,国王专权与法律之间虽然界限模糊,但人们却形成了一种默而不宣的宪制共识:一方面,都铎国王们对于其专权的使用一般比较审慎;另一方面,臣民也相信国王会在适当的限度内行事。霍兹沃斯(W. S. Holdsworth)即指出,都铎君主一则对于议会的权力与特权表示充分尊重,因此尽管大权在手,但尚不至无所忌惮;二则国王虽偶有违逆法律之举,可总体上仍承认其统治应遵循法律。[38] 以这一时期使用颇为广泛的国王谕令(proclamation)为例,作为国王专权之一,国王有权参照咨议会之建议发布具有法律效力的谕令。尽管有史家将其视作都铎专制主义之表现,但在政治实践中,国王谕令通常不会涉及与财产相关的普通法权利,创设新的重罪或叛国罪,更不会危及政治共同体成员之性命。[39] 除此以外,都铎时期英国国策上的总体成功,也使得人们的注意力并未集中在国王专权问题上。正如基佐所言,"这样的一个政府,它是既有用于且有光于国家的,因此人们对于它的彻底专制制度的原则、形式、语言,有时乃至实际行动,都不予计较"。[40]

而斯图亚特王朝君主(特别是查理一世)却逐渐打破了这种宪制共识,转而强调国王专权高于法律的一面。关于斯图亚特君主与都铎君主在国王专权观

---

[36] See Michael Foley, *The Silence of Constitutions: Gaps, 'Abeyances' and Political Temperament in the Maintenance of Government*, Routledge, 1989. 布莱克斯通也认为,都铎时期对于国王专权问题是存而不论的,"这一论题在过去的一些时代被认为既敏感又神圣,如果用一个臣民的笔对此加以论述,会被认为是一种亵渎",[英]威廉·布莱克斯通:《英国法释义》(第一卷),游云庭、缪苗译,上海人民出版社 2006 年版,第 265 页。

[37] Catherine Drinker Bowen, *The Lion and the Throne: The Life and Times of Sir Edward Coke*, Little, Brown and Company, 1957, p. 293.

[38] Supra note [26], p. 555.

[39] See G. R. Elton, *The Tudor Constitution: Documents and Commentary*, supra note [28], pp. 21-23.

[40] [法]F. 基佐:《一六四〇年英国革命史》,伍光建译,靳文翰、陈仁炳校,商务印书馆 2012 年版,第 19 页。

上的区别,埃尔顿(G. R. Elton)曾总结道,对都铎君主而言,国王专权"是赋予统治者的、其臣民所不能享有的必要权利";"但斯图亚特君主对于其手中专权的看法却非常不同;对于他们来说,专权由上帝授予的权利所组成,他们对此也只需向上帝负责。他们的专权不是法律的一部分,而是在法律之上,甚至与法律决然相违。"[41]这种将"君权神授"作为国王专权之根基的思想,在詹姆斯一世1609年的议会演讲中有着最为清晰的体现。他在演讲中提出,"上帝有权随意创造或破坏,制造或消灭,决定生死,判决一切而不受他人判决或对他人负责。他可以随意使低的事物变高,高的事物变低,灵与肉都归于上帝。而国王则拥有类似的权力"。[42]尽管学界对于如何理解詹姆斯一世的上述言论尚存争议[43],但其中充斥的"君权神授"论色彩,无疑会引起英国人关于国王专权遭到滥用的焦虑。

不过,经验老到的詹姆斯一世在位时通过向其臣民做出一些必要的让步与妥协,仍大体维持了都铎时期所形成的宪制共识。[44]但继位的查理一世却似乎认为,任何妥协或是就国王之行为向臣民进行解释都毫无必要。[45]因此,即便是对斯图亚特宪制持肯定态度的伯吉斯也不得不承认,正是查理一世对于政治传统的背离导致了宪制共识的瓦解。[46]而在基佐看来,查理一世这种专横的统治风格应与其年轻时受到欧陆绝对主义君主制的影响有关,"他在那里眼见马德里的华丽、君主的庄严和至高无上,国王如何受御前廷臣们的崇拜,人民的尊敬,几乎如同行宗教礼仪一般……巴黎或马德里的君主制,在查理眼中,都是一个君主的天生的与合法的地位的形象"。[47]除此以外,查理一世与天主教徒的婚姻以及其在外交政策上所表现出的对于天主教国家的亲近性,亦在一定

---

[41] G. R. Elton, *The Tudor Constitution: Documents and Commentary*, supra note [28], p. 18.

[42] James I, "Speech to Parliament", in Charles H. McIlwain (ed.), *The Political Works of James I*, Cambridge University Press, 1918, pp. 307-308, 转引自〔美〕迈克尔·扎科特:《自然权利与新共和主义》,王崟兴译,吉林出版集团有限责任公司2008年版,第51页。译文有所改动。

[43] 部分学者认为,詹姆斯一世的表述并没有突破都铎王权体制的原有框架;而另一部分学者则主张,詹姆斯一世的"君权神授"思想与都铎王权体制间存在明显的断裂,参见 Glenn Burgess, *The Politics of the Ancient Constitution: An Introduction to English Political Thought, 1603-1642*, supra note [28], pp. 148-154, 165-167.

[44] 值得注意的是,洛克在《政府论》(下篇)中即以前引演讲为证,将詹姆斯一世视为"通晓事理的明达的国王",尽管他在此多少是按照自己心目中的"理想君主"重塑了詹姆斯一世的形象。参见〔英〕洛克:《政府论》(下篇),叶启芳、瞿菊农译,商务印书馆1996年版,第122—123页。

[45] J. P. Kenyon, *Stuart England*, Penguin Books, 1978, p. 78.

[46] See Glenn Burgess, *The Politics of the Ancient Constitution: An Introduction to English Political Thought, 1603-1642*, supra note [28], chap. 7.

[47] 同前注[40],第21页。

程度上加剧了英国人对于国王专权的忧虑。[48] 各种因素叠加所导致的最终结果是,都铎时期所形成的宪制共识破裂,臣民们不再相信国王能够适当地运用其专权,而这也成为此后英国内战爆发的一条关键导火索。

作为身历都铎与斯图亚特两朝的重要法学家之一,柯克在国王专权观上的转变,为我们观察上述宪制共识的破裂过程提供了一个很好的样本。总体来看,柯克的国王专权观可以划分为两个阶段:(1) 在詹姆斯一世统治初期,柯克大体承继了都铎时期的宪制共识,对于国王专权和法律采取相对平衡的态度;(2) 而当斯图亚特君主滥用专权之倾向暴露得愈发明显之后,柯克便转而以高度审慎的姿态看待国王专权,进而强调在涉及臣民权利的领域内,必须对国王专权加以法律控制。

1606年,詹姆斯一世即位三年之后,柯克获任民诉法庭首席大法官(Chief Justice of the Common Pleas)。上任后不久,在关于国王是否享有豁免专权的 *Non Obstante* 案(1607)中,柯克便依照都铎时期的国王专权观念作出裁判称,一些不可分离的专权对于国王的本质属性而言至关重要,因此即便是议会法案也无法将其剥夺:

> 有关赦免叛国、谋杀、强奸等犯罪的王权是仅附属于国王本人且不可分离的专权。因为有这种可违法而行(non obstante)[49] 的权力,议会制定的法案——无论是欲使国王的赦免权无效,还是希望限制国王的违法而行之权,再或是使赦免的对象无法接受赦免或借赦免来申辩——都无法约束国王,但国王却可以摒弃之。[50]

而在同一时期关于国王可否在其臣民的土地内开采硝石的 *Saltpetre* 案(1607)中,柯克对于国王专权的认识则体现出都铎时期的"绝对专权/普通专权"之分。在他看来,在与臣民世代承袭之权利密切相关的领域(如砍伐树木),国王专权的运用需受限制;但在出于王国整体利益考虑的特殊情况下(如开采硝石以制作武器),国王专权则享有绝对的自由裁量空间,且不会被认为损害了臣民的世袭权利。[51] 此外,在随后著名的关于臣民身份的 *Calvin* 案(1608)中,柯克也强调了国王专权不受法律约束的一面,即"国王可通过违法而行的权

---

[48] 关于查理一世统治风格的详尽讨论,参见 L. J. Reeve, *Charles I and the Road to Personal Rule*, Cambridge University Press, 1989.

[49] non obstante 在拉丁语中是"尽管"之意,据《元照英美法词典》之解释,non obstante"在英格兰古法中则常见于国王颁布的法令及签发的特许状中,表示准许某人做某事,尽管议会法律有相反规定",故本文将其译作"违法而行"。《元照英美法词典》(缩印版),北京大学出版社2013年版,第975页。

[50] 12 *Co. Rep.*, 18, 转引自 Glenn Burgess, *Absolute Monarchy and the Stuart Constitution*, *supra* note [34], pp. 198-199.

[51] 12 *Co. Rep.*, 12-15, 转引自 *Id.*, p. 196.

力搁置法案之使用,因为法案不能阻止国王为其臣民服务,这是自然法所赋予他的"。[52]

然而,斯图亚特君主对其专权无节制的使用,使得柯克的国王专权观发生了潜移默化的转变。他开始逐渐扩大"普通专权"的范围,以限制"绝对专权"之使用。如在专门处理国王专权与法律之关系的 Proclamation 案(1610)中,包括柯克在内的法官们便特意强调,国王"不能凭借他的谕令,使任何原来本不构成违法行为的事项变成违法事项",而"除了本国法所允许之范围外,国王也不享有其他专权"。[53] 再比如在1624年关于《垄断法案》(Act of Monopolies)的争端中,柯克亦明确反对国王滥施垄断权,因为这涉及所有臣民的权利,不属于国王专权之范围。[54]

不过,柯克的国王专权观的关键性转变则是在1625年查理一世继位之后。在因查理一世强行借贷而引发的 Five Knights 案(1627)中,柯克一反其早先的立场,转而认为国王凭借其专权对不愿借贷者实施监禁是违法行为,因为国王专权不应包括无理由地监禁臣民。[55] 而围绕这一案件的纷争,也最终促成了《权利请愿书》的诞生。在1628年英国下议院关于《权利请愿书》的辩论中,柯克特别指出,国王专权"如同河流,对于人类的生存来说虽不可或缺,但如果其膨胀的话,也会如河流泛滥一样,冲出本来的河道"。[56] 因此,他代表下议院竭力反对上议院将专权视为国王所"固有"(intrinsical)之说法:

> 他(柯克)反对将专权视为国王所"固有",这种用法在法律中很少出现。事实上,"这就不是一个法律用语",因为它意味着"根据一种含混的内在法(inward),而非根据公开的一般法(outward ordinary law)"。因此,将专权称为"固有的",就表明它"不受任何法律约束或限定"。他(柯克)警告说,如果下议院承认国王拥有"固有的"专权的话,那么所有的法律都将"陷入无用"(out)。[57]

事实上,柯克所反对的这种"固有的"专权,正是都铎时期边界模糊的所谓"绝对专权"。此时的他试图打破原先"绝对专权"与"普通专权"之间的暧昧平

---

[52] 7 *Co. Rep.*, 25, 转引自〔美〕小詹姆斯·R·斯托纳:《普通法与自由主义理论:柯克、霍布斯及美国宪政主义之诸源头》,姚中秋译,北京大学出版社2005年版,第55页。

[53] 12 *Co. Rep.*, 74, 转引自 Thomas Poole, *Reason of State: Law, Prerogative and Empire*, Cambridge University Press, 2015, p. 23.

[54] Glenn Burgess, *Absolute Monarchy and the Stuart Constitution*, supra note [34], p. 197.

[55] *Id.*, p. 203.

[56] Stephen D. White, *Sir Edward Coke and "The Grievances of the Commonwealth"*, The University of North Carolina Press, 1979, p. 230.

[57] *Id.*, p. 255.

衡,进而将国王专权这条"河流"牢牢框束在其"河道"之中。但值得注意的是,即便如此,柯克也并没有彻底否认国王专权,而是认为国王专权的"问题不在于使用(use),而在于滥用(abuse);不在于其存在,而在于被人不守旧规地操纵"。[58] 因此,英国宪制未来发展的一个关键,便在于如何厘清都铎时期被"宪法性搁置",而在斯图亚特初期又饱受争议的国王专权之范围。而至于国王专权究竟能否被驯化为一种现代宪制意义上的执行权,则是此后洛克、布莱克斯通以及更为晚近的戴雪所要讨论的议题。

四、驯化国王专权:光荣革命以降的国王专权思想

> 你们肯定读到过说王权(the crown)做这做那,但事实上我们知道,它什么也没做,而只是静静地躺在伦敦塔中供观光者瞻仰。不,它还为无知提供了一个便利的掩护:它避免了我们提出一些只有通过研习制定法文献方能予以回答的困难问题。[59]
>
> ——梅特兰(F. W. Maitland)

1888年,站在剑桥大学讲坛上的梅特兰多少有些感怀地讲述着王权的作用。一方面,19世纪末期的王权已远不如都铎时代甚至是斯图亚特时代那般夺目,就好像变成了蒙在执行权上的一层薄纱;可另一方面,梅特兰也清醒地意识到,国王专权在英国宪制中的地位仍未得到彻底澄清,而有关王权的种种笼统叙述,只是"为无知提供了一个便利的掩护"。对于真正想要研究英国宪制的人来说,"如果你被告知'王权'享有这种或那种权力,不要满足于此,直至你弄清了究竟是谁依照法律享有此权力:是国王,还是某一国务大臣;该权力属于君主专权还是制定法所授予的权力?"[60]

而这种国王专权与执行权之间的模糊性则来自英国政治之"现代精神"与"古老宪制"间的紧张关系:光荣革命后所确立的宪制原则要求一个完全位于法律之下的现代君主;然而,"古老宪章中的政治自由,与传统君主体制有着内在的关联,后者既非现代绝对君主,也绝非立宪意义上的现代有限君主"。[61] 要言之,英国政治思想家对于现代与传统的贯通性处理,使得他们在试图把国王专权驯化为现代宪制下的执行权的同时,又难以完全切断对于国王专权的传统理解。而其间的张力在17世纪的洛克、18世纪的布莱克斯通以及19世纪的戴雪的相关论述中都有所体现。

---

[58] Glenn Burgess, *Absolute Monarchy and the Stuart Constitution*, supra note [34], p. 198.
[59] [英]梅特兰:《英格兰宪政史》,李红海译,中国政法大学出版社2010年版,第269页。
[60] 同前注[59]。
[61] 同前注[8],第44页。

(一) 洛克与布莱克斯通的国王专权思想

曼斯菲尔德(Harvey C. Mansfield)在《驯化君主》一书中曾敏锐地指出，"洛克在他的分权学说中接受了现实中的君主政体及其专权，同时也接受了立法权至上的国家学说。在这一点上，洛克的政治科学是难以把握的"。过去我们往往将洛克《政府论》(下篇)中所描述的君主理所当然地视作光荣革命后执行权的化身，但"正是这种熟悉限制着我们的知识，因为它妨碍了我们的想象力"。[62] 事实上，拉斯莱特(Peter Laslett)早已用丰富的文献证明，《政府论(下篇)》并非是光荣革命成功后的辩护之作，而是早在 1679—1681 年的"排除危机"(Exclusion Crisis)期间便已大致完成。[63] 也正因此，熟悉斯图亚特宪制的洛克比其后世的辉格党信徒们更为清醒地认识到，英国国王专权断非执行权所能简单涵盖，而对于国王专权的最终制约也并非来自立法权。在《政府论(下篇)》第十四章中，他对于国王专权曾有这样一番论述：

> 立法者既然不能预见并以法律规定一切有利于社会的事情，那么拥有执行权的法律执行者，在国内法没有作出规定的许多场合，便根据一般的自然法享有利用自然法为社会谋福利的权力……这种并无法律规定，有时甚至违反法律而依照自由裁处来为公众谋福利的行动的权力，就被称为专权。[64]

从中可见，洛克承认国王专权存在的必要性，认为只有借助国王专权才能对关涉公共福祉的紧急事态进行应对，这一点无疑是承继了前光荣革命时期的国王专权思想。但同样不能忽视的是，洛克也对国王专权理论进行了革命性的改造。在他看来，国王专权的行使应有其标准，"当它为社会的福利并符合于政府所受的委托和它的目的而被运用时，才是真正的专权"。[65] 由此所自然产生的一个问题是：如何才能保障国王专权的行使真正服务于公共利益？李猛教授认为，洛克对此问题的回答体现出了其真正的"革命性"。因为在洛克看来，"只有人民作为'裁判者'才能决定君主的专权是否使用得当，最终只能由人民通过

---

[62] 〔美〕哈维·C.曼斯菲尔德：《驯化君主》，冯克利译，译林出版社 2005 年版，第 221、209 页。译文略有改动。法托维奇亦指出，"对洛克专权思想的揭示将会表明，那些归罪他为'一个迷信法律机制的幼稚的唯理主义者'的人无疑是搞错了"，Clement Fatovic, "Constitutionalism and Contingency: Locke's Theory of Prerogative", *History of Political Thought*, vol. 25, no. 2, 2004, p.278；此外，帕斯奎诺也指责如维尔这样的思想史家将洛克对于"专权"的讨论"无声无息地略过了"(pass over in silence), Pasquale Pasquino, "Locke on King's Prerogative", *Political Theory*, vol. 26, no. 2, 1998, p.199.

[63] 〔英〕彼得·拉斯莱特：《洛克〈政府论〉导论》，冯克利译，生活·读书·新知三联书店 2007 年版，第 55—86 页。

[64] 同前注[44]，第 99 页。译文略有改动。

[65] 同前注[44]，第 100 页。译文略有改动。

'诉诸老天'来决定,也就是最终取决于所谓'革命权利'"。[66] 而在此之前,国王专权从理论上说是"不可抵抗"(irresistible),因而也是无法加以评判的。[67]

而与"以革命制约专权"的辉格党先驱洛克相比,身为托利党人的布莱克斯通则试图淡化国王专权与18世纪英国宪制之间潜在的紧张关系,从而最大可能地避免革命的再次发生。英国史名家克拉克(J. C. D. Clark)即认为,在国王专权问题上,最可看出布莱克斯通的托利党气质。[68] 在《英国法释义》第七章"论国王专权"的开篇,布莱克斯通首先描绘了一幅国王专权与公民自由并行不悖的"美好画面"。他认为,"由英国法律授予国王的权力是我们社会必不可少的支柱,其对于保护我们的公民自由权是必需的,同时又不侵犯到我们的天赋自由权"。[69] 而其后文对于国王专权的定义,则与前光荣革命时期的传统认识甚为相近:

> 对于"专权"一词,我们通常将其理解为特殊的优越性,即指国王以其拥有的君王尊位的权力可以凌驾于众人之上,并且不受普通法的一般规定所制约的权力……专权本质上必须是独一无二的并且是非常规的;专权不同于其他权利,只能是仅由国王单独享受的权利和身份,不包括国王和其他臣民都能享受的权利。[70]

在国王专权的分类上,布莱克斯通区分了"直接专权"(direct prerogative)与"附属专权"(incidental prerogative)。"直接专权"类似于上文所说的"绝对专权",是指"国王的身份与权力的实质性部分";而"附属专权"则多少类似于国王的特权(privilege),是指"一些对于一般法律的例外规定,也就是说这些法律适用于社会的其他部分,但优待国王",比如"与国王诉讼时不得向国王索回诉讼费,国王可以永远不做共同保有人,国王债权的受偿优先于任何他的臣民"等。[71]

对于国王专权可能引发的社会焦虑,布莱克斯通则强调,如果"得到适时、明智的运用的话,国王的专权运用将趋于稳定和规则,同时其还能为整个国家机器的运转增添活力"。[72] 当然,身处后光荣革命时代的他也无法否认,当国王专权遭到滥用,"社会契约面临解体的危险"时,"非常规手段是必需的"。不过,与防止国王专权被"奴役人民制度的拥护者"滥用相比,布莱克斯通所更加

---

[66] 同前注[8],第38页。

[67] 正因此,李猛教授才指出,"如何在宪政体制中安置现代国家的行政权力的这种独特作用方式,无疑是洛克政治哲学中最富远见的部分"。同前注[8],第38页。

[68] J. C. D. Clark, *English Society 1660-1832: Religion, Ideology and Politics during the Ancien Régime*, Cambridge University Press, 2000, p. 243.

[69] 同前注[36],第265页。

[70] 同前注[36],第267—268页,译文略有改动。

[71] 同前注[36],第268页。需要注意的是,中译本在此将 direct prerogative/incidental prerogative 译作"主要特权"/"次要特权",似乎略有不妥。

[72] 同前注[36],第269页。

着重提防的,却是"蛊惑人心地号召约束国王权力的政客们"对国王专权进行曲解,进而引发再次革命。[73] 换言之,在洛克那里,国王专权的存在昭示着英国"不断革命"的可能性;而在布莱克斯通眼中,光荣革命似乎已一劳永逸地将国王专权安顿于英国宪制之中。正如屈威廉(G. M. Trevelyan)所言,对布莱克斯通等"反对雅各宾主义的托利党来说,1689年就像是创造的最后一年,当上帝俯视英格兰的时候,它看上去是那么完美"。[74]

(二)戴雪的专权思想

尽管在面对国王专权时态度殊异,但洛克与布莱克斯通却一致认为,国王专权在英国宪制中发挥着实质性作用。而站在19世纪末议会主权宪制巅峰的戴雪则提出,布莱克斯通对国王专权的勾勒"与事实径直相反",因为"英格兰的执行权实际上放到了一个名为内阁的委员会手中。如果说国内有任何人手中拥有王国之大权,那这个人不是君主,而是委员会的主席——被称为首相的那个人"。[75] 在他看来,即便是在布莱克斯通所生活的乔治三世时期,《英国法释义》对于国王专权的描述仍未免有些过当。而戴雪之所以要斩钉截铁地将国王专权置于议会主权之下,与其学说背后的奥斯丁法律分析传统密切相关。实证主义法学的清晰性,让立志对英国宪法进行"科学研究"的戴雪无法容忍"国王专权"这种模糊概念的存在。[76] 既然全部主权都由议会所享有,那么所谓的"国王专权",无非就只是"恣意的自由裁量权的残留"而已。[77]

而戴雪对国王专权持如此强烈之批判态度的另一原因,则是由于这样一种"恣意的自由裁量权"与其所主张的"法律主治"思想相违背。因为"法律主治"恰恰意味着"常规法相对于恣意权力之影响的至高性与支配性"。在戴雪眼中,国王专权与其说是英国宪制的一大特征,倒不如说更接近于同时期法国的行政体制。"培根所说的那种超乎一般法规的专权,就如外国学说一样,认为在政府行为之中,行政机关享有任何法院都无法控制的自由裁量权。"[78] 而至于当时英国宪制中所残留的那部分国王专权,在他看来,也必须严格遵照英国的"宪制惯例"来行使,因为后者"决定着专权所运用的方式及其精神"。[79]

虽然否定了国王专权存在的必然性与正当性,但戴雪依旧承认,这种残留

---

[73] 同前注[36],第278页。

[74] 〔英〕G·M·屈威廉:《英国革命1688—1689》,宋晓东译,商务印书馆2016年版,第7页。

[75] A. V. Dicey, *Introduction to the Study of the Law of the Constitution*, Macmillan and Co., 1927, pp. 8-9.

[76] 〔美〕理查德·A.科斯格罗夫:《法治:维多利亚时代的法学家戴雪》,何永红、丁于芳译,华东师范大学出版社2021年版,第73—76页。

[77] Supra note [75], p. 420.

[78] Id., p. 198, 366.

[79] Id., p. 421.

的国王专权仍有其现实便利性,因为不少机构可以借助国王专权的名义来避开议会之掣肘。首先,国王专权不受议会的直接监督,而其行使又多少倚赖于内阁,因此"专权的存在赋予了首相及大臣们一种可以反复利用的巨大权力,且这种权力的行使不受两院之牵制,特别是在所有关涉外交事务的情形中。"此外,更加"不易察觉"的是,残留的国王专权还可以"极大地增加下议院的权力"。如1872年下议院在撤裁陆军军职购买制度的法案遭上议院否决时,便转而借助作为国王专权的皇家特许状,最终得以绕开上议院之阻拦蠲除此弊政。戴雪认为,凭借这种方式,"国王的专权便成为了人民手中的特权"。[80] 然而,无论是与洛克还是布莱克斯通相比,这种戴雪版的"国王专权"似乎都只能说是"徒有其表",仅作为一种政治伎俩而"苟延残喘"。可问题的关键在于,国王专权真的只是"徒有其表"了么?

结语:别了,国王专权?

最后,回到文初所提出的问题——法律能否约束国王专权?"王在法上"还是"王在法下"?从本文对于英国国王专权思想的历史梳理观之,在都铎时期,关于"绝对专权"与"普通专权"的宪制共识,使得"王在法上"与"王在法下"并行而不悖;进入斯图亚特王朝以后,詹姆斯一世以及查理一世对于国王专权的滥用激化了"王在法上"与"王在法下"间的冲突,由此也导致以柯克为代表的法律精英阶层的国王专权观发生转变;而自光荣革命以降,"王在法下"以及议会主权的观念开始占据主导地位,但国王专权在现代宪制中的地位却仍有其暧昧不明之处。而为了彻底驯化国王专权,部分英国公法学者则试图在戴雪的基础上更进一步,彻底祛除国王专权概念上所附着的模糊性与神秘性。如马克西尼斯(B. S. Markesinis)认为,鉴于国王专权的实际运用已从国王转移到内阁手中,那么"国王专权"中的"国王"二字实已成为一种"没有必要的时代错置"。因此,专权应被更为清晰地定义为"政府所拥有的无需议会立法授权的执行权、豁免权以及其他一些特性的残余物,但其可以被议会(以明示或者默许的方式)予以撤销"。[81] 然而,即便隐去国王专权中的"国王"二字,也并不意味着与国王专权的真正告别。2017年"米勒案"在英国所引起的巨大争论无疑表明,国王专权与法律之间的冲突与紧张仍将会以种种形式长期存续下去。前述大卫·费德曼等人对于国王专权在外交缔约领域之特殊性的强调,便多少向我们揭示

---

[80] *Id.*, p. 460, 461, 463.
[81] B. S. Markesinis, "The Royal Prerogative Re-Visited", *The Cambridge Law Journal*, vol. 32, no. 2, 1973, p. 287, 288, 309.

出,戴雪式的国王专权观迄今尚未获得英国公法学人的完全认同。[82] 换言之,国王专权给英国公法学界所带来的"焦虑感"短期内依旧无法缓解。

而与责任内阁制的英国相比,国王专权的"幽灵"在美国这样的总统制国家则体现得更为明显。[83] 哈佛大学的埃里克·纳尔逊(Eric Nelson)教授在《王权派的革命》一书中便独具慧眼地指出,美国总统权自其创设伊始即是以17世纪的英国国王专权为模板。早在英国辉格党人致力于以议会主权来驯化国王专权的同时,大西洋彼岸的北美殖民地就已开始出现重新鼓吹国王专权的声音。约翰·亚当斯、亚历山大·汉密尔顿等美国革命者非但不反对国王专权,相反却认为英国殖民者在北美殖民地的暴政正是因为英国议会僭用了国王专权。因此,他们"极力主张将英国宪制的时钟回拨近百年——将国王与他的议会及首相区分开来,进而恢复自辉格党兴起以来便遭废弃的国王专权"。[84] 而这样一股思潮随后直接影响了1787年美国制宪会议对于总统权的设定。尽管没有使用"国王"的名义,但王权派革命者们在宪法中赋予总统的专权丝毫不亚于——甚至还要超过——同时期英国国王乔治三世所享有的专权。由此导致的一个吊诡的局面是,"在大西洋的一边,是没有君主制的国王;而在另一边,却是没有国王的君主制"。[85] 而随着20世纪下半叶以来美国总统权的不断扩张,其背后的国王专权底色也开始为更多学人所注意。[86] 如何在美国宪制结构中安置总统执行专权(executive prerogative)——这种改头换面的"国王专权"——业已成为美国宪法学界所面对的头等棘手的问题。[87] 四个世纪前詹姆斯一世王庭里的辩论仿佛又重新出现在了华盛顿的国会山上,这让人不禁想起那句阐释"国王的两个身体"的著名口号——"国王死了,国王万岁"。

(责任编辑:李　旭)

---

[82] *Supra* note [5];对于国王专权特殊性的类似强调,亦参见 Peter Millett, "Prerogative Power and Article 50 of the Lisbon Treaty", *The UK Supreme Court Yearbook*, vol. 7, 2017.

[83] 不仅仅是美国,民初年尝试总统制的中国亦曾面对专权所引起的纷争,参见章永乐:《"必要而危险"的权力:民初宪政争衡中的行政专权》,载《法学家》2012年第2期。

[84] 〔美〕埃里克·纳尔逊:《王权派的革命:美国建国的一种解读》,吴景键译,中国政法大学出版社2019年版,第3页。

[85] 同前注[84],第282页。

[86] 参见吴景键:《美国总统制的君主制根基——评埃里克·纳尔逊〈王权派的革命〉》,载《国外社会科学》2020年第4期。

[87] Julian Davis Mortenson, "Article II Vests the Executive Power, Not the Royal Prerogative", *Columbia Law Review*, vol. 119, no. 5, 2020; Ilan Wurman, "In Search of Prerogative", *Duke Law Journal*, vol. 70, no. 1, 2020; Daniel D. Birk, "Interrogating the Historical Basis for a Unitary Executive", *Stanford Law Review*, vol. 73, no. 1, 2021.

辩护律师程序独立论
——独立辩护论的第三维度

高 洁[*]

On the Procedural Independence of Defense Lawyers
—The Third Dimension in Independent Defense Theory

Gao Jie

内容摘要：目前学界对独立辩护论的探讨主要局限于辩护律师与当事人之间的关系问题，也有观点认为独立辩护是指律师辩护独立于当事人以外的其他外部因素。关于认罪案件中律师是否有权提出无罪意见的争论表明，独立辩护论还包括第三维度，即辩护律师在诉讼程序中的独立地位，这才是独立辩护论的基础与核心。明确辩护律师有权在公安司法机关面前提出独立意见，在认罪认罚制度广泛施行的背景下尤为重要。我国现阶段刑事诉讼对实体真实的积极追求，偏职权主义的诉讼模式，以及实践中被追诉人主体地位的缺失，决定了确立辩护律师独立诉讼地位对于我国是更为合理的选择。同时，辩护律师独立的程序地位应以不损害当事人的利益、不提出当事人明确反对的辩护意见及被告方内部意见不产生实质冲突为限，同时应设立相关的程序性规则加以保障。

关键词：程序独立　独立辩护　认罪认罚从宽　实体真实　职权主义

---

[*] 诉讼法学博士，首都经济贸易大学法学院讲师。

一、问题的提出

长期以来,独立辩护论为刑辩律师界所倡导,这在全国律师协会2000年颁布的《律师办理刑事案件规范》中有着直接体现。[1] 传统独立辩护论认为,在辩护律师与当事人之间发生意见冲突时,律师有权自行决定其辩护意见。这导致司法实践中,辩护律师常以独立辩护人自居,时常会与被告人发生冲突,典型的如李庄案。该案二审时被告人李庄当庭突然认罪,辩护律师坚持作无罪辩护,双方的"各说各话"引发了学者的严厉批评。陈瑞华教授指出,"辩护律师开庭前应当与被告人进行充分的沟通和协商,以确定协商一致的辩护思路;被告人当庭如果突然认罪,律师应该马上申请休庭,与被告人协调辩护思路,而不是一味地进行所谓的'独立辩护',如果协调不一致的,律师不妨向法庭申请退出案件的辩护","这种相互矛盾的辩护结果只能是相互抵消"。这一批评引发了律师界的争议,不少律师坚持认为,律师享有独立发表辩护意见的权利,在被告人不认罪的情况下,律师仍然可以坚持无罪辩护。[2]

该争论引起了学界对独立辩护问题的关注,不少学者从辩护律师与当事人之间关系的角度发文探讨律师独立辩护问题。有些学者对传统独立辩护观进行了理论反思,认为对律师独立辩护应当有所限制[3],有学者提出律师的辩护独立应是相对独立而非绝对独立[4],还有学者提出应当改独立辩护观为最低限度的被告人中心主义的辩护观[5],也有学者改模式论为要素论,根据不同的要素组合引导出若干规则,强调科学、周全、实用性[6]。目前学界基本达成共识的是,在辩护律师与当事人意见发生冲突的情况下,律师不与当事人沟通,或者不顾当事人反对而坚持己见的绝对独立的辩护观已经不合时宜,相反完全听命于当事人也是不可取的。这也体现在《律师办理刑事案件规范》2017年的修

---

[1]《律师办理刑事案件规范》(2000年)第5条规定,"律师担任辩护人或为犯罪嫌疑人提供法律帮助,依法独立进行诉讼活动,不受委托人的意志限制"。

[2] 参见赵蕾:《李庄案辩护:荒诞的各说各话?》,载《南方周末》2010年8月12日,A04版。

[3] 参见陈瑞华:《独立辩护人理论的反思与重构》,载《政法论坛》2013年第6期;陈虎:《独立辩护论的限度》,载《政法论坛》2013年第4期;宋远升:《律师独立辩护的有限适用》,载《法学》2014年第8期。

[4] 参见韩旭:《被告人与律师之间的辩护冲突及其解决机制》,载《法学研究》2010年第6期;高洁:《论相对独立的辩护观——以辩护律师与被告人的关系为视角》,载《时代法学》2013年第4期。

[5] 参见吴纪奎:《从独立辩护观走向最低限度的被告中心主义辩护观——以辩护律师与被告人之间的辩护意见冲突为中心》,载《法学家》2011年第6期。

[6] 参见印波、王瑞剑:《律师辩护观的要素缕析、模式变迁和进路选择》,载《江西社会科学》2021年第3期。

订中。[7]

  在律师辩护独立于当事人的传统独立辩护观受到广泛批判的同时,有学者提出,所谓独立辩护并非是指律师独立于当事人,而是独立于控方、裁判方和任何司法外因素的干扰。[8] 律师界也提出了类似的观点,认为辩护独立的意义不能体现为独立于当事人,而只能是独立于当事人意志之外的其他因素,包括公权力机关、当事人的亲友、出资人等。[9] 从独立于当事人以外的外部因素的角度来解读独立辩护论,在我国律师辩护经常受到司法机关、司法行政部门、律协、出资人等外部力量干预,而律师群体职业伦理素养尚待提升的情况下,的确具有重要的现实意义。

  以上对于独立辩护论的解读有两种视角,一是辩护律师与当事人之间的关系,二是辩护律师与外部因素的关系。不过,司法实践中的一些问题仍然未能得到回应。例如在被告人认罪而辩护人作无罪辩护时,司法机关能否听取律师意见?可否因为律师的意见而迁怒于被告人?这涉及辩护律师在公安司法机关面前的诉讼地位问题。随着 2018 年认罪认罚从宽制度在《刑事诉讼法》中确立并在全国范围内施行,这一问题变得更为突出。肯定说认为,认罪认罚案件中律师仍然可以发表无罪意见,同时不影响认罪认罚的适用[10];否定说则认为,律师如发表无罪辩护意见,则不再适用认罪认罚,检察机关应主动撤回具结书[11]。时任最高人民检察院副检察长陈国庆接受采访时表示,辩护律师提出无罪辩护意见不影响依法适用认罪认罚从宽制度,对辩护律师的独立性给予了肯定。[12] 最高人民法院对该问题尚未明确表态,司法实践中各地做法不一。这就涉及辩护律师在诉讼程序中的地位问题。如果辩护律师的地位独立于当事人,而不是与其捆绑为一体,则其有权发表不同于当事人的意见。以上是解读独立辩护论的另一视角。

  可见,独立辩护论包括三个维度,一是内部维度,即在与当事人之间的内部关系中,辩护律师具有相对独立性;二是外部维度,即在与被告人以外的其他外

---

  [7] 《律师办理刑事案件规范》(2017 年)第 5 条第 3 款规定,"律师在辩护活动中,应当在法律和事实的基础上尊重当事人意见,按照有利于当事人的原则开展工作,不得违背当事人的意愿提出不利于当事人的辩护意见。"
  [8] 参见陈虎:《独立辩护论的限度》,同前注[3],第 45—46 页。
  [9] 参见田文昌、邹佳铭:《辩护权独立性之内涵辨析》,载魏东主编:《刑法解释》(第 2 卷),法律出版社 2016 年版,第 317—324 页。
  [10] 参见樊崇义:《认罪认罚从宽与无罪辩护》,载《人民法治》2019 年第 23 期,第 110—111 页;徐世亮、赵拥军:《认罪认罚具结书的效力是否应受庭审中辩护人和公诉人抗辩的影响》,载《人民法院报》2020 年 1 月 2 日,第 006 版。
  [11] 参见林国、李含艳:《认罪认罚从宽制度之实践审视》,载《中国检察官》2019 年第 22 期,第 69—74 页。
  [12] 参见蒋安杰:《认罪认罚从宽制度若干争议问题解析(下)——专访最高人民检察院副检察长陈国庆》,载《法制日报》2020 年 5 月 13 日,第 009 版。

部因素之间的关系中,律师辩护具有绝对独立性;三是程序地位维度,即辩护律师在诉讼程序中面对公安司法机关时,并非与被告人合为一体,而是具有独立地位,有权依法独立发表意见,可称为辩护律师程序独立论。其中,辩护律师在程序中的独立地位是独立辩护论的基础与核心。基于辩护律师的独立程序地位,其才可以在与当事人的关系中维持一定的独立性,并有权不受当事人以外的其他任何外部力量的干扰。鉴于近年来学界已对独立辩护论的前两个维度作了较为充分的讨论,对辩护律师的独立程序地位则关注较少,而后者在认罪认罚从宽制度广泛实施的现阶段意义更为重大,本文将重点探讨独立辩护论的第三维度,即辩护律师的程序独立论,阐述我国现阶段确立辩护律师独立程序地位的重要现实因素,以及辩护律师程序独立的限度。

二、辩护律师程序独立论

在我国,传统独立辩护论认为,辩护人有权独立发表辩护意见,不受当事人的意志限制。该观点一方面赋予了辩护律师在诉讼程序中的独立地位,另一方面强调了辩护律师在与当事人的内部关系中的绝对主导地位。这与20世纪80年代我国律师作为"国家法律工作者"的职业定位有一定关系,忽视了辩护律师对当事人的忠诚义务。近年来不少学者对我国的独立辩护论提出质疑、否定,或者进行重构,但较少涉及辩护律师在诉讼程序中的地位这一核心问题。

(一)德国独立辩护论的梳理

德国是实行独立辩护论的最典型国家,梳理德国的辩护理论有助于我们认识该理论的内涵。根据德国学界的通说,辩护人并非单方面的被告人利益的代理人,而是立于被告人之侧的独立的司法机关,类似于被告人的辅佐人。[13] 作为刑事司法制度中的独立机构,辩护人并非中立的司法官员,而是单方面忠诚于被告人的利益。[14] 这就决定了辩护独立的限度,那就是不得违背被告人的利益。在德国,律师除了维护被告人的利益,还负有维护社会公益的使命,其中一个重要的方面就是实现实体真实。与检察官、法官不同,辩护律师不负有发现真相的积极义务,不能将其发现的证明被告人有罪的证据提交法庭,这有违律师的保密义务。辩护律师所承担的真实义务是消极的,一是不得向法庭作假,以阻碍实体真实的发现,包括不得向法庭提供虚假证据,不得向法庭进行虚假陈述,不得怂恿被告人、证人进行虚假陈述等;二是为避免冤枉无辜,在案件因证据不足或法律适用有误不应判决有罪的情况下,即使被告人自愿认罪,律

---

[13] 参见〔德〕克劳思·罗科信:《刑事诉讼法》(第24版),吴丽琪译,法律出版社2003年版,第149页。

[14] 参见〔德〕托马斯·魏根特:《德国刑事诉讼程序》,岳礼玲、温小洁译,中国政法大学出版社2004年版,第61页。

师也应积极进行无罪辩护。德国的法学理论强调辩护人的独立地位,一来是为了防止其听命于被告人的不合理要求[15],相比被告人,辩护律师需要遵循更高的行事准则;二来是为了维护被告人的实质利益,辩护律师有时可以甚至必须违背被告人的意愿从事对被告人有利的事项[16]。维护所有的被告人依法享有的程序权利并且保障无辜的被告人被无罪开释,本来就是刑事诉讼以及辩护制度的目的。[17] 与独立辩护论相对的是美国的被告中心理论。该理论认为,辩护律师是被告人的代理人和协助者,律师辩护应当尊重被告人的意志。在被告中心模式下,被告人具有完全的主体地位,辩护律师仅是被告人的辅助者,帮助被告人达成其目标,一旦被告人作出有罪答辩,案件直接进入量刑程序,辩护律师不能也没有机会进行无罪辩护。可见,辩护律师在刑事诉讼中的地位是独立于被告人还是与被告人合为一体,是被告中心理论与独立辩护论的关键区别。

根据德国的辩护理论,辩护律师具有独立的程序地位,是单方面忠诚于被告人的司法机关。这决定了,一方面,在辩护律师与当事人的关系层面,辩护律师不必惟当事人马首是瞻,有权拒绝当事人不合理的要求,也有权在违背当事人意愿的情况下开展有利于当事人利益的辩护;另一方面,辩护律师在司法机关面前具有独立于当事人的地位,有权发表不同于当事人的辩护意见,只要不与当事人意见形成实质冲突,不侵犯当事人的实质利益即可。相比于我国传统独立辩护论,两者都强调辩护律师的独立诉讼地位。不同之处在于,德国独立辩护论强调辩护律师是位于当事人一方的司法机关,单方面忠诚于当事人,其公益义务的履行以不损害当事人的利益为前提;而我国传统独立辩护论过于强调辩护律师的独立性,甚至置当事人的利益于不顾,从而导致辩护律师在与当事人的内部关系中处于绝对强势的地位,招致了众多批评。近年来学界对于独立辩护论的评论主要限于辩护律师与当事人的内部关系层面,较少涉及辩护律师在诉讼程序中的独立地位问题。

(二)辩护律师程序独立论的内涵

通过以上梳理可以发现,在辩护律师与当事人的内部关系及与其他外部因素之间的关系之外,独立辩护论还包括辩护律师在诉讼程序中的独立地位,这是独立辩护论的核心与基础。所谓辩护律师程序独立论,是指辩护律师作为独立的程序主体,在面对公安司法机关时,其诉讼角色与被追诉人相分离,有权以独立身份发表意见,无需与被追诉人保持一致。这与其说是辩护律师与被告人的权力之争,毋宁说是刑事诉讼的结构问题。确立辩护律师的独立程序地位,需要刑事诉讼制度给予辩护律师提出独立意见的权利和空间,形成辩护律师与

---

[15] 参见同前注[14]。
[16] 参见同前注[13],第150页。
[17] 参见林钰雄:《刑事诉讼法》(上册),中国人民大学出版社2005年版,第161页。

被追诉人分别发声的双重意见表达机制,我国现行法律及司法解释一定程度上做到了这一点。

首先,确立辩护律师在诉讼程序中的独立地位,要求给予其发表独立意见的权利。既然辩护律师是独立主体,那么其有权以自己的身份发表意见,而非代表当事人。我国《刑事诉讼法》第37条规定,"辩护人的责任是根据事实和法律,提出犯罪嫌疑人、被告人无罪、罪轻或者减轻、免除其刑事责任的材料和意见,维护犯罪嫌疑人、被告人的诉讼权利和其他合法权益"。《律师法》第31条也作了同样的规定。根据该规定,辩护人提出辩护意见的依据是事实和法律,而不是当事人的意见,因此辩护人完全可以提出不同于当事人的意见。另外,《律师法》第2、3条在规定律师应当维护当事人合法权益的同时,也规定其应当维护法律正确实施,维护社会公平和正义,同时要求律师执业以事实为根据,以法律为准绳。可见,我国立法机关对辩护律师的要求是,以专业人士的身份在公安司法机关面前提出专业性的辩护意见,不必囿于当事人意见。

其次,确立辩护律师在诉讼程序中的独立地位,还要求相关制度给予其提出独立意见的机会和空间,形成专门机关的双重意见听取机制。我国《刑事诉讼法》及相关司法解释就规定了专门机关听取辩护律师意见及被追诉人意见的不同途径。对于被追诉人来说,除了在法庭上直接表达辩护意见之外,主要是通过讯问环节行使辩护权。各专门机关在相应的诉讼阶段均有讯问职责,为被追诉人提供了发表意见的机会。对于辩护律师来说,其发表辩护意见则主要是通过专门机关的听取意见机制。在案件侦查终结之前、审查批准或决定逮捕期间以及死刑复核期间,只要辩护律师提出要求的,办案机关均应听取其辩护意见;在审查起诉以及二审不开庭审理时,只要有辩护律师,办案机关就应当听取其意见;审判阶段更是给了辩护律师充分的发表辩护意见的机会。通过讯问听取被追诉人意见主要关注的是事实层面,更为重视其证据来源的属性;而听取律师意见则更关注法律层面,包括实体法及程序法方面的法律建议。[18] 可见,我国的刑事诉讼制度客观上为辩护律师与被追诉人各自表达意见提供了空间,并未要求双方意见的一致性。

再次,确立辩护律师在诉讼程序中的独立地位,需要明确律师提出不同意见后对诉讼所产生的影响。既然辩护律师具有独立地位,那么其提出不同于被追诉人的意见后,应当能够对诉讼程序及实体产生相应的影响,唯此律师的独立意见才具有法律意义。根据最高人民法院2021年发布的《关于适用〈中华人民共和国刑事诉讼法〉的解释》(以下简称"《刑诉法解释》"),即使被告人认罪或

---

[18] 参见闫召华:《辩护冲突中的意见独立原则:以认罪认罚案件为中心》,载《法学家》2020年第5期,第135页。

者认罪认罚,并同意适用简易程序或速裁程序,只要辩护人作无罪辩护,将产生如下法律效果:第一,案件不能适用简易程序或速裁程序,必须采用普通程序审理;第二,法庭调查及法庭辩论不能主要围绕量刑事实等问题进行,而应当先解决定罪问题,再解决量刑问题。[19] 可见,我国最高司法机关认可辩护律师在被告人认罪的情况下提出无罪辩护的权利,并据此决定审理程序的适用。

(三)辩护律师独立程序地位对司法机关的要求

既然我国的刑事诉讼制度已经确立了辩护律师的独立地位,那么理论上来说辩护律师与被追诉人意见不同就不成为问题。但是,任何权利的运行都需要相对方的配合,辩护律师提出独立意见的权利同样需要公安司法机关的配合。遗憾的是,部分司法机关并未将辩护律师与被追诉人相区分,而是将二者的意见混为一谈,这严重影响了律师辩护的独立性。

首先,享有独立程序地位的律师有权提出不同于当事人的意见,无需被追诉人的当庭认可,部分司法机关对该问题的认识存在偏差。例如罗贤忠涉嫌行贿案中,被告人当庭认罪认罚,辩护律师作无罪辩护,法庭当庭要求被告人回答是否同意律师所作的无罪辩护,并在裁判文书中表示,"辩护人在法庭辩论过程中所享有的独立辩护权,应建立在法律和事实基础上,尊重当事人的意愿,不得提出不利于当事人的辩护意见"。[20] 问题在于,法庭混淆了律师在法庭上的独立地位与律师和被告人之间的内部关系。如果律师庭上发表不同意见需要得到被告人的当庭认可,否则法庭就不予考虑,等于否定了辩护律师的独立地位,也让被告人无所适从。在该案中,如果被告人同意律师的无罪辩护,则等于否定了自己的认罪态度,认罪认罚将难以为继,被告人会失去从宽处理的机会。因此被告人表示坚持认罪认罚,不同意律师的无罪辩护,法庭以此为由认定律师违背被告人的意愿,对律师意见不予采纳。但实际情况可能是,律师在庭前已与被告人协商一致,被告人同意律师在庭上作无罪辩护。江苏省高级人民法院《关于办理认罪认罚刑事案件的指导意见》第42条规定,辩护人进行无罪辩护,而被告人不同意无罪意见,坚持认罪认罚的,案件适用普通程序审理,并强调这不影响对被告人适用认罪认罚从宽制度予以从宽处理。2021年最新颁布的《刑诉法解释》也做了同样的规定。该规定没有因为被告人反对而否定律师的辩护意见,将被告人的意见与律师的意见进行了区分,具有合理性。法庭上,辩护律师有权发表不同于被告人的意见,而不必得到被告人的当庭认可,这是辩护律师独立程序地位的体现;法庭外,辩护律师应当与被告人沟通获得被告人的许可,这是辩护律师和被告人之间的内部事务。对于后者,法庭无权主动

---

[19] 参见《刑诉法解释》第278条第2款、第283条第2款、第360条、第370条。
[20] 福建省闽侯县人民法院(2017)闽0121刑初556号刑事判决书。

干涉,除非被告人在法庭上主动对律师意见表示反对,甚至要求解除委托。

其次,基于辩护律师的独立程序地位,其意见也应独立于当事人,司法机关不应根据律师意见来评判当事人的认罪态度。司法实践确实存在上述情况,例如吴刚涉嫌交通肇事案中,被告人当庭认罪认罚,辩护律师作无罪辩护,法庭据此认为该案不适用认罪认罚从宽制度。[21] 在法庭看来,既然被告人真心认罪认罚,就不应放任辩护人作无罪辩护,否则既享受认罪认罚从宽制度的量刑优惠,又不放弃无罪辩护和依照普通程序进行审理的权利,有钻法律漏洞之嫌。可见,法庭将律师与被告人的意见混为一体,是不认可辩护律师独立地位的体现。最高人民检察院副检察长陈国庆在采访中称,辩护律师提出无罪辩护意见的,不影响依法适用认罪认罚从宽制度。若被告人系自愿认罪认罚并签署具结书,即使律师提出无罪或者罪轻的辩护意见,法庭经审理认为检察机关指控罪名正确的,仍然应当依法适用认罪认罚从宽制度,按照审查起诉阶段即认罪认罚给予被告人从宽处罚,对辩护律师的独立地位给予了肯定。[22]

因此,确立辩护律师独立程序地位的关键,是明确公安司法机关在面对律师所提出的不同意见时,应将其与当事人的意见相分离,既不应根据当事人的态度来决定律师的意见可否被听取,也不应用律师的意见来评价当事人的认罪态度。唯有如此,辩护律师的独立地位才能真正落到实处。

(四)辩护律师独立程序地位的理论依据

之所以赋予辩护律师在诉讼程序中的独立地位,而不是将其与当事人绑定,是因为辩护律师与民事诉讼代理人不同,其不仅是当事人的协助者或代理人,而且是当事人的保护者。作为当事人的保护者,一方面,辩护律师须完全站在当事人一方,切实维护当事人的利益,但这不等于要与其保持意见上的一致,律师作为专业人士有时必须独立发表意见,为当事人提供法律上的保护;另一方面,辩护律师虽然地位独立,但是并非司法机关,无需像法官、检察官一样保持客观中立,也不应承担过多的公益义务,否则很可能损害到当事人的利益,有违辩护律师的职责。

首先,将辩护律师定位为当事人的保护者有利于维护当事人的实质利益。作为协助者和代理人,律师的主要作用在于帮助当事人实现其诉讼目标,是否认可对方诉讼主张的决定性意见,以当事人庭上的意见为准,律师不能对此提出异议。在这种情况下,律师与其说是在维护当事人的利益,毋宁说是在维护其作为当事人的主体性和意志自由,因为当事人的意思表示不一定符合其利益。例如被告人因担心重判而当庭认罪,但案件因为证据不足有机会判决无罪

---

[21] 四川省广元市利州区人民法院(2019)川0802刑初398号刑事判决书。
[22] 参见同前注[12]。

的情形,此时如要求辩护律师只能进行有罪辩护,那么无辜的被告人很可能失去获得无罪判决的机会。作为保护人,辩护律师的根本职责不是惟当事人意见马首是瞻,而是从有利于当事人实质利益的角度出发,根据案件事实、证据及法律提出专业的辩护意见。在前述情形下,辩护律师完全可以以独立身份发表无罪意见,这样既能维护被告人的利益,也能维护法律的正确实施,同时也不影响定罪情况下被告人的认罪态度。除了上诉权等法律明文规定需有被告人同意辩护律师才可代为行使的权利之外,通常情况下辩护律师可以依照自己的意愿独立行使辩护权,不需要与当事人保持一致。

其次,将辩护律师定位为当事人的保护者,而不是独立的司法机关,能够避免对辩护律师施加过多的公法义务,从而影响到当事人的利益。确立辩护律师在诉讼程序中的独立地位,不仅能够有效维护当事人的利益,还能更好地维护社会公共利益,但是不应因此将辩护律师定义为独立的司法机关。德国独立辩护论将辩护律师定位为独立的司法机关,并提出辩护律师不同于检察官、法官,不负有发现真相的积极义务。但是,作为一方司法机关,辩护律师负有绝对的消极真实义务,为了维护当事人的利益,辩护律师可以甚至必须违背当事人的意愿从事对当事人有利的辩护。这种绝对的独立辩护论的问题在于,第一,辩护律师将自己置于完全不受当事人意志影响的司法机关的地位,会伤害辩护律师与当事人之间的信任,有可能影响到委托代理关系的继续。一旦委托代理关系中断,律师辩护也就丧失了基础。第二,辩护律师将自己作为当事人实质利益的判断者,是将当事人的法律利益等同于其全部利益,而且忽视了不同当事人在价值偏好、风险承受能力等方面的不同。也有学者提出,辩护律师既不是司法机关,也不是当事人的利益代理人,而是限制的司法机关,不同于法官、检察官,辩护律师承担的真实义务具有消极性。[23] 只是,"司法机关"或"司法人员"的称谓本身即带有浓厚的公益色彩,将辩护律师定位为司法机关会赋予其过多的公法义务,这将给律师辩护套上枷锁,不利于当事人利益的维护。毕竟,辩护律师的根本使命是维护私权而非公益。

(五)辩护律师程序独立论与前两个维度之间的关系

作为独立辩护论的第三维度,辩护律师程序独立论是独立辩护论的核心,是前两个维度得以存在的基础,而前两个维度则是辩护律师程序独立论的重要体现。

首先,辩护律师的独立程序地位是其在与当事人的内部关系中保持相对独立的基础。由于辩护律师在诉讼程序中享有独立地位,刑事诉讼中构建了辩护

---

[23] 参见陈学权:《论辩护律师的法庭地位——以律师与法官的关系为视角》,载《法学杂志》2020年第1期,第109页。

律师与当事人分别发声的双重意见表达机制，辩护律师和当事人都有机会与途径将己方意见提交公安司法机关，才可能出现辩护律师与当事人对外意见的分歧，律师才可能在与当事人的内部关系中保持相对独立性，而不是必须以当事人的意见为准。如果公安司法机关仅以当事人的意见为准，或者辩护律师没有独立发表意见的渠道，那么辩护律师在与被告人发生内部意见冲突时则无法保持独立。在这种情况下，辩护律师只能作为当事人的协助者，向其提供专业性的意见与建议，并帮助其实现诉讼目标。

其次，辩护律师的独立程序地位也是律师辩护独立于当事人以外的其他外部因素的基础。既然辩护律师是诉讼程序中的独立主体，那么程序中的其他主体或者程序以外的力量都不能干预律师的辩护活动，除非律师的辩护活动存在违法违规之处。律师辩护只需根据案件事实、证据及相关法律进行，除了当事人意见，辩护律师不需要考虑其他干扰因素。一方面，刑事诉讼中的其他主体，包括法院、检察机关、公安机关等，均无权干涉律师的辩护活动。各方主体应当各司其职，否则就混淆了刑事诉讼中的不同职能。另一方面，刑事诉讼外的其他力量，包括司法行政机关、律协、出资人、律所等，因其不属于诉讼程序中的参与者，更无权干涉律师的辩护活动。

综上，辩护律师程序独立论是独立辩护论的核心与基础。辩护律师作为当事人的保护者，能否在当事人的意思表示之外维护其利益，是区分辩护律师是否享有独立程序地位的关键。律师程序地位独立才能有效维护当事人的实质利益，并在不损害当事人利益的前提下维护社会公益。要确立辩护律师的独立程序地位，不仅需要刑事诉讼制度中给予其提出独立意见的途径，更需要公安司法机关对律师独立意见的认同，而这正是我国司法实践中的不足之所在。

（六）认罪认罚案件中律师独立程序地位问题

相比普通认罪案件，对认罪认罚案件中律师作无罪辩护的反对声音更大。司法实践中存在公诉方据此撤回认罪认罚具结书，法庭拒绝听取律师意见甚至因此拒绝适用认罪认罚从宽制度的现象，认罪认罚案件的律师辩护也因此陷入了困境。现阶段的认罪认罚与以往认罪的不同在于，认罪认罚是被追诉人与检察机关协商一致的结果，其通过放弃一定的诉讼权利来实现诉讼程序的简化，以此获取更多的量刑优惠，具有更为直接的程序及实体后果，一旦反悔遭到的"报复"也更为严厉。

反对律师在认罪认罚案件中作无罪辩护的理由主要包括：第一，律师的无罪辩护违背了认罪认罚制度设置的初衷。根据我国《刑事诉讼法》及司法解释的规定，认罪认罚从宽制度是宽严相济政策下的繁简分流机制，而律师的无罪辩护使得这一目的落空。被告人在享受认罪认罚从宽制度的从宽红利的同时，由律师作无罪辩护，表明其有钻法律漏洞之嫌，并非真诚认罪，也使得案件无法通过速裁程序或者简易程序审理,因此无法体现该制度提高司法效率、节约司法资源的初衷。[24] 该理由有一定的合理性,但是不能据此否定律师无罪辩护的权利。我国的认罪认罚从宽制度试图借鉴英美国家的辩诉交易,但我国与英美法国家的诉讼理念及实践情况差异明显,导致两项制度设置存在重大区别。在辩诉交易制度中,被告人的认罪答辩具有程序及实体处分的后果,案件通常直接进入量刑程序。在这种情形下,辩护律师不应也无机会开展无罪辩护,充分尊重被告人的自主权。但在我国,对实体真实的偏好决定了被告人认罪认罚并不能直接导致有罪判决,案件仍需经过庭审程序并达到排除合理怀疑的证明标准。在这种情况下,必要时提出无罪辩护属于律师的法定职责,听取律师意见则是司法机关履行其对案件实质审查权的表现。因此,认罪认罚案件中仍应坚持辩护律师的独立诉讼地位。

第二,律师参与认罪认罚协商并在具结书中签字的情况,表明当事人在与辩护律师沟通后仍坚持认罪认罚,律师在庭审中再提出无罪辩护则有违诚信,也没有尊重当事人的意见。[25] 对于辩护律师参与认罪认罚协商并在具结书中签字能否影响无罪辩护的问题,关键在于辩护律师是否为认罪认罚协商的一方主体。在2019年11月国家检察官学院组织的"认罪认罚从宽制度检法同堂培训班"的"控辩审三人谈"中,各方意见不尽一致。时任最高人民检察院检察长张军指出,辩护律师是认罪认罚从宽制度的一方主体;田文昌律师及时任最高人民法院副院长姜伟则认为,认罪认罚案件中只有当事人和检察机关两方主体,辩护律师所代表的为当事人一方。[26] 上述两种认识都会导出律师一旦签署具结书则不应发表无罪意见的结论。我们认为,律师在认罪认罚案件中依然享有独立的诉讼地位,但并非认罪认罚制度的权利主体。根据《刑事诉讼法》及相关司法解释的规定,律师的反对并不影响认罪认罚制度的适用。辩护律师在认罪认罚从宽制度中的角色,是为当事人提供法律帮助的协助者,以及认罪认罚具结书签署的见证人,这与认罪认罚具结书中律师签字处的表述相一致。[27] 因此,认罪认罚具结书的签署是当事人与检察机关协商一致的结果,并不影响律师的无罪辩护权。

---

[24] 参见同前注[11],第70—71页。

[25] 参见王恩海:《认罪认罚后辩护人能否做无罪辩护》,载《上海法治报》2020年8月19日,第B06版。

[26] 参见张军、姜伟、田文昌:《新控辩审三人谈(增补本)》,北京大学出版社2020年版,第518—524页。

[27] 认罪认罚具结书中律师签字处的表述是:"本人是犯罪嫌疑人、被告人某某的辩护人/值班律师,本人证明,犯罪嫌疑人、被告人某某已经阅读了《认罪认罚具结书》及《认罪认罚从宽制度告知书》,根据本人所掌握和知晓的情况,犯罪嫌疑人、被告人某某系自愿签署了上述《认罪认罚具结书》。"

三、我国确立辩护律师独立程序地位的现实因素

辩护律师是否在诉讼程序中具有独立地位,其实是由一个国家特定阶段的刑事诉讼理念、模式以及被追诉人的主体性所决定的。独立辩护模式通常与追求实体真实的职权主义诉讼模式相结合,被追诉人被认为没有处理其实体权利的行为能力;被告中心模式则通常为追求纠纷解决的当事人主义诉讼模式所采纳,被追诉人被认为是诉讼的主体,自由处分其实体权利及诉讼权利。我国长期以来追求实体真实的诉讼理念、偏职权主义的诉讼构造和实践中被追诉人主体性的缺失,决定了我国应当给予辩护律师以独立的程序地位。

(一) 追求实体真实的诉讼理念

刑事诉讼的目标是追求实体真实还是纠纷解决,一定程度上决定了辩护律师的程序地位。我国长久以来执着于追求真相的文化传统依然根深蒂固,在立法及司法实践中有着充分体现,这决定了辩护律师不仅是当事人的代理人,还应是具有独立程序地位的当事人的保护人。

德国和日本是追求实体真实的典型国家。在德国,为了调查事实真相,法官并不依赖于当事人主动提供的证据,而应依职权调查所有对于裁判具有意义的事实和证据,甚至不得不探究当事人双方都不愿提出的事实;被告人的认罪及希望定罪的愿望都不能免除法院发现事实真相的责任。[28] 日本《刑事诉讼法》第 1 条规定,"本法的目的是,对于刑事案件,在维护公共福祉与保障个人基本人权的同时,查明案件真相,正确而迅速地适用刑罚法令"。根据该规定,发现实体真实是该法的双重目的之一。[29] 即使被告人自认有罪,也不能因此认定有罪,否定控罪答辩制度。[30] 英美法系国家则不同,刑事诉讼被认为是政府与被告人之间的纠纷。既然是纠纷,除了由第三方刑事法院进行审判,当事人为了避免正式审判也可以通过谈判解决。[31] 作为纠纷解决的方式,控辩双方的意愿相比案件真相显然更为重要,典型的即辩诉交易制度。[32]

在我国,刑事诉讼对实体真实的追求相比德日等国有过之而无不及,这从我国《刑事诉讼法》规定的补充侦查、撤回起诉、法官庭外调查权以及事实不清、证据不足型发回重审等制度中可以看出。近年来实行的认罪认罚从宽制度也反映了这一点。该制度的设置目的在于实现繁简分流,是为了实现审判中心主

---

[28] 参见同前注[14],第 2—3 页。
[29] 参见[日]田口守一:《刑事诉讼法》(第七版),张凌、于秀峰译,法律出版社 2019 年版,第 20 页。
[30] 参见同前注[29],第 37 页。
[31] 参见[美]爱伦·豪切斯泰勒·斯黛丽、[美]南希·弗兰克:《美国刑事法院诉讼程序》,陈卫东、徐美君译,中国人民大学出版社 2002 年版,第 4—19 页。
[32] 参见王兆鹏:《美国刑事诉讼法》,北京大学出版社 2014 年版,第 8 页。

义而作出的"供给侧"改革,这点与辩诉交易制度相类似。但是由于我国刑事诉讼所追求的是实体真实,与英美法国家不同,因此制度设置也有很大差别。比如,辩诉交易制度不要求法官相信被告人有罪,只要答辩存在事实基础即可。[33] 但根据我国《刑事诉讼法》及司法解释的规定,认罪认罚案件中对被告人定罪并未降低证明标准。对此,有实务人士提出,如果对于认罪认罚案件与不认罪案件在证明标准方面不做区别,则两种类型案件的办案模式事实上也不会有区别,提高效率的目的也就没有了实现的基础。[34] 这导致认罪认罚的制度设置难以实现优化资源配置的初衷,而这正是由我国追求实体真实的诉讼目的所决定的。

相比被告中心模式,独立辩护模式更有利于实现实体真实。主要理由在于:首先,为避免冤枉无辜,在律师依据证据和法律认为被告人不构成犯罪的情况下,即使被告人认罪,刑事诉讼制度也应给律师的无罪辩护留出空间,这正是实体真实主义的要求。如果被告人认罪则法庭只接受辩护律师的有罪意见,将很可能掩盖案件的真实情况,造成实体上的错案,这在追求实体真实的国家是不能接受的。可见,为了追求实体真实,律师的意见是可以与被告人的意见相独立的,法院需认真听取律师意见,也不应因此对被告人作不利的评判。其次,为避免干扰法庭发现真相,辩护律师负有诚实义务,不能通过积极行为误导法庭,以防律师应被告人要求作出有损实体真实发现的行为,这要求辩护律师与被告人保持距离,维持其独立性。虽然实体真实主义不要求律师将其发现的被告人的有罪证据提交法庭,但辩护人也不可以积极阻碍实体真实的发现。在该问题上,我们对辩护律师与被告人的要求不同。再次,出于对实体真实的追求,对于被告人存在特殊情形无力自行辩护或可能判处较重刑罚的案件,即使被告人不同意,司法机关仍要为被告人指定辩护律师,避免被告人因辩护能力不足而被错误定罪。强调纠纷解决的英美法国家则更为尊重当事人的自主权,被告人可以选择自我辩护还是律师辩护。对于发现实体真实来说,为被告人提供法律帮助比尊重被告人的自主权更为重要。

综上,在追求实体真实的刑事诉讼制度中,辩护律师需要具有独立于被告人的程序地位。基于此,司法机关应在被告人自行辩护明显无法保护自己的案件中安排援助律师的介入,认真听取认罪案件中律师的无罪辩护意见,同时要求律师不得应被告人要求向法庭撒谎。以上均有助于实现实体真实主义,尤其是避免冤枉无辜的消极的实体真实主义。

---

[33] 参见同前注[31],第414—415页。
[34] 参见苗生明:《认罪认罚案件对公诉人举证质证等工作的新要求》,载《人民检察》2016年第2期,第56页。

（二）偏职权主义的诉讼模式

不同的刑事诉讼模式会影响辩护律师在诉讼程序中的地位，而诉讼模式主要是由诉讼的目的所决定的。目前各国的刑事诉讼模式主要包括职权主义、当事人主义以及两者结合的混合模式。随着社会的发展，当事人主义与职权主义正在互相影响、日趋接近，但法官职权调查原则却是横亘于两种诉讼模式之间的鸿沟。[35] 通常，重视实体真实主义的国家更多采用职权主义，将诉讼目的视为解决纠纷的国家则更加青睐当事人主义。[36]

在当事人主义诉讼模式下，法官消极中立，控辩双方积极对抗。作为纠纷的主体，控辩双方有权处分其实体权利及程序权利，法院裁判受诉权约束。在该模式下，一方面，被告人不能寄希望于司法机关的帮助，又与控方力量差别悬殊，需要辩护人协助以弥补其诉讼力量的不足，从而形成强大的辩方力量与控方对抗，因此当事人主义诉讼模式更为强调律师和被告人之间的紧密关系[37]；另一方面，被告人所享有的处分权使得其意见对诉讼结局影响重大，亟需律师提供专业的法律帮助，协助被告人作出明智的符合其利益的决定。可见，当事人主义诉讼模式要求辩护律师与被告人结为一体，形成合力，不应当也不需要赋予律师以独立程序地位。美国是典型的当事人主义国家，只要被告人答辩有罪，原则上无需调查证据即可认定有罪结果，相当于民事诉讼中的自认判决的效力。[38] 当事人主义充分尊重被告人的主体性，是否放弃无罪辩护、是否放弃定罪审判的权利以被告人意见为准，并未给辩护律师发表独立意见留下空间。

在职权主义诉讼模式下，司法机关享有主动审查案件的职权，不完全受控辩双方主张的约束，被告人被认为没有能力对其实体权利作出处分，这就给了辩护律师独立发表意见的机会和需求。律师不再是被告人的协助者而是保护者，赋予其独立地位不仅可以更好地维护被告人利益，而且能够帮助司法机关正确行使职权。德国是典型的职权主义国家，司法人员必须在客观充分的事实基础上作出决定，而不依赖于其他诉讼参与人的积极参与。德国《刑事诉讼法》第 244 条第 2 款规定，"为了调查事实真相，法院应当依职权将证据调查延伸到所有的对于裁判具有意义的事实和证据上"。可见，法院不需要也不能依赖当事人主动提供证据。被告人的认罪及希望定罪的愿望都不能免除法院发现事实真相的责任。[39] 在法院不必囿于控辩双方的主张，而是依职权认定案件事

---

[35] 参见施鹏鹏：《论法官的职权调查原则——以职权主义刑事诉讼为背景的展开》，载《法学评论》2020 年第 2 期，第 84 页。

[36] 参见同前注[29]，第 34 页。

[37] 参见陈虎：《律师与当事人决策权的分配——以英美法为中心的分析》，载《中外法学》2016 年第 2 期，第 452 页。

[38] 参见同前注[17]，第 64 页。

[39] 参见同前注[14]，第 2—3 页。

实的情况下,辩护人可以作为独立主体,为司法机关行使职权提供协助。日本刑事诉讼依然保留了职权主义的部分,没有采纳控罪答辩制度[40],即决裁判程序的适用也以被告人及辩护律师双方同意为前提。[41] 与此相对应的,司法机关允许辩护律师根据案件证据及法律适用情况表达自己的独立意见,以帮助其准确裁判案件,避免不利于被告人的错误裁决。

与日本类似,我国刑事诉讼制度也是在职权主义模式的基础上借鉴、吸收了当事人主义的诉讼因素形成的。我国《刑事诉讼法》1996年修订时对庭审方式进行了改革,强化了控辩双方的职能与对抗,同时也保留了许多职权主义的特征,带有明显的混合色彩。[42] 在当事人进行原则方面,我国从之前的法官主导庭审改为控辩双方主导庭审,同时保留了法官讯问被告人、询问证人以及调查核实证据的权利作为补充;在当事人处分原则方面,被告人享有一定的诉讼程序选择权,但仍无实体权利的处分权,这在认罪认罚从宽制度中有直接体现。即使被告人当庭认罪认罚,法院也不能直接据此定罪。一方面,法院依然需要对案件开庭审理,虽然审理程序可以简化;另一方面,被告人认罪认罚不能降低认定有罪的证明标准,法院认为证据不足的仍应判决无罪。在司法机关保有查清案件事实的法定职权的情况下,将辩护律师地位与被告人相分离,给予其提出独立意见的权利,更有利于被告人权益的维护。

(三) 被追诉人主体性的缺失

刑事诉讼模式的不同关键体现在被追诉人主体地位的不同。当事人主义模式下,控辩双方地位平等,法院充分尊重被追诉人的主体性及其处分权。职权主义模式下,被追诉人的诉讼权利也会得到保障,但鉴于被追诉人无法切实维护自己的利益,因此会对被追诉人的处分权作出限制。两者的区别在于对被追诉人维护自身利益能力的认识不同。主要原因在于,不同文化背景下刑事诉讼所追求的目的不一样,同时也与实践中被追诉人的主体地位有关。在被追诉人的自主性得到充分保障的前提下,才能赋予其绝对的处分权,而这又是由相关权利保障制度及其所处的司法环境所决定的。

被追诉人本身具有诉讼主体及证据来源的双重角色,这两种角色的需求会发生冲突。只有更多尊重被追诉人的诉讼主体身份,其主体地位才能真正得到确立。在我国,虽然被追诉人作为诉讼主体的观念已经得到了学界的普遍认可,但是反观立法及司法实践,被追诉人的主体地位并未得到现实保障,立法及司法机关显然更为重视被追诉人的证据来源的角色。在这样的现实背景下,简

---

[40] 参见同前注[29],第36—37页。
[41] 参见同前注[29],第284—295页。
[42] 参见樊崇义:《我国当代刑事诉讼模式的转型图景》,载《检察日报》2019年12月25日,第03版。

单地强调被追诉人的主体地位,赋予其对实体权利及程序权利的处分权,并不能真正维护被追诉人的利益,反而会导致很多被追诉人因为屈从于现实压力而违心认罪。在这种情况下,如果司法机关要求辩护律师只能与被追诉人的意见保持一致,那么将失去维护被追诉人利益的机会。正是由于我国对于被追诉人的主体性保障相比大陆法系国家更弱,因此更应赋予辩护律师以独立的程序地位。

首先,我国被追诉人审前通常处于羁押状态,长期身陷囹圄使其意志脆弱,无法保有意志自由,如果依据被追诉人的意见来决定案件结果,很可能对其不利。根据最高人民检察院2019年的工作报告,2018年全国检察机关对不构成犯罪或证据不足,以及涉嫌犯罪但无需逮捕的案件的不批捕数为116452件,不批捕率仅为23.26%。同时,除了逮捕这一长时间的羁押措施之外,我国《刑事诉讼法》还规定了拘留、指定居所监视居住等剥夺被追诉人人身自由的强制措施。被羁押数月甚至数年的被追诉人在面对是否认罪认罚的重大抉择时,很容易被其他外界因素所干扰。在美国,涉嫌轻罪而被捕的无辜者通常会承认那些他们没有犯下的罪行,其中一个重要原因就是如果他们认罪,法庭就会让他们回家,否则他们可能将在监狱中被关押数周甚至数月之久,直至案件终结。[43]此时若律师发现该案证据不足或者依法不构成犯罪,无论是为了发现实体真实,还是为了维护被追诉人利益,都应当赋予其作出无罪辩护的权利。

其次,我国立法中保障被追诉人主体性的重要诉讼权利缺失,致使被追诉人难以维持其自主性,需要辩护律师提供保护而不仅是协助。我国《刑事诉讼法》规定了禁止强迫自证其罪原则及非法证据排除规则,但是并没有赋予被追诉人以沉默权和讯问时的律师在场权,反而规定了如实供述义务。对此,学界多有诟病,但是历经多次修法相关条款并未更改。这表明,至今实务界对被追诉人诉讼主体角色的重视远不及对其证据来源角色的重视,在两个角色要求发生冲突时选择了后者,这样的制度设置下被追诉人不可能具备自主性。若将被追诉人视为诉讼主体,则其没有向控方如实回答问题的义务,为了对抗侦查人员的讯问策略需要律师在场,庭审中同样不是必须接受公诉方及法庭的讯问。我国至今没有规定沉默权,其实是在法律层面否认了被追诉人不认罪的权利。在目前被追诉人的主体地位难以通过相关制度保障的情况下,被追诉人并不能自由作出认罪与否的选择,需要辩护律师在被追诉人的意思表示之外进行独立辩护,为被追诉人提供法律保护。

最后,我国目前极低的无罪判决率给了被追诉人极大的压力,在无罪希望

---

[43] 参见〔美〕亚历山德拉·纳塔波夫:《无罪之罚——美国司法的不公正》,郭航译,上海人民出版社2020年版,第4页。

渺茫的情况下，被追诉人很可能违心认罪，司法机关应当给予辩护律师代其抗争的机会。根据我国最高人民法院2020年的工作报告，各级法院审结一审刑事案件129.7万件，判处罪犯166万人，其中宣告637名公诉案件被告人和751名自诉案件被告人无罪，公诉案件的无罪判决率约为0.0384%，聊胜于无。且自2000年至今，我国的无罪判决率持续走低。[44] 美国的辩诉交易制度之所以能够运行，是因为被告人有通过公正审判获得无罪判决的机会，检察官因担心败诉而有与被告人协商的欲望，双方能够进行势均力敌的正面博弈，最终的结果才具备正当性。对于认罪认罚协商中的被追诉人来说，由于其通过审判获得无罪判决的几率极低，没有可以和检察官谈判的筹码，只能被动接受检察机关给出的量刑建议，理性的被追诉人很难作出坚持无罪辩护的决定。在这种情况下，如果律师不能进行无罪辩护，不仅被追诉人将失去获得无罪判决的机会，法官也将失去对案件实质审查的机会。在我国以审判为中心的诉讼制度改革尚未完成，法院纠错能力明显不足的情况下，无论从实现实体真实的角度，还是从维护被追诉人利益的角度，给予辩护律师独立诉讼地位都是现实情况下不得已而为之的合理选择。

综上，辩护律师与被追诉人在诉讼程序中的相互捆绑是以被追诉人充分的主体性为基础的，在被追诉人主体地位尚未实现、自主性无法保障的情况下，限制辩护律师发表独立意见的权利既不利于对实体真实的追求，也不利于对被追诉人实质利益的维护。

四、我国确立辩护律师独立程序地位的限度

确立辩护律师的独立程序地位虽然在我国现阶段的文化背景及制度框架下有其合理性，但是过于强调律师的独立地位，可能会对司法实践形成误导，损害被追诉人的权益及其主体性，降低司法效率。为此，我们需要明确律师独立辩护的限度。

（一）不得损害当事人的实质利益

根据《律师法》的规定，律师负有忠诚义务及公益义务，这种"双中心模式"无法应对辩护活动中出现的两者冲突的情形，比如在当事人不认罪的情况下，律师明知当事人为犯罪人时能否提出无罪辩护的问题。在这种情况下，律师可能会以独立辩护为名站在社会正义的立场上牺牲当事人的利益，这正是很多学者对独立辩护模式的担心。[45] 应当明确，忠诚义务是辩护律师职业伦理的核心要求，而公益义务则是律师履行忠诚义务的必要保障和外部边界，属于消

---

[44] 参见《中国无罪判决率的"门道" 20年数据盘点数说司法》，https://www.sohu.com/a/301078625_652400，最后访问日期：2021年8月10日。

[45] 参见陈瑞华：《刑事辩护的理念》，北京大学出版社2017年版，第73页。

极的禁止性规定。[46]不得损害当事人的实质利益,这是律师独立辩护的底线。

律师独立辩护不得损害当事人的实质利益,实践中的情形主要包括:首先,在当事人不认罪的情况下,辩护律师不得进行有罪辩护。即使当事人已经和律师坦白自己犯罪,或者律师认为根据案件事实、证据情况,案件无罪判决的几率很小,律师也不可以在当事人拒绝认罪的情况下作出有罪辩护。有观点认为,在无罪判决几乎不可能的情况下,律师进行有罪辩护才是对当事人负责的表现。这种观点在我国无罪判决率极低的背景下有一定的合理性。但是一方面,案件是否有无罪辩护空间属于主观判断,不同经验、水平的律师可能见解不同,司法实践中也有律师辩护有罪而法院判决无罪的案例,如但某某开设赌场案[47];另一方面,当事人才是刑事诉讼的主体,在辩护律师已经为其分析利弊之后,是否认罪只能由其自行决定,毕竟一旦判决有罪,承担刑事责任的是当事人而非辩护律师。律师作有罪辩护则等于站到了公诉人的立场,此时当事人将处于孤立无援的境地。其次,辩护律师不得提出比指控更重的罪名或者量刑意见。司法实践中存在公诉方指控罪名或者量刑建议不当的情况,此时律师不能以"维护法律正确实施"为由提出更重的罪名或者量刑意见,这违背了辩护律师的职责,使辩护律师充当了公诉人的角色。司法实践中的确存在这种情形,如吴某寻衅滋事案。[48]再次,当事人的利益不限于法律利益,未经当事人同意,辩护律师同样不得损害当事人的其他重要利益,包括隐私、名誉、尊严等。有些辩护方案,比如精神病辩护,可以让当事人免于承担刑事责任,但是会严重影响其之后的工作与生活。辩护律师不能想当然地以当事人的法律利益为最高利益,牺牲当事人的其他利益,尤其是在当事人所涉嫌的犯罪较轻,而其他利益对于当事人较为重要的情况下。

目前的问题是,对于律师提出的不利于当事人的辩护意见,当事人作为法律的外行通常没有判断能力,对律师具有管理、鉴定、惩戒职责的司法行政部门和律师协会对于律师的执业活动又不能有效掌握,难以进行有效监督。[49]既有能力对律师的执业活动进行评判,同时又能了解律师辩护表现的只有司法机

---

[46] 参见陈瑞华:《辩护律师职业伦理的模式转型》,载《华东政法大学学报》2020年第3期,第17页。
[47] 广东省佛山市顺德区人民法院(2019)粤0606刑初789号刑事判决书。
[48] 北京市朝阳区人民法院(2014)朝刑初字第1534号刑事判决书。该案中公诉方指控被告人犯危险驾驶罪,建议判处被告人拘役三个月至六个月,被告人当庭认罪,辩护人提出被告人的行为应构成寻衅滋事罪,法院采纳了辩护律师的意见,认定被告人犯寻衅滋事罪,判处其有期徒刑七个月。
[49] 参见李扬:《论辩护律师的公益义务及其限度》,载《华东政法大学学报》2020年第3期,第56页。

关。司法实践中,司法机关对律师辩护活动的监督更多集中于律师为维护当事人利益而违反执业纪律的情形,如律师认为案件办理不公而将案件情况发布于网络等,但是对于律师辩护不尽责或者损害当事人利益的,司法机关则关注较少。"天平倒向弱者",法院作为中立的司法机关,对于律师不尽责辩护的行为理应加强监督。如发现律师辩护明显有损当事人利益的,比如被告人不认罪却作有罪辩护,或者提出比公诉罪名和量刑建议更重意见的,法庭应当指出律师辩护的问题,拒绝听取其意见,必要时可以向律师所在的律师协会或者相关司法行政部门发出司法建议书。长远来看,我国应当确立无效辩护制度。目前《刑事诉讼法》确立了二审法院发现一审违反法定程序时撤销原判、发回重审制度,但未明确将律师辩护不尽责纳入其中。北京市2013年出现了二审法院将一审律师不尽责辩护视为一审活动"违反法定诉讼程序、影响公正审判"的重要情形,因而撤销原判、发回重审的案例。[50] 但该案带有一定的偶然性。笔者建议在立法层面明确,二审时发现一审阶段律师辩护明显损害当事人利益或者明显不尽责,未能提供有效辩护,影响公正审判的,应当认定辩护无效,并将案件撤销原判、发回重审。

(二)不得提出当事人明确反对的辩护意见

律师有权独立发表辩护意见可能导致的问题是,律师以独立辩护人自居,不尊重当事人的意见,甚至怠于与当事人沟通,自行决定辩护方案,从而出现法庭上当事人与辩护律师各说各话,甚至双方反目的情况。的确,在辩护律师与当事人的关系中过于强调律师的独立性是不可取的,不仅不利于对当事人利益的维护,甚至可能导致委托代理关系的终结。因此,律师在确定辩护方案时,应与当事人进行充分沟通,在双方对外意见不同的情况下,更应征得当事人的认可,至少是默许。如果当事人明确表示反对,律师应当尊重当事人的意见。无论如何,辩护律师都不应在没有与被告人进行协商、沟通并征得其同意的情况下,擅自发表与其相互矛盾的意见。[51]

首先,辩护律师应当与当事人就辩护方案进行充分沟通,必要时对当事人加以引导,尤其是在律师与当事人的对外意见不同的情况下。认罪认罚案件中,辩护律师拟作无罪辩护时,应与当事人进行充分协商,因为这会直接影响当事人的切身利益。一方面,辩护律师的意见可以影响审判程序的适用,而这可能对当事人的量刑产生影响。认罪认罚案件通常采用简易程序或者速裁程序审理,案件将在较短时间内审理终结,如律师作无罪辩护则需采用普通程序,案件审理期限将会延长。在被告人被羁押的情况下,审限延长则羁押时间长,其

---

[50] 参见陈瑞华:《有效辩护问题的再思考》,载《当代法学》2017年第6期,第4—5页。
[51] 参见李奋飞:《论辩护律师忠诚义务的三个限度》,载《华东政法大学学报》2020年第3期,第23页。

至导致法院因此判处被告人较长刑期。另一方面,律师作无罪辩护可能引起控方或法庭的不满,甚至因此不再适用认罪认罚从宽制度,被告人将面临更重的刑罚。虽然这不符合独立辩护论的要求,但现实中这种情形的确存在。因此,辩护律师拟在认罪认罚案件中作无罪辩护,应事先将无罪辩护的理由、预期的效果和可能的风险向被告人作详尽说明,并加以引导。其他情况下,律师与当事人对外意见不同时也应做好沟通。

其次,辩护律师与当事人就不同意见沟通之后,应当得到当事人的许可,如当事人明确表示反对则不得向公安司法机关提出。司法实践中,辩护律师与被告人在庭审中意见不同,可能有两种情形,一是律师与被告人协商后,被告人表示同意或者没有提出反对,律师为了维护被告人利益向司法机关提出独立意见,这是我国目前刑事司法环境下辩方不得已而为之的选择,不仅保全了被告人的良好的认罪态度,也能给无罪判决留下一线希望;二是辩护律师未与被告人协商,或者不顾被告人的反对而自行提出独立意见,这是对被告人意愿的不尊重。绝对的独立辩护论认为,辩护律师即使违背被告人的意愿也要维护被告人的实体利益,但这其实是将被告人的法律利益等同于全部利益,忽略了其他利益对被告人的重要意义。如果当事人认为其他利益更为重要,那么辩护律师应当尊重被告人的选择。例如在当事人担心暴露隐私,因而不同意不在场证人出庭的情况下,律师应在维护当事人隐私利益的前提下展开辩护,比如提出证据不足或指控罪名不成立的辩护意见。

(三) 不得与当事人及合作律师的意见产生实质冲突

辩护律师有权根据案件事实、证据及法律提出不同于当事人的辩护意见,但是律师与当事人的意见不应有实质性的冲突;在两名律师共同辩护的情况下,律师之间的辩护意见也不应相互矛盾。如果被告方内部意见存在实质冲突,会造成辩护效果的抵消。

律师与当事人之间意见不同的典型情形,就是在当事人认罪的情况下律师作无罪辩护或者重罪改轻罪的辩护。如果律师辩护的理由是全案或部分情节事实不清、证据不足,或者法律适用有误,没有否定当事人所供认的事实,那么两者之间不存在实质性冲突。首先,律师因全案或部分情节未达证明标准提出无罪或轻罪辩护时,属于依法进行的证据辩护,当事人认罪主要是承认指控事实,前者为法律问题,后者为事实问题,两者在同一案件中可以并存;其次,律师因法律适用问题提出无罪或轻罪辩护时,是在承认指控事实的基础上就法律适用提出质疑,两者同样不存在实质冲突。以上两种情形,由于律师没有否定供认事实,因此在无罪或轻罪辩护的同时提出被告人良好的认罪态度等从宽量刑情节亦不会产生矛盾,给量刑辩护留出了空间,双方意见可以统一到同一辩护思路之中。如果辩护律师在当事人承认指控事实的情况下,否定当事人的供述事实,那么两者之间就出现了实质性的冲突,会导致辩护效果的相互抵消。并且,辩护律师若否定指控事实,后面再提出量刑辩护会导致意见前后矛盾。因此,律师独立辩护应当限于法律领域,在事实问题上应当更多尊重被告人的意见。[52]

在当事人委托两名辩护律师的情况下,律师之间的辩护意见也不应产生实质冲突,否则同样会影响辩护效果。司法实践中,当事人委托两位律师的情况并不鲜见,有时是由主办律师带团队律师共同承办,此时辩护意见以主办律师意见为准,一般不会发生冲突;有时则由不同团队的律师共同辩护,就可能出现双方意见冲突的情形。例如,庭审中一名律师坚持无罪辩护,另一名律师却认可公诉方的指控,发表量刑意见。这通常发生在不同近亲属分别为当事人委托律师的情况下,两名律师不进行辩护思路的沟通、协商,于是出现当庭"同室操戈"的情形。律师作为法律专业人士,其所发表的辩护意见代表着专业的判断,相比律师与当事人之间的冲突,律师之间的意见冲突会造成更为严重的负面后果。此种情形下,律师要想说服法官不仅需要与公诉方的意见进行对抗,还要与另一位律师的意见对抗,这使得辩护工作变得更为困难。[53] 因此,当事人委托两位辩护律师时,应由当事人指定其中一位为主办律师,辩护思路以主办律师为准。这并非要求两名律师的庭上意见必须相同,有些案件需要律师从不同角度展开辩护,只要不发生实质性冲突即可。例如,一名律师作无罪辩护时,另一名律师可以作量刑辩护,但应对无罪意见表示认可。

(四)构建维护辩护律师独立地位的程序性规则

作为独立辩护人,辩护律师有权发表与当事人不同的辩护意见,但需要注意的是,辩护律师与被告人意见不同可能会对司法机关的审判工作造成一定的影响,尤其是在被告人认罪认罚而律师作无罪辩护的情况下;同时,如果律师在法庭上才发现与当事人意见不同,此时坚持己见可能造成律师与当事人之间的内部冲突。为了避免上述情况,需要构建相应的程序性规则以保障律师独立辩护权的行使。

首先,认罪认罚案件中,辩护律师拟在庭审中进行无罪辩护的,原则上应在庭前与法院进行沟通,而不是庭审中进行辩护突袭,司法机关在庭前应要求辩护律师明确其辩护思路。根据2021年《刑诉法解释》第360条、第370条规定,辩护人作无罪辩护的,案件不能适用简易程序及速裁程序。如果律师在庭前不与法院沟通,在庭审时径直提出无罪辩护意见,在法庭所适用的是简易程序或速裁程序的情况下,将导致庭审程序无法继续,造成司法资源的浪费和诉讼效

---

[52] 参见陈虎:《独立辩护论的限度》,同前注[3],第46—47页。
[53] 参见同前注[45],第80页。

率的降低。即使案件采用的是普通程序,在突袭辩护的情况下,也会给司法人员的工作造成困扰,打乱其本来的工作计划。正是基于上述原因,有些法官会在辩护人发表无罪辩护意见时直接打断,这会严重影响辩护效果。有经验的律师会在庭审前与法官进行充分的沟通,交流无罪辩护思路,甚至提交书面辩护意见。这不仅能够让法官有机会做好庭审准备,而且可以更好地争取法官对意见的认可。为了避免因律师的问题导致被告人利益受损或者司法资源的浪费,在认罪认罚案件中,应明确规定法庭在庭前会议等庭前程序中须要求律师明确辩护思路,依此确定审判程序的适用,做好庭审准备。除非特殊情况,律师的庭审意见应与庭前思路保持一致,如发生变化的,应当及时告知司法机关。

其次,庭审中被告人的意见突然发生变化,导致辩护律师与被告人双方意见不一的情况下,为了避免被告方内部冲突,应当构建庭审中律师与被告人的临时交流机制。如前文所述,律师独立发表辩护意见的前提是征得被告人的同意,至少是默许,这在律师与被告人庭前协商一致的情况下不成问题。但是,实践中可能会出现突发情况,比如双方协商作无罪辩护的案件,被告人庭上突然认罪,如李庄案;又比如双方协商认罪的案件,被告人庭上突然拒绝认罪。对于前者,虽然律师有权以独立辩护人的身份继续发表无罪辩护意见,但为了尊重当事人的意志,避免出现当事人庭上反对律师意见的现象,律师应当及时与当事人沟通,以确认当事人的意愿。如果当事人因受到外部因素的影响而认罪,律师应加以必要的引导。当事人坚持认罪的,律师继续作无罪辩护还应征得当事人的许可。后者亦然,当事人坚持不认罪的,律师不得继续作有罪辩护。在目前的法庭格局下,律师与当事人距离较远,双方无法随时交流,在这种情况下只能向法官申请休庭,待双方沟通后再继续庭审,但申请能否获准则取决于法官的裁断。为了保障特殊情形下律师与被告人的交流机会,应当构建庭审中被告方内部的临时交流机制,明确特定情形下律师提出与被告人沟通的申请的,法庭应当准许,并以立法或司法解释的方式予以确立。

五、结语

我国传统的独立辩护论因其产生背景的特殊性存在先天的不足,导致了司法实践中辩护律师在处理其与当事人的关系时的傲慢,但是简单地否定独立辩护模式并非明智的选择。在分析了我国刑事辩护活动的现状及其面临的问题并梳理了德国独立辩护论的基础上可以发现,除了辩护律师在与当事人之间的内部关系中的独立,以及相对于其他外部因素的独立之外,独立辩护论还包括第三维度,即辩护律师在诉讼程序中的独立地位,这是独立辩护论的核心与基础。目前刑事诉讼中辩护律师与被追诉人的双重意见表达机制已经确立,问题在于尚需在理念及制度层面得到公安司法机关的认可。实践中,公安司法机关经常将辩护律师与被追诉人的意见混为一谈,这是由对律师独立诉讼地位认识不清所导致的,也是认罪认罚案件中无罪辩护引发巨大争议的原因。律师独立辩护并非单纯的律师职业伦理问题,而是一个国家的刑事诉讼结构的选择。在我国现阶段追求实体真实的理念依然根深蒂固,职权主义诉讼模式占据主导,而被追诉人尚未真正成为诉讼主体的情况下,确立辩护律师的独立诉讼地位是较为合理的选择,不仅能够切实保护被追诉人的利益,也有助于公共利益的维护。

(责任编辑:王瑞剑)

刑事责任年龄的争议、设定与反思
——以德国法为路径的展开

刘　赫[*]

Controversies, Settings and Reflections on the Age of Criminal Responsibility
—Based on German Law

Liu He

内容摘要：犯罪低龄化引起了德国社会对降低刑事责任年龄的激烈讨论，各方基于不同的价值判断和立场选择，对刑事责任年龄的界定问题提出了完全不相容的主张。刑事责任年龄的设定在德国发展过程中不断调整，最终结合行为人社会意义上的自主性、发展心理学的论证和刑事政策的影响等因素被设定在14周岁。但刑事责任年龄的本质是规范设定，具有不确定性。这种不确定性体现在：科学事实与规范设定的分离性、刑事政策的矛盾性与社会能力年龄设定的多元性。故而，只有废除刑事责任年龄的规范设定，建立以"智育和德育作为第一层次、不法认识和行动抑制作为第二层次"的罪责能力实质判断体系，才能化解当下刑事责任年龄争议的危机。

---

[*] 德国汉堡大学法学院2019级刑法学专业博士候选人。本文受国家留学基金委"国家建设高水平公派研究生项目"（项目编号：201906270240）的资助。

关键词：刑事责任年龄　刑事责任能力　未成年犯罪　少年司法

一、问题的提出：是否降低刑事责任年龄的争议

未成年人与刑法，这两个词描述了一种社会上敏感而又矛盾的关系[1]，而在这对关系的讨论背后往往面临着爱与恨的抉择。近年来，在德国又掀起了对降低刑事责任年龄的讨论，而这次广泛争议的背后是一系列低龄未成年犯罪的案例对社会舆论的冲击。其中，在米尔海姆市（Mülheim）和奥伊斯基兴市（Euskirchen）发生的两起恶性低龄未成年犯罪案件成为引发降低刑事责任年龄争议的导火线。米尔海姆市所发生的是儿童轮奸案[2]，而奥伊斯基兴市所发生的是儿童谋杀（未遂）案件[3]。这些恶性低龄未成年犯罪给社会带来的冲击不言而喻，而案件最后的处理结果又使得社会对低龄未成年人是否应承担刑事责任这个问题的意见进一步分化。低龄未成年人通常会经历社会规范意义上的自我发现阶段，在这个阶段中，他们会在对规则和权威的质疑中检验自己，并且会时不时地跨越边界。[4] 而对于这种低龄未成年人的越界行为是否应当纳入刑事归责体系这一问题，在德国的理论界和实务界出现了截然不同的对立观点。

（一）降低刑事责任年龄的肯定论观点

罪责原则是刑法的基本原则，没有罪责则没有刑罚（*nulla poena sine culpa*）。当下罪责的理论内涵体现在，只有当行为人具有认识能力和控制能力时，才能承担刑事责任。这两种能力便成为刑事责任能力构成的重要基础。而刑事责任年龄作为刑事责任能力的表征，是刑事责任能力的形式判断条件。立法者推定行为人在达到一定年龄后便具有认识能力和控制能力，能够成为承担

---

[1] Vgl. Mitsch W. Kinder und Strafrecht, JURA 2017, Heft 7, S. 792.

[2] 2019 年 7 月 5 日晚，德国西部米尔海姆市一处公园里发生了一起令人震惊的案件，5 名男孩（3 名 14 岁少年和 2 名 12 岁儿童）轮奸了一名 18 岁的女中学生。其中，一名叫格奥尔基的 14 岁少年，以前就曾强奸过这名女学生。检察官对 3 名 14 周岁少年提出诉讼，而 2 名 12 岁儿童因未达到德国法律规定的承担刑事责任能力的年龄，完全免于追责。详见 http://www.sta-duisburg.nrw.de/behoerde/presse/ Presseerklaerungen/2019 _ 07 _ 08-Verdacht-der-Vergewaltigung-durch-fuenf-Kinder-und-Jugendliche-in-Muelheim-an-der-Ruhr.pdf, 2020 年 11 月 20 日访问。

[3] 2016 年 9 月，德国奥伊斯基兴一名 12 岁男孩险被同班几个同学殴打致死，检察官要求将该案作为"谋杀罪（未遂）"进行审理。但最后，这些 14 岁以下的同学仍被判定无罪。详见，https://www. focus. de/panorama/welt/schueler-wurde-dort-lebensgefaehrlich-verletzt-gesamtschule-euskirchen-kind-bedroht-12-jaehrigen-mit-messer_id_5990283. html, 2020 年 11 月 20 日访问。

[4] Vgl. Beinder T. Zur Diskussion um die Herabsetzung der Strafmündigkeitsgrenze: „Kinder können grausam sein"—Was die Teilnahme am demokratischen Prozess mit der Strafmündigkeit zu tun hat, Juristische Rundschau, 2019(11), S. 555.

刑事责任的主体。由于未满刑事责任年龄是法定的罪责排除事由,当越来越多的低龄未成年犯罪案件频繁发生,就催生了要求降低刑事责任年龄的舆论。肯定论者从低龄未成年人的犯罪及发育情况、犯罪治理的真空、域外法的经验以及法正义的需求等角度论证了降低刑事责任年龄的合理性。

第一,近年来低龄未成年犯罪的强度增加以及个体发育程度更加早熟,因而有必要降低刑事责任年龄,以对那些恶性低龄未成年犯罪进行刑法治理。依据德国联邦警方所统计的相关数据,虽然德国适龄未成年的犯罪整体数量没有明显增加,但在德国低龄未成年犯罪研究中出现了一个令人担忧的现象,盗窃等财产犯罪的数量有所降低,但暴力伤害犯罪的数量显著增加。特别是从未成年犯罪的角度方面来看,在所有暴力犯罪嫌疑人中,有 4.4% 的人年龄在 14 岁以下。同时,对这种犯罪原因的回溯调查显示,很大一部分原因是由于低龄未成年人缺少对刑事处罚的恐惧。[5] 由于现在青春期开始的时间比规定年龄限制时间要早,儿童发育程度要高很多,相应地,国家有必要通过刑法手段来应对这种犯罪儿童的提前成熟。

第二,国家对低龄未成年犯罪的治理存在真空地带。当下德国应对低龄未成年犯罪的处理只局限在青少年局和家庭法院。刑事司法实践的人员也赞成降低刑事责任年龄,并主张尽早开始刑事审判程序。应对低龄未成年犯罪,需要在未成年人受教育的早期阶段就使得刑事司法程序接触到他们,而不是通过现有的滞后的司法程序来影响他们。[6] 特别是现有的未成年犯罪处理模式所主要依据的《社会法典》(SGB)第八编没有规定强制执行援助措施,而同时,家庭法院也只能在符合《民法典》(BGB)第 1666 条、第 1666a 条的严格条件的前提下才可以做出相应的管理措施。此外,青少年局也在法律上缺乏管理措施的合法性,无法对犯罪行为的预谋、计划等方面进行更详细的调查,也无法更有效地发挥对未成年犯罪的预防功能。因而,德国现行法律体制在应对未成年犯罪上产生了管理的真空区域,这种管理真空对犯罪儿童而言特别危险。[7] 具体来说,因为对于 14 岁以下的未成年罪犯而言,他们往往已经在偏离社会规范的状况下生长发育,而管理上的真空使得他们的"偏轨"行为无法被有效地纠正。

第三,从域外法经验的角度,降低刑事责任年龄具有法律动因。比较法表明,德国与欧洲邻国的关系不会是孤立的。在欧盟不断一体化的过程中,各国人员的交往和流动日益密切,犯罪的行为地和结果地都在一定程度上具有跨国

---

[5] Vgl. Volker U. Pro: Rechtsstaat, der sich wehrt. Kinder für schwere Gewalttaten bestrafen?, Deutsche Richterzeitung, 2020(2), S. 54.

[6] Vgl. Hinz, W. Strafmündigkeit ab vollendetem 12. Lebensjahr? in: ZRP 2000, S. 107 ff.

[7] Vgl. Roesler S. Die Diskussion über die Herabsetzung der Strafmündigkeitsgrenze und den Umgang mit Kinderdelinquenz, 2008, S. 7ff.

性。从德国邻近的欧盟国家的刑事责任年龄规定来看,在德语区瑞士,儿童10岁就已经达到了刑事责任年龄,而在荷兰则从12岁开始承担刑事责任。同时,在欧盟的另一重要国家法国,根据1945年《关于少年犯罪的法令》,原则上未成年人在具有辨认能力时,就具有刑事责任能力,即所有未满18岁的人都有可能因犯罪行为而被追究刑事责任。因而,为应对跨国犯罪的治理问题,降低刑事责任年龄以达到在欧盟内进行统一的规范设定是未来实践的必然需求。

第四,国家对低龄未成年犯罪作出回应是法正义的内在需要,降低刑事责任年龄是对受害者及其家属对法规范的尊重与保护。一个谨慎的法治国家应当定期评估其对人民施加影响的能力,并在必要和适当的情况下对法律规范作出相应的调整。[8] 为了使社会成员自身免受犯罪的侵害,同时出于对受害者的尊重和同情,社会需要一个更强大的宪法国家来发挥保护的功能。[9] 对于未成年犯罪而言,宪法国家的保护有两种完善的方法。一种方法是,在儿童实施严重暴力行为后,若他们对自身的犯罪行为有必要的理解和认知,就可以动用刑法来进行处理。这种对个案刑事责任能力的具体判断具有相当性,符合宪法的要求。另一种方法,还可以考虑在《社会法典》第八编中为14岁以下的暴力犯罪者设立一个特别程序。无论如何,国家必须对犯罪行为全面启动司法程序,以使受害者及其亲属不至于陷入无能为力的境地。[10] 从长远来看,若国家对14岁以下的暴力犯罪者进行纵容,会破坏社会成员对刑法规范有效性的信任。故而,国家对未成年犯罪行为进行刑事处罚,是对受害者遭受的损害进行正义补偿的重要方式。

(二)降低刑事责任年龄的否定论观点

否定论者认为,刑事责任年龄本质上是一种规范设定,是立法者综合各方因素的考量予以确定的。故而,立法者设定的最低刑事责任年龄绝不能仅因社会舆论的呼声就做出改变。刑事责任年龄作为刑事责任能力判断的重要形式依据,在整个刑事法体系内具有牵一发而动全身的重要地位。否定论者认为对最低刑事责任年龄的立法调整必须慎之又慎,其从立法理性、脑部发育特性、低龄未成年人的社会化缺陷以及现有少年司法体系的功能等角度论证了降低刑事责任年龄不具有合理性。

第一,个别案件所引发的情绪化社会反应不能作为理性立法的依据。当发生在米尔海姆市的两名12岁少年实施轮奸的案件被广泛报道时,社会上对该案件的震惊和不满是可以理解的。但这种个别化案件的犯罪行为不应该催化

---

[8] 参见前注[6],第107页。
[9] Vgl. Frenz S. Die Beurteilung der Strafmündigkeit bei jugendlichen Straftätern, in: Frank/ Michael (Hrsg.): Kriminologie-Jugendkriminalrecht-Strafvollzug, 2014, Js. 423ff.
[10] 参见前注[5],第54页。

刑事责任年龄的降低，使得社会中其他的12岁儿童被附加更严厉的法律要求。应对这种突发的个别案件，降低刑事责任年龄虽然被认为是一个简单的解决方案，但该方案具有显而易见的危险。当把社会治理的需求与刑事处罚措施相结合，就会在刑事司法中引入低龄未成年行为的可罚性，而将低龄未成年犯罪行为纳入刑事司法是一种无奈的措施。若降低刑法上关于最低刑事责任年龄的界限，就宣告着少年司法体系的失效，从而瓦解原有的少年司法制度。[11] 因而，在社会治理需求与刑罚权发动的理性立法决策中必须摒弃情绪化的反应，愤世嫉俗的行动主义永远不可能成为明智决策的灯塔。

第二，低龄未成年人的脑部发育具有持续性特征。虽然低龄未成年人通常在14岁之前就已经有了不公正感，也能分辨出是非，但是，其对自身行为性质的定位和认知是在后续与社会的交往中产生的。这种结论与脑科学研究报告是一致的，大脑中负责控制决策的区域比促进情感决策的区域发展得更慢。当发育完成后，大脑的两个区域才处于平衡状态。发育的进程因人而异，甚至可以持续到25岁。[12] 因此，从脑神经科学的角度来看，刑事责任能力取决于大脑发展的状态。低龄未成年人在脑部发展不充分时，很难能对自身的行为有清晰的认识和灵活的控制。故而对于脑部发展不充分的低龄未成年人赋予严苛的刑事责任是不合理。

第三，低龄未成年人存在社会化的缺陷。低龄未成年人完成社会化的过程中最重要的环节就是接受基础教育，同时基础教育也是国家和社会不可推卸的责任。未完成基础教育的低龄未成年人在社会交往中存在能力缺陷。倘若降低刑事责任年龄，将使得未完成基础教育的低龄未成年人独自对犯罪行为承担责任。这显然是国家和社会对自身责任的逃避。[13] 虽然当下低龄未成年人的青春期开始得比过去早，但生理上的提前成熟与道德和精神发展的提前开始并不相关。相反，在以技术进步为特征的当今社会，这种生理上的提前成熟很少能跟上其他方面发展的成熟步伐。12岁的儿童已经可以通过与不同的媒体打交道，参与到成人世界的社会生活中。然而，他们的成熟度和以社会可接受的方式实现自身需求的可能性仍然很低。这是因为低龄未成年人受教育不足所造成本身具有社会化缺陷，导致成熟过程会受到额外的抑制。[14]

第四，现有少年司法体系有效发挥着低龄未成年人犯罪治理的功能。首先，现行青少年局与家庭法院下的措施发挥着预防低龄未成年犯罪的重要功

---

[11] 参见前注[9]，第425页及以下。

[12] Vgl. Sonja S. Contra: Empörungsgeleiteter Aktionismus. Kinder für schwere Gewalttaten bestrafen?, Deutsche Richterzeitung, 2020(2), S.55.

[13] 参见前注[6]，第110页及以下。

[14] Vgl. Müller L. Beantwortung von Fragen zur Strafmündigkeit von 12-jährigen, DVJJ-Journal, 1996(4), S.325.

能。应对未成年犯罪,适用成人刑罚并不是国家能够作出的唯一反应。青少年局和家庭法院在这方面负有责任。这些机构在德国几十年来的运行中积累了丰富的经验,它们有适当的手段来管理和预防未成年犯罪。《社会法典》第八编中的"青年福利法"为青年福利办公室提供了许多针对个人情况作出反应的可能做法,如有必要,也可以在家中进行封闭式住宿。此外,目前正在改进的措施还有根据《民法典》第 1666 条从法律上扩大家庭法院发布命令的权力的建议。[15] 其次,刑事司法系统不适合低龄未成年犯罪的处理。当下出现的低龄未成年犯罪主要是由于社会化的缺失,具体是由日益恶劣的社会环境、价值取向的偏差、规范承诺的缺失、家庭支持的缺失等原因造成的。[16] 为了长期预防未成年犯罪,最为重要的是促进青少年犯罪者的社会化。将儿童纳入刑法的处罚对象范围,不可能消除未成年犯罪的原因。[17] 无论多么严厉的刑罚,都只能对成年人产生威慑作用,而对于 12 岁至 14 岁的低龄未成年人而言,完全无法达到刑罚所追求的威慑目的。即使刑事追责的威胁使儿童产生了对刑罚的恐惧,也只是在最低层次上的影响。低龄未成年人由于大脑发展的不充分,很难把行为责任和遵守规则成功内化。虽然国家有必要对每一个违反规范的行为作出严肃的反应,但这种反应必须以适合年龄和发展阶段的形式进行。对于 14 岁以下的儿童来说,国家施以刑罚的反应显然远远超出宪法所要求的比例原则。[18]

二、刑事责任年龄在德国的设定

结合上文所述,不难发现德国社会在最低刑事责任年龄是否降低这个问题上产生了严重分歧,这种分歧的背后体现出的是对年龄与刑事责任、罪责理论之间关系的模糊认识。罪责理论(Schuldtheorien)是基于罪责原则(Schuldprinzip)对罪责概念(Schuldbegriff)的范畴进行解释和分析;而刑事责任(strafrechtliche Verantwortung)是行为人个体实施犯罪行为后所招致的结果。刑事责任年龄(Strafmündigkeit)则是个人承担犯罪结果的前提,是犯罪论体系下有责层面(Schuldebene)的判断要素。在立法上,刑事责任年龄是将"年龄"与"刑事责任能力"进行连接对应,认为达到一定年龄就推定具有刑事责任能力。"年龄和刑事责任能力"在历史上如何得以连接,并进而产生对应关系?本文接下来从德国刑事责任年龄设定的历史演变和设定理由等角度对"年龄和刑事责任能力"这对关系进行分析。

---

[15] 参见前注[7],第 11 页及以下。
[16] 参见姚建龙:《我国少年刑事责任制度之理论检讨》,载《法律科学(西北政法大学学报)》2006 年第 3 期,第 147 页。
[17] Vgl. Lemmp. 13jährige zum Jugendgericht? DVJJ-Journal,1996(4),S. 323.
[18] Vgl. Müller S. Kinderkriminalität: empirische Befunde, öffentliche Wahrnehmung, Lösungsvorschläge. Springer-Verlag,2013,S. 13ff.

(一)刑事责任年龄在德国的历史变迁

1532年德国第一部成文法典《卡洛林娜法典》没有对刑事责任年龄作出原则性的规定,但是在第164条规定了"对于14岁以下的年轻小偷,施以身体刑而非死刑"。[19] 同时,对于其他类型的犯罪,则应在听取法学专家(Rechtsgelehrten)的意见后进行处理。这种对刑事责任年龄不作规范设定,而按照专家意见进行处理的模式对普通法系的英美国家影响深远。[20] 具体来说,英美法系国家应对低龄未成年罪犯的"恶意补足年龄"规则就受到这种模式的影响。在18世纪,布莱克斯通(Blackstone)认为,英美法系国家的"恶意补足年龄"规则在判断低龄未成年罪犯的刑事责任能力时,就着重依据控方所提交的专家意见等证据作为认定"罪犯的判断能力和理解能力"的基础。[21] 事实上,这种对刑事责任能力进行判断的方法是基于罗马法(特别是意大利后期)的学说。[22] 但由于这种证明低龄未成年罪犯行为时"恶意"的方式受限于当时脑部科学和心理学发展的不充分,该规则在理论界和实务界都受到了广泛的质疑。故而,英国在2009年的 R. v J. T. B. 案件中明确将10周岁作为最低刑事责任年龄进行规定,宣告了"恶意补充年龄"规则的废除,自此英国也逐渐向大陆法系通过规定刑事责任年龄进而在形式上判断刑事责任能力的做法靠拢。

回溯到19世纪德意志帝国逐渐走向统一的过程中,刑事责任能力的设定也越来越明晰。具体来说,在19世纪的各州刑法典中,1813年《巴伐利亚刑法典》规定的刑事责任年龄为8岁,1839年《符腾堡刑法典》则规定10岁为刑事责任年龄起算点,1855年《萨克森刑法典》则规定14岁起才能开始承担刑事责任。[23] 各州刑法典刑事责任年龄的设定虽有不同,但与各州的民法典规定、学校教育结束等所及的年龄息息相关。19世纪中叶以后,以12岁作为刑事责任年龄起算点的做法占据上风,这也被写入了1870年的《北德意志联邦刑法典》中。《北德意志联邦刑法典》中的刑事责任年龄是依据皇家医学科学团的专家意见所设定的,他们主张儿童的身心发展在7岁至12岁之间具有明显的变化。因而,在这段时期的儿童,缺少规范意义上的自由意志,规范违反的行为通常被

---

[19] Vgl. Feuerbach P. J. A. Lehrbuch des gemeinen in Deutschland gültigen Rechts, 7. Aufl., Gießen 1820, S. 92.

[20] Vgl. Beulke, Swoboda. Jugendstrafrechts,16. Aufl., Stuttgart 2020, S. 33.

[21] Vgl. Walkover, Andrew. The Infancy Defense in the New Juvenile Court, UCLA L. Rev, 1984(3), S. 503-511.

[22] Vgl. Binding C. Grundriss des Deutschen Strafrechts, Allgemeiner Teil, 8. Aufl., Leipzig 1913, S. 100ff.

[23] Vgl. Fritsch M. Die jugendstrafrechtliche Reformbewegung (1871-1923), Freiburg 1999, S. 104f.

认为"恶作剧的乐趣",应当免于刑事责任的追究。[24]

在德意志帝国完成统一后所制定的 1871 年《德意志帝国刑法典》(RStGB)第 55 条保留了《北德意志联邦刑法典》关于刑事责任年龄设定在 12 岁的规定,并适用在南德地区。此外,《德意志帝国刑法典》第 56 条规定,行为人在行为时的年纪在 12 岁至 18 岁之间,若缺少认识刑事责任所需的不法洞察力,则免于处罚。[25] 为了弥补可能存在的低龄未成年犯罪治理的漏洞,1876 年的《刑法修正案》补充规定了第 55 条第 2 款,各州可以根据有关矫正和监督的规定,对未达刑事责任年龄的儿童采取适当措施。在后期少年司法的改革运动中,用纠正或教育措施取代了对儿童有害的监禁刑罚。[26] 其中,1892 年艾森纳赫建议(Eisnacher Vorschläge)首次主张将刑事责任年龄的下限提至 16 岁。虽然该建议没有得到正式采纳,但是对刑事责任年龄的提升在理论界和实务界影响深远。经过讨论,最终社会凝聚的共识是将刑事责任年龄提高到 14 岁。其中最为重要的原因就是学校教育的结束和社会管控的需求。[27]

1909 年《德国刑法典》初稿的论证中指出,12 岁至 14 岁的儿童在精神和道德上仍处于发展过程中,尚未完成,因此最好不要追究他们的刑事责任。这时刑事责任年龄便与"心理成熟"和"道德成熟"的概念联系在一起。[28] 精神上的成熟被描述为心理成熟,这是洞察犯罪不法行为及其意义的必要条件。而道德上的成熟则与"补偿性的道德观念"和"对本能的驱动力和刺激的抵抗力"相关。[29] 因而,14 岁以下的儿童不具有心理成熟和道德成熟,也不能承担刑事责任。在 20 世纪初,少年司法改革运动推动建立了第一个少年法庭(1908 年)和少年拘留中心(1910 年)。但在有关刑事责任年龄的规定上争议不断,由于草案将刑事责任年龄的下限规定在 14 岁,1909 年的刑法典初稿引起了各州政府的抵制,最终导致刑事责任年龄改革的失败。

1912 年的《少年诉讼法》没有单独规定刑事责任年龄,但该法案由于第一次世界大战未能通过。直到 1919 年,帝国司法部公布了《刑法》草案的修订版,再次规定了 14 岁的年龄限制。由于刑法典改革进程缓慢以及所受阻力较大,帝国司法部决定将少年刑法独立设定,并于 1920 年向帝国议会提交了一份独

---

[24]　Vgl. Entwurf eines Strafgesetzbuches für den Norddeutschen Bund 1869, Anlage 3 zu den Motiven: Erörterung strafrechtlicher Fragen aus den Gebieten der gerichtlichen Medizin.

[25]　参见前注[22],第 15 页及以下。

[26]　Vgl. Miehe. Der Anfänge der Diskussion über eine strafrechtliche Sonderbehandlung junger Täter, in: Schaffstein/Miehe (Hrsg.): Weg und Aufgabe des Jugendstrafrechts, Darmstadt 1968, S. 5ff.

[27]　Vgl. Liszt F. Strafrechtliche Aufsätze und Vorträge, Band I., Berlin 1905, S. 347.

[28]　Vgl. Fuchs M. Das Problem der Strafmündigkeit und die deutsche Strafgesetzgebung, Breslau 1906, S. 49.

[29]　参见前注[22],第 112 页。

立的《青少年法庭法》(JGG)草案,最终帝国议会于1923年2月1日通过了该法案。在后续的国家社会主义时代,14岁刑事责任年龄的法律规定形同虚设。根据1943年《帝国青少年法庭法》(RJGG)第3条第2款第2句的规定,基于不当行为的严重性,出于保护人民的目的,需要进行刑事起诉的,可以追究12岁以上儿童的责任。

(二)刑事责任年龄在德国的现行规定

二战后,德国法学界对纳粹时期的立法变化进行了反思,特别是随着纽伦堡审判的进行,"恶法非法"的自然法思想再次发挥了独特的理论魅力。"恶法非法"要求,实定法不能违反自然法正义的核心。自然法中对恶法和善法的区分,使得立法者在对法律进行修改时,不仅要注意正当性,更要注意合理性。这种对立法采取的更加谨慎的态度,为决策者进行理性立法创造了可能。回归刑事立法,决策者在"年龄和刑事责任能力"的立法上更加重视理论的应用与说明。

根据现行《德国刑法典》第19条"行为时未满14周岁者,无罪责能力"的规定,青少年的刑事责任年龄是从14岁的年龄起算的。同时,对于已满14岁的青少年是否能够承担刑事责任还要结合其本身的发展状况进行判断。在行为人已成年的情况下,罪责能力(Schuldfähigkeit)是作为一项规则而被预设的,只有在特殊情况下才会被排除。这种排除理由被规定在《刑法典》第20条,"行为时因疾病引起的精神障碍、深度意识障碍、智能障碍或其他严重的精神疾病,致行为人不能辨识行为不法或不能依辨识控制行为的,不承担罪责。"

而在青少年案件的情况下,刑事责任能力必须在每个案件中进行认定,并且必须在判决中予以说明。具体来说,只有当青少年在犯罪时,其道德和智力的发展已经达到成熟的状态,能够认识到行为的不法性,并依这种认识行事,才会产生刑事责任。《青少年法庭法》第3条与《刑法典》第20条的结构相似:"如果青少年在行为时在道德、精神上已经发育成熟,进而能够辨认出行为的不法且按照这种认识行动,则应负刑事责任。对于因不成熟而不负刑事责任的青少年的教育,法官可下令采取与家庭法院相同的措施。"在判断青少年发展成熟时有两层结构,在第一层的判断结构中,《青少年法庭法》第3条所规定对道德和心理成熟度的判断取代了《刑法典》第20条所规定的生物、心理的调查,而第二层的判断结构则是以理解能力和控制能力的认定为核心内容。

(三)十四周岁作为最低刑事责任年龄的设定理由

德国现行的《刑法典》和《青少年法庭法》确立了14周岁作为最低刑事责任年龄。14周岁的年龄设定不仅结合了立法时未成年人完成社会化的实际情况,还吸收了发展心理学的实证研究结果,更受到当时刑事政策的影响。不难看出,由于刑事责任年龄具有重要的罪责排除功能,立法者试图从多元角度去寻找"年龄和刑事责任能力"的对应关系。

1. 社会意义上的自主性

人作为社会性动物，其行为举止被视为自身与外界进行交流的重要表现形式，此时被予以表现的行为具有沟通相关性（kommunikative Relevanz）。故而，行为在沟通的层面上被认为是行为人向社会传达自身的意志内容。行为人实施犯罪行为实际上就是在向社会传达对规范违反的信息，而随后的刑罚则是社会向行为人传递规范有效性的信息。简言之，具备刑事责任能力意味着行为人具备在社会上与规范进行交流的能力。故而，对于低龄未成年人刑事责任能力的判断，就是要确认从什么时候起，其可以被认为具有社会意义上的自主性，进而可以在社会上与规范进行交流。

低龄未成年人与社会交流的过程就是在进行社会化。而当低龄未成年人完成社会化时，就意味着其具有了社会意义上的自主性。这种自主性表现在参与社会活动的行为有效性，即可以为自己的行为造成的后果承担责任。一般来说，这种公民社会化与接受基础教育的过程是一致的。因而，离校年龄被认为是刑事责任年龄的合适起算点。"在20世纪初，年满14周岁在德国既意味着学校教育的结束，也意味着进入劳动力市场。当完成学校教育的14周岁青少年开始学徒或工厂工作时，通常伴随着与父母的分离，在一定程度上完成了独立。"[30] 因而，青少年的第十四个年头就成为了年轻人在社会上进行自我负责的门槛。14周岁在社会自主性上具有特别的含义。完成社会化的低龄未成年人可以参与到社会交往中来，并以自身的行动展现自由意志的独立，而这种自由意志的表达恰恰就是刑事责任能力承担的主观要求。

2. 发展心理学的论证

《德国刑法典》第19条和《青少年法庭法》第3条将14周岁作为刑事责任年龄是以青少年的精神和道德成熟度为切入点的。但是，能否将刑事责任承担的成熟期固定在某一普遍有效的年龄限制上，一直都遭到各种质疑。怀疑论者认为，并不存在"年龄和刑事责任能力"对应关系。发展心理学以年龄与脑部发育程度为研究对象，其研究结论为14周岁刑事责任年龄的设定提供了充分的理论依据。

道德发展的心理学研究对刑事责任年龄的设定具有指导意义。道德，可以被理解为对规则体系的尊重，通常在14周岁之前就已经存在。1932年，让·皮亚杰（Jean Piaget）的研究表明，即使是小孩子，也能在没有成人指导的情况下遵守规则。而劳伦斯·科尔伯格（Lawrence Kohlberg）在瑞士心理学家研究成果的基础上，建立了"道德意识理论"。该理论将"道德判断"视为一种随

---

[30] 参见前注[26]，第344页。

年龄变化而按固定步骤发展的认知能力。孩子在成长过程中会经历三个不同的判断阶段,而这三个判断阶段又可以分为六个发展水平。[31] 按照刑法规范无孔不入地渗透到社会生活中的状况来看,第一层次的道德发展就已经具有认知日常规范行为的能力。科尔伯格的研究发现,14周岁以上的青少年已经处于道德发展的第二至第四层次。当未满14周岁的儿童道德发展到第一层次(对规范和制裁的取向)时,就产生了对行为违反刑法规范的认识能力。但是,这种基于道德判断的认识能力并不能直接推导出承担刑事责任所需的行为能力。艾娃和米歇尔(Dreher Eva/Dreher Michael)在1985年对儿童完成个人发展性任务(Entwicklungsaufgaben)进行研究,测试儿童对不同发展任务的掌握情况,进而判断儿童的行为能力。这些个人发展性任务涉及对同龄人、家庭、教育和未来规划的想法,涵盖自我认知、身份、性别角色和价值观等领域。在14周岁及以下的学生群体中,个人发展性任务的完成率为25%至58%。在15周岁以上的人群中,相应的比例为43%至70%。[32] 除"个人未来规划任务"外,其他发展性任务均有显著增加,与社会其他成员的亲密关系也显著增加。他们根据研究的结果认为至少在14周岁时就会出现爆发式的发展。在这种情况下,14周岁的青少年已经发展出《刑法典》第20条和第21条背后所包含的辨认能力和控制能力。因此,发展心理学的研究认为,未成年人在14周岁时脑部发育的程度满足刑事责任能力所需要的主观判断能力,故而立法者将发展心理学研究的成果纳入立法考量,确定了14周岁作为刑事责任年龄的起算点。[33]

3. 刑事政策的博弈

刑事政策在刑法的制定和修改中都扮演着举足轻重的角色,在刑事责任年龄的设定上也发挥着强大的博弈力量。虽然1871年《德意志帝国刑法典》将德国各州的刑事责任年龄设定在12周岁,但是在后期的司法实践中产生了对低龄未成年犯罪的管理漏洞。由于一些联邦州依据《德意志帝国刑法典》第56条有关对儿童不法洞察力判断的规定,撤回了对犯有罪行儿童的刑事指控,导致刑法对责任年龄的规定名存实亡。[34]

---

[31] Vgl. Lösel F. Bliesener T. Zur Altersgrenze strafrechtlicher Verantwortlichkeit von Jugendlichen aus psychologischer Sicht, DVJJ-Journal, 1997(4), S. 388f.

[32] Vgl. Dreher, E. Dreher, M. Wahrnehmung und Bewältigung von Entwicklungsaufgaben im Jugendalter: Fragen, Ergebnisse und Hypothesen zum Konzept einer Entwicklungs-und Pädagogischen Psychologie des Jugendalters, in: R. Oerter (Hrsg.): Lebensbewältigung im Jugendatler, 1985, S. 30-61.

[33] Vgl. Hommers. W. Entwicklung der Einsicht in das Delikt, in: Bäuerle (Hrsg.), Kriminalität bei Schülern. Band I: Ursachen und Umfeld von Schülerkriminalität, Stuttgart 1989, S. 97-116.

[34] Vgl. Christine D. Erziehung durch Strafe? Die Diskussion des Strafmündigkeitsalters bis zum JGG 1923, in: RdJ 1992, S. 148.

1874年德国教师协会及北威州监狱协会就刑事责任年龄的设定所写的两份建议书中主张,如果没有国家的刑罚作为威胁,"学校里的恣意妄为和无秩序的低龄未成年犯罪情况将会盛行,建议书敦促降低刑事责任年龄"。[35] 1876年,帝国政府部分地采纳了这一主张,在第55条中增加了第2款,即可以根据国家法律的规定,采取适合于改善和监督12周岁未成年犯罪人的措施。20世纪初,也正是出于刑事政策的考虑,在一些刑法教师、帝国议会议员和司法工作者的一致意见下,帝国政府拒绝了改革派提出的提高刑事责任年龄的要求。但是,1923年的《青少年法庭法》将刑事责任年龄限制定为14周岁,这是帝国政府和各方主张妥协的结果。[36] 14周岁的刑事责任年龄设定既不像少年司法改革运动所要求的那样将刑事责任年龄提高到16周岁,也没有延续之前有关于12周岁的规定。事实上,将16周岁定为刑事责任年龄的提案仅以微弱的差距失败,汉堡青少年法庭法官赫兹(Hertz)提出的将刑事责任年龄定为14周岁,但应避免对16周岁以下的青少年判处监禁自由刑的折中方案被各方接受。[37]

结合前文所述,德国立法者在考虑最低刑事责任年龄的规定时,虽然从公民个体社会化完成的角度和发展心理学的研究结论角度认定14周岁作为最低刑事责任年龄具有理论的可靠性和科学性,但是,不能忽视刑事政策在立法中所发挥的重要作用。从刑事政策角度来看,1923年所最终确定的14周岁作为最低刑事责任年龄是立法者之间博弈和妥协下的产物。这种立法的妥协也更加凸显了刑事责任年龄这种规范设定本身的弊端。

三、刑事责任年龄的解构与刑事责任能力判断的重塑

(一)刑事责任年龄的解构

刑事责任年龄是一种排除刑事责任能力的规定,这种规定既可以基于低龄未成年人不能对规范产生反应的事实,也可以基于对低龄未成年人进行预防性刑罚不具有必要性的原因。[38] 在很多情况下,低龄未成年人也很有能力对杀人、偷窃等这些刑法禁止性规范进行感知,进而在做出违法行为时会产生相应的罪责感。但由于该行为并不动摇成年人眼中的普遍法意识(Rechtsbewusstsein),因而,"刑罚作为一种一般预防的措施,对低龄未成年人

---

[35] 参见前注[32],第145页。
[36] 参见前注[7],第279页。
[37] 参见前注[32],第152页。
[38] 参见李鹏、龙潭、黄亚烨:《低龄未成年人危害社会行为的预防与矫治》,载《青少年犯罪问题》2016年第1期,第43页及以下。

进行制裁是不可取的,因此立法者正确地排除了罪责"。[39] 故而,刑事责任年龄的出现可以完善传统的罪责概念在论证儿童无罪责能力时所产生的理论难题。[40] 具体来说,"由于罪责的基准点不是犯罪行为的可避免性,而是行为人自身的应受刑罚惩罚性。"[41] 传统罪责论中缺少对低龄未成年人罪责能力的论证,无法解释低龄未成年人何时起会因自身的应受刑罚惩罚性而产生罪责,因此刑事责任年龄的出现在本质上是以规范设定的方式简化这种理论证明的难题。

故而,现行法律所规定的14周岁刑事责任年龄的限制在罪责理论中并不具有本体论的地位[42],而只是一种刑事责任能力的表征。刑事责任年龄是为了寻找"年龄和刑事责任能力"对应关系下的产物。无论从德国纵向的历史角度来看,还是从域外法律的横向比较来观察,刑事责任年龄这一规范设定在不同时期和不同国家都不尽相同。一方面,从德国历史纵向上对刑事责任年龄的设定上来看,1871年《德意志帝国刑法典》第55条规定,12岁以上的儿童应视为可以接受刑事处罚的主体。随后,1923年的《青少年法庭法》又将承担刑事责任的年龄提高到14岁。1943年《帝国青少年法庭法》又将原有14岁年龄的限制进行弹性化规定,它创造了一种可能性,即由于不当行为的严重性,出于保护人民的需要,12岁以上的儿童也可以受到刑事处罚。战后,1953年的《少年法庭法》在第1条第3款中将14岁设定为承担刑事责任的绝对年龄,而随后这条规定又被吸收到了《刑法典》的规定中。另一方面,从欧盟其他国家的横向比较来看,各个国家的法律体系对刑事责任年龄没有作出统一的规定。例如,在英国[43]和瑞士,刑事责任年龄是从10岁开始;而根据奥地利《青少年法庭法》第4条第1款和西班牙《刑法典》第19条的规定,14岁以上的儿童可被起诉;而斯堪的纳维亚半岛区域的国家(挪威、瑞典、芬兰)则将承担刑事责任的年龄定为15岁。[44] 联合国儿童权利委员会在1985年所做的大会决议中通过了《联合国少年司法最低限度标准规则》(《北京规则》)。[45] 虽然《北京规则》没有

---

[39] Vgl. Wolfslast G. Strafrecht für Kinder? Zur Frage einer Herabsetzung der Strafmündigkeitsgrenze, in: Festschrift Bemmann, 1997, S. 287.

[40] Vgl. Roxin/Greco. Strafrecht AT, Band I: Grundlagen. Der Aufbau der Verbrechenslehre, 2020, s. 1041f.

[41] 参见林清红:《未成年人刑事责任年龄起点不宜降低》,载《青少年犯罪问题》2016年第1期,第28页。

[42] Vgl. Frehse D. Strafreife-Reife des Jugendlichen oder Reife der Gesellschaft? in: FS-Schüler Springorum, 1993, S. 379-387.

[43] 此处依据英国1933年《儿童和青少年法》第50条的规定,目前议会正在审议的《刑事责任年龄法案》则是将年龄限制提高到12岁。

[44] 斯堪的纳维亚半岛的国家有关刑事责任年龄的规定如下:《挪威刑法典》第3章第20节,《瑞典刑法典》第1章第6节,《芬兰刑法典》第3章第4节。

[45] 根据1985年11月29日的联合国大会决议,A/RES/40/33。

规定具体的刑事责任年龄限制,但明确要求刑事责任年龄"不应定得太低"。联合国儿童权利委员会在2007年通过的第十号一般性意见——《少年司法中的儿童权利》,则呼吁各会员国不要将最低年龄定为12岁以下。联合国儿童权利委员会还强调,"因违法行为和犯罪行为而需承担责任的年龄应与其他社会义务的年龄(如婚姻能力、民法规定的成年人等)之间密切连接"。[46]"只要不存在具有超国家约束力的规章制度,每个国家都可以依据社会的情势自行决定要在哪里对刑事责任年龄进行界定。"[47]就像一般的法律制定一样,刑事责任年龄的规范设定并不是"年龄和刑事责任能力"对应关系的产物,而是权衡不同利益后妥协的产物,不断调整和解决着低龄成年犯罪者的福利与被害人及其亲属之间的利益矛盾,以及犯罪和社会之间的利益冲突。

简言之,刑事责任年龄本质上是一种规范性的设定,是"法律规范划分出的适用界限"[48],这种具有价值判断性的规范设定总是受其他因素的影响。[49]"至于在哪里划定年龄限制,则是由社会各方博弈所作出的决定,因而这种规范设定本身具有不确定性。"[50]刑事责任年龄设定的不确定性主要体现为规范设定与科学事实的分离性、刑事政策目的设定的矛盾性与社会能力年龄设定的多元性。

1. 规范设定与科学事实的分离性

规范设定时往往将社会科学研究所提供的结论作为重要的参考依据。同样,就刑事责任年龄的规范设定而言,最为理想的情况是,发展心理学等社会科学研究为儿童何时成熟到能够认识到行为的不法性并根据这种认识采取行动提供精准结论,并为划定刑事责任年龄提供科学依据。《德国刑法典》第19条对刑事责任年龄的设定属于法律上明确的、不受辩驳的推定性规范,该条款除了受经验论的科学论点影响外,其背后的刑事政策意义才是决定性的影响因素,即《德国刑法典》第19条追求的目标是至少使14岁以下的儿童免受刑法制裁。但是,如果考虑到儿童各自发展的不同水平,第19条所追求的一刀切式的目标是不合理的。特别是当下对儿童"年龄与成熟度"对应关系的研究,并不能为刑事责任年龄提供合理的科学标准。

发展心理学的代表人物克里克(Crick)和道奇(Dodge)本想将儿童和青少年的"社会信息处理能力"作为行为能力判断的重要依据,试图进一步研究儿童和青少年的成熟年龄。具体来说,对社会信息处理能力的研究是以观察和分析

---

[46] 参见联合国大会决议,A/RES/40/33,第4.1段。
[47] 参见前注[4],第557页。
[48] Vgl. Schild, in: NK-StGB, Bd. 1, 5. Aufl. 2017, § 19 Rn. 1.
[49] 参见于志刚:《犯罪的规范性评价和非规范性评价》,载《政法论坛》2011年第2期,第29页及以下。
[50] 参见前注[7],第283页。

儿童和青少年对社会冲突的认知及其在化解冲突中与社会互动的状态作为研究对象。但他们最终的研究结论认为,导致社会信息处理能力缺陷的原因不是延迟发育,而是错误的发展方向。当儿童和青少年的社会信息处理能力具有明显缺陷时,他们就很难对自身行为具有控制力。导致社会信息处理能力缺陷的核心原因是家庭问题、神经心理上的风险、缺乏教育或认知缺陷等因素,而这些原因是与年龄大小无关的。[51] 因而,发展心理学无法在科学事实的层面上证明从某一年龄界限开始,社会信息处理能力出现显著提高,进而也无法确定在某个固定的时间点儿童和青少年可以开始承担刑事责任。因此,根据目前的研究,无论是提高还是降低刑事责任年龄限制,都很难在科学的事实层面找到令人信服的依据。因为,公民的理解能力及相应的行为能力的年龄界限是不固定的,对每个人来说理解力和行动力都是具体个体化差异的特征。而当"《青少年法庭法》和《刑法典》对刑事责任年龄进行统一的规范设定时,就背离了科学意义上的事实特征,这也导致刑事责任年龄的规范设定总是不确定的"。[52]

2. 刑事政策目的设定的矛盾性

当儿童和青少年的成熟年龄未能在社会科学研究上获得事实支撑时,刑事责任年龄相关规范设定的问题便会落在刑事政策领域中进行讨论。[53] 但往往在刑事政策领域内的讨论中,各方依据不同的价值判断所得出刑事政策的目标设定有时会截然相反。在刑事责任年龄这个具有高度争议性的问题上,人们从自身的立场出发表达强烈的要求和主张。这种要求和主张通常是情绪反应的需要,而刑事政策作为回应社会需求的工具也会随之变化。特别是当未成年犯罪的案件被媒体广泛报道时,社会上要求将刑事责任年龄降至12岁的舆论便日益增强。

有学者主张,应当将《刑法典》上的年龄限制从14岁降低到12岁以回应社会的强烈舆论,同时学界也不应当对此种降低过分抵制,因为这种年龄降低并不意味着12岁到13岁的儿童必然会被追究刑事责任,对这一年龄群体的罪犯也必须依照《青少年法庭法》第3条第1款的要求对个体发展的成熟度进行考察,而这种实质的成熟度判断不会造成犯罪儿童大规模被判刑。[54] 然而,《青少年法庭法》第3条第1款所要求的理解能力和控制能力的判断标准,能在多

---

[51] Vgl. Crick, N. R., Dodge, K. A. "Children's perceptions of peer entry and conflict situations: Social strategies, goals, and outcome expectations", in Schneider/Nadel (eds.), *Social competence in developmental perspective*, Cambridge University Press, 1989, pp. 396-399.

[52] Vgl. Kruppe/Brinke. Abenteuer Kaufhaus, in: Müller/Peter (Hrsg.): Kinderkriminalität, 1998, S. 215f.

[53] 参见前注[29],第278页及以下。

[54] Vgl. Paul B. S. Zehn Vorschläge zur Reform des deutschen Föderalismus, ZRP 2000, S. 204f.

大程度上对14岁以下的儿童适用,这也是存疑的。[55]

这种刑事责任年龄设定和成熟度判断并存的刑事责任能力体系实质上是构建了一种原则与例外的关系,即原则上满足一定的年龄则推定具有刑事责任能力,若未满足成熟的判断标准则作为例外排除具有刑事责任能力。但这种"原则与例外"作为刑事责任能力判断的标准具有很强的形式化特征。即便《青少年法庭法》为成熟度的实质判断指明了方向,但在实践中对于儿童和青少年的成熟度都是以教育成熟度作为判断依据,而这种教育成熟度也只与接受基础教育的年龄相联系,依然具有很强的形式判断色彩。[56] 最终,这种回应社会舆论、旨在提高公民安全感的刑事政策[57]必然会使得刑事责任年龄逐渐降低,进而使得更多儿童接受刑法的制裁,而这种结果又与旨在教育犯罪儿童的少年司法刑事政策[58]背道而驰。

3. 社会能力年龄设定的多元性

刑事责任年龄作为刑事责任能力的表征,是行为人对自身犯罪行为后果负责的形式前提。行为人实施犯罪行为,是对刑法规范的违反,行为人因犯罪而遭受的刑事处罚则是承担责任的体现,这种责任的承担实质上也是一种社会能力。故而,对刑事责任年龄的界定应当与在社会中从事特定有效法律行为的资格年龄一致。

具体来说,刑事责任被理解为"对非法行为缺乏支配性法律动机的管辖权(Zuständigkeit)"。[59] 因而,行为人被认为具有管理非法行为的基本前提是他的归责能力。如果承认犯罪者是平等的,从而将其定义为一个人,就可以追究责任。[60] 在这种情况下,行为人被认为有能力参与社会交往,并在社会中表达自己的意见。此时,行为人的行为具有沟通相关性。[61] 行为在沟通意义上被理解为一种参与社会与塑造世界的表达,"能够以不同的方式行动"的可能性就在社会规范之下得以体现。当行为人与社会规范产生矛盾并引发冲突时,社会规范被行为人所否定,相应而来的刑罚则是对社会规范有效性的确证。于是关于刑事责任能力的认定,就要厘清从什么时候开始,儿童或青少年可以被认为有能力参与社会和塑造世界,即从何时起,他们被承认作为平等独立的个

---

[55] Vgl. Bohnert J. Strafmündigkeit und Normkenntnis, NStZ 1988, S. 249-251.
[56] 参见前注[31],第379页。
[57] Vgl. Ostendorf H. Persönlicher und sachlicher Anwendungsbereich des JGG-Die strafrechtliche Verfolgung von Kindern, in: FS-Pongratz,1986, S. 63-74.
[58] 参见前注[31],第380页及下页。
[59] Vgl. Jakobs. Strafrecht, Allgemeiner Teil, 2. Aufl., 1991, 17. Abschn. Rn. 1.
[60] Vgl. Jakobs. Das Schuldprinzip, 1993, S. 27.
[61] Vgl. Hörnle T. Straftheorien, 2011, S. 27f.

体。[62] 可以看出,犯罪成熟度的问题实质上是一种能力的社会归属问题。

因而,在刑事责任年龄界限的规范设定中,应该纳入其他社会能力归属,以使这些社会性的评价之间形成一致性。[63] 如果犯罪者认为被有能力参与社会和对塑造世界表达意见,最明显的就体现在社会政治生活能力上。而在社会政治生活中,选举是将人民政治舆论的形成和决策过程转移到国家决策过程中的行为。公民通过参加选举,直接参与社会的决策过程,从而参与社会与塑造世界。故而,刑事责任年龄应与投票年龄保持一致。而根据《德国基本法》第38条第2款,任何年满18岁的人都有权在德国联邦议院选举中投票。同时,在市一级的议会选举中,大多数联邦州已经将投票年龄降低到16岁。[64] 迈耶(Meyer)认为,"投票年龄的确定是对某一年龄组的政治洞察力的一般评估,达到某一年龄就视为有能力对社会状况发表意见并参与塑造世界"。[65]

故而,刑事责任年龄的设定应当与参与选举能力的社会归属保持一致。如果犯罪人被视为平等独立的个体,其刑事相关行为就具有沟通的意义;而同样也只有平等独立的个体才能参与选举,因为参加选举活动也是以能够以某种理解的方式参与沟通过程为前提的。因此,从刑事责任年龄限制和选举资格年龄限制对塑造社会世界的意义来看,两者是密切相关的,应当具有一致性。但是,选举资格年龄却因不同层级的选举活动而具有不同界限,由此刑事责任年龄设定以何者作为参考便陷入了争议。

除了投票年龄外,法律领域还有其他重要的社会能力归属。例如,根据《德国民法典》(BGB)第2条的规定,完全民事行为能力人是18岁以上的主体;依据《德国民法典》第1303条第1款,当公民达到18岁时,视为进入婚姻成熟期;根据《德国民法典》第1303条第2款,年满16岁的未成年人的婚姻是有效的。在侵权法领域内,《德国民法典》第828条规定了未成年人只要年满7岁,就可以被认为是特定侵权行为的主体。"虽然民法与刑法在本质上具有不同性质,但都可以看出特定社会能力的年龄设定是与公民个人自由化的程度相关。"[66] 因此,在赋予公民影响整个社会共同体的能力时,评估的相关内容不同,故而年龄设定也具有多元性的特征。社会能力年龄设定本应被吸收容纳在刑事责任

---

[62] 参见前注[31],第387页及下页。

[63] 联合国大会还指出了刑事责任与其他权利和义务之间的密切联系。见联合国大会1985年11月29日决议,A/RES/40/33,第4.1段。

[64] Vgl. Kahl/Waldhoff/Walter (Hrsg.), Bonner Kommentar zum Grundgesetz (Ordner 10), 2018, Anh. z. Art. 38 Rn. 37.

[65] Vgl. Hans M. in: Isensee/Kirchhof (Hrsg.), Handbuch des Staatsrechts, Bd. III, 2005, § 46 Rn. 12.

[66] 参见林维:《未成年人刑事责任年龄及其制裁的新理念——〈国内法和国际法下的未成年人刑事责任决议〉解读》,载《中国青年政治学院学报》2005年第2期,第1页。

能力的年龄设定中[67],但由于不同社会能力年龄设定的多元性导致无论刑事责任年龄设定为何都无法与其他社会能力年龄设定达到体系性的统一与和谐。

(二)刑事责任能力判断的重塑:双层次体系

刑事责任能力的判断与对刑法理论中罪责(Schuldbegriff)概念的理解息息相关。无论是贝林(Ernst von Beling)认为罪责是行为人与其行为之间的心理关系,进而延续了罪责概念应属于心理责任论的主张;亦或是弗兰克(Reinhard Frank)提出期待可能性理论,以此作为罪责的规范要素,提倡规范责任论;又或是韦尔泽尔(Hans Welzel)在其主张的目的行为论与规范责任论的基础上,将故意与过失等心理要素全部转移到构成要件层面,使得罪责概念更加规范化;还是雅各布斯(Günther Jakobs)提出的机能责任论,认为罪责是在缺乏对法规范的忠诚而得以体现;甚至霍恩尔(Tatjana Hörnle)主张废除罪责概念,进而用不法归责进行取代,在上述罪责概念的演变过程中,刑法学家始终试图将罪责概念与刑事责任能力的判断从精神病学和心理学术语的分析中解脱出来,进而可以在刑法教义学的体系中达成统一,这也进一步催化刑法理论不断走向"重客观、轻主观"。[68]本克(Jochen Bung)认为传统对罪责概念的理解和刑事责任能力的认定是用一种纯粹规范的教义学视野进行的消极判断,而这种理论路径忽视了对行为人个体主观差异性的关注,因此,建立起以认识能力、控制能力和决定能力为依据的积极罪责概念可以弥补传统罪责论的缺点。[69]

同时,通过上文对德国刑事责任年龄相关问题的研究,不难发现立法者对刑事责任年龄所划定的界限在本质上属于排除刑事能力的规范设定,其是罪责排除事由的产物,这种责任排除事由是一种消极罪责观的体现。结合上文所述,刑事责任年龄的规范设定在本质上具有不能避免的任意性和不确定性的问题,这也是导致在此种规范上确立的罪责排除事由缺乏理论正当性的原因。

刑事责任年龄的问题一直没有在各国刑事法研究中得到重点关注,然而一旦当各国立法者要对刑事责任年龄进行调整时,社会上所掀起的讨论就提高了刑事责任年龄问题的能见度。对刑事责任年龄的修改不仅在德国社会引起了广泛的争议,在我国也同样引发了深入的讨论。近来我国通过的《刑法修正案

---

[67] 参见李玫瑾:《从刑事责任年龄之争反思刑事责任能力判断根据——由大连少年恶性案件引发的思考》,载《中国青年社会科学》2020年第1期,第13页。

[68] 罪责概念的历史变迁详见以下文献:Reinhard F, *Über den Aufbaudes Schuldbegriffs* (1907);Günther J. Das Schuldprinzip(1993);Jochen B., *Fünf Grundprobleme des heutigen Strafrechts*, ZIS6/2016;Tatjana H. Kriminalstrafe ohne Schuldvorwurf. Ein Plädoyer für Änderungen in der strafrechtlichen Verbrechenslehre (2013)等。

[69] Vgl. Jochen B. Rekonstruktion der Schuld, in: P.-A. Albrecht, St. Kirsch, U. Neumann und St. Sinner (Hg.), Festschrift für Walter Kargl, Berlin 2015, S. 65-72.

(十一)》将最低刑事责任年龄从 14 周岁降低到 12 周岁。立法者通过对最低刑事责任年龄的调整,将更多的低龄未成年人纳入到刑事制裁体系中来,以此回应社会上近些年因恶性未成年犯罪频发而产生的不满情绪。但是这种做法立即引发了学术界和实务界的广泛讨论,特别是受到了一直致力于少年司法和刑事法研究学者们的质疑。不论是刑法调整前所规定的 14 周岁,还是刑法调整后所规定的 12 周岁,都无法平息社会上对于最低刑事责任年龄设定的争论。这种争论恰恰暴露出刑事责任年龄规范设定的弊端,即刑事责任年龄的设定不仅很难论证年龄界限的正当性,也会引发社会上关于年龄界限降低或提高的争议与对立。

刑事责任年龄作为罪责能力的形式判断标准在很大程度上受到了国家不同利益考量的影响,特别是这种规范设定本身所具有的高度的不确定性,导致不得不在理论上对刑事责任能力寻求更为科学的判断标准。故而,在理论上构建罪责能力具备的实质判断标准,进而替代刑事责任年龄的规范设定,不失为一种有突破的尝试。[70] 尤其是,罪责能力成立的实质标准可以摆脱形式标准中承载的过多的利益考量,使刑事司法的关注点重新回归对行为人个人罪责能力的具体判断,这也是刑事司法走向精细化的必然要求。此外,由于罪责成立的实质判断标准具有超国家色彩的一般性特征,笔者可以结合德国对罪责能力成立的相关判断要素尝试在我国建立"刑事责任能力的实质判断标准"。

就德国有关刑事责任能力的规定而言,《德国刑法典》第 20 条中所谓生物或心理的因素必须是在造成辨识或行为能力层面的严重缺陷时,才能排除行为人的刑事责任;而在《青少年法庭法》第 3 条中则将道德或精神的因素作为行为不法认知和行动的基础。对《德国刑法典》第 20 条进行横向比较的意义在于该条所列举的精神障碍、深度意识障碍、智能障碍或其他严重的精神疾病等四种障碍类型比《青少年法庭法》第 3 条的规定更加具体化。而《青少年法庭法》第 3 条关于"成熟度"的规定,原则上与《德国刑法典》第 20 条的规定在结构上是一致的。故而,笔者在结合德国以上两条有关罪责能力的正面规定的基础上,抽象出有关刑事责任能力实质判断的核心要素,主张建立以"智育和德育作为第一层次、不法认识和行动抑制作为第二层次"的双层刑事责任能力判断体系(如图 1 所示),进而废除刑事责任年龄的规范设定,以求化解当下对刑事责任年龄争议的危机。

---

[70] 德国少年司法与刑法学家魏因申克曾在 1984 年提出完全废除刑事责任年龄的主张,在德国引起广泛讨论,内容详见 Weinschenk, Beginnt die Schuldfähigkeit wirklich erst mit der Vollendung des 14. Lebensjahres? MschrKrim 1984, S. 15ff.

双层罪责能力判断体系

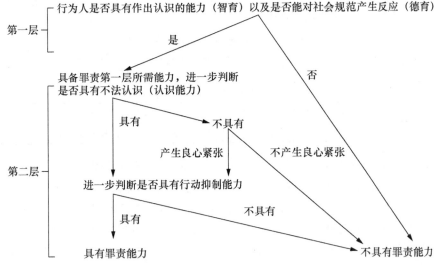

图1 双层罪责能力判断体系示意图

1. 智育和德育作为第一层次

刑事责任能力实质判断的第一层必须以行为人在行为时的智育水平和德育智育水平作为判断资料。行为人的智育水平是指行为人本身的智力发展状态能否满足对社会规范作出认识的要求。[71] 行为人能否具有作出认识的能力依赖于自身认知功能的成长,而这种认知功能的完善也是其脑部神经系统发展成熟的重要标志。具体来说,"认知功能指人类在觉醒状态下始终存在的各种有意识的精神活动,包括感觉、知觉、记忆、思维、语言、想象力和执行力"。[72] 此处对行为人智育水平的判断不涉及对具体规范违反的认识,而仅限于是否具有作出认识的能力。这种能力具有很强的生物属性,与大脑皮质结构的状态密切相关。当下临床应用研究的成果显示,通过对行为人脑电活动、脑血流量及氧变化等要素的监测可以实现对此种生物属性的判断(详见表1)。[73] 第一种方式是用脑电图对事件相关电位(ERP P300)进行检查,观察P300中的脑年变化可以评测脑部客观电生理指标,进而可以评估行为人的认知过程、思维、记忆、判断、注意力等内容。第二种方式是采取功能磁共振成像的方式,观察在面临检测任务时脑内特定区域中局部血流量和氧含量的变化,进而判断大脑的参

---

[71] 参见前注[31],第379页及下页。

[72] 参见陆雯、张禹、毛志雄:《青少年锻炼相关认知功能测量方法综述》,载《山东体育科技》2012年第6期,第49页。

[73] 参见邓城旗、李萌萌:《简述儿童认知功能评估方法》,载《感染、炎症、修复》2017年第3期,第179页。

与程度。第三种方式是用经颅多普勒超声对静息时脑血流速度进行检测,进而判断神经认识功能的发育程度。结合上述客观的医学脑部诊断,可以对行为人的智力发展状态作出客观的诊断结果。

表 1 生物属性客观判断方法表

认知测量表	适用年龄	测试内容
EEG(脑电图)	0岁以上	ERP P300
fMRI(功能磁共振成像)	6岁以上	EPI+高分辨率 T1 加权解剖扫描
TCD(经颅多普勒超声)	0岁以上	静息/认知,大脑中、前、后和基底动脉的血流速度

行为人的德育水平则是指行为人的道德发展状态是否能对社会规范作出反应。一般认为,行为人对规范作出的反应是大脑高级复杂活动的反应,故而较上述对行为人智育水平的客观判断而言,对行为人德育水平发展状态的判断则会纳入评估者一定的主观判断。因此,对德育水平的判断要求评估者应当具有相应的医师从业资格或心理咨询从业资格。当评估者具有相应的医师从业资格时,可以采用多种测试量表对受测对象的反应情况进行医学评估。具体而言,医生可以通过麦卡锡儿童能力量表(MSCA)、区分能力量表(DAS-Ⅱ)、执行功能量表(EFS)、行为量表(BCL)等量表将社会规范作为受测任务,观察受测人面临这些任务过程性评价工具中的言语理解、逻辑推理、工作记忆、执行能力等领域进行综合判断。[74] 除此之外,当评估者具有相应的心理咨询从业资格时,可以借鉴发展心理学的研究成果作为个人道德发展状态的判断资料。其中,埃瑟(Esser)、弗里茨(Fritz)和施密特(Schmidt)在 1991 年提出,道德发展状态的评估应包涵以下十个发展领域:(1)现实生活规划;(2)独立于父母;(3)独立于同行和伙伴;(4)认真对待工作和学业的态度;(5)外部印象;(6)现实的日常应对;(7)同龄人或年长朋友的相处;(8)团结的能力;(9)爱情与性爱的融合;(10)一致的、可预测的心情。[75] 心理咨询师按照上述十个发展领域对行为人进行道德发展状态的评估,可以据此判断行为人能否对社会规范产生反应。

通过对智育水平和德育水平这两个发展维度的考察,行为人若具有作出认识的能力(智育)并且能够对社会规范产生反应(德育),则认定其满足罪责能力实质判断的第一层次,可以进行第二层次的能力判断;若行为人在客观医学诊断中被认定没有作出认识的能力或在专家的评估结论中被认定不能对社会规

---

[74] 参见张梦雅:《儿童认知能力测评综述》,载《山西师大学报(社会科学版)》2013 年第 4 期,第 113 页。

[75] Vgl. Esser G., Fritz. A., Schmidt. M. H. Die Beurteilung der sittlichen Reife Heranwachsender im Sinne des § 105 JGG—Versuch einer Operationalisierung. Monatsschrift für Kriminologie und Strafrechtsreform, 1991,74, S. 356ff.

范产生反应，则可以排除行为人的罪责能力。

2. 认识和行动抑制作为第二层次

只有满足刑事责任能力实质判断第一层次的要求，行为人才有可能具备不法认识和抑制行动的能力。刑事责任能力判断的第二层就涉及行为人对个人实现犯罪构成要件的认识与行动相关方面的成熟度，即认识到行为的不法，并根据这种认识采取行动。对行为人责任能力的第一层次成熟度的判断不能直接转换认为行为人也满足第二层对辨认和行动控制成熟度的要求。只有明确第二层不法认识能力和抑制行动能力的必要成熟度的参照点，才不会使第二层的责任能力判断流于形式。

（1）认识能力

认识能力作为刑事责任能力的重要组成部分，实际上是建立在第一层次刑事责任能力基础之上的后续能力。换言之，行为人具有认识能力的前提是智力发展成熟（认知性成熟）和道德发展成熟（伦理性成熟），但这两者并不一定同时发展。[76] 道德发展的成熟不仅仅体现为世界观的形成，还包括了相关社会情感的发展。[77] 在认识能力的判断中，不要求行为人将行为所造成的刑事责任作为认识内容，而是要求行为人将行为的实质不法作为认识内容。行为人在行为时的认识能力不能笼统地进行"一刀切"式的认定，而是要根据具体的不法行为内容来进行确定。这有可能意味着，同一个行为人在实施一种简单的行为时具有刑事责任能力，但当他实施一种性质极为复杂的行为时则不具有刑事责任能力。[78] 依据个体的能力来认定刑事责任能力的有无，是未来刑法走向精细化的内在要求。

认识能力的含义与我国传统刑法学中的辨认能力一词所指代的内容大致相同，但本文所指的认识能力与传统的辨认能力在判断的层次上有所不同。我国早在1997年《刑法》（以下简称"现行刑法"）第18条中就明确规定了特殊人员的刑事责任能力，将不同程度的辨认或控制自身行为能力的丧失规定为罪责排除或减轻的事由。刑法学界据此认为，行为人只有在具备辨认能力和控制能力的前提下，才对自己的犯罪行为承担完全的刑事责任。不难发现，现行刑法在有关罪责能力成立的表述上采用了实质判断标准。但由于缺乏对实质判断标准的刑法教义学研究，我国现行《刑法》第18条的规定只在特殊人员罪责能力的判断中发挥着罪责排除的消极功能。笔者认为，我国现行《刑法》第18条的存在为本文所主张的双层罪责能力实质判断体系提供了法条依据或后续刑法修改的可能。

---

[76] Vgl. Heribert O. Die Prüfung der strafrechtlichen Verantwortlichkeit nach § 3 JGG, JZ 1986, S. 664ff.

[77] Vgl. Heribert O. JGG, 9. Aufl. 2013, § 3 Rn. 6.

[78] Vgl. Rupp-Diakojanni. Die Schuldfähigkeit Jugendlicher innerhalb der jugendstrafrechtlichen Systematik, 1990, S. 52-59.

只有当刑法教义学涵摄了双层罪责能力实质判断中的各个要素时，才能建构起科学、统一的判断体系。对于认识能力这个判断要素而言，我国学界通说仅将辨认能力在日常和刑法的意义上做了分隔，主张刑法上的辨认能力是认识自身行为社会危害的性质、程度和刑事违法性的能力。我国现阶段对辨认能力的教义学分析远不能满足实践应用的需要，德国刑法教义学中对认识能力的研究可以为我国提供新的视角。

认识能力在《德国刑法典》第17条有关禁止错误的规定以及《青少年法庭法》第3条的规定中都有所涉及，但这两条有关认识能力的表述又有所不同。《青少年法庭法》第3条规定的认识是针对认识能力成熟的表达，而《德国刑法典》第17条则是对缺乏具体不法认识的规定。同时，不法认识能力也在《德国刑法典》第20条、第21条中被表述成认知行为不法的能力。以上有关于认识能力的规定都被纳入罪责规则的框架之中，其中《德国刑法典》第17条又被主流意见认为是针对欠缺不法认识的问题所规定的适用标准。这是因为在刑事责任排除的规定上，《德国刑法典》第20条指的是事实上缺乏认识，而不是缺乏认识能力。[79] 而在刑事责任减轻承担的规定上，《德国刑法典》第21条所涉及的是认识能力的减弱，即便行为人对不法行为具有认识能力，也不影响责任的减轻承担。故而，只有在对不法缺乏认识能力的情况（《德国刑法典》第17条第2句）下，才会引起《德国刑法典》第21条有关认识能力降低的规定的适用。[80]

在对行为人的认识能力进行具体判断时，也应当注意在认识能力和不法认识竞合时进行区分。认识能力与不法认识各自具有独立性的意义，不能混淆。有学者提出，"当行为人对行为不法有具体的认识，却因认识能力成熟有限而得以排除罪责，进而产生了行为人具有不法认识却缺乏认识能力的矛盾，这恰恰与罪责原则不相符合"。[81] 有学者强烈反对将认识能力和不法认识进行过度区分，米歇尔（Micheal）主张如果行为人已经认识到或能够根据他的个人发展水平认识到不法，就可以肯定他的认识能力已经成熟。而如果否认这种认识能力的成熟，那么禁止错误中可避免错误的问题和因果关系中原因自由行为的问题就会变得毫无意义。这是因为当行为人缺少成熟的认识能力时，也不会对具体行为产生不法认识，自然也不会产生"良心的紧张"（Gewissensanstrengung）。良心紧张与"道德违反"（Sittenwidrigkeit）的法概念相关，表现在行为人实施某一"道德违反"的行为前对该行为的正义性所作出

---

[79] Vgl. Schönke/Schröder/Perron. StGB, 28. Aufl. 2010, § 20 Rn. 4, 27; und auch in: Streng, München Kommentar StGB, 2. Aufl. 2011, § 20 Rn. 17, 50.

[80] Vgl. Lackner/Kühl. StGB, 27. Aufl. 2011, § 21 Rn. 1; und auch in: Streng, München Kommentar StGB, 2. Aufl. 2011, § 20 Rn. 11 ff.

[81] 参见前注[55]，第249页及下页。

的法感情判断之中。"良心紧张作为一种行为人的主观认知,是需要用道德工具加以填补和分析的。"[82]若行为人对该行为的正义性产生疑问,则可以认为行为人为此产生了"良心紧张"。[83]

事实上,关于认识能力与不法认识是否要进行区分的矛盾根源在于对认识能力和不法认识之间位阶排序颠倒的错误。对行为人的刑事责任能力进行个体化判断,则可以理顺这二者位阶的关系,也不会产生以上的逻辑矛盾。对行为人个人的认知过程进行解构,不难发现认识能力是不法认识的前提和基础。换言之,行为人若不存在认识能力,自然不会产生不法认识;若行为人对行为有具体的不法认识,则可判断行为人具有成熟的认识能力。但在行为人欠缺不法认识时,并不能依此参照点判定行为人不具有认识能力,进而否定刑事责任能力的成立。故而,要对欠缺不法认识的原因进行回溯审查,若欠缺不法认识的原因是不可避免的,则可以否定认识能力的成熟;若欠缺不法认识的原因是可以避免的,则不能否定认识能力的成熟。

据此,再回归到本文所主张的罪责能力实质判断体系中,对于是否满足第二层中的认识能力要素进行判断时,可以直接以行为人对具体行为的不法认识作为参照点,尤其是将上文所提到的不法认识可避免性要求中的"良心紧张"附加在认识能力成熟与否的判断标准中,这样就可以在教义学体系上达成统一。[84]简言之,若行为人对具体行为具有不法认识,则认为行为人具有成熟的认识能力。而当行为人对具体行为欠缺不法认识时,若一同产生了"良心紧张",则可判定行为人具有成熟的认识能力;若没有产生"良心紧张",则认为行为人未达到具备认识能力的成熟度。当行为人具有成熟的认识能力时,可以进行下一个阶段的判断,即判断行动抑制能力的阶段。

(2)行动抑制能力

刑事责任能力中第二层次的认识能力是对行为人心理上的主观内容进行判断,即行为人从价值和规范这两个层面对自身行为和外在社会形成的心理感知。一方面,这种心理感知是原始的价值感,它是在与社会的接触中零散形成的,它使人认识和感受到一种客观的价值秩序和规范的约束力。另一方面,除了自己原有的价值认知外,还有多样的群体道德、社会价值秩序以及法律秩序。[85]行为人通

---

[82] Vgl. Albrecht A, Eidenmüller T. Rechtliche und ethische Dimensionen von'conflicts of interest'. 2016,S. 4.

[83] Vgl. Walter/Kubink. §3 JGG-§17 StGB: gleiche Tatbestandsstruktur?,GA 1995, S. 51-54 ff.

[84] Vgl. Diemer/Schatz/Sonnen. JGG, 6. Aufl. 2011, §3 Rn. 8f; vgl. auch Bohnert (Fn. 50),S. 253f.

[85] Vgl. Rudolphi, Hans-Joachim. Unrechtsbewusstsein, Verbotsirrtum Und Vermeidbarkeit Des Verbotsirrtums. Schwartz, 1969. S. 34.

过对这些秩序和规范心理感知,进而产生相应的约束力。这种约束力对于行为人而言,是以主观"良心紧张"的形式,使其自身不得不采取某些行动,或不采取其他的行动。行为人这种可能产生的行动就是刑事责任能力中第二层次的行动抑制能力。

只有在行为人具有成熟的认识能力和不法认识的情况下,才有可能进一步对行为人的行动抑制能力进行判断。从学界讨论状况来看,将这种行动抑制能力归入在意志自由问题的研究之下。[86] 这种观点在学界中基本上占据了主流地位,即人的意志自由在任何情况下都是不能被承认的,因为缺少这种意志不自由在经验上不能被证明的参照点。[87] 这种占据主导地位的观点就是"社会责任论",它将意志自由理解为一种规范性的假设。早在19世纪末,"通过行为的动机来确定对规范的选择"[88]就被认为是对意志自由问题强有力的论证,这种观念下的论证路径一直影响到了现在。因而,在对行为人的行动抑制能力进行判断时,行为人的意志自由也成为绕不开的问题。在这种意志自由作为规范性设定的思考路径下,行为人行动抑制能力的成熟度可以依据行为人对规范认知的反应作出判断。具体来说,这种行为人对规范认知的反应可以通过"行动的特定目的""一般行为人标准的反应"与"规范确认的需求"等三个阶段加以评价。

首先,"行动的特定目的"是行为人基于意志自由作出选择的重要体现,这种"行动的特定目的"是行为人实施行为背后所追求的目的,若行为人追求的特定目的与规范保护的目的是不相符合的,则可以认定行为人作出的是对规范违反的意思表达;反之,行为人表达出的则是对规范遵守的意思。其次,"一般行为人标准的反应"是行动抑制能力的外在表现,这种"一般行为人标准的反应"是指对行为人的行动抑制能力进行判断时,应将他的行为与社会一般人的行为作出同等评价,观察社会一般人在面临相同处境时对规范作出遵守还是违反的反应。[89] 若社会一般人作出遵守规范的反应,则视为行为人具有行动抑制能力;反之,则否定行为人行动抑制的能力。最后,"规范确认的需求"则是对行为人行动抑制能力的消极判断,当行为人所实施的行动不影响法秩序中规范有效性的确认,那么就不存在确认规范的需求,法秩序就会放弃对该行动的追责[90],进而否定行动抑制能力的成立。

---

[86] Vgl. Jäger C. Willensfreiheit, Kausalität und Determination-Stirbt das moderne Schuldstrafrecht durch die moderne Gehirnforschung?, GA 2013, s. 3f.

[87] 参见前注[9],第434页。

[88] Vgl. Franz v. L. Die strafrechtliche Zurechnungsfähigkeit, ZStW 17 (1897), s. 70-75.

[89] 参见前注[9],第434页及下页。

[90] Vgl. Hirsch A. Proportionale Strafen für Jugendliche-Welche Unterschiede gibt es im Vergleich zu strafen für Erwachsene?, in: FS-Claus Roxin, 2001, s. 1077 ff.; vgl. auch Schünemann B., Zum gegenwärtigen Stand der Lehre von der Strafrechtsschuld, in: FS-Ernst Joachim Lampe, 2003, S. 537-547.

四、结语

刑事责任年龄的降低之所以在各国引发巨大争议,不仅仅是因为社会舆论对低龄未成年犯罪案件中出现恶劣情节和凶残手段的讶异,还在于这种年龄界定关乎国家刑罚权发动的边界。对未成年犯罪原因的研究,揭示了社会在所应承担的角色上的缺位。[91] 故而,在传统的理论研究中,将未成年犯罪诉诸传统成人刑法来解决这一社会冲突[92],一直遭到来自各方猛烈的批判。这些批判观点的论据主要是,刑罚的教育功能应当在少年司法中发挥主导作用,而刑罚的惩罚功能仅应发挥辅助作用或不发挥作用。[93]

但国家在考虑是否对犯罪的低龄未成年人发动刑罚时,也应将被害人及其亲属的权益纳入考量范围。[94] 因为,那些低龄未成年人的因未满刑事责任年龄实施犯罪行为而免于遭受刑罚的愿望[95],不能通过这种刑事责任年龄规范设定本身的缺陷而得以满足。因此,构建一个更为科学的刑事责任能力判断体系尤为重要,不再单纯依靠刑事责任年龄这种形式化的判断标准,而是通过双层次的实质判断标准对具有刑事责任能力的低龄未成年人发动刑罚,进而显示国家对受害者的保护与回应。[96] 只有对刑事责任能力进行个别化的实质判断,才能避免"一刀切"式刑事责任年龄界限设定的不合理性。通过刑事责任能力双层判断的行为人才能被视为具有社会参与和塑造世界能力,在此基础上刑罚一般预防的意义才能产生影响。规范作为一种社会交往的沟通模式而被保留下来。[97] 通过行为人与刑法之间的互动,行为人对规范的有效性进行否认,而国家则必须本着积极一般预防的目的来确认规范的有效性,进而才能维护法秩序的稳定。

(责任编辑:刘继烨)

---

[91] 参见李萌、涂龙科:《我国青少年犯罪的案件分布及影响因素研究》,载《青少年犯罪问题》2020年第3期,第104页及下页。

[92] Vgl. Frehsee D. Strafverfolgung von strafunmündigen Kindern, ZStW 100 (1988), S. 290f.

[93] 参见王登辉:《降低未成年人刑事责任年龄的基本问题研究》,载《西南政法大学学报》2008年第4期。

[94] 参见车浩:《被害人教义学在德国:源流、发展与局限》,载《政治与法律》2017年第10期,第2—16页。

[95] 参见前注[59],第1节边码21。

[96] 关于国家对受害者保护的重要性,参见 Jerouschek G. Straftat und Traumatisierung JZ 2000, S. 185-194。

[97] 参见前注[61],第23页至58页。

法治现代化视阈下的"习惯法"与"民间法"之辨
——兼论怒族传统规范的现代性转型

匡 梅[*]

Differentiation Between "Customary Law" and "Folk Law" from the Perspective of Modernization of Rule of Law
—The Modernity Transformation of Nu's Traditional Norms

Kuang Mei

内容摘要：当前学界对习惯法与民间法概念的界定和使用并未形成完全统一的标准，尚存在概念混用的现象。为了揭示习惯法与民间法的规范本质，需以"从结构化统一到解构性多元的逻辑而非时间的线性思维"作为研究进路，并以国家法为具体参照系。习惯法和民间法应是两个不同的概念：与国家法的形式理性特征相对，习惯法的本质是"非理性"的前现代"封闭神话"；与国家法的普遍统一特征相对，民间法的本质是"反理性"的后现代"多元自治"。以此界定习惯法与民间法之概念内涵与法理基础，可重构一个"前现代（习惯法）—现代性（国家法）—后现代（民间法）"的规范分析框架。在此范式下，对怒族传统规范展开个案考察可知，在法治现代化的时代背景下，面对压缩时空的规范共存现状，要注意汲取现存习惯法中的立法资源，并与民间法保持良性互动，此外还

---

[*] 上海交通大学凯原法学院博士研究生。

须谨防落入到解构性的后现代窠臼之中。

关键词：习惯法 民间法 法律多元 法治现代化 怒族

引言：习惯法/民间法研究何以突破？

近代以来，实现现代化、完成社会变迁是中国革命与改革运动的主旋律，也是把握中国问题、研究中国社会的"历史逻辑"。现代化的过程实质上是依靠启蒙理性对传统进行"祛魅"的历程，于是按照理想模式改造社会就构成了中国近代以来历次运动所高扬的主题。法治现代化是现代化进程中的重要一环，因此，我国所建立的法律规则框架中也蕴含着明显的建构特征。实际上，建构一套具有完备逻辑体系的规则固然重要，但规则背后的正当性支撑更为重要；这种正当性不是意识形态的合法性说明，而是制度存在的文化与社会根基。否则，即便我们拥有严密的制度，也难以确保其能够得到普遍遵循。

因此，学者普遍意识到，要矫正形式法治的现代性弊端，就要立足中国实际、直面中国问题，建构一条贴近本土语境和民族特色的法治路径，而不是通过"破坏一个旧世界"来"建设一个新世界"。[1] 事实上，不是法律派生了人们的日常生活，而是日常生活决定了法律的内容与面向。[2] 于是，蕴含着日常生活秩序意义的习惯法/民间法就引起了学界的关注。习惯法/民间法的研究更多地转向了社会，去探寻秩序原生处的规范性，并将规范性问题诉诸我们对自己的认同感，而这无疑是一种可贵的尝试。时至今日，习惯法/民间法研究已经在中国法学界掀起了一股热潮，研究成果层出不穷。

但是，伴随习惯法/民间法研究热潮的兴起，对习惯法/民间法及其研究意义的质疑之声也愈发强烈。许多批评者认为，在现代化进程中，习惯法/民间法将会被逐渐边缘化，主要表现为其适用领域的大幅缩小与规范效力的日渐式微[3]；也有一些批评者指出，习惯法/民间法是现代化抑或法治建设的反抗力量，因此要取代甚至消除这一传统，并主张只要进行了精细的法规构建或立法上的漏洞填补，就能够使社会井然有序[4]。既然如此，"习惯法/民间法"何以成为一个有意义的话题？需要注意的是，上述两种质疑均采用了"一刀切"的分析方法，从而面临着如下危险：前者以"停滞论"取代了"演化论"，把习惯法/民

---

[1] 参见谢晖：《大、小传统的沟通理性》，中国政法大学出版社2011年版，第134页。
[2] 参见同前注[1]，代序第8页。
[3] 田成有认为，如果民间法无法保障社会生活，那么它的自然淘汰就是必然的。参见田成有：《乡土社会中的国家法与民间法》，载《思想战线》2001年第5期，第85页。
[4] 张德淼认为，存在固有缺陷的民间法会在一定程度上阻碍法制统一，因此国家法不能无原则地向民间法妥协，而是要否定那些落后的民间法。参见张德淼：《法律多元主义及其中国语境：规范多元化》，载《政法论丛》2013年第5期，第10页。

间法视为静止的"旧事物",因此未能解释社会变迁过程中习惯法/民间法的调适、发展与演化,也无法得知习惯法与民间法到底有何区别;后者以"取缔论"取代了"关系论",将国家法与习惯法/民间法预设为绝然分离的对象,力图证成谁更具有优越性,抹煞了国家法与习惯法/民间法的区别与功能互动关系。

面对上述质疑,我们首先需要明确所讨论的习惯法/民间法究竟是何种意义上的习惯法/民间法,在寻求对中国问题的解答时还不得忽视国家法的具体参照。但从既往的研究成果来看,学界对"民间法"与"习惯法"概念的界定与使用并未形成完全统一的标准,尚存在概念混用现象,对习惯法、民间法与国家法的静态概念解读也容易造成其间的简单对立,并且未能充分揭示习惯法、民间法的规范本质。因此,本文将在厘清习惯法与民间法之概念内涵和外延的基础上,以"从结构化统一到解构性多元的逻辑而非时间的线性思维"作为研究进路,探讨习惯法、民间法与国家法的关系,并以怒江峡谷的世居民族——怒族[5]的民间规范作为分析对象,对具体社会情境中的习惯法、民间法进行考察,探讨在法治现代化的时代背景下如何实现国家法与习惯法、民间法的有效互动衔接。

一、习惯法、民间法的学理界定与辨析

(一) 习惯法之"国家认可说"与"非国家认可说"

学界在使用"习惯法"概念的时候,主要形成了如下两种观点。一种是国家认可说。根据法律中心主义的界定方式,习惯法被理解为经由国家认可而被纳入法律体系的社会规范。例如,《法学词典》将习惯法界定为由"国家认可并赋予法律效力"[6]的不成文法;沈宗灵[7]、孙国华[8]等学者同样把经由国家认可而具有法律效力的不成文法视为习惯法;梁剑兵则认为,法理意义上的习惯法早已隐含在成文的制定法之中。[9] 按照此类观点,未经有权国家机关制定、认可的社会规范就被直接排除在了法律范畴之外。由此可见,国家认可说的侧重点在于凸显习惯法的形式合法性,而并未追问习惯法的实质正当性。此外,经由国家认可而获得形式合法性的习惯法实际上已转变为正式的国家法,从而未能考证广泛存在于国家认可程序以外的民间规范的实效问题。

---

[5] 怒族自称"怒苏"(碧江)、"阿怒"(福贡)、"阿龙"(贡山)、"若柔"(兰坪),主要居住于云南省怒江傈僳族自治州。历史上各个朝代对怒族的统治都显得鞭长莫及,直至20世纪中叶,怒族社会仍存在原始公有制残余。
[6] 《法学词典》编辑委员会:《法学词典》(增订版),上海古籍出版社1984年版,第52页。
[7] 参见沈宗灵主编:《法学基础理论》,北京大学出版社1988年出版,56页。
[8] 参见孙国华、朱景文主编:《法理学》,中国人民大学出版社1999年版,第259页。
[9] 参见梁剑兵:《城乡二元中国的法治背景和前景——评朱苏力新作〈道路通向城市〉》,载《中外法学》2004年第5期,第640页。

另一种是非国家认可说,这种界定方式突破了传统意义上的"法"的定义,并且被进一步区分为了"广义"与"狭义"两种。广义的非国家认可说认为,习惯法发端于人们的日常生活,是未经有权机关制定或认可,但仍具有约束力的社会规范。例如,施启杨认为,习惯法是指"非立法机关所制定,但被社会反复实行的、具有法的确信的规范"[10];昂格尔认为,习惯法是"反复出现的,个人和群体之间相互作用的模式"[11]。除此之外,秋浦[12]、冉继周[13]、霍贝尔[14]、李可[15]等学者都对习惯法作过此类界定。这种范式更多从心理学角度对习惯法进行界定,将习惯法视为一种不自觉的心理定势,即基于反复行为而形成的倾向。这种界定方式关注到了习惯法未经缜密逻辑推理的"非理性"色彩,但并未把具备强制力的规范同习惯、道德等社会规范区分开来,这样难免会扩大习惯法的外延,同时也模糊了习惯法的界限。

狭义的非国家认可说认为,社会中通行的习惯法规范虽未经国家机关的制定或认可,但仍具备强制执行的效力,并能够凭借这种力量来保障规范的实施。这种界定方式注意到了具有强制性的习惯法与日常生活中具有反复、重复性质的非强制规范之间的区别,并据此对习惯法进行了定性。例如,高其才指出,"习惯法是独立于国家制定法之外,依据某种社会权威和社会组织,具有一定强制性的行为规范的总和"[16];郑永流认为,"习惯法是指一种存在于国家之外的社会中,自发形成并由一定权威提供外在强制力来保证实施的行为规则"[17];王学辉则将习惯法的强制力归结为"神力强制"或"人力强制"两种形式。[18] 除

---

[10] 施启杨:《民法总则》,三民书局1996年版,第55页。
[11] 〔美〕昂格尔:《现代社会中的法律》,吴玉章、周汉华译,中国政法大学出版社1994年版,第13页。
[12] 秋浦将鄂伦春人在长期生活中自然形成的传统习惯等同于习惯法。参见秋浦:《鄂伦春社会的发展》,上海人民出版社1978年版,第202页。
[13] 田继周、罗之基并未对习惯和道德进行区分,他们认为这些规范都可以被称为习惯法。参见田继周、罗之基:《西盟佤族社会形态》,云南人民出版社1980年版,第99页。
[14] 霍贝尔将陶器制造术、钻木取火术、训练孩子大小便的方法以及此外人们的全部习惯都归结为法律。参见〔美〕霍贝尔:《原始人的法》,严存生等译,贵州人民出版社1992年版,第18页。
[15] 李可认为,习惯法可以被直接简称为"习惯",它是民间社会自发生成并得到人们奉守的行为规范。参见李可:《论习惯法的法源地位》,载《山东大学学报(哲学社会科学版)》2005年第6期,第23页。
[16] 高其才:《中国习惯法论》,湖南出版社1995年版,第3页。
[17] 郑永流:《法的有效性与有效的法——分析框架的建构和经验实证的描述》,载《法制与社会发展》,2002年第2期,第26页。
[18] 参见王学辉:《云南少数民族习惯法形成和发展的轨迹》,载《现代法学》1998年第3期,第114—118页。

此之外,田成有[19]、邹渊[20]等学者也对习惯法作过类似界定。

还有一些学者在主张习惯法自身具备规范效力的同时(非国家认可说),赞同将经由国家认可而获得法律效力的民间规范界定为习惯法(国家认可说),这是一种折中的观点。但这种观点并未脱离前述"国家认可说"与"非国家认可说"的分析框架,故不再单独将其划为一种范式。例如,俞荣根认为,习惯法的强制可以由国家实施,但更多由一定的组织或群众公认的社会权力来实施。[21]贝克曼认为,地方居民自己发展与适用的"地方法"和由政府机构适用的"习惯法"或"传统法"是两种并行不悖的习惯法,它们之间及它们与国家法之间存在错综复杂的关系。[22]与俞荣根相比,贝克曼更强调"情境中的法"与"法的事实之维",其进一步展现出了规范之间的互动与竞争关系。

(二)民间法之"法律补足说"与"法律规避说"

当前我国学界对民间法的界定有两种范式最为常见且极具影响力。一种是以梁治平等学者为代表的"法律补足说"。该范式侧重于对民间法进行语义层面的界定,于是大多将"民间法"与"国家法"相对应,并关注到了民间法对国家法的构造、补充作用。例如,梁治平认为中国传统语汇中的"民间"和"国家"相对,因此,与由国家机关自上而下实行的国家法相比,民间法是生于国家法所不及和不足之处的社会规范。[23]张德淼认为,中国农村的现代法治观还未形成,民间法能在一定程度上填补国家法的空白。[24]王学辉从"法治半径"的角度将民间法定义为普遍统一的国家法之外的习惯法。换言之,在国家的"法治半径"之外,人们对国家法的需求量不大,因此生长出了民间法。[25]田成友认为,我国在推行家庭联产承包责任制之前,国家法的力量在乡土社会中是微乎其微的,但民间法却是兴盛的;在此之后,国家法逐步进入乡土社会,并与民间法呈现出二元对峙的样态。总体而言,民间法可以对国家法进行补充,甚至构成国家法的基础。[26]

---

[19] 田成有等将习惯法界定为独立于国家之外的,人们在生产、生活中根据事实和经验,依据某种社会权威和组织确立的具有一定强制性的,人们共信共行的行为规则。参见田成有、阮凤斌:《中国农村习惯法初探》,载《民俗研究》1994年第4期,第22页。

[20] 邹渊将习惯法界定为独立于国家制定法之外,依据某种社会权威确立的、具有强制性和习惯性的行为规范。参见邹渊:《习惯法与少数民族习惯法》,载《贵州民族研究》1997年第4期,第84页。

[21] 参见俞荣根主编:《羌族习惯法》,重庆出版社2000年版,第7页。

[22] 参见〔荷〕K.冯·本达-贝克曼:《法律多元》,朱晓飞译,载《清华法学》2006年第3期,第301页。

[23] 参见梁治平:《清代习惯法:社会与国家》,中国政法大学出版社1996年版,第32页。

[24] 参见同前注[4],第9页。

[25] 参见王学辉:《双向建构:国家法与民间法的对话与思考》,载《现代法学》1999年第1期,第58页。

[26] 参见同前注[3],第82页。

另一种是以苏力等学者为代表的"法律规避说"。该范式侧重于展现"民间法"与"国家法"之间的冲突、对峙样态,有的学者甚至将民间法视为附属于国家法的存在,认为它的产生和运作离不开对国家法的规避。例如,苏力通过对案例进行分析,得出了"民间法规范效力的发挥离不开国家法"的结论,因为当事人规避法律的前提是要对国家法及其强制属性产生认知。在此意义上,民间法与国家法之间既相互冲突又不可分割,不存在一种能够单独运作的有效的民间法。[27]"法律规避说"一经提出就产生了极大影响,后续诸多学者沿用了这一范式。例如,王勇用"利害相较"一词概括国家法与民间法之间的一种互动情形,即民间法置换或规避国家法的情况,他认为法律规避是当事人进行"成本效益核算"的结果。[28] 刘作祥则对民间法作了广义的界定,将国家法之外能够对个体起规范、指导、约束等作用的大多数社会规范都判定为民间法。并且,他一反民间法研究中的抽象化倾向,对一些具体的民间法案例进行了考察。通过此种具体的考察,他发现印度种姓制度等民间法是反法律的,虽然此类规范遭到了国家法的否定性评价,但在一些地区,这样的规范仍广泛存在并产生着恶劣的影响。[29]

上述两种界定范式虽然各有其贡献,但都存在不足之处。"法律补足说"强调通过实证调研的社会学方法,发现真实的民间法,然后吸收民间法中对国家法有利的传统规范及其精神内核,摒弃与现代法治、人权价值不一致的民间规范。该范式主张对传统规范中有利于国家法治建设的成分进行深入挖掘,这无疑是可取的思路,但其缺陷在于采取"一刀切"的方式抛弃与现代价值不一致的传统规范。事实上,传统规范是传统文化在现代人的生存方式上留下的烙印,这种影响是根深蒂固的,并非主观上将其武断"屏蔽"就可轻易消除其实际影响。此外,该范式还过分拘泥于语义层面的分析,以至于混用了习惯法与民间法的概念,忽视了民间法的解构属性。第二种范式虽然看到了习惯法/民间法和国家法之间的不一致甚至冲突之处,但同样混用了习惯法与民间法的概念。有的学者甚至将习惯法与国家法的冲突误认为民间法与国家法的冲突,构造了错误的对峙结构,最终为了调和这种规范冲突而陷入了修辞学的泥淖之中。换言之,他们采用现代"理性人"的经济计算方法论证法治的"非西方化",力图证成一个后现代的多元结论;论证的材料是前现代的民间规范,方法是现代理性的经济分析,结论却是后现代的多元解构,三者之间的本质冲突是难以调和的。

---

[27] 参见苏力:《法律规避和法律多元》,载《中外法学》1993年第6期,第15页。
[28] 参见王勇:《国家法和民间法的现实互动与历史变迁——中国西部司法个案的透视》,载《西北师大学报(社会科学版)》2002年第4期,第116页。
[29] 参见刘作翔:《具体的"民间法"——一个法律社会学视野的考察》,载《浙江社会科学》2003年第4期,第19—26页。

(三) 习惯法、民间法现有界定之辨析

前文分别对习惯法、民间法的现有界定范式进行了梳理,从中也可看出,学者往往从不同角度对习惯法、民间法的特征予以揭示,各有其合理性,但都未能脱离习惯法或民间法的单一视角,从而无法对习惯法、民间法的概念界定达成共识。为了进一步揭示当前习惯法/民间法研究中的概念混用现象,还有必要对习惯法与民间法概念关系的相关研究进行梳理。就此而言,学界主要有四种观点比较典型(各种观点之间不可避免地存在交叉之处)。

其一,相同、相似关系说。该观点主张民间法与习惯法的概念并无差别或二者存在相似之处。例如,王启梁认为,民间法和习惯法的定义存在相似之处。[30] 张德淼认为,从文化起源来看,可以将民间法称为习惯法、传统法、固有法等。[31] 王学辉则认为,民间法就应该指国家统一法制之外的习惯法。[32] 其二,种属、包含关系说。该观点主张习惯法处于民间法的范畴之内。梁治平、费孝通[33]、谢晖、于语和[34]、王学辉[35]等学者对此均有论述。例如,梁治平从形态、功用、产生途径及效力范围等因素出发,将清代民间法分为民族法、宗族法、宗教法、行会法、帮会法和习惯法。[36] 谢晖则指出,虽然现有研究通常将民间法称为习惯法、非正式法等,但经过鉴别可知,习惯法并不能涵盖所有民间法,二者之间是一种种属关系。[37] 其三,广义、狭义关系说。持该观点的学者大多将习惯法等同于习惯,而将民间法等同于"非国家认可说"意义上的习惯法,并认为民间法是广义的习惯法。例如,陈敬刚[38]等学者将习惯法理解为一种"规范连续体",并将民间法的"广义"属性归因于其规范色彩更浓,并对当事人之间的权利、义务作了明确规定,有的还包含制裁和奖励等行为后果。[39] 其四,互异、相异关系说。该观点主张民间法与习惯法之间存在不同之处。例如,郑永

---

[30] 参见王启梁:《习惯法/民间法研究范式的批判性理解——兼论社会控制概念在法学研究中的运用可能》,载《现代法学》,2006年第5期,第22页。

[31] 参见同前注[4],第5页。

[32] 参见同前注[25],第56页。

[33] 费孝通从社会学角度对民间法的范畴进行了界定,他认为民间法涵盖了习惯、人情、家规、族法等领域。参见费孝通:《乡土中国》,北京大学出版社2002年版,第15—19页。

[34] 于语和、张殿军对民间法的范畴作了宽泛理解,他们认为民间法包括特定人群在长期生产、生活中形成的习惯、习俗、礼节、仪式、舆论、禁忌、乡规民约等。参见于语和、张殿军:《民间法的限度》,载《河北法学》,2009年第3期,第52页。

[35] 郑永流认为,民间法包括家法族规、乡规民约、宗教规范、秘密社会规范、行业规章和少数民族习惯法。参见同前注[17],第25—26页。

[36] 参见同前注[23],第35页。

[37] 参见同前注[1],第342页。

[38] 参见陈敬刚:《国家法与民间法二元建构及其互动之思考》,载《河北法学》2000年版第4期,第15页。

[39] 参见于语和、戚阳阳:《国家法与民间法互动之反思》,载《山东大学学报(哲学社会科学版)》2005年第1期,第58页。

流指出,学界通常将民间法与活法、习惯法等而视之,但实际上习惯法是自生自发的社会规范,而村民自治章程等民间法则具有人为建构的成分。[40] 田成有从参照对象、外延、具体形式等方面对习惯法与民间法之间的差别进行了分析。他认为,与自生自发的习惯法相对应的是成文法,而与由民间创造的民间法相对应的则是由国家机关创设的官方法;并且,与民间法相比,习惯法的系统性、规范性、普及度较差,其更多依靠心理强制手段保障实施。[41]

从既往的研究成果来看,学界对民间法、习惯法概念的界定与使用并未形成完全统一的标准。有学者将习惯法等同于民间法,也有学者在民间法的研究中探寻国家法的立法资源,还有学者则忽视了"国家法"的具体参照,将某种规范单方面定性为习惯法或民间法,从而未能充分揭示其规范本质。从中也可看出,习惯法与民间法之间存在关联,它们均属社会规范,并与国家法分属不同的规范体系,但二者仍不尽相同。因此,仍有许多问题值得我们去发掘与思索,特别是对具体情境中的习惯法、民间法进行定位。

二、习惯法与民间法的重新定位

(一)习惯法:前现代的"非理性"规范

19世纪以来,理性主义和古典自然法学派在法学界的地位盛极而衰。在"后自然法"时代,为了重新探寻法律的根基,各种实证主义法律思想相继兴起,历史法学便是其中重要的一支。历史法学派最早形成于封建割据时期的德意志,其公认的代表人物之一是萨维尼,他系统论述了历史法学派的基本观点。遗憾的是,虽然萨维尼提倡采用不同于纯粹逻辑推理的历史研究方法,但他却从主观假定出发将法之本质归结为带有政治口号色彩的"民族精神"。正因为如此,德国历史法学派遭到了责难。

到了19世纪中后期,英国法律史学家梅因以其闻名于世的《古代法》等著作使面临衰亡的历史法学得到了复兴。如前所述,历史法学派基于对理性主义和古典自然法的批判而兴起,它意在给这种具有先验与思辨特征的理论添加历史基础,用历史方法揭示法律发展的一般规律。梅因所采取的便是这样一种研究方法。不同于萨维尼,梅因以科学的"归纳分析"替代抽象的"民族精神"。受到黑格尔、达尔文等学者的影响,梅因还进一步提出了法律进化的一般公式,即"习惯——习惯法——法典"。虽然梅因的研究中隐含着东方与西方二元对立的思维,将东方社会的法律视为停滞的落后产物,并认为只有为数不多的西方进步社会才会改进它们的法律,但若排除此类"西方中心主义"的影响,仅从研

---

[40] 参见同前注[17],第26页。
[41] 参见田成有:《乡土社会中的民间法》,法律出版社2005年版,第21页。

究方法来看,梅因的分析框架可以为我们理解历史上的法律演化现象提供一个有益的参照系。[42]

在《古代法》中,梅因开篇即批判了认为罗马法源于"十二铜表法"认为英国法源于古代不成文惯例的两种理论,他认为这两种理论与事实不完全相符。根据梅因的历史观念,早期法律现象知识的最好来源是希腊的荷马诗篇(Homeric poems)。[43] 荷马诗篇不应被简单看作迷信故事,其并未受到形而上学概念的影响,是较为真实可靠的历史材料。荷马诗篇中提到的"地美士"(Themis)[44]和"地美士第"(Themistes)是最早的法律概念。在早期人类社会,种种自然现象尚无法用现代科学知识予以解释,于是人们就将"持续不变或定期发生的一些活动假用一个有人格的代理人来加以说明"。[45] 在物理世界中如此,在道德世界中亦如此。[46]用判决解决纠纷的国王是上帝的代理人,即"地美士";而"地美士第"则是"地美士"的复数形式,意指由神授予"法官"的"判决"。[47] 换言之,古希腊时期的国王充当着法官的角色,他掌握着很多"地美士第"。但各个"地美士第"是单独存在的,它们之间没有必然联系。随着一系列类似案件的出现,法官可能进行类似的审判,这就产生了介于"判决"和"习惯"之间的"达克"(Dike)[48]——"习惯"的雏形。[49]

梅因在揭示出人类社会的早期法律从"判决"到"达克"再到"习惯"的萌芽过程之后,又进一步描述了从"习惯"到"习惯法"的发展历程。如果说与习惯相对应的是英雄时代的王权,那么习惯法则更多与寡头政治相对应。因为英雄时代的王权通常被认为源于上帝的授予,或被认为依靠国王自身出类拔萃的体力、勇敢和智慧,但若出现了无能的世袭国王,那么王权就会开始弱化,并逐渐让位于贵族。[50] 而贵族则是法律的受托人和执行人,其与国王的区别在于所作的判决不再完全依托于神示。在此时期,习惯已成为一个有实质的集合体,

---

[42] 梅因所掌握的材料主要来源于传说、传奇、传记等有文字记载的历史资料,但他却忽视了考古研究成果和关于北美印第安人的调查材料等,这对他所得出的结论的正确性产生了一定影响。因此,我们要看到梅因作为一个资产阶级法学家在运用历史方法时的局限性。参见韦绍英:《梅因的历史方法试析》,载《法学评论》1985年第3期,第63—64页。

[43] 参见〔英〕梅因:《古代法》,沈景一译,商务印书馆2017年版,第1—2页。

[44] 在由郭亮翻译的《古代法》中译本里,"Themis"被译为"忒弥斯"。参见〔英〕亨利•梅因:《古代法》,郭亮译,法律出版社2015年版,第2页。

[45] 参见同前注[43],第3页。

[46] 同前注[43],第3页。

[47] 参见同前注[43],第3页。

[48] 在由郭亮翻译的《古代法》中译本里,"Dike"被译为"狄刻"。据赫西俄德的《神谱》,狄刻是宙斯与忒弥斯之女。赫西俄德同时认为忒弥斯和狄刻分属两端,忒弥斯代表正义,狄刻代表习惯。参见同前注[44],第4页。

[49] 参见同前注[43],第4页。

[50] 参见同前注[43],第7页。

并被假定为贵族阶层或阶级所精确知道。[51] 在被表述于文字之前，习惯法在一定程度上凭借这种贵族政治得以保存，这是一个真正的不成文法时代。

按照梅因的观点，"习惯法"时代之后便是"法典"时代。毋庸置疑，古代法典的创制离不开文字的发明和传播。在法典时代，法律不再是贵族记忆中秘而不宣的规则，而是一种通过铭刻于石碑等方式向人民公布的成文法。据此，人们获得了命令、强制、建议、引导其行为的规范知识。梅因认为，大多数古代社会都有法典，问题在于法典产生于哪一个时期，而这与社会进步息息相关。因为在习惯法时代，人们无法知晓其所遵守的规范背后的道理，于是就创造出迷信的理由来对其进行解释。在此情形下，合理的惯例中极易产生出不合理的惯例，例如，人们将基于正当理由而适用于某类情形的惯例类比适用于一切与之类似的情形，这会导致规则的退化。而法典的出现意味着法律自发发展的中止，这可以避免规则的退化。自此之后，法律的发展离不开"拟制""衡平"和"立法"等有意的、来自外界的手段的影响。[52] 其中，"立法"（Legislation）——由一个为社会所公认的立法机关制定法规——是最后一个法律改进的手段，立法机关有权把它认为适宜的义务加在社会成员身上。[53]

在对法律的演变路径进行分析之后，梅因对其进行了理论升华，提出了人类历史上的进步社会"从身份到契约"的发展公式。在《古代法》中，梅因一再强调历史研究的重要性，他多次批评洛克、霍布斯、边沁等学者所采用的忽视法律实际发展历程的纯理论。梅因认为，揭示传统就是揭示事物的起源，我们的研究要从对最简单的社会形式的考察开始，回归到法律的历史传统中去，因为现存规范是从这些"胚种"中演化而成的。[54] 根据考察，梅因发现原始社会的基本单位是家族而非原子式的个体，这些分散的个体并非基于自由合意而是基于对父辈的服从而结合在一起。在这些基本单位中，集体通常被视为高于个人的存在，并且它是永生不灭的；原始社会的法律则源于家长的专断命令，个体的义务取决于个体在集体中的身份。[55]

因此，人们通常认为，在早期人类社会，集体的构筑离不开成员们的共同血统。但梅因经过观察之后发现，希腊各邦、罗马等地都有通过收养等法律拟制

---

[51] 同前注[43]，第 8 页。
[52] 参见同前注[43]，第 15—17 页。
[53] 同前注[43]，第 20 页。
[54] 库朗热同样对仅凭现代人的观念来研究古代政制的理论进行过驳斥。但与梅因的不同之处在于，库朗热将古代家庭的维系、城邦的出现、社会的变化都归因于宗教信仰。他认为，信仰造就历史，要了解古代政制，就必须研究古代信仰。参见〔法〕库朗热：《古代城邦——古希腊罗马祭祀、权利和政治研究》，谭立铸等译，华东师范大学出版社 2005 年版，第 104—121 页。
[55] 在早期社会，如果共产体有罪，那么其罪恶要大于成员所犯罪的总和；如果个人有罪，那么他的子女、亲属、族人或同胞要和他一起受罚，甚至替他受罚。参见同前注[43]，第 83—84 页。

方法将外来人接纳为同族人的历史。也就是说,早期人类社会存在通过人为方式塑造家庭关系的情况。不过,如果一个集体能够凭借自己的力量抵抗外来压力,它就会立即终止以拟制方式添补新成员的做法。在此情形下,如果有外来人意图进入这一集体,但却无法提出与该集体源于共同祖先的主张时,他们就会成为"贵族"。[56]因此,我们必须把家族看作因吸收外来人而不断扩大的团体。[57]并且,随着生产、生活方式的日新月异,古代制度逐渐被摧毁,而后不断向着一种新的秩序状态移动,继承形式、财产制度、刑罚类型等诸多方面也都发生了改变。在此过程中,家族依附关系逐步消灭,代之而起的是个人之间的契约关系,个体不断摆脱身份束缚而成为了法律所考虑的单位。[58]这就是梅因所说的"从身份到契约"的运动。

结合梅因的分析,在由前现代向现代转型的过程中,经验式、人情式的宗法血缘逐渐让位于自觉的、理性的人本精神。这也意味着,适用于前现代的基于身份、血缘、家族的习惯法逐渐分崩离析,取而代之的是一套能够适用于理性个体、契约关系的成文国家法。据此可知,在一个强大的国家法系统建成之前,人类社会的秩序多表现为习惯、习惯法,此时的习惯法是国家法赖以形成的基础。与国家法的"形式理性"[59]特征相对,"习惯法"的本质是"非理性"的前现代"封闭神话"[60],即一个"封闭"群体中自然(主要是指基于宗教信仰、家族伦理或习惯权威等)形成的共同生存法则,其发现方法是一种社会学的实证考察或人类学的"深描"。[61]在人类社会的历史进程中,伴随"从身份到契约"的运动,习惯、习惯法等早期的社会规范势必处于由前现代向现代化的叙事展开途中,与此同时,不可避免地会出现现代性对前现代的统一化改造以及后者对前者的不适应。

(二)民间法:后现代的"反理性"规范

长期以来,由于受到西方法律多元论的影响,国家法与民间法之间的关系问题是我国民间法研究中的重点。换言之,民间法研究强调在国家及其所创制

---

[56] 参见同前注[43],第 87 页。

[57] 同前注[43],第 88 页。

[58] 参见同前注[43],第 110 页。

[59] 文中所说的"理性"是指现代个体的权利观念和自主道德,强调的是自由个体经由审慎思考而构建国家、创制法律的正当性。

[60] 神话是人类学知识谱系中的一个重要内容。历史学派是神话研究中的代表性学派之一,其认为神话就是历史。参见彭兆荣:《神话叙事中的"历史真实"——人类学神话理论述评》,载《民族研究》2003 年第 5 期,第 83 页。神话世界里的人都相信神话,由此构筑的世界是一个封闭的世界。但如果人们开始怀疑神话的真实性,渴望从中走出来,那么神话就不是神话了。

[61] 克利福德·格尔茨曾指出,对文化的分析不是一种寻求规律的实验科学,而是一种探求意义的解释科学。据此,"深描"可以被理解为在分析符号时要置身于具体情境中,既要抑制主观主义,又要抑制神秘主义,要与具体的社会事件、场合以及公众世界联系在一起。参见〔美〕克利福德·格尔茨:《文化的解释》,韩莉译,译林出版社 2014 年版,第 5—38 页。

的法律之外还存在另外一套权威系统。毋庸置疑,法律多元(legal pluralism)是与法律一元相对应的,其一般被定义为两个或多个法律体系共存于同一个社会领域之中的状态。[62] 从古希腊的道德一元到现代国家的权力一元,都强调一元性。[63] 近代自然法或法律实证主义亦强调国家法律源于唯一的权威,而且它们所主张的核心价值是以个人为基础的自由观念,权威和价值在此都显现出一元性。

法律人类学的观点则与此不同,它持一种法律多元的立场。贝克曼曾对法律多元概念的产生和发展作过详细论证,他认为,马林诺夫斯基、格拉克曼、格拉里弗、卢埃林、霍贝尔等法律人类学者关注的是小型封闭社会,他们大多忽略了殖民地国家及其代理人的存在。[64] 这些对异文化社会秩序的研究为法律多元论的发展奠定了基础,但直到20世纪70年代末,学者们才开始关注殖民地社会的多元法律,系统的法律多元论正发端于此。现代法律多元论的开创者之一胡克看到了东南亚殖民社会在不同文化背景下形成的法律多元格局,他认为这是一种法律体系跨文化边界的移植。[65] 从中可知,在殖民地时期,宗主国的法律在强加于殖民地时极易遭到具有不同文化背景的本地民众的强烈反抗,在此情形下,殖民者推行的外来法会与固有法产生竞争、冲突。在某种意义上,宗主国不得不承认殖民地本土规范的秩序塑造作用,并采取措施与这些本地规范相协调,而不是单方面强制本地民众服从外来法。

萨利·梅丽将上述关于殖民地法律多元现象的研究称为"传统的法律多元主义"(classic legal pluralism)。[66] 20世纪80年代,随着世界殖民体系的瓦解,法律多元论者将研究范围从殖民地扩展至欧美发达资本主义国家。[67] 他们认为,法律多元源于不同文化之间的交流与传播,因此其并非殖民地的特有产物,而是所有社会普遍存在的现象。萨利·梅丽将后殖民时代[68]针对民族国家(尤其是西方国家)的法律多元研究称为"新法律多元主义"(new legal pluralism)。[69] 新法律多元论者更加关注国家法与非国家法之间的复杂关系,

---

[62] 〔美〕萨利·E.梅丽:《法律多元论》,毕向阳译,载苏国勋主编:《社会理论》(第5辑),社会科学文献出版社2009年版,第112页。

[63] 参见肖光辉:《法律多元与法律多元主义问题探析》,载《学术论坛》2007年第4期,第122页。

[64] 参见同前注[22],第287页。

[65] 参见杨静哲:《桑托斯的法律多元论:解读、溯源与批判》,载《清华法治论衡》2012年第1期,第97页。

[66] 参见同前注[62],第114页。

[67] 参见同前注[65],第85页。

[68] 许多新法律多元论者都是在后殖民社会中开始他们的社会学研究,法律多元在其中是一个显而易见的生活事实。参见同前注[62],第116页。

[69] 参见同前注[62],第114页。

突破了将二者截然分离的分析框架,主张将其置于特定社会情境中来进行考察。根据新法律多元论者的观点,国家法与民间法等非国家法之间既相互冲突又相互依存。尽管国家法处于较为强势的地位,但其自身也存在缺陷,因此,非国家法并非简单接受或抵制国家法的渗透,它的反抗或规避不仅会影响国家法的实施,甚至会使其产生颠覆。[70]

20世纪90年代,在全球化浪潮的推动下,法律多元论者不再局限于对民族国家内部法律多元现象的研究,而是将视角延伸至全球范围内的多元法律。其中比较有代表性的学者是桑托斯。在这个"突变时代"(emergent time),面对科学、法律领域出现的现代性范式危机,桑托斯遵循批判的传统,提出了一种介乎现代主义和赞美式后现代主义(celebratory postmodernism)之间的对抗式后现代主义(oppositional postmodernism)。[71] 桑托斯采用修辞学的方法分别审视了家庭法(家务空间)、国家法(公民空间)、体系法(世界空间)、交易法(市场空间)、社区法(社区空间)、生产法(工作空间)等六个不同结构空间中的法律形态[72],体系法之于国际法一如家庭法、生产法、交易法和社区法之于国家法。[73] 根据桑托斯的观点,人类社会处在一个多孔的合法律性或合法律性的多孔性的时代[74],家务空间等领域不是国家可任意描绘其合法律性的空白之隅[75],国家法与非国家法在斗争和妥协之中会塑造出一张合法律性之网。基于此,桑托斯提出了一种由地方、民族、全球三个层面的法制共同构成的居间法制(inter-legality)。总体看来,他并未完全脱离新法律多元主义的论证脉络,而是基于对全球性法律实践的思考进一步提出了后现代法律多元观(post-modern legal pluralism)。

结合对法律多元理论发展路径的考察,我们可以发现西方学者对法律多元现象的关注是后现代解构主义思潮兴起从而对现代性进行反思的结果。按照法律多元论者的认识,现代性无法兑现它对于实现平等、和平、自由等理想的承诺,因此我们需要探寻一种适当的后现代理论。法律多元论者承担着法不能被简单认定为国家法的证明责任,他们大多通过话语修辞对逻辑、理性、秩序进行重释,以消解中心性、秩序性、权威性为其出发点[76],反对任何人为设定的理论

---

[70] 参见张钧:《法律多元理论及其在中国的新发展》,载《法学评论》2010年第4期,第3—7页。

[71] 参见〔英〕桑托斯:《迈向新法律常识:法律、全球化和解放》,刘坤轮、叶传星译,中国人民大学出版社2009年版,第14—24页。

[72] 参见同前注〔71〕,第471—485页。

[73] 同前注〔71〕,第482页。

[74] 参见同前注〔71〕,第536页。

[75] 同前注〔71〕,第474页。

[76] 参见王岳川:《后现代主义与中国当代文化》,载《中国社会科学》1996年第3期,第176页。

前提和推论,否定人能达到对事物总体本质的认识,否定法律的普遍性意义。[77] 这种具有后现代属性的批判理论倡导文化和法律的多元性,它认为法律既包括国家法,也包括民间法等非国家法。据此可知,与国家法的"普遍统一"特征相对,"民间法"的本质是"反理性"的后现代"多元自治",即作为反思现代国家法之统一权威建构的多元自治规则,其发现方法是探寻一种对现代普世价值(如自由、平等、理性)和普遍选择(如民主、法治)进行"解构"的对立思维。

(三)范式转换:重构法律多元的理论解释框架

从前文的分析中可以得出,习惯法和民间法应是两个不同的概念,前者是一个前现代概念,而后者则是一个后现代概念,并且二者均离不开国家法这一参照系。这为习惯法/民间法的研究提供了一个分析框架——"前现代(习惯法)—现代性(国家法)—后现代(民间法)"(如图1所示)。也就是说,习惯法为国家法的形成提供了预备性资源,其经过国家权威的确定可以成为国家法;而只有当国家法的统一现代理性达到极端强大的时候,对之进行反叛的民间法才会诞生。西方多元主义论者所强调的民间法是在有效的国家法领域中存在的,如果不存在一个强大的国家法系统,那就只是习惯法。

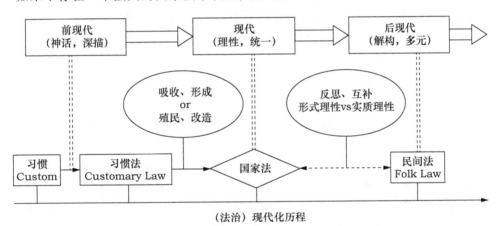

图1 多元规范分析框架

我国现有习惯法/民间法的研究大多将国家法与习惯法/民间法预设为分离的对象,力图证成普遍共识(国家法)或地方知识(习惯法与民间法)谁更具有优越性,要么通过国家法的权威去否定习惯法/民间法的效力,要么通过习惯法/民间法的实效去否认国家法的合理性。这样的研究思路陷入了"非此即彼"的困境,结局是各方争执不休却始终未有定论,与此同时也忽视了习惯法和民

---

[77] 参见信春鹰:《后现代法学:为法治探索未来》,载《中国社会科学》2000年第5期,第59页。

间法之间的本质区别,难以有效发挥二者的规范效力。"前现代(习惯法)—现代性(国家法)—后现代(民间法)"这一分析框架以国家法的核心特征为参照,区分习惯法与民间法作为"非正式规范"的本质,可以避免二者的混用;"将习惯法—国家法—民间法"作为系统的整体予以研究,对不同规范之间的辩证关系进行分析,可以探寻其间的内在关联,而非将其割裂开来,片面地证成某种规范的优越性。

另外,法律多元理论的发展无疑受到了西方法律人类学以及后现代思潮的影响,至今已发展成为一套颇具影响力的话语体系。但对我国的研究而言,法律多元是一个舶来品,而国内习惯法/民间法的研究正深受这种西方话语体系的影响,我们在从中汲取养分的同时,还应考虑将这些理论与中国实践相结合的可行性,并发展出能够切合中国语境的理论体系。西方学者的民间法研究通常标榜的是后现代的批判精神与修辞话语,这是资本增殖方式逐渐向后工业化转变在理论和意识形态上的体现。但就中国而言,现代性[78]仍"不在场"或尚未生成,它只是以碎片的、枝节性的、萌芽的形态或方式出现在社会运行的某些方面[79],而民间法研究中却出现了脱离现实根基的批判情结。我国所谓民间法研究的涌现,反而是国家法不完备的产物,实质上是把民间法等同于习惯法研究,而非多元对立。因此,我们只有建构一个立足于我国语境的新分析框架,才能摆脱西方理论的牵引,而非沉醉其中。

需要注意的是,概念的界定固然重要,但面对现实中纷繁复杂的情形,习惯法/民间法往往难以被界定得一清二楚。并且,简单的概念分析通常无法解释习惯法/民间法渐进发展的内在机理;分析框架的引入有辅助逻辑推理之效,但也极易遮蔽事物本身所具有的丰富意蕴。而且,当下中国仍处于深刻的社会转型期,正在逐渐进入到一个现代性剧场中。现代化进程虽始于百年前,但在近期也逐渐展现出格外强劲的变迁态势,呈现出高度的复杂性与多样性,而习惯法/民间法与其所处的社会所经历的变动以及社会成员的生活实践又是紧密相连的,始终要在变动的过程中寻找自身的立足点。动态变化的社会场景迫使我们用发展的眼光去探寻习惯法、民间法的发展轨迹以及不同规范之间的互动图景。

任何理论在揭示事物真相的同时,也恰恰是一种遮蔽。"前现代(习惯

---

[78] 安东尼·吉登斯认为,现代性以前所未有的方式脱离了原有社会秩序的轨道。前现代社会的时间和空间与某一地点相联系,而时空转换则与现代性的扩张有关。现代性的动力机制派生于时间和空间的分离和它们在形式上的重新组合,正是这种重新组合使得社会生活出现了精确的时间—空间的"分区制",导致了社会体系的脱域(disembeding)。也就是说,社会关系从彼此互动的地域性关联中,从通过对不确定的时间的无限穿越而被重构的关联中脱离了出来。参见〔英〕安东尼·吉登斯:《现代性的后果》,田禾译,译林出版社 2011 年版,第 1—18 页。

[79] 参见衣俊卿:《现代性的维度及其当代命运》,载《中国社会科学》2004 年第 4 期,第 20 页。

法)—现代性(国家法)—后现代(民间法)"只是对规范变迁的单一线性呈现,而我们面对的是一个无比丰富并无限敞开的现实世界。这就意味着,我们要将分析框架置于具体的场景中予以考察,而非简单勾勒其间的逻辑关联。要回归现实,对范式的分析效力进行审视,对具体社会情境中的习惯法、民间法的变迁问题进行考察。因此,下文将选取怒江峡谷的世居民族——怒族的民间规范作为分析对象,对"前现代(习惯法)—现代性(国家法)—后现代(民间法)"这一分析框架进行审视。进行线性考察不是要在传统与现代之间划出一条明确的界限,抑或刻意分裂其中可能存在的联系,而是要更好地揭示不同社会—文化力量之间的交错与互动可能对怒族传统规范转型产生的影响。

三、个案分析:怒族传统规范的现代性转型

（一）前现代自生自发的怒族习惯法

元代及之前,历代中央政府对怒族地区的管控不够彻底,因此我们难以通过查阅这一时期的史料来获取与怒族相关的记述。[80] 到了明朝,中央政府开始在怒江一带推行"以夷治夷""因俗而治"的羁縻政策[81],封纳西族木氏为丽江土知府,实行土司制度。[82] 自此,怒族逐渐进入到了众人眼中,相关记述也日益增多。例如,钱古训版本的《百夷传》对早期怒族的样貌及其生存环境进行了形象记述,书中指出:"怒人颇类阿昌",且居于"山巅,以种苦荞为生"[83];《南诏野史》中则记载了怒族"刚狠好杀猎"的性格特征[84]。据此可知,直至明代,怒族仍保留着原有的风俗习惯,久居化外且生存环境险恶,因而能够获取的生活资料也十分有限。而到了光绪三十四年(1908),政府才首次向怒地派去官员。[85] 凡此种种均为怒族地区留下了极大的自治空间。

怒族在面对险恶的生存环境时,表现出了对神秘力量的恐惧与敬畏。为了不冒犯神灵、求得神的庇佑,以保障平安有序的生产生活,怒族人便给自己的行为加上了约束,即诸多禁止性规定。按照梅因的观点,此时的怒族尚处于"神话时期",社会规范的产生与原始宗教信仰息息相关。一方面,这些规则表现出了

---

[80] 参见陆薇编著:《怒族》,吉林文史出版社2010年版,第7—8页。

[81] "羁縻政策"包含两方面内容。一方面是"因俗而治",即"修其教不易其俗,齐其政不改其宜",在各少数民族承认中央王朝统治的前提下,中央亦承认少数民族既有的调控方式和头领权威;另一方面是"以夷制夷",即中央王朝利用少数民族头领来维护边疆的稳定,并逐步实现中央对民族地区的直接管控。

[82] 参见《贡山独龙族怒族自治县概况》编写组:《贡山独龙族怒族自治县概况》,民族出版社2008年版,第61页。

[83] (明)钱古训:《百夷传校注》,江应樑校注,云南人民出版社1980年版,第152页。

[84] (明)杨慎:《增订南诏野史》(下卷),(清)胡蔚订正,光绪六年云南书局刻本,云南省图书馆藏。

[85] 陶天麟:《怒族文化史》,云南民族出版社1997年版,第22页。

怒族对神灵的敬畏，他们将物理世界中的很多现象或事物用神进行代表，例如未祭山神，不可开垦；未祭猎神，不可狩猎[86]等。另一方面，这些规则也体现了怒族对善恶报应机制的遵循，即只可行善、不能从恶，从中折射出了早期怒族对他者利益的考量。如此一来，此类规定的调整范围就从人与神灵之间的关系扩及了人与人之间的关系，并在不断的检验中逐渐沉淀为了群体的记忆。

而后，为了协调个体关系以应对复杂场景中的不确定情形，一种内生性的组织形态——寨头制——在怒族社会中逐渐形成，其主要表现为每个怒族村寨都有经由其成员共同推选而产生的头人。一方面，头人的权力来源于成员们的认可而非上级机构的授予。[87] 怒族的头人一般都具有良好的品德资质，并且办事公正；虽然没有任期的限制，但这并不意味着怒族头人能够享有世袭的权力。另一方面，头人行使权力的过程还附随着诸多职责要求，并且其权力的大小取决于职责的履行情况。具体而言，怒族头人的职责表现为对内调解纠纷、公断事务，对外在发生纠纷和械斗时出面交涉和领导指挥。[88] 也就是说，头人在怒族社会中主要担任着审判者、调停者的角色。在早期怒族社会中，对于证据不充足抑或犯罪者不愿承认犯罪事实的案件，囿于科学取证条件与司法审判经验的匮乏，怒族头人"往往祷神而祈其裁判，或窥神意而裁决其曲直"[89]，即通过拟制，借助"神魅"的超自然力量[90]——保护良善、惩罚邪恶[91]——来裁决此类有争议的案件。由于信奉原始宗教，怒族始终坚信，经过神判，神灵终将会以患病或丧命的方式来惩罚有罪者，而惩罚也极有可能波及其家庭乃至整个族群。抛血酒[92]、捞水锅（或捞油锅）[93]、拔石桩[94]等神判方式的实行离不开

---

[86] 参见同前注[80]，第 91 页。

[87] 怒族的氏族头人多由氏族成员共同推举。参见《怒族简史》编写组：《怒族简史》，民族出版社 2008 年版，第 108 页。

[88] 《怒江傈僳族自治州概况》编写组：《怒江傈僳族自治州概况》，云南民族出版社 1986 年版，第 35 页。

[89] 〔日〕穗积陈重：《法律进化论》，黄尊三等译，中国政法大学出版社 1997 年版，第 15 页。

[90] 穗积陈重将神判归为"潜势法"，他认为神意即法之观念，本于人民崇拜神灵，不可不服从之共同信念，故由此观念而生之法规，为超自然力而服之者；质言之，要为本于人民一般信仰之社会力之表现也。参见同前注[89]，第 13—15 页。

[91] 同前注[89]，第 18 页。

[92] 盗窃案件多采取"抛血酒"的神判方式。在裁判中，巫师将鸡血注入酒中，当事人双方互相发誓，随后将血酒抛置地上，以后不论何人，谁先走过抛血酒的地方，谁就是盗窃者。盗窃者一般要加倍赔还失窃之物，严重者要被割掉一只耳朵。参见同前注[87]，第 113 页。

[93] 严重的土地纠纷多采取"捞水锅"（或捞油锅）的神判方式。在裁决中，当事人双方须将事先放入锅中的石块捞出，如三日后，手未烫伤即为胜，手被烫伤为败。败方须将土地或其他失物如数偿还对方，并要给付言定之赔价（多为一头活牛和可用钱或实物抵付的干牛）。参见同前注[87]，第 113 页。

[94] 在"拔石桩"裁判中，头人或巫师要将石柱一半埋入土中，而另一半则留在空中并用大火烧至滚烫，若被告经过发誓并将石柱拔出而未被烫伤或石柱直接被大火烧断，则证明被告清白，反之视为有罪。

怒族头人或巫师的主持,而且大多数怒族村寨的头人由巫师担任,他们在怒族社会中扮演着神圣代理人的角色。这种在一系列类似案件中采用类似审判的情形被梅因界定为介于"判决"和"习惯"之间的"达克"。

老人会议[95]是怒族社会中的最高权力机构,其以怒族个体的意志为依托,通过召开原始民主议事会等方式来处理族群内部的一些重大问题。会议中形成的意见和决定往往由头人代为执行,会议还享有对头人的推举权(选举权由怒族成员行使)和罢免权。[96] 早期不成文的习惯法为老人会议和作为执行者的头人所熟知,头人通过说理促使个体产生对其所传递的规则的同一性认识,这在一定程度上型构了个体间对规则的相同预期网络,如此一来,教化的力量就为怒族习惯赢得了成员们的认同感(主观认同)和行动力(客观服从)。根据梅因的观点,随着老人会议的出现,怒族社会已经进入了"习惯法"时代。在这个文字还没有得到普及的时代,"习惯"或"惯例"已经发展成为一个集合体,并为某个团体所熟知,习惯法在一定程度上得到了保存。

这些为怒族共同体成员所长期遵循的习惯法主要包括如下三个方面。一是强调族群共同利益的规定,例如:(1)关于土地等生产资料的占有、买卖以及分配的规定[97];(2)关于收养义子的规定[98];(3)关于婚配关系的规定[99]。二是具有原始民主性与平等性的规定,例如:(1)在早期的怒族地区尚未出现较为鲜明的阶层划分现象,因而通行于社会中的规范并不是为了"维护某一阶级的利益"[100]而特别设定的,如果面临关系重大的待决定事宜,则需全体氏族男子共同讨论[101];(2)怒族头人不具备绝对的权威[102],他们属于怒族村寨中的普

---

[95] 老人在怒族社会中有很高的地位,故怒族的老人会议多由一些德高望重、办事公正合理的年长者组成。参见同前注[85],第183页。

[96] 如果头人失职,氏族成员可以在老人会议上将其罢免,并另选能者担任。参见同前注[87],第108页。

[97] 在早期怒族社会,生产资料实行共同占有、平均分配的制度。例如,怒族人若要取得质量好、面积大的土地的所有权,则须向氏族购买,所得的地价归全氏族按户分配。参见《中国少数民族社会历史调查资料丛刊》修订编辑委员会:《怒族社会历史调查》,民族出版社2009年版,第6—7页。

[98] 没有子女的怒族,可以收养义子,但事先要与头人商量,并征得氏族成员的同意。收养义子时须优先在近亲子侄中选择,若无适当人选,方可收养外人。参见同前注[97],第16页。

[99] 怒族实行亚血缘族内婚制,即只将亲生父母、子女、兄弟姊妹排除在婚配关系之外的婚姻制度。参见同前注[87],第115页。贡山等怒族地区还盛行兄(弟)亡弟(兄)收的转房制,即寡妇须改嫁夫之弟或兄。参见怒江州民族事务委员会、怒江州地方志编纂委员会办公室:《怒江傈僳族自治州民族志》,云南民族出版社1993年版,第83页。

[100] 参见同前注[97],第64页。

[101] 参见同前注[97],第13页。

[102] 参见同前注[97],第13页。

通一员。三是具有团结互助性质的规定,例如:(1) 关于借贷的规定[103];(2) 关于集体劳动的规定[104];(3) 其他关于协助的规定。[105]

此外,习惯法的效力不被消解还离不开其对社会内部纠葛的调节及对违反习惯法者的制裁,这集中体现为怒族习惯法的强制力。就一般民事案件而言,怒族通常采用调解的方式加以解决。通常情况下,怒族社会中发生的涉及婚姻、借贷、偷盗等争议的案件往往由头人来进行调解。[106] 就侵犯人身的案件而言,怒族多采用赔还实物的惩治手段。[107] 比如对于命案的解决,怒族习惯法规定的是需要赔偿命金[108],而非直接剥夺犯罪人的性命。通常在犯罪一方认罪,并付清所有与受害方家属协商确定的命金后,双方就要抛血酒以示永修其好,且不得反悔。对犯罪者苛以沉重的经济处罚,往往能够抚慰受害方家属的情感,平息其报复心理,这也就避免了双方的闹事冲突。在社会生产力和生活水平极不发达的时期,用经济上的处罚代替对犯罪者身体罚的执行,虽不至于剥夺罪犯的性命,但仍会对犯罪者的基本生活造成严重影响,因此同样能够达至惩处的目的,并且可以推动犯罪一方复归社会,重新融入到群体之中。

总体看来,怒族习惯法表现出了对超人力量的崇拜,缺乏科学性,又具有浓厚的原始色彩,但其实际上体现的是怒族对其自身行为意义和外在世界的初步思考,也反映了怒族在险恶的生存环境中所萌生的对维护群体秩序、强化集体力量的需求。原先,怒族个体被联结到了血亲团体之中,血亲团体又"以血缘亲属关系结成一定的聚居村落"[109],可见,血缘、地缘纽带在此阶段呈现出了互相重叠的样态。[110] 怒族所奉行的亚血缘族内婚等制度就是对通婚范围的限制,其目的是将婚姻关系限于同一氏族或家族内。但随着分散式、联合式社会组织[111]的出现,重叠的血缘、地缘纽带开始产生裂变。在怒族社会分化与合并的

---

[103] 一般而言,怒族的借贷均为秋前借,秋后还,同时无需征收利息,亦不用订立契约。参见同前注[97],第 16 页。

[104] 在生产过程中存在着为了互助而产生的家畜共养模式等。

[105] 此外还包括单向—双向的协助义务。单向的协助义务是指怒族对处于不利地位的成员的帮助义务,例如须对贫困者馈赠食物;双向的协助义务是指怒族在建房、办理婚丧事、杀猪宰牛等时候的互助义务。参见同前注[87],第 110 页。

[106] 参见同前注[97],第 17 页。

[107] 同前注[99],第 96 页。

[108] 所谓赔偿命金,是指在杀人案件中,受害人家属向侵害人或其家属索要一定数量的财物;侵害人或其家属则须给付相应财物,自此之后侵害人的相关刑事责任就会被免除。参见同前注[85],第 47 页。

[109] 同前注[87],第 8 页。

[110] 在此阶段,各个氏族都以血缘亲属关系结成一定的聚居村落。参见云南少数民族社会历史调查组:《怒族简史简志合编(初稿)》,中国科学院民族研究所 1963 年版,第 58 页。

[111] 由于人口的繁衍、流动,有的氏族分散到不同地方居住;此后,由于居住相近或因共耕关系、通婚关系、共同御敌关系,有的氏族又联合在一起形成了胞族,怒语称之为"霍"。参见同前注[110],第 58—59 页。

进程中,部分怒族[112]通过氏族图腾[113]和父子连名制[114]等方式确认社会成员之间的亲缘关系、提供亲族识别的方式,以加强共同体成员的亲族意识,赋予族群成员以血缘凝聚力;还有一部分怒族通过梅因所说的"收养拟制"将外来人吸收进来,以此不断扩大原有的家族团体。总体看来,早期怒族社会并不是一个个人的集合,而是一个以血缘、身份为纽带的集合体。在其中,群体的维系离不开个体力量,族内婚等制度的实行可以防止族群劳动力、战斗力和族内财产的流出;反之亦然,个体的生存同样离不开群体内部的团结,互助等制度可以弥补个体能力的不足,互助团结的实质是为了自助。

(二)现代化进程中的怒族习惯法

怒族习惯法的规范意义的取得离不开特定的社会场域,如果怒族社会没有发生剧烈变迁,其缓慢的发展态势不足以挑战习惯法的惯性效力。不可忽视的是,怒族地区始终处于大社会母体之中,不可避免地会受到大社会的规则、决策、强制力等因素的影响。在面对外来因素的剧烈冲击时,传统习惯法与新型社会关系之间的抵牾便难以避免。

清末民初是怒族社会发展进程中的分水岭,因为外来因素的冲击在这个阶段达到了顶峰。这种冲击一方面表现为外来信仰体系与怒族社会渗透至深的互动关系。19世纪末20世纪初,天主教和基督教传入我国(包括怒江地区在内的)部分区域。[115] 为了方便传教,传教士向怒族普及了文字及知识,例如,英国传教士傅能仁用拉丁字母创制了傈僳字。根据梅因的观点,此时的怒族社会已经逐渐离开"习惯法"时代,开始出现"法典"时代的雏形。由于文字日益普及,原先仅为老人会议和头人所熟知的习惯法开始被怒族大众知悉。与梅因所描述的"法典"时代不同的是,虽然这些易记易学的注音文字很快得到了怒族群众的认同,但在推动医药卫生等知识传播的同时,也加速了用这些新创文字进行书写的《福音问答》等宗教典籍的传播,从而进一步加深了教会以及宗教教义在怒族社会中的影响(包括不利影响)。

另一方面,外来因素的冲击表现为权力新格局与经济新形势对怒族社会的冲击。辛亥革命以后,伴随着新政权的建立,国家行政力量开始向基层社会渗透。云南建立了统一的行政组织,将先前互不统属的村落整合了起来。统治当局在菖蒲桶、上帕、知子罗等地设置了殖边公署,开始对这些地区进行管控。[116]

---

[112] 贡山、福贡两县的怒族没有氏族图腾及父子连名制。参见同前注[87],第11页。
[113] 部分怒族将特定物种视为其崇拜物及标志,即图腾。例如,碧江县第九行政村的怒族分为"别阿起"(蜂氏族)和"拉云起"(虎氏族),"蜂""虎"便是两个氏族所崇拜的图腾。参见同前注[110],第55—56页。
[114] 父子连名制是以父子之间的连名来区分直系亲属与远亲。参见同前注[110],第70页。
[115] 同前注[97],第108页。
[116] 参见同前注[85],第28页。

另外,政府开始推行保甲制,一些原先的怒族头人被委派为保甲长[117],负责履行政府下达的征收税款、维持治安等任务。也有些家族和村社的内部事务继续由头人负责[118];有些家族的权力则被彻底挤占,原先的村社头人死后,就没有再产生新的头人[119],取而代之的是直接由官方任命的地方代理人。1912年,殖边队进驻怒江后解放了大批奴隶,并且积极"便策应,移人民,开垦凿,通工易市"。[120] 随着怒江地区生活条件、交通运输等方面的逐步改善,一些汉、白、纳西等族的民众陆续移入。[121] 营房、商号的兴建在一定程度上也促进了怒族地区与内地的经济往来,典当、租佃、雇佣关系日渐增多。[122] 1929年以后,起初由氏族共有的土地开始逐步转变为由个人占有、使用,有的土地直接变为个体所有。[123] 由于私有制的形成和发展,个体经济便成为了怒族地区的主要经济形态。[124] 随着私有制的进一步成长,在家族伙有、开荒伙有土地上开始出现转让和买卖关系。[125]

在此过程中,怒族不断地从"周遭世界"中被"挖出来"(lifting out)[126],而后被"卷入"到新型的社会结构与社会关系中。梅因将这一过程描述为"从身份到契约"的运动,其特点是家族依附的逐步消灭和个人义务的日益增长。[127] 对于部分怒族而言,当难以将外来人口定位到族群关系中的时候,陌生关系之间能够产生的纽带便趋于薄弱,其所承载的约束力和制裁力也就难以生效。先前,在怒族社会中,基于成员们的认同,多采取调解方式解决纠纷,以维持和睦的群体关系。但随着纠纷主体不再局限于同一群体,纠纷双方对调解方式无法产生相同的认可与期许,调解方式对社会关系的整合力度便随之减弱。而习惯法之所以能够被遵循,在一定程度上是由群体的强大。群体的结构越牢固,其统摄成员的权威就越大。可见,群体关系的弱化势必会消解调解这一纠纷解决方式的效力。而神判作为怒族社会中的另一类纠纷解决方式,其报应结果越

---

[117] 参见同前注[97],第101页。
[118] 同前注[82],第76页。
[119] 参见同前注[97],第101页。
[120] 云南省通志编辑委员会办公室:《续云南通志长编(上册)》,云南省志编纂委员会办公室1985年版,第10页。
[121] 同前注[87],第40页。
[122] 同前注[99],第66页。
[123] 特别是一些氏族头人将氏族公地据为私有,占有了较多的肥沃土地。参见同前注[87],第65页。
[124] 参见同前注[82],第74页。
[125] 参见同前注[87],第68页。
[126] "挖出来"具有"抽离化"的内涵,抽离化这个隐喻后来被社会学家采用,以此作为对比前现代和现代社会系统的手段。参见〔英〕安东尼·吉登斯:《现代性与自我认同:现代晚期的自我与社会》,赵旭东、方文译,生活·读书·新知三联书店1998年版,第19页。
[127] 参见同前注[43],第110—114页。

惨烈且越能被群体成员所知晓,所生成的约束力就越强,秩序维系的效果也就越好。但随着村落大批人口的进出,加之个体间的信仰各异,就使得神判效应的普及难度加大,因而无法将其约束力扩及更广阔的范围。

1949年以后,国家行政力量进一步延伸到了基层社会中,怒族地区逐渐演变成为一个行政"细胞"。这一过程显示出国家行政力量的强化以及现代生产方式、全民性规范等对怒族社会的全面渗透与型塑。怒江地区获得解放后,各县成立了人民政府。[128] 地方行政随着国家对基层社会控制力度的增强而不断走向体制化,先前实行的保甲制被新型村政制度所取代。与此同时,全民性教育和普遍性知识的渗透也直接由行政力量实现。国家对建设学校以及置购设备等给予了大量的支持,以帮助少数民族青年学政治、学文化[129],增强其法律意识。[130] 加之政府尊重少数民族的风俗习惯和宗教信仰[131],因此派出大批的民族工作队,积极疏通民族关系。[132]

如此一来,在国家行政力量的推动下,在强大整合力量的重塑下,国家的权力和意志嵌入了基层社会中,民族地区逐渐步入了法治化的轨道之中[133],各种内生秩序也随之被"卷入"了现代化建设的浪潮之中。在此进程中,由于生产生活水平的提高以及医疗卫生知识的普及,加之国家在民族地区推行了医疗补助等优惠政策,怒族地区原先盛行的杀牲祭鬼等迷信活动与过去相比大幅减少。[134] 于是,神判约束力生成的逻辑前提也就被消解了,从而使神判的秩序维持效力走向了衰微。随着怒族社会的发展,赔命金的采用无疑为具有财产和特权的阶级擅自剥夺他人的生命提供了可能性,同时也无法与多元纠纷主体的利益和国家刑法等法律的规定相契合。因此,在国家力量对怒族社会的渗透过程中,诸如此类的私自处刑也被逐渐取缔。

由此可见,面对日趋复杂多元的社会关系,怒族习惯法无力提供一个能够在更广阔的场域中被共享的普适性符号体系。当现有秩序难以调适个体的越轨行为时,社会极易产生失范现象。在此情形下,怒族社会及其习惯法在面对国家法自上而下的重释与改造时不可避免地会出现不相适应的情况。随着习惯法的纠纷解决和秩序调控效力的日渐式微,具有普遍性的国家法虽然不是社会中唯一存在的"法律",但其在规范集合体中却处于主导地位。这也是一个从温情脉脉的传统社会向理性祛魅的现代社会过渡的错综复杂的过程。

---

[128] 同前注〔99〕,第2页。
[129] 同前注〔82〕,第84页。
[130] 参见同前注〔82〕,第98页。
[131] 同前注〔82〕,第103页。
[132] 同前注〔99〕,第5页。
[133] 参见同前注〔82〕,第85页。
[134] 同前注〔82〕,第33页。

（三）后现代转向时期的怒族民间法

现代化进程中，外来因素传入怒族社会引起了传统社会结构、社会规范的解体。法治现代化是现代化进程中的一个重要组成部分。就中国而言，这是依靠国家力量进行的自上而下的理性建构（如立法规划、普法运动、送法下乡等）。在此进程中，国家法不免会渗透到怒族社会中，并对其固有规范进行全方位解构。但法律规范也存在"空白"之处，再精细的国家法律也无法涵盖社会生活的方方面面。虽然当前怒族村寨中国家法律无处不在，但却并非无所不能。因此，在传统秩序解体、国家法律建构的过程中，也伴随着社会中自下而上的共同体秩序的生成和重构。

桑托斯曾借用傅立叶的界定方式将我们所身处的这个转型时代形容为突变现实（emergent realities）的表象，之所以称之为表象是因为我们还生活在历史惯性之中，并且一个或多个新范式也正初现端倪。[135] 按照桑托斯的理解，随着国家越来越多地卷入经济和社会进程中，随着经济和社会进程越来越具有复杂性、变异性（differentiated）和系统性，普遍的、抽象的和形式的法律便向语境性的（contextual）、特殊性的特别法让步[136]，地方社会中的共同体秩序等特别法则试图与国家法律互动和竞争。贺雪峰从"社会关联"角度对"共同体秩序"作了阐释，他认为促使社区社会形成秩序的一个重要因素是社会关联。这种社会关联包括"传统型"与"现代型"两种，前者体现为在大多数村庄仍占据主导地位的以伦理或神性为基础建立起来的社会关联，后者则体现为在经济社会分化水平较高的地区占据重要地位的以契约为基础而建立起来的社会联系。[137] 在此意义上，与历史法学的命定论不同，典型学方法认为历史的演变不具有严格规定的步步程序。[138]

从上述分析中还可看出，在官方规则增加的同时，一些民间规则的影响也加强了。因此，我们需要借用具有后现代色彩的"民间法"概念，来统称与具有普遍统一特征的现代国家法律体系并存，并且能够对其进行反思、解构的民间规范。桑托斯认为，我们正处于后现代转向时期，需要法律秩序的共存，即官方的国家法律秩序与地方的、多元性的、非官方的、以共同体为基础的法律秩序的共存。[139] 因为，后现代社会的特点是"社会结合"，它是一张由零散的线编织的网，个人是这张网中的交结点，但交结点不是单一的，而是具有多重身份，人的

---

[135] 参见同前注[71]，第 474 页。

[136] 参见同前注[71]，第 474 页。

[137] 参见贺雪峰、仝志辉：《论村庄社会关联——兼论村庄秩序的社会基础》，载《中国社会科学》2002 年第 3 期，第 126 页。

[138] 参见丁学良：《"现代化理论"的渊源和概念架构》，载《中国社会科学》1988 年第 1 期，第 65—78 页。

[139] 参见同前注[71]，第 474 页。

社会身份因时因地而不同。[140] 所以,现代社会所强调的法律的普遍性在后现代的多元化面前显得空泛和远离实际。[141] 在此意义上,具有自治与多元意涵的民间法是对现代理性规范的反思,以克服普遍性与统一性对个体性和多元性的压制,并彰显个体和多元的活力及其存在意义。

可以预见的是,若多元的民间法与国家法相容,则会出现蕴含现代理性的国家法哺育民间法,而具有反思属性的民间法再反哺国家法的良性互动。萨利·梅丽曾对民间法等非国家法与国家法之间的良性互动情形作过详细论证。首先,她引用了桑托斯对非国家法与国家法之间互动关系的论述,进一步指出民间法等非国家法可以借用国家法的形式和符号,创制自己的法律体系。例如,巴西贫民窟中非法占地的居民为了生存有选择地吸取了国家法的符号,制定了"沥青法"(law of the asphalt)。[142] 其次,国家法也会借用其他规范的符号,这被称为"符号挪用"(symbolic appropriation)。例如,菲律宾的邻里司法(neighborhood justice)以及印度的乡村司法委员会(justice village councils)是政府借用传统符号推进新型司法制度的具体实践。[143] 最后,萨利·梅丽通过引用菲茨帕特里克的"整合的多元性"(integral plurality)概念,对国家法与民间法等非国家法的双向互构关系进行了说明。她认为,"整合的多元性"是一种相互支持的整合关系,国家法在与社会规范的关系中被整体性地建构起来。[144]

随着怒族社会的持续变动,其民间规范的约束力逐渐体现在了隐性在场的调解和自律上,依据的是怒族个体自愿进出的运行方式。中华人民共和国的成立,从根本上扫除了西方势力,也根除了各种宗教背后的支持力量,这为怒族社会中的各类规范营造了一个可以进行平等交流的平台[145];中央施行的宗教信仰自由政策也维护了怒族社会多元宗教并存的格局,为规范间的互动提供了制度保障。[146] 伴随着国家力量在基层社会中的逐步渗透,经由立法机关制定而成的国家规范的主导地位也得到了强化,在此过程中,作为正式话语体系的国家法逐渐渗透到了怒族地区。此时的怒族民间规范在同国家法的对话过程中反复探寻着新的生存空间,它们通过主动引述国家法律以取得国家的认可与支持,并借此证明自身的合法性。例如:怒族地区的基督教教会提出了"双幸福""双学习""双管理"[147]的概念,这也就意味着教徒在恪守宗教教义的同时还应

---

[140] 参见同前注[77],第65—66页。
[141] 参见同前注[77],第66页。
[142] 参见同前注[62],第124页。
[143] 参见同前注[62],第124页。
[144] 参见同前注[62],第125页。
[145] 参见同前注[82],第103页。
[146] 参见同前注[82],第102页。
[147] 同前注[85],第158页。

遵循国家法律。在此意义上,国家法与怒族民间规范达成了共识。可见,理想意义上的民间法既符合国家法的基本精神,又可以填补国家法的空白,或者纠正国家法的形式理性,实现实质正义。

若多元的民间法与国家法不同,则会出现错位甚至对峙的情形。在规范集合体中,国家法通常以强势姿态出现,而民间法在刚性的国家法面前,只能在夹缝中(国家法空白的地方)或者法律的模糊地带(国家法明显不适用的地方)找到一些自治空间。在这一博弈过程中,具有普遍性、统一性的国家法又会遭到张扬差异和多元的民间法的反思与抵抗。怒族村寨的村规民约(民间法包含村规民约)可以被视为最典型的民间法。村规民约是村民根据民主议定原则,在不违背国家法律法规、政策的前提下创设的适用于自治体内部的行为规范。在此意义上,村规民约既蕴含着国家法的基本精神,又体现了民间法的自治品德。

为了清楚展现村规民约与国家法之间的互动关系,此处将选取一个怒族聚居村落XXX村的村规民约——《XXX村村规民约》(以下简称《村规民约》)作为分析范本。《村规民约》分为"总则""村民行为规范""对违反规约的处理"以及"附则"四章。《村规民约》中一部分延续了传统怒族习惯法的精神,另外一部分则根据社会变迁作出了新的规定,其中后者所占比重更大,而且前后两个部分相互重叠,无法截然分立。传统怒族习惯法以维护村落秩序、凝聚群体力量为宗旨。《村规民约》中依然涉及热爱集体、团结友善、互帮互助等内容[148],更有甚者,传统怒族习惯法中的家庭连带责任、赔命价等内容也体现在了村规民约中。[149] 此外,伴随社会变迁,村规民约中也规定了新的内容。一方面体现为村规民约对国家政策的贯彻落实,例如,《村规民约》中对养老保险、医疗保险、义务教育、计划生育等事项作了详细规定。[150] 另一方面则体现为村规民约对传统习惯法中与国家法相悖的内容(土地平均分配制、亚血缘族内婚制、转房制等)的修正,例如,《村规民约》对村民宅基地使用标准、男女平等原则、妇女权益

---

[148] 《村规民约》第二章第十三条规定:"相邻之间应当团结友善,以礼相待,碰到困难要互相帮助。"第二章第三十条规定:"严禁个人以任何理由堵塞村组道路,影响集体大多数人的出行。"第二章第三十三条规定:"所有村民应当积极参加集体公益事业义务劳动及其他集体活动,若不参加则一律不予享受各项惠农待遇。"

[149] 《村规民约》第三章第三条规定:"凡有家庭成员违反本规约的,该家庭当年不能参加州、县、乡和村级各类先进推荐评比,同时不得享受村里的各项优惠待遇。"第三章第十条规定:"如因用火不当造成人员伤亡和财产损失的照价赔偿,视情况严重移交司法机关,同时不享受相关惠农政策。"

[150] 《村规民约》第二章第三条规定:"须按时上交养老保险、医疗保险等费用。"第二章第四条规定:"须爱护未成年人,重视未成年人的教育。"第二章第二十二条规定:"严格实行计划生育政策,对超生、超怀户,经教育还是违反政策的一律取消相关惠农政策。"

保障等内容进行了规定。[151]

《村规民约》中还存在与国家法律法规、政策不一致甚至相冲突的地方。例如,《村规民约》中有多达十处对"不予享受国家惠农政策"情形的规定;第三章第三条则强调了家庭责任的连带性,即个体违反村规民约的不利后果会波及全体家庭成员,致使他们不能参加州、县、乡和村级各类先进推荐评比,同时不得享受村里的各项优惠待遇,该规定违背了国家法所遵循的罪责自负原则;第十一条[152]则区别对待村内外人口,剥夺了外来人口上山采药的权利,故与现代国家法的公平正义原则相背离。此外,传统怒族习惯法中的肉刑、私刑规范已逐渐消失,取而代之的是村规民约对赔偿、罚款等处罚方式的规定。例如,《村规民约》第三章第四条[153]规定了村民饲养的牛、羊、马偷吃他人包谷时需按照3元1蓬包谷进行赔偿;第三章第五条[154]、第六条[155]、第七条[156]则规定了需要"罚款50元—100元"的情形。那么,应该如何评价上述规定?

村规民约是我国村民自治制度的具体实践。这意味着村民自治组织可以通过制定符合村寨实际的村规民约来实行自我教育、自我管理、自我约束。此外,村规民约是根据法律授权而创制的,其不得变更国家法中的强制性规定,不得剥夺个人权利,也不得违反国家政策。[157] 但与村规民约中明显违反国家法的规定不同,就大量存在的赔偿、罚款规定而言,学界尚存在争议。有学者认为,罚款属于行政强制措施,因此村民自治组织尚不具备罚款的权力;崔智友明确反对此种观点,他认为村规民约中的罚款不是行政法意义上的罚款,而是一种与违反经济合同时所执行的"定金罚则"相类似的"惩罚性赔偿"。[158] 并且,立法机关在制定《行政处罚法》等规范行政处罚的国家法时并未参考习惯法/民间法,而是"独断地"将其制定出来。但事实上,村规民约中的罚款等措施已逐

---

[151] 《村规民约》第二章第六条规定:"村民宅基地使用审批、使用登记、办理程序及使用标准,严格按照《土地管理法》《怒江州农村宅基地管理办法》,实行一户一宅。"第二章第二十二条规定:"实行男女平等,保护妇女在社会和家庭生活中的合法权益。"

[152] 《村规民约》第三章第十一条规定:"禁止外来人员到XXX村山上采药材,此项工作由天保员负责监察,村委会可拿出适当的经费用于补偿有功的天保员。"

[153] 《村规民约》第三章第四条规定:"若牛、羊、马吃了他人的一蓬包谷,其主人需向种植包谷的主人赔偿:3元/蓬。"

[154] 《村规民约》第三章第五条规定:"地界上的核桃枝条,由两家相互协调解决;核桃成熟时,不得去打和捡别人的核桃,抓到后罚款:50元—100元。"

[155] 《村规民约》第三章第六条规定:"马不能乱拴,在未经主人允许的情况下乱拴发现被抓者罚款:50元—100元。"

[156] 《村规民约》第三章第七条规定:"刚被退耕还林、绿肥和小春地里也不能放牛,一经发现罚款:50元—100元。"

[157] 参见崔智友:《中国村民自治的法学思考》,载《中国社会科学》2001年第3期,第138页。

[158] 参见同前注[157],第138—139页。

渐被共同体成员所接受,它是传统习惯法中反复适用的惩处方式在村规民约中的新体现;并且,村民自治组织发现,仅依靠特定国家行政机关实施处罚将不利于维护村内秩序,所以自发制定了适合村内治安的罚款规则。在此意义上,这类村规民约就是国家法之外具有解构、反思特征的"民间法"。

需要强调的是,当前我国在推行村民自治时所采取的干预措施极易导致村规民约的形式化。而且就我国而言,经由国家法表述的普遍价值体系已经向社会全面蔓延,社会对超地方性质的刚性秩序需求已经逐步增强。在此情形下,现存村规民约尚不完全具备解构、反思的特征,这种具有自治品德的民间法还处于萌芽阶段。

四、展望代结语:法治现代化进程中何以协调多元规范?

前文对习惯法与民间法进行了辨析与定位。习惯法与民间法应是两个具有不同学术传统的概念。习惯法处于由前现代向现代化的叙事展开途中,虽然其中伴随着现代性对前现代的统一化改造以及后者对前者的不适应,但习惯法仍是国家法不可或缺的构成基础。而具有自治与多元意涵的民间法则是对现代理性规范反思之后的产物,当民间法与国家法相容时,二者之间会出现良性互动的情形;当民间法与国家法不同时,则会出现错位甚至对峙的情形。

在明晰概念之后,再以"前现代(习惯法)—现代性(国家法)—后现代(民间法)"为分析框架,对怒族传统规范的实际变迁历程进行考察。经过考察,呈现在我们面前的是怒族地区多元规范共存的复杂态势:国家法对怒族地区的"改造"尚处于进行时态,传统习惯法的规范遗产广泛留存且仍具实效,而怒族民间法(最典型的是村规民约)在国家法的夹缝中也开始出现。一言以蔽之,我们面临的是习惯法、民间法与国家法的同时空共存,甚至是"群魔乱舞"的规范乱象。这种压缩时空的规范共存给司法实践带来了难题:尊重习惯法的传统和民间法的自治,可能会影响国家法的正统与权威;而"一刀切"地适用国家法,则容易引起地方秩序的裂变和坍塌,造成社会的动荡和不稳定。因此,多元规范之间如何调适共存是当下亟待解决的难题。

西方法律多元理论的形成与发展离不开后现代解构主义思潮的兴起及其对现代性范式危机的反思。与西方现代社会不同,处于转型阶段的中国社会是复杂的,前现代性、现代性和后现代性因素交织在一起,给我们的治理实践带来了极大的考验。[159] 但总体而言,我国仍处于现代化建构的过程中,走向现代化是一个不可逆的历史大潮。[160] 在法治现代化的时代背景下,我们应该准确把

---

[159] 陈进华:《治理体系现代化的国家逻辑》,载《中国社会科学》2019年第5期,第30页。
[160] 王岳川:《走出后现代思潮》,载《中国社会科学》1995年第1期,第152页。

握法治建设中国家法与习惯法、民间法之间的辩证关系,克服由于脱离实际而被西方理论牵引的盲目性。

就具有结构属性的习惯法而言,其与国家法呈现出"吸收—形成"的关系。习惯法是乡土社会经过日益积累、不断试错而形成的规则体系,而这套规则体系早已根植于社会深层。法治现代化不应全盘否定这些传统规范,而是应该通过对习惯法的调查,发掘其中的立法资源,并妥善汲取其中的精华之处,对其进行转化和活用,引导其正向功能的生成。就具有解构特征的民间法而言,其与国家法呈现出"互补—对峙"的关系。我们要注意到民间法中蕴含的反思属性,即民间法是基于对国家法的反思而形成的。在此意义上,民间法与国家法之间是一种互补关系。一方面,民间法可以填补国家法的空白与不足之处。另一方面,国家法效力的发挥需要得到民间法的认可与支持。国家法要经过人们的反复适用与实践并且形成惯例后才能真正生效,也就是说国家法要受到民间社会的检验与评判。[161] 因此,国家法不能完全排斥规范的多样性,在不断完善自身的同时,还需构筑一个话语体系之间可以进行良性互动的平台,以实现与民间法的和合共生。

但我们也要注意到民间法的解构属性。虽然法律不可能截断所有不确定性,将全部可能性都包摄于精确的条文之中,渗透于所有案件的处理之中,但我们还是不能过分迷恋多元规范的秩序塑造功能,在现代化尚未建成之时,就落入解构性的后现代窠臼之中。法律话语之属性在于追求普遍性,若是拒绝普遍共识,单纯强调多元主义,则可能会导致法治的悖论。民间法的非普适性等缺陷决定了它无法适应现代社会的飞速发展,无法调节个体之间的复杂关系,最终无法与国家法相抗衡,而只能作为"为了解决现代化的构造难题而划的一条辅助线"。[162]

(责任编辑:聂清雨)
(校对编辑:李昊林)

---

[161] 参见同前注[3],第 83 页。
[162] 参见季卫东:《面向二十一世纪的法与社会——参加法社会学国际协会第 31 届学术大会之后的思考》,载《中国社会科学》1996 年第 3 期,第 107 页。

语言、文化、法律传统与国际刑事司法 *

迈克尔·博兰德** 著

严泽岷　杨馨淏*** 译

Language, Culture, Legal Traditions, and International Criminal Justice

Michael Bohlander   Trans. by Yan Zemin, Yang Xinhao

内容摘要：我们对世界的看法在很大程度上取决于我们自己的语言和文化。英语已成为国际上法律学术和实务对话的通用语言,与之相关的问题是英美的思维和法律文化为国际刑法的画布添上了浓墨重彩的一笔。我们需要注意区分语言和文化影响的差异,因为它们是对话的主要决定因素,而这种对话不仅在形式上,也可能在实质上构成了国际司法。这种对话,即使是用通用语言,在来自各方的交流中似乎也不会呈现相当的激烈程度,因为除了参与能力的问题,还有意愿或兴趣上的差异。这种差异不仅是由于缺乏语言控制力,还

---

* 感谢 Stefan Kirsch, Dawn Rothe, Peter Wilkitzki, Wolfgang Schomburg 和匿名评审人对该论文早期版本的评论。本译文已获得作者授权,适用一般免责声明。
** 迈克尔·博兰德,英国杜伦大学法学院,比较和国际刑法教授。[michael.bohlander@durham.ac.uk]
*** 严泽岷,中国政法大学刑事司法学院刑事诉讼法学专业博士研究生。杨馨淏,哈尔滨工程大学人文社会科学学院国际法学专业硕士研究生。

可能是基于文化厌恶。国际刑法对话中的主要制度分歧仍然在于普通法系和大陆法系之间的天壤之别,与之相符,表现为一方是实践/实用性的方法而另一方是教义/理论性的态度之间的差距。本文试图超越在讨论中经常使用的肤浅的标签,例如"对抗制和纠问制""成文法和判例法"等,来阐述一些可能对国际刑法的制定产生影响的概念和文化上的差异。

一、引言

正如维特根斯坦(Wittgenstein)强调的那样,"我语言的极限是我世界的极限"[1],我们对世界的看法在很大程度上取决于我们自己的语言[2]和文化。英语已经成为[3]国际上法律学术和实务对话中的通用语言,还有一个与之相关的问题是英美的思维和法律文化也为国际刑法的画布添上了浓墨重彩的一笔。我们需要注意区分语言和文化影响的差异,因为它们是对话的主要决定因素,而这种对话不仅在形式上,也可能在实质上构成了国际司法。我们需要更好地了解不同的群体:学术研究群体、国际组织、议会和政府、法院和从事法律专业的人(包括法院口译员等辅助人员),最后是未来会成为上述群体的本科和研究生(法律)学生群体。也因此,至关重要的是他们能够接触到其他制度的语言和文化。这种对话,即使是用通用语,在来自各方的交流中似乎也不会呈现相当的激烈程度,因为除了参与能力的问题,在意愿或兴趣上的差异不仅是基于缺乏语言控制力,还可能是基于文化厌恶。正如我在其他地方所解释的,这在国际刑法的层面有直接的影响。[4] 国际刑法对话中的主要制度分歧仍然在于普通法系和大陆法系之间的天壤之别,与之相符,对话各方间的差别表现在一方面是偏重实践、以实用主义为导向的方法,另一方面是更依赖于原则性理论建构的教义的态度。本文超越了在讨论中经常使用的肤浅的标签,例如"对抗制和纠问制的刑事程序""成文法和判例法"等,进而阐述了一些可能对国际

---

[1] Ludwig Wittgenstein, *Tractatus Logico-Philosophicus*, Proposition, 1933, pp. 5-6.

[2] G. Deutscher, *Through the Language Glass: Why The World Looks Different In Other Languages*, Cornerstone, 2011.

[3] 这种情况会持续多久还不得而知,可参见 N. Ostler, *The Last Lingua Franca: The Rise and Fall of World Languages*, Penguin Books Ltd, 2011。

[4] M. Bohlander, "Radbruch Redux: The Need for Revisiting the Conversation between Common and Civil Law at Root Level at the Example of International Criminal Justice", *Leiden Journal of International Law*, vol. 24, no. 2, 2011. p. 393.

刑法的制定产生影响的观念和文化上的差异。[5]由于篇幅的原因,本文只能突出几个值得进一步考察的领域。[6]

然而,有必要在探讨开始前提出一个基本的声明:没有纯粹的"普通法系"与"大陆法系"。在历史的长河中,每个国家都可能通过政治联系或殖民影响继承某种模式,但每个属于某一法系的国家都会把他们独特的民族文化印记烙于其中。此外,这两个法系均未以其原始形式流传至今。为了找出主要的区分特征,没有必要对属于某一法系的某个族系[7]或另一族系的所有法律制度进行全面调查:几乎所有值得在本文提出的要素都可以通过探究较为纯粹的普通法起源即英格兰和威尔士法律来提取,而与之相比,对于复杂的大陆法法域的本体部分和理论层面,可以酌情从德国法中提取。

二、定义

虽然强调普通法和大陆法的概括性质本身有可能因过分简化而造成曲解,但为了便于参考,重新简明扼要地明确两者的定义是有帮助的。[8]

(一)普通法系——概念和主要法域

本文所指的普通法系是以大英帝国的历史殖民势力范围为基础的成员体系,其实体法的典型特点包括依赖于个案的司法造法,缺乏全面的法典化[9]因而各个地区的规范均不同,以及厌恶对事前规制学说(ex-ante doctrinal)的基础原理的探讨。因此,普通法本质上是一个归纳的制度。在程序法中,普通法

---

[5] 在语言/文化背景和(或)对"对抗制—纠问制"区分方面,有一些早期出版物。例如,在本刊上可参见 J. Almqvist, "The Impact of Cultural Diversity on International Criminal Proceedings", *Journal of International Criminal Justice* (*JICJ*), vol. 4, no. 4, 2006, p. 745。既涉及法庭的内部运作,也涉及与其最终用户连接的更广泛的文化交流;或 G. Acquaviva, "At the Origins of Crimes against Humanity: Clues to a Proper Understanding of the *Nullum Crimen* Principle in the Nuremberg Judgment", *Journal of International Criminal Justice* (*JICJ*), vol. 9, no. 4, 2011, p. 881。还可参见 D. Saxon, "International Criminal Procedure: The Interface of Civil Law and Common Law", *Cambridge Law Journal*, vol. 72, 2013, p. 777 (publication review)。不过这篇文章提出了一个"根源—分支"修正的实证方法,比以前更详细地描述了现状。

[6] 在这方面,有必要说明国际刑事法院的三位负责人(院长、检察官和书记官)已同意正式支持作者计划在法院进行的一项重要的实证语言文化研究。2013 年 12 月 13 日 Song 院长的来信,Ref. 2013/PRES/00310-2(作者存档)。本文的目的也不是要讨论下文争议的法律的实质性概念。

[7] 伊斯兰法律体系经常被忽视,参见 M. Bohlander and M. M. Hedayati-Kakhki, "Criminal Justice under Shari'ah in the 21st Century—An Inter-Cultural View", *Arab Law Quarterly*, vol. 23, 2009, p. 417。

[8] 参见 H. P. Glenn, *Legal Traditions of the World: Sustainable Diversity in Law* (4th edn.), Oxford University Press, 2010。

[9] 不同观点可参见,M. Bohlander and D. Birkett, *Codification of Criminal Law*. *International Library of Essays in Criminal Law*, Ashgate, 2013。

通常普遍适用大量非专业人员参与司法决策[10]和采用对抗性程序模式,随之减少了法官在庭审中的作用。英联邦、美国和大英帝国的其他前殖民地是主要的普通法司法辖区,但近年来,特别是在程序方面,对抗制和利用非专业法官的模式对中亚各国产生了一定的吸引力,它们正在考虑以一种或另一种形式采用这一制度[11],特别是通过一些组织的努力,如美国律师协会(ABA)的中东欧法律倡议(CEELI)项目,现称为 ABA 法治倡议。[12] 1988 年,意大利也开始采用对抗性程序模式。[13]

(二) 大陆法系:概念和主要法域

大陆法系通常被称为欧陆法系,因为它们起源于欧洲大陆的主要法律传统,主要是法国和德国的法律传统,而法国和德国的法律在历史上又在不同程度上借鉴了罗马法。大陆法系在实体法上的共同联系是全面编纂的法典,司法的造法作用受到更大的限制,以及热衷于对具有更强学术影响力的事前规制学说(ex-ante doctrinal)的研究。[14]在程序法上,与大陆法系经常联系在一起的是专业法官的普遍适用,而非非专业法官和"纠问制"——更适合称为"法官主导"的程序模式,强调的是法官的核心和积极的作用。欧洲大陆区域及其以前的殖民地均有大陆法系的司法辖区。相较于英国、法国、荷兰、西班牙或葡萄牙,虽然德国从未有过类似的大型殖民地或贸易帝国,但值得注意的是,德国的实体刑法学说在西班牙和许多拉丁美洲国家仍然具有很高的威望。

三、分立的相联:普通法系和大陆法系

随着前南斯拉夫问题国际刑事法庭(ICTY)、卢旺达问题国际刑事法庭(ICTR)以及国际刑事法院(ICC)等"现代"国际刑事法庭的出现,比较刑法研

---

[10] 然而,这一情况总的来说并不准确。欧洲的非专业人员参与,参见表格于 M. Bohlander, "Laienrichter in der Strafjustiz-Ein Vergleich am Beispiel der Rechtsordnungen von England, Spanien und Frankreich", in H.-P. Marutschke (ed.), *Laienrichter in Japan, Deutschland und Europa—Japanisch-Deutsches Symposium*, Doshisha University Law School, Kyoto, 15. Mai 2005, Bwv Berliner-Wissenschaft, 2006, pp. 62, 64-65. 关于欧盟成员国的最新国家报告参见 https://ejustice.europa.eu/content_ordinary_courts-18-en.do,最后访问日期:2014 年 4 月 1 日。

[11] F.-C. Schroeder and M. Kudratov, *Das strafprozessuale Vorverfahren in Zentralasien zwischen inquisitorischem und adversatorischem Modell*, Peter Lang, 2012.

[12] 参见 http://www.americanbar.org/advocacy/rule_of_law.html,最后访问日期:2014 年 4 月 1 日。

[13] M. Maiwald, *Einführung in das italienische Strafrecht und Strafprozeβrecht*, Peter Lang, 2009, pp. 1-169.

[14] 参见例如 S. Vogenauer, "An Empire of Light? II: Learning and Lawmaking in Germany Today", *Oxford Journal of Legal Studies*, vol 26, 2006, p. 627; S. Vogenauer, "An Empire of Light? Learning and Lawmaking in the History of German Law", *Cambridge Law Journal*, vol. 64, 2005, p. 481。

究,特别是普通法系与大陆法系的分立备受关注。同样,欧盟的刑法权限日益扩张,这意味着必须增进其成员国对彼此主要传统的相互了解。

(一)作为国际刑法主要参照制度的普通法和大陆法

以前的研究[15]表明,在寻找国际法的一般渊源的过程中,缺少诸如《国际刑事法院罗马规约》(the Rome Statute of the ICC,以下简称《罗马规约》)等具体的协商规约,而只能根据《国际法院规约》(the Statute of the International Court of Justice)第38条对世界范围内所有主要的法律制度进行考察。尽管如此,国际法的一般渊源集中于普通法系和大陆法系,其中大多数是从英文文献和普通法背景中提取的。根据《罗马规约》第21条也可以得到类似结论。即使国际刑事法院的法律环境受到更严格的监管,它也不是一个独立运转的封闭的法律系统,然而质疑法官和其他工作人员需要进行更广泛意义上的比较法工作的观点,都没有意识到这一点。来源于不使用西欧语言或拉丁文字(例如阿拉伯语、汉语、日语和俄语)的主要地区和国家的资料是很少见的。因此,在实践中,"普通法系与大陆法系"的二元分立一直是国际法院和法庭在制度对话中的主导范式,这也是出于语言的原因。[16]

(二)国际刑法中的理论冲突

上述普通法系和大陆法系的分立在很大程度上可能以语言选择为基础,这种分立会导致理论上的冲突。有时是各司法辖区代表所继承的基本态度上的冲突,构成了任一国际刑事法院中的各种不同意见。尽管事实表明,普通法系和大陆法系的实体刑法概念在表面上似乎是相似的,但深入分析就会发现情况远非如此。[17]最近几年争议的主要领域之一在于,自前南斯拉夫问题国际刑事法庭标志性的Tadić决定[18]后,关于如何对待同案共犯的问题出现了两种不同的思想流派。前南斯拉夫问题国际刑事法庭在Tadić案中展开了一系列推理,将共同犯罪集团(JCE)理论应用于对共犯的分工和更加常见的共犯合作,以一种普通法系渊源的松散形式进行推断。后来的案例研究了"行为支配"

---

[15] M. Bohlander and M. Findlay, "The Use of Domestic Sources as a Basis for International Criminal Law Principles", *The Global Community: Yearbook of International Law and Jurisprudence*, 2002, p. 3; M. Bohlander, "The Influence of Academic Research on the Jurisprudence of the International Criminal Tribunal for the Former Yugoslavia—A First Overview", *The Global Community: Yearbook of International Law and Jurisprudence*, 2003, p. 195; M. Bohlander, "The General Part: Judicial Developments", in M. C. Bassiouni (ed.), *International Criminal Law*, vol. III: *Enforcement* (Transnational), 1987, p. 517.

[16] 然而,有人质疑特别是阿拉伯语的渊源,指的是伊斯兰教法被忽视,其被许多人视为不符合当前时代,以及在本质上与现代的分析性法律论述不一致。

[17] See M. Bohlander, "Nullum crimen sine poena—Zur Unberechenbarkeit völkerstrafrechtlicher Lehrenbildung", in H. Alwart (ed.), *Freiheitsverluste im Recht*, 2014.

[18] 参见网址http://www.icty.org/x/cases/tadic/acjug/en/tad-aj990715e.pdf,最后访问日期:2014年4月27日。

（Tatherrschaft）理论的概念。这一概念主要由德国学者克劳斯·罗克辛（Claus Roxin）[19]创造，他以其关于"正犯后正犯"（perpetrator behind the perpetrator）[20]的理论而闻名，这使得不在犯罪现场的行动策划者有可能将被视为主犯，而不仅仅是从犯。在德国法中，这种分类对定罪和量刑都有直接的影响。而在英国法中，例如，根据 1861 年《帮助犯及教唆犯法案》（Aiders and Abettors Act 1861）第 8 条，就定罪而言对所有罪犯一视同仁，只要不像谋杀罪一样有附加的强制性刑罚，就允许量刑的差异。国际刑事法院，特别是其预审法庭，从一开始就表示更倾向于采用罗克辛模式，这可能受到该法庭一些提供法律支持人员出身的影响。[21]审判法庭在对 Lubanga 案[22]的判决中采用了这种做法，但有两名法官，在 Lubanga 案[23]中附个别意见的富尔福德（Fulford）和在 Chui 案[24]中附协同意见的范·登·韦恩加尔特（van den Wyngaert）批评了这种做法，即几乎完全依赖某一特定司法辖区的一种学派来解释《国际刑事法院规约》等国际文件。富尔福德特别指出，就量刑而言，存在考虑参与犯罪方式的理论分类的需要，这一看法与 1861 年《帮助犯及教唆犯法案》第 8 条的做法类似。即使不考虑对这一法条的正确解读，鉴于国际刑事法律等制度尚不完善和法律的确定性需要，这种分歧如此之大的司法意见似乎也是不可取的。这是一个说明使用所谓的"建设性模糊"或司法解释授权可能带来恶果的例子，二者受到外交官员和谈判者的青睐，但他们并不会充分考虑这种模糊性在实践中可能导致什么样的后果。[25]

（三）司法命令和语言使用："……英文版本可靠吗？"

与前一个问题直接相关的是法官的语言能力问题。毕竟，是他们决定哪些判例可以在判决中援引并有资格作为国际法的适当渊源。对前南斯拉夫问题

---

[19] C. Roxin, *Täterschaft und Tatherrschaft* (8th edn.), de Gruyter, 2006；Roxin, "Straftaten im Rahmen organisatorischer Machtapparate", *Goltdammer's Archiv für Strafrecht*, 1963, p.193 被翻译为"有组织权力结构的犯罪"；See G. Werle and B. Burghardt (eds), "Anthology: Claus Roxin on Crimes as Part of Organized Power Structures: Introductory Note", *Journal of International Criminal Justice* (JICJ), vol. 9, no. 1, 2011, p.191。

[20] See M. Bohlander, *Principles of German Criminal Law*, Hart, 2009, p.158,关于德国司法机关对这种做法的秘密采用。

[21] See *supra* note [17].

[22] 参见 http://www.icc-cpi.int/iccdocs/doc/doc1379838.pdf,最后访问日期:2014 年 4 月 27 日。

[23] 参见网址 http://www.icc-cpi.int/iccdocs/doc/doc1379838-A.pdf,最后访问日期:2014 年 4 月 27 日。

[24] 参见网址 http://www.icc-cpi.int/iccdocs/doc/doc1529537.pdf,最后访问日期:2014 年 4 月 27 日。

[25] 参见判决 *Kaing Guek Eav* (001/18-07-2007/ECCC/TC), Trial Chamber, 26 July 2010,该判决认为所谓的 JCE III 不是国际惯例法的一部分。

国际刑事法庭的研究表明,就普通法系的法官而言,这方面的情况并不乐观。[26] 普通法系法官对外语的掌握程度往往明显低于大陆法系法官。他们中的许多人只说英语,这是其本国的官方语言,而他们的当地通用语往往不会在其原籍国的法律工作中使用。国际法庭,特别是前南斯拉夫问题国际刑事法庭和卢旺达问题国际刑事法庭作出的判决都有一份最后通知,其中规定哪一种语言的解释具有权威性——绝大多数是英文。[27] 就英联邦成员国而言,这种语言现象可以直接与殖民的影响联系在一起。为了了解最新情况,根据简历和选举中的陈述对国际刑事法院自 2003 年第一次选举以来所有法官的语言能力进行调查[28],得出了表 1(截至 2013 年 5 月)。

表1 国际刑事法院前任和现任法官使用的语言(2013年5月)

	名字	原籍国	使用语言
1.	Aluoch	肯尼亚	E, Dho, F, Kis
2.	Blattmann	玻利维亚	E, F, Ger, S
3.	Carmona	特立尼达和多巴哥	E, S
4.	Cotte	法国	E, F
5.	Defensor-Santiago	菲律宾	E, Fil
6.	Diarra	马里	E, F
7.	Eboe-Osuji	尼日利亚	E, F, Ibo
8.	Fernandez de Gurmendi	阿根廷	E, F, S
9.	Fremr	捷克共和国	E, Cze, F, R
10.	Fulford	英国	E
11.	Harding Clark	爱尔兰	E, F
12.	Herrera Carbuccia	多米尼加共和国	E, F, S
13.	Hudson-Philipp	特立尼达和多巴哥	E
14.	Jorda	法国	E, F, S
15.	Kaul	德国	E, F, Ger, Nor
16.	Kirsch	加拿大	E, F, S
17.	Koroula	芬兰	D, E, F, Fin, Ger, R, S, Swe

[26] See *supra* note [15].

[27] 一名来自加拿大的法官很早就批评了这种做法,然而无济于事。参见 J. Deschênes 法官的个别意见,关于管辖法律的中间上诉的辩护动议:*Tadic* (IT-94-1-AR. 72), Appeals Chamber, 2 October 1995.

[28] 网络参考资料参见 http://untreaty.un.org/cod/icc/asp/1stsession/report/english/add1/annex_listofdocs_e.pdf. 和 www.icc-cpi.int/en_menus/asp/elections/Pages/elections.aspx,最后访问时间:2014 年 4 月 27 日。

(续表)

	名字	原籍国	使用语言
18.	Kuneheiya	加纳	E, F
19.	Monageng	博茨瓦纳	E, Set, Ika
20.	Morrison	英国	E, F
21.	Nsereko	乌干达	E, Ger, Lug, Kis, Kin
22.	Odio Benito	哥斯达黎加	E, F, S
23.	Ozaki	日本	E, F, J
24.	Pikis	塞浦路斯	E, Gre
25.	Pillay	南非	E
26.	Politi	意大利	E, F, I
27.	Saiga	日本	E, J
28.	Shahabuddeen	圭亚那	E
29.	Slade	萨摩亚	E
30.	Song	韩国	E, F, Kor
31.	Steiner	巴西	E, F, P, S
32.	Tarfusser	意大利	E, F, Ger, I
33.	Trendafilova	保加利亚	Bul, E, Ger, R
34.	Usacka	拉脱维亚	E, Lat, R
35.	Van den Wyngaert	比利时	E, F, D, Ger, I, S

注：Bul=保加利亚语；Cze=捷克语；E=英语；D=荷兰语；Dho=多罗语；F=法语；Fil=菲律宾语；Fin=芬兰语；Ger=德语；Gre=希腊语；I=意大利语；Ibo=伊博语；Ika=伊卡兰加语；J=日语；Kin=卢旺达语；Kis=斯瓦希里语；Kor=韩语；Lat=拉脱维亚语；Lug=卢干达语；Nor=挪威语；P=葡萄牙语；R=俄语；S=西班牙语；Set=茨瓦纳语；Swe=瑞典语；

表2显示了国际刑事法院法官最常用的两种语言：英语和法语（见表2）。

表2 国际刑事法院法官多数使用的语言

语言	使用该语言的法官人数
英语	35
法语	22
西班牙语	8
德语	7
俄语	4
意大利语	3
荷兰语	2

（续表）

语言	使用该语言的法官人数
日语	2
斯瓦希里语	2
保加利亚语	1
捷克语	1
多罗语	1
芬兰语	1
希腊语	1
伊博语	1
伊卡兰加语	1
卢旺达语	1
韩语	1
拉脱维亚语	1
挪威语	1
葡萄牙语	1
茨瓦纳语	1
瑞典语	1

这两种语言与下一种最常用语言——西班牙语之间的差距非常大。百分比显示（样本总数是 n=93，是所有语言数与适用这些语言的法官人数的乘积），英语占法院所有代表性语言的 37.6%，同时也是在整个法院中唯一实现 100% 覆盖率的语言。法语占 23.7%，西班牙语占 8.6%，德语占 7.5%，俄语占 4.3%，意大利语占 3.2%，荷兰语、日语和斯瓦希里语各占 2.2%，其余 14 种语言共占比 15.4%（各占 1.1%）。因此，英语的使用频率是后面 14 种语言总和的两倍多，而且多于除法语以外所有其他语言的总和。英语和法语的占比加起来大约是其他语言占比总和的两倍还多 15%。但无论如何，法官所使用的语言与其助理或书记员所使用的语言没有直接联系。迄今为止，除了传闻之外，我们对于后者一无所知，但我们需要提醒自己，应该由法官而不是他们的助手来决定哪些资料值得被列为适当的渊源。然而，如果只看这些表格我们会发现，即使他们的助手可以决定，他们也没有能力评价主要使用如汉语和阿拉伯语等语言的资料。在撰写这篇文章时，笔者对在国际刑事法院[29]各个法庭工

---

[29] 作者要感谢国际刑事法院各个院长同意正在进行的调查，感谢作出答复的法律助理，以及特别感谢国际刑事法院院长特别顾问 Philipp Ambach 博士，为后勤方面提供了便利。

作的 35 名法律工作人员进行了一次调查，并成功地获得了他们使用语言的情况。调查结果见表 3。

表 3　国际刑事法院各法庭法律工作人员使用的语言

回答者	问题 1	问题 2	问题 3(a)	问题 3(b)
1	D, E, F, Ger, S	E, F, Ger, S	E	E
2	E, F	E	F	F
3	E, F, Ger, S	E, F	E, Ger	E, F
4	E, F, S	E, F, S	E, S	E
5	E, F, I	E	E	E
6	E, F	E	E	E
7	E, F	E, F	E, F	E, F
8	E, F	E, F	E	E
9	E	E	E	E
10	E, F, Ger	E, F, Ger	E, Ger	E

注：
1. 样本量为 35(n=35)，回复率为 28.6%，因此没有统计学意义。该表只是提供一个大致情况。
2. 问题是：
(1) 你以哪些语言达到在国际刑事法院从事法律研究的要求？
(2) 你在国际刑事法院的研究中经常使用哪些语言？
(3) 当为你的研究工作与你所辅助的国际刑事法院法官交流时，你使用哪些语言？
a) 在研究项目过程中，当你和法庭个别法官进行非工作交流的时候？
b) 当你和法庭法官进行工作交流的时候？

从表格中可以明显看出，从法律工作人员使用的语言，到他们在研究和与其辅助的法官的个人交流中使用的语言，再到最后整个法庭使用的语言，似乎存在着一定的过滤效应。最令人惊奇的是，他们对于自己研究过程中所使用的语言有明显的自责心理。到最后，可选的语言只有大多数人支持的英语和一些人支持的法语。对于有混合背景的小组，只要其中有一位法官除了英语外不会说别的语言，那么英语的适用似乎就会胜过所有其他的语言。

一个与此相关的问题是国际刑事法院图书馆的资料获取。除了在线资源，如果图书馆本身只保存来自某些法域或特定语言的资料，而没有其他法域或语言的资料，这将会限制其可用资料的范围。国际刑事法院的图书管理员是这样回答这个问题的：

一般情况下，我们主要按以下列语言收集材料：英语、法语、西班牙语、德语、葡萄牙语、意大利语、阿拉伯语。

然而,我们也有几本以下语言的书籍:日语、中文、俄语、波兰语、捷克语、罗马尼亚语、希伯来语、芬兰语、挪威语、瑞典语、荷兰语、丹麦语。我们还有一些非洲语言的字典,例如斯瓦希里语,以及一本拉丁文词典。

上面没有提到的语言我们可能没有相关的资料,这里就省略了。

总之,考虑到缔约国及其语言,我们将以他们的语言收录相关书籍。然而,我们确实很难购买到某些语言的资料,这些资料大多通过捐赠的方式获得,例如法官或检察官离开法院时捐赠其收藏品。

在我们的在线目录中,通过高级检索,您可以选择一种语言来查看我们是否具有该语言的相关内容。[30]

因此,图书馆采购的资料主要集中于七种语言,其中,阿拉伯语和葡萄牙语在上述样本中的法律工作人员进行研究时所使用的语言选项中也并不突出,但阿拉伯语并不只是个别法官使用。图书馆的购置在多大程度上与检察官办公室(OTP)或国际刑事法院的其他机关甚至缔约国大会(ASP)的要求有关,目前尚不清楚,但研究检察官办公室或其他缔约方的文件以确定它们是否使用这些渊源将是另一个有用的做法。还值得注意的是,因为图书馆的主要购置书籍不包含中文和俄文书,因此也不是以国际刑事法院的六种官方语言为指导的。从实践来看这也许不足为奇,因为中国和俄罗斯都不是《罗马规约》的缔约国,但《罗马规约》还是不管缔约国大会实际的成员情况而列出了这些语言。无论如何,在获取文献方面,图书馆似乎采取了一种有些随意的方式,即依赖于法官和工作人员离开国际刑事法院时的捐赠,而捐赠的作品必然在很大程度上不会是最新的版本。然而,考虑到如今在线资源访问便利性的极大改善,这在实践中可能不是什么问题。尽管如此,这仍是一个值得更加细致研究的问题。

将这一情况与国际刑事法院迄今为止所有司法裁决中的实际援引模式联系起来自然会很有趣,但这超出了本文的范围,应留待以后探讨。然而,作者查阅了 Lubanga 案判决[31]中富尔福德、奥迪奥-贝尼托(Odio-Benito)和布拉特曼(Blattmann)法官援引的资料,至少查阅了其主要文件(624 页),包括富尔福德法官和奥迪奥-贝尼托法官的个别/异议意见。其援引来源如表 4 所示。

---

[30] 2013 年 5 月 30 日,国际刑事法院的 Philipp Ambach 给作者的邮件(作者存档)。作者无法在法院外部访问高级搜索功能。

[31] 参见 http://www.icc-cpi.int/iccdocs/doc/doc1379838.pdf.,最后访问时间:2014 年 4 月 27 日。

表 4　Lubanga 案判决援引来源（按类型和语言分类）

语言	判例	学术	法规	其他	总和
E	—	55	1	9	65
F	—	1	—	—	1
G	—	13	—	—	13
S	—	2	—	—	2

这些渊源不包括国际刑事法院的裁决或者其他国际法院或法庭的裁决，也不包括联合国文件或国际条约——这些文件或条约占资料来源的比例很大且都是英文书写的。因为初始渊源已经在国际环境中选择了工作语言（主要是英语和法语），而不是本国的通用语言。所有的司法裁判均援引国际法院的案例，其他被多次援引的是《牛津英语词典》。被多次援引的绝大多数学术参考文献都是特里夫特雷（Trifferer）、多尔曼（Dörrmann）、皮克泰（Pictet）、沙巴斯（Schabas）、李（Lee）和韦勒（Werle）关于国际刑事法院以及国际刑法/人道主义法的评注或教科书。援引的德国资料大部分源于罗克辛的《正犯与犯罪支配》（Täterschaft und Tatherrschaft）——实际上其中许多出自富尔福德法官的意见，他一开始就不同意以罗克辛为基础的观点——这本书被更多地引用，但在审判庭提到预审庭关于渊源问题的决定时并没有提到它。样本总量是 81（n=81），这意味着判决中援引的资料有 80.3% 是英语，1.2% 是法语，16% 是德语，2.4% 是西班牙语。富尔福德法官只讲英语，但其他法官也讲法语和西班牙语，布拉特曼法官也讲德语。总之，包括异议/反对意见在内，这一判决总共援引了不到 20 份不同资料，其中超过五分之四是英文资料。在总体来源中，88% 是学术来源，即《国际法院规约》第 38 条第 1 款和《罗马规约》第 21 条中规定的援引来源的最低层级。此外，所引用的评注和教科书是否来自使用英语的普通法系也是非常值得怀疑的：它们提到国际法专题，如《罗马规约》或《国际人道主义法》，并收集关于这些专题的可用材料，强调分析国际法庭和法院以前的判例法，并或多或少地涉及相关的学术文献。这些报告也是由一些来自不同国家背景的撰稿人撰写的，作者们既有普通法系又有大陆法系的，他们精通这一领域，并因先前与各机构的实际联系或通过学术界的声誉而受人尊敬。实际上，Lubanga 案中呈现的国际刑事司法制度似乎已成为或至少正在走向自我援引和自我强化的道路。然而，这些作品对判例法的分析批评和从中获得的推断，或是二者缺失的程度，可以成为表明大陆法系还是普通法系资料数量较多的一个指标，即批判性分析和推断越多，就越倾向于大陆法系。

四、法律制定模式、争论和术语

普通法系和大陆法系法域不仅在实体法和程序法方面存在差异，而且在对待法律制定、法律适用争议的方式上,以及在这些情境中使用的术语上也存在差异。一些实例表明,就法理发展的根源和背后的范式而言,二者在系统性自我认知方面存在着明显的差异。因此,普通法系的律师和大陆法系的律师之间可能存在更深的文化分歧,这超出了通常的典型的法典化争议。

(一)争论的思维方式

证明更深层次文化裂痕的一个实例是人们所说的基于法律问题的表象与属性的定义之间的区别,普通法系遵循前者,大陆法系遵循后者。这与程序在确定定义或创造法律概念方面的作用,和思维方式在整个社会中发挥的作用具有复杂的关系。程序性思维本质上就是实用主义思维。刑事诉讼涉及的是现实生活中的问题,这些问题有待通过现实生活过程来解决,而不是通过对概念的学术剖析。然而,这种实用主义也贯穿于普通法语境中关于实体法的讨论。这种法律发现的方式在很大程度上和强调非专业人士参与刑事诉讼有关,特别是以这样的形式:陪审员作为唯一的事实发现者,在得到专业法官在法律上的教导和指导后宣布有罪或无罪。这使得发展思维上复杂的理论结构变得十分荒谬和不可取,因为这些理论结构本身并不适合未经训练的外行人,只有在受过法律训练的专业人士有一套他们自己的对话规则的环境中才有意义。[32] 乔治·弗莱彻(George Fletcher)将这种推理的程序要求与英美法律中的术语联系起来。[33]

英美法本身存在不足,因此强调要确保程序规则得到遵守,这源于历史上专业法官的任务,即促使非专业人士就事实问题作出合理决断;然而,大陆法系强调思维逻辑与实体法本质的一致性,这是专业法官的领域,通常是由他们来决定事实和法律问题。普通法系——在这里我们也当然要提醒而非泛泛而谈——基于其原始文化不同于抽象的法律理论和法律哲学,因此对于教义学不太感兴趣。换言之,它有一种倾向,即忽视"单纯"实践的较低层次与完全抽象的法律思维的较高层次之间的中间层次。这个中间层次不说其他语言,用德语术语表示即 Rechtswissenschaft,这个词通常被翻译为"法律科学",几乎总是有一种略带贬义的内涵。[34]

例如,在英国法及其衍生的制度之中,没有与这个德语概念直接对应的东西,但它们仍然严格地遵守这一概念。事实上,就在 2012 年,英国最高法院的一位法官,森普申(Sumption)勋爵表达了这样的观点,即有抱负的律师最好是攻读非法律学位,而不要学习法律。他的原话是:

---

[32] See M. R. Damaška, *The Faces of Justice and State Authority: A Comparative Approach to the Legal Process*, Yale University Press, 1986, p. 28.

[33] G. P. Fletcher, *The Grammar of Criminal Law*, Vol. 1: *American, Comparative and International*, Oxford University Press, 2007, p. 136, 141.

[34] See S. Bartie, "The Lingering Core of Legal Scholarship", *Legal Studies*, vol. 30, 2010, p. 345.

理解如何使法律理论与特定事实相适应是一项真正的技能。了解法律问题的社会或商业背景是必不可少的。我不确定目前的法律学位是否对你进行了这方面的培训,这也不是它们的初衷。这不是对课程的批评,只是承认了一个事实,即掌握推理技能、理解和使用证据的能力以及深厚的文学底蕴对所有律师来说都是非常有价值的。如果你不具备这些条件,你会发现实践起来很困难。但如果你不知道法律,这不成问题,你可以找到法条的。[35]

观察一下就会发现,对法律理论的兴趣存在程度上的差异,美国法律学术界尤其如此。不过大体上,这似乎是普通法系和大陆法系之间的一个重大差异。这并不是说大陆法系不知道这方面的差异,同样,对学说争论的"痴迷"程度,如果希望这样形容,西班牙和拉丁美洲国家几乎同样高;再有,例如荷兰、奥地利、瑞士和波兰也达到了一定程度,但法国却没有那么激烈。[36]

所有这些反过来,又与一般文化条件下的思维方式有关,特别是在精英知识分子之中。1981年,社会学家约翰·加尔通(Johan Galtung)在一篇关于英美、德国、法国和日本(他在文中称为撒克逊式(Saxonic)、日耳曼式(Teutonic)、高卢式(Gallic)、日本式(Nipponic),以避免将它们与历史和政治中特定地点和时间中的任何一个国家联系起来)传统思维模式的开创性论文中[37],创造了四种主要的思维模式的概述(根据他自己的经验,并非详尽无遗)。转载于表5,以为上文提供一些支持:

表5 思维模式指南[38]

	撒克逊式	日耳曼式	高卢式	日本式
范式分析	弱	强	强	弱
描述:命题—产生	非常强	弱	弱	强
解释:理论—结构	弱	非常强	非常强	弱
对其他知识分子的评论: • 范式 • 命题 • 理论	强	非常强	非常强	非常强

---

[35] 参见 http://www.telegraph.co.uk/news/uknews/law-and-order/9384619/The-best-lawyers-are-not-law-graduates-claims-judge.html#,最后访问时间:2014年4月27日。

[36] 参见 H. Jung, "Recht und kulturelle Identität: Anmerkungen zur Rezeption, Transplantation und Diffusion von Recht", *Zeitschrift für die gesamte Strafrechtswissenschaft* (*ZStW*), vol. 121, 2009, p. 467;以及同作者, "Rechtsvergleich oder Kulturvergleich", in G. Freund, U. Murmann et al. (eds.), *Grundlagen und Dogmatik des gesamten Strafrechtssystems*, Verlag, 2013, p. 1467;以及更早的 R. Saleilles, "Conception et objet de la science du droit compare", *Bulletin de la Société de législation comparée*, 1900, p. 383。

[37] J. Galtung, "Structure, Culture and Intellectual Style: An Essay Comparing Saxonic, Teutonic, Gallic and Nipponic Approaches", *Social Science Informations*, vol. 20, no. 1, 1981, p. 817.

[38] *Id.*, p. 823.

加尔通特别指出,撒克逊模式的争论是由讨论过程和意见交换驱动的,没有试图建立他所谓的理论结构"金字塔",目的在于实现一个有序的"真理"愿景,也不经常排除其他观点,而他认为这正是日耳曼思维模式的标志。[39] 然而,虽然日耳曼模式可能有一种排斥不同来源的思想结构的倾向,他仍认为(毕竟是1981年!)撒克逊的事实导向模式——他形容为"文献丰富但缺乏理论,语言形式丰富但不够优雅"[40]——由于信息技术的使用增长以及现今(国际)政府当局对研究的依赖(这些研究通过联合研究小组的努力收集了大量的数据)而得到了增强。加尔通特别指出,联合国容易受到这种研究和争论的影响[41],尤其是基于成员国形式上的平等,这在原则上不利于相互对立。因此,比起日耳曼模式,撒克逊模式更适合与外交礼让结合在一起。日耳曼模式不注重保持事物的平衡,而是更注重证明"实体真实"并要求遵守据此发现的原则,不管这是否意味着必须在辩论中打败一个甚至其他所有当事人,并证明他们是"错误"的。[42] 普通法在其本国背景下,通过优先考虑公共政策而不是努力实现体系一致性,来设法在紧张局势暂时的平衡中处理即使是具有高度争议性的问题。加尔通大胆地思考了一个问题,即是否有走向一种全球思维风格的趋势,因为许多不同的风格"使得整个思维体系具有某种精神分裂的特征"。[43] 他的预测是什么?"从长远来看,这会产生什么结果还有待观察;但它可能是一个撒克逊式的'特洛伊木马'。"[44] 可以说,在现代国际刑法环境下,拥有这一态度的加尔通可能会觉得非常自在。

回到我们上面所说的普通法系的表象和大陆法系的属性立场之间的区别,换句话说,形式与实质之间的区别,让我们来看看战后早期一个里程碑式的决定,德国联邦法院将其作为普通法中程序驱动的术语的反例。[45] 德国模式的核心原则之一是责任原则(Schuldprinzip),即要求个人有罪且应受责备是定罪与处罚的决定性要素。再加上在程序法中不接受任何反向举证责任,首要的明显影响是,德国法律拒绝严格责任理念。责任原则因1952年3月18日联邦最高法院(BGH)参议院的判决而建立并闻名。在该案中,一名辩护律师代理一位女士的案件,但一开始没有就费用达成一致。然后,他在庭审当天早上联系他的当事人,要求她支付50德国马克(DEM),否则他将拒绝代理;而当她第二

---

[39] *Supra* note [37], p. 828.
[40] *Id.*, p. 849.
[41] *Id.*, pp. 848-849.
[42] *Id.*, p. 827.
[43] *Id.*, p. 848.
[44] *Id.*
[45] 修正后的节选来自作者的著作 *Principles of German Criminal Law*,同前注[20],[21]及以下,里面还有德语原文。

天把钱付给他时,他用同样的方式威胁她,让她签了一张400德国马克的收费单。该律师因触犯《德国刑法典》第240条被认定构成强迫罪(Nötigung),类似于敲诈,但适用于任何作为或不作为,不限于被害人在被告的威胁或武力胁迫下作出的金钱或财产的交易。显然,他的辩护理由是,他认为他有权向她索要那笔钱,因此不知道他的行为是违法或非法的(rechtswidrig)。审判法庭根据以前由德意志帝国最高法院(Reichsgericht)提出的以罗马法为基础的传统方法对他定罪,认为这是一种刑法上的错误。不同于民法上的错误,其将违法行为当成一种事实错误[46],因此不能作为一种辩护理由。第240条中的"非法性"并不被视为犯罪行为(actus reus)的构成要件,而是对非法性一般要求的表达。当时的法律只规定了事实错误。根据德意志帝国最高法院的判例,被告人没有辩护理由。联邦最高法院自省这种方法是否还正确,并最终决定它已经不能适用于现在的案子。其判决包含以下经典段落,它几乎全是哲学论证,且一些地方使用了当时典型的复杂措辞,同时它也是文化差异体现在司法推理风格上的一个很好的例子:

惩罚的前提是有罪。有罪意味着具有可罚性。我们认定被告有罪,指责他没有依法行事,是因为尽管他本可以遵守法律、选择依法行事,他仍选择了违法。判定有罪的内在原因在于,人的本性是以道德自决的自由和责任为基础的,因此,只要他在道德上已经成熟,只要道德自决的自然能力不会因第51条StGB中提到的疾病而暂时瘫痪或被永久摧毁,他就有能力选择遵守法律,反对不公,根据法律命令的规范行动,并避免法律所禁止的行为。基于道德自决的自主且负责任的人作出法律选择的先决条件是对法律和禁止性行为的了解。如果一个人知道他自由地选择做的事情是违法的,却还是选择去做,那么他的行为就具备可罚性。但这种认知可能是缺乏的,因为被告人基于第51条StGB中提到的疾病而无法理解他的行为的非法性。在这种情况下,认知的缺乏是不可避免的。他不能为此受到处罚,也不会被定罪。他在精神状态层面上不具备刑事责任能力。在个别情况下,由于不知道或不完全理解禁止行为的法律,有精神能力的人也可能缺乏对非法行为的认知。在这种法律错误的情况下,被告也无法选择不去做法律禁止的行为。然而,并非每一个法律错误都排除了可罚性。一个人的认知不足可以在一定程度上得到弥补。由于人具有自由的道德自决能力,作为法律社会的一员,人必须在任何时候都作出负责任的选择,即依法行事,避免违法行为。如果只是不做该行为人明显认为是非法的事情,还不算履行了这项义务。相反,他必须对所有的行为计划有所认识:它们是否符合法律所要求的原则。他必须通过反思或咨询消除怀疑,这需要良知上的审慎,

---

[46] 顺便说一句,这很像英国法律,参见 Smith [1974] QB 354 (CA).

其衡量标准取决于所涉案件的具体情况以及个人的专业背景。如果,尽管他尽其良知所能,却仍意识不到他的行为是非法的,那么他的错误就是无法克服的,罪行便是不可避免的。在这种情况下,他的行为不具有可罚性。然而,如果他本可以意识到他的行为是非法的,但没有尽到良知上的义务,那么法律错误也不能排除可罚性。但根据罪犯履行良心义务的程度,或可以相应地减轻罪责。然而,违法性认识从不要求意识到具体的行为的可罚性,也不要求意识到禁止性的法律规定。此外,罪犯意识到自己道德败坏的行为是不够的。相反,他必须认识到或能够尽力认识到他的行为的违法性,不一定是在技术、司法方面,而是根据他的智力能力进行一般评价。[47]

普通法系的上诉法院在处理个人(化)的司法意见方面存在明显的差异,根据确定的遵循先例(stare decisis)规则,法院往往侧重于重申以前的判例。上述摘录同样也可以这样用于之后的案子,只不过它取自德国刑法教科书,而非某个判例。它使用抽象的理论性语言,旨在建立健全以后法院能够适用的一般原理,这并非任何一个法官的成就。[48]——尤其是因为德国法不允许联邦宪法法院以下层级的法官提出异议或反对意见。

(二)普通法系、公共政策、反对(事前)规制学说系统化和缺乏体系一致性

1947年,古斯塔夫·拉德布鲁赫(Gustav Radbruch)在关于英国立法方式的书《英国法的精神》(Der Geist des englischen Rechts)中写道,英国人不愿意预先建立学说结构。[49]拉德布鲁赫指出,即使有这样编纂的法律,也很快就会被一层判例法所覆盖,它们迅速地把法律条文推到一边,成为主要的法律渊源。[50]在这种背景下,下面所述是作者在英国一所备受尊重的大学法学院任教的亲身经历:该大学的本科入学门槛非常严格,学生都是需要精挑细选的。这里几乎所有的学生都会毫不犹豫地援引判例,即使他们在教程或考试中都有相关规定的法律文件;他们中的大多数人很难掌握和习惯将事实归纳入犯罪要素的过程,难以始终如一地适用这个单一的双向过程,也难以仅将判例法用于解释法定要素——这些是德国的学生从学习法律的第一天起就培养起来的,如果考试中有所遗漏,他们将被扣掉很多分数。在对谋杀、失控和减轻刑事责任

---

[47] *Entscheidungen des Bundesgerichtshofes in Strafsachen* (BGHSt) 2, 194, at 201(作者的翻译)。

[48] 关于德国司法模式更进一步的例子,参见作者的著作 *Principles of German Criminal Procedure*, Hart Publishing, 2012, 290 及其后。

[49] See *supra* note [4].

[50] *Id.*

提出所谓的[51]部分辩护的发展过程中,出现了逻辑一致性方面的类似问题[52],"辩护"只适用于谋杀,而不适用于其他犯罪的想法对德国人来说是陌生的。2003年《性犯罪法案》(The Sexual Offences Act 2003)重新引入了一种不同的心证标准,被告只有在性犯罪的情况下才必须遵守这种标准,从而也带来了一种不同于其他犯罪的标准,即形成了内心确信与合理相信的分立。[53] 习惯法灵活而成文法僵化的传言,归纳比起演绎立法的优越感,通过区分和重新解释来规避遵循先例原则的不必要的影响这种经常发生的荒谬游戏,这些都是这方面争论的部分论点。[54]

由于作为事实发现者的非专业人士必须用到法律,法官在对他们进行法律上的指导时需尽量保持与"常识"接近,这种态度对上诉产生了影响,甚至可能导致上诉被驳回。最近一个特别令人担忧的最高法院迎合公众舆论的例子是2011年的 R v. Gnango 案[55],该案涉及帮派暴力。英国最高法院(UK Supreme Court)含蓄地适用了公共政策争论,而不是理论考量。A 和 B 是两个敌对帮派的成员,参与了一次公共场所发生的枪战,在此期间,过路人 C 被枪击并死亡。子弹来自 B 的枪,但只有 A 可以被逮捕,这里在共同犯罪与犯意转移(transferred malice)方面存在一些理论问题。而上诉法院推翻了对 A 的谋杀罪定罪。然而,最高法院显然不同意因为理论上的技术细节而让 A 脱罪,恢复了对其的谋杀罪定罪,判处终身监禁。这种潜在的旨在遏制帮派暴力的公共政策态度在布朗(Brown)勋爵的异议意见中得到了最大的体现:

在我看来,这里最重要的考虑是,A 和 B 都是故意参与具有潜在致命可能的非法枪战……导致一个无辜的过路人(此处虽有错却是原文!)被杀。在我看来,如果在这种情况下法律只将该责任归咎于开了致命枪的枪手(事实上,这并不总是能够确定的),社会公众会感到惊讶和震惊。是否只有他一个人被认为是谋杀受害者的凶手?另一名枪手是否真的可以被认为是无罪的,并被免除对

---

[51] 它们实际上只是典型的量刑辩护,参见作者的文章:M. Bohlander, "Transferred Malice and Transferred Defenses: A Critique of the Traditional Doctrine and Arguments for a Change in Paradigm", *New Criminal Law Review*, vol. 13, 2010, p. 555.

[52] 总体上参见 A. Reed and M. Bohlander, *Loss of Control and Diminished Responsibility: Domestic, Comparative and International Perspectives*, Ashgate, 2011 更具体的参见作者的文章:M. Bohlander, "Battered Women and Failed Attempts to Kill the Abuser—Labelling and Doctrinal Inconsistency in English Homicide Law", *Journal of Criminal Law*, vol. 75, 2011, 279。

[53] See M. Bohlander, "Mistaken Consent to Sex, Political Correctness and Correct Policy", *Journal of Criminal Law*, vol. 71, 2007, p. 412.

[54] See *supra* note [9].

[55] [2011] UKSC 59. 评论参见 B. Sullivan, "Accessories and Principals after Gnango", in A. Reed and M. Bohlander (eds.), *Participation in Crime: Domestic and Comparative Perspectives*, Ashgate, 2013, p. 25.

那次杀害的所有刑事责任？上诉法院在这里的裁决，允许 A 对其谋杀定罪提出上诉，是否真的代表了这片土地上的法律？我认为，这些问题的答案都是一个简单的"不"。[56]

  明确的政治干预理论的另一个例子是保守党政府在 2012～2013 年发起的一场运动，旨在修订对入室盗窃进行正当防卫的法律，在表面上允许使用不成比例的武力，只要不是严重不成比例，但只是在入室盗窃的情况下才可以。这一运动取得了成功，体现为 2013 年《犯罪与法院法》（The Crime and Courts Act 2013）第 43 条的修订。[57] 作者亲身接触了法律委员会解决理论冲突，为了纠正两个领域之间的理论矛盾，即犯意转移[58]和 2007 年《重大犯罪法》[59]之间的矛盾，可能会对一些（当然不是所有的）被告人造成不公正，在法律委员会向英国学者发出邀请来确定第 11 次《法律程序方案》（11th Programme of Law Reform）的改革领域的情况下，作者提出了一项提案。该提案得到的是否定的答复，主要基于可以理解的资源匮乏，但也包含以下内容：

  虽然我们理解你们在现行法律中发现的问题，但我们无法确定改革能够带来足够的潜在利益。你们所发现的问题虽然具有学术意义，但在实践中很少出

---

[56] *Id*., pp.1-68.
[57] 有关部分中写道：
在居住地自卫中使用武力：

  （1）2008 年《刑事司法和移民法》（the Criminal Justice and Immigration Act 2008）第 76 条（为自卫目的使用合理武力等）修正如下。

  （2）在第（6）款（武力如果不相称，则视为不合理）之前新增——"（5A）对于户主而言，如果使用的武力严重不相称，则在 D 认为是合理的情况下，也不应认为 D 所使用的武力程度是合理的"。

  （3）在第（6）款开头增加："对于户主以外的人而言"。

其余条款可以参见 www.legislation.gov.uk/ukpga/2013/22/section/43/enacted，最后访问时间：2014 年 4 月 27 日访问。2012 年《罪犯量刑与处罚法》（the Sentencing and Punishment of Offenders Act 2012）第 148 条已经对住户的利益作出了类似的肯定。关于对竞选活动中对英国住户的政治迎合的评论，参见 A. P. Simester et al., *Simester and Sullivan's Criminal Law：Theory and Doctrine* (5th edn.), Hart, 2013, p. v, 789. 与后者不同，他似乎认为这只是对先前法律的重新陈述，而作者认为这实际上已经降低了入室盗窃案件的入罪标准，但他们是正确的，我们将不得不等待，看看审判法官会给陪审团什么指示。

[58] See supra note [51]; M. Bohlander, "Problems of Transferred Malice in Multiple-Actor Scenarios", *Journal of Criminal Law*, vol. 74, 2010, p. 145.

[59] M. Bohlander, "The Conflict between the Serious Crime Act 2007 and Section 1(4)(b) Criminal Attempts Act 1981—A missed repeal?" *Criminal Law Review*, vol. 6, 2010, p. 483. 英国的评论参见 R. Fortson, "Inchoate Liability and the Part 2 Offences under the Serious Crime Act 2007", in Reed and Bohlander (eds), see supra note [54], p. 173, 200："Bohlander 的分析令人信服，但就刑事实践而言，一个答案就是在审判中很少会出现这样的问题。"然后，Fortson 继续说，尽管有"令人信服的"分析，他并不认为 2007 年法案中相互冲突的部分，会对理论上不能调和的 1981 年《犯罪未遂法》（the Criminal Attempts Act 1981）规定"是否应该保留"问题产生影响，同上第 201 页。

现，也没有证据表明它们会造成重大的实际问题。[60]

显然，英格兰和威尔士的决策者（和法律从业人员以及法官）经常提出的起诉裁量权概念[61]是为了处理这些罕见的案件。[62] 理论上的关注被认为是无害的和"学术的"，除非在实际案件中会对被告人造成重大的不公正或"不公平"，如果存在这种危险，将采取停止诉讼程序等措施。然而，从加尔通描述的日耳曼视角来看，这种方法跃过第一步而采取了第二步：一个人首先要真的有一些东西作为起诉基础，才能就是否起诉行使裁量权。理论先于程序和所有程序裁量权的行使：相对于道德环境，法律环境中的公平是根据现有的理论因素来决定的，而不是一个脱离其参照系的自主概念。毫不意外，法律委员会现在已经放弃了 20 世纪 80 年代以来的野心勃勃的法律编纂计划，因为这一改革造成了数千人死亡。[63]

五、"我们是博格人。抵抗无效！"——加尔通的"撒克逊式特洛伊木马"与制度同化

人们希望能够简单地同意加尔通得出的结论：

但这全是世界的表象。下面的风格将继续存在：当高卢人变得过于抒情时，日耳曼人将会继续保持易怒的性格……且高卢人会继续对日耳曼人的迂腐保持厌烦。他们都将抓住观点和理解的形式，以使现实中顽固和混乱的撒克逊

---

[60] 法律委员会 2011 年 3 月 18 日给作者的信（作者存档）。

[61] 正如前司法部部长 Shawcross 在 1951 年所说："在这个国家从来没有这样的规则——我希望永远不要有——涉嫌刑事犯罪必须自动成为起诉的对象。""只要犯罪或犯罪的情况符合为了公共利益需要对其进行起诉的性质"，起诉应当随之而来。*House of Commons Debates*, vol. 483, 29 January 1951.

[62] 顺便说道，本文匿名评论员的一些评论再次凸显了这一普遍态度，他/她写道："第二个方面是，在对语言和争论的思维模式进行了有趣的讨论之后，读者认为需要从国际刑事实践中获得一些具体的例子。虽然'普通法系/大陆法系'分立在当下的国际刑事实践中极具破坏性影响，并可能影响被告人的行为是如何根据法律加以分类和处理的'，这似乎是完全正确的。举出只适用其中一个法系（或来自不同法系和文化相互作用的情形）从而错误地将被告人送进监狱的一些例子，说明将更加有力。作者最贴近这一点的是对共同犯罪集团和国际刑事法院关于第 25 条实践的粗略讨论。然而，文章中引用的任何要素或判例都不能使读者相信，其所提出的理论问题实际上在所有特定情况下都造成了不公平。"——2014 年 2 月 17 日期刊编辑的电子邮件（作者存档）。本文的目的不是详细说明发生不公平的情况，也没有足够的篇幅这样做，尽管如此，作者采取了基本立场（见上文），即理论问题和理论本身都有缺陷。当然，如果读者确实需要更多的例子，说明在略微作出改变的情况下可能会产生不公平，可以参见作者以前的论文 "The Use of Domestic Sources as a Basis for International Criminal Law Principles", *The Global Community: Yearbook of International Law and Jurisprudence*, Oxford University Press, 2002, p. 3（with Findlay），关于对《规则》第 98 条之二程序的解释见 Jelisić, "Death of an Appellant—The Termination of the Appellate Proceedings in the Case of Rasim Delic at the ICTY", *Criminal Law Forum*, vol. 21, 2010, p. 495, 论述了关于对上诉程序和无罪推定效果的不同理解的后果。

[63] See *supra* note [9].

风格有一定的秩序,而当日耳曼人和高卢人加速进入外太空,只留下零星的数据时,撒克逊人会变得焦躁不安。他们中的一些人会向其他人学习自己未掌握的东西,但总的来说,一方的优点将继续是另一方的缺点。……这一切都是有益的:如果整个人类的思维实践都以同样的思维模式为指导,那将是可怕的。[64]

这本书似乎采取了包罗万象的方法,涉及文化的多个层面,但一个作者没有直说的有趣事实是,在他最后的分析中,日本模式不再作为一个比较的因素,而是被归结为大陆法系和普通法系并列的代表。在纯粹的学术背景中,完美的多元文化经历可能是适当的,但"普通法系/大陆法系"分立在当下的国际刑事实践中最具破坏性的影响,并可能影响到被告人的行为是如何根据法律加以分类和处理的。在这个领域,理论的精确性仍有很多的不足,例如,关于参与犯罪概念的长期争论就能够体现这一点。要记住,正是这种不精确的制度设计导致了有人被长期监禁。在国际层面形成一种新的、独特的法律制度的过程中,刑事诉讼实践经验有限的人们往往求助于令人敬畏的进步精神。对下列问题的回答似乎是一个试金石,即国际新秩序的拥护者是否希望在其本国同样缺乏基本框架的法律制度下进行审判。例如,基于臭名昭著的民粹主义抵抗,英国反对欧洲人权法院(以及欧盟)对其国内法[65]与实践的干涉,以及类似地,美国强烈反对国际法的平等主义要求。人们想知道,一些国家的法律文化在这些问题上是否没有采取更强硬的立场,从而损害了一种能够真正促进国际层面的新发展的方法。毕竟,为什么要想象在最严重的犯罪案件中适用较低的标准?如果将《罗马规约》作为缔约国国内刑法和程序的依据,其也可能无法在所有缔约国的管辖范围内达到宪法规定的标准,这一点也不奇怪。如果这两大相关法律制度之间的摩擦在一定程度上要归咎于这一问题,那么就应当加倍努力,建立一套明确的实体法和程序法制度,同时满足国际刑事司法制度在法律的确定性、效率和保护辩护权方面的需要。

普通法缺少理论的归纳方法,特别是它带来的对抗性模式是否值得这些努力,对于这位至今已从事了近十年英国刑法教学和写作工作的德国作者来说,肯定是一个有待商榷的问题。然而,国际刑法界目前似乎仍然以压倒性的多数使用普通法语言,尤其是正如我们所说的那样,因为它可以更容易地形成一种具有灵活精神的法律世界语,如果不考虑延展性,相较于僵化、规则约束、寻求真相和理论化的日耳曼(语),它在国际外交社群中显得如此珍贵。它还更容易

---

[64] See *supra* note [37], p. 849.

[65] 参见作者文中的参考文献:M. Bohlander, "Retrospective Reductions in the Severity of Substantive Criminal law—The *Lex Mitior* Principle and the Impact of *Scoppola v. Italy no. 2*", *Criminal Law Review*, 2011, pp. 627-638。

与司法选任制度[66]联系起来,这种制度并不看重扎实的刑事(司法)审判经验,从而允许习惯于学术界轻松的批判性思考、外交或政府的务实政治实践的人来担任国际法官。他们不需要推进诉讼程序,也不需要掌握案件中的证据材料,因为制度允许案件各方提交诉讼材料和推动审判,他们则退而担任保持一定警惕性的裁判角色。他们也不需要完全掌握法律,因为他们可以依靠法律工作人员来研究更复杂的法律问题以及由此产生的所有结果。[67] 根据我在国际刑事司法环境中的个人经验,我相信在这种交流中,以普通法系语言为母语的人(字面与比喻上)会在他们自己的对抗性法律文化中的激烈争论中得到训练,几乎总是比日耳曼法官有优势。由于英语是目前主要的通用语言,因此存在一个威胁,即国际刑事司法有可能继续通过这种法律语言和随之而来的所有文化产物来看待自己。大陆法系和其他非普通法系法域的学术界应当发挥重要作用,确保这两个法域不仅在法律哲学和理论层面上,而且在实践和关键的理论辩论层面上逐步分离。从本质上讲,我们需要的是一种使用英语[68]但不受历史上英语文化的概念和传统限制的国际刑法。

(责任编辑:刘继烨)

---

[66] See M. Bohlander, "Pride and Prejudice or Sense and Sensibility? A Pragmatic Proposal for the Recruitment of Judges at the ICC and Other International Criminal Courts", *New Criminal Law Review*, vol. 12, 2009, p. 529; M. Bohlander, "No Country for Old Men? —Age Limits for Judges at International Criminal Tribunals", *Indian Yearbook of International Law and Policy*, 2010, p. 327.

[67] See *supra* note [15].

[68] 英语以外其他语言的出版物虽然对其国内讨论仍然有用,但在国际层面受到关注和引用的机会不大。如果非英语国家的作者想要影响国际讨论,他们就不得不使用共同的习语。

强奸何以为恶*

约翰·伽德纳** 斯蒂芬·舒特*** 著 仝 帅**** 译

The Wrongness of Rape

John Gardner   *Stephen Shute*   *Trans. by Tong Shuai*

内容摘要:本文讨论的是强奸为何既属道德上的过错,又属法律上的过错。它正视并反对了如下两个理论方案:一是被强奸的感受相当痛苦,二是强奸侵犯了被害人对自己身体的所有权。这些解释的失败被用来发展和辩护这样一种观点,即强奸之恶在于对另一个人的纯粹使用,它否定了对方的主体地位,而代之以客体的地位。于是形成了一个两阶段观点,即强奸与卖淫、色情描述等都具有客体化的一面,但强奸也不同于这些行为,因为它们与被客体化者的权利相关联的方式不同。本文的末尾探讨了这一观点对法律

---

* 原文初载于 Jeremy Horder (ed.), *Oxford Essays in Jurisprudence: Fourth Series*, Oxford University Press, 1998, pp. 193-217,略改动后收入 John Gardner, *Offences and Defences*, Oxford University Press, 2007, pp. 1-32. 本文译自 2007 年版,但基于注释信息完整性并方便读者查询,注释译自 1998 年版,且基本保留原文格式。——译者注

** 约翰·伽德纳(John Gardner),牛津大学大学学院教授,2000 年至 2016 年曾任牛津大学法理学讲席教授。

*** 斯蒂芬·舒特(Stephen Shute)萨塞克斯大学法学、政治学及社会学学院教授,萨塞克斯大学副校长(分管规划与资源)。

**** 仝帅,中国政法大学刑事司法学院硕士研究生,电话 18800193512,邮箱 1901040491@cupl.edu.cn。

的影响。

关键词：刑法　伤害　自己所有权　客体化

一、哲学化强奸

强奸是恶的（wrong），并且是极恶的，这几乎毋庸置疑。可以说，强奸是一种不可免责的过错（wrong），或许绝无正当化的可能。当然，强奸这种过错应由刑法来禁止和惩罚。乔尔·范伯格（Joel Feinberg）把它列入在"文明世界中的任何地方"均属犯罪以及"任何理性的人都不能支持"其非罪化的过错清单中，这一做法是合理的。[1]

基于此，人们可能会认为，强奸**何以**为恶对每一个理性人而言都是显而易见的。许多论者，包括范伯格，似乎都认为的确如此，而没有细致地关注过这个问题。例如，有些论者只是把强奸视为无需解释的过错行为之既定范式，仅仅通过指出某些行为与强奸相类似，便可得出这些行为为恶的结论。但是，除非我们知道强奸之恶究竟是什么，否则怎么知道这种类似是否在于与恶相关的方面——换言之，哪个方面使得类似强奸的行为也为恶？还有些论者关注那些似乎在强奸边缘的疑难判例。近期出版了一部有趣的讨论强奸的哲学著作，其中绝大部分内容涉及同意之精确界限的棘手问题，或者以同意的概念来解决某几类案例的难题（比如那些可归责于涉嫌强奸者的虚假承诺或情感勒索）。[2] 即便认为好的哲学可以清晰地划定强奸或者其他任何事物的边界（我们对此深表怀疑），但试图仅通过研究同意的道德逻辑来解决前述问题，而不先行对强奸中同意是否关键以及为什么关键这一前提性问题进行缜密的思考，似乎是令人费解的。当然，这也取决于强奸之恶究竟是什么。

人们自然能够理解，为什么有些人不太愿意把这个终极问题作为一个纯粹的哲学问题来处理。哲学研究始于一个专业假设，即一切都不像表面看起来那么明显。哲学家若对此进行研究，会不会显得他在质疑强奸之恶，或者至少在质疑强奸之恶的严重性？哲学家要对其所选择的主题进行全面的阐释，那在研究这些痛不堪言的感受时，他会因为自己的极度麻木而感到内疚吗？我们不曾

---

[1]　Joel Feinberg, *Harm to Others*, Oxford University Press, 1984, p.10.
[2]　比如 David Archard, *Sexual Consent*, Westview Press, 1998, 130ff. 多数涉及这两类特殊问题的文献载 *Sex and Consent*, in 2 Legal Theory (1996). 近期的另一本实体哲学著作 Keith Burgess-Jackson, *Rape: A Philosophical Investigation*, Dartmouth Pub Co, 1996, 故意避开了强奸何以为恶的问题，试图继续研究多种定义问题或者边缘问题。（参见他第58页的观点）

忘记,强奸的被害人痛不堪言(unspeakable)。[3] 有些被害人,比如卢克雷蒂娅(Lucretia)*,甚至会认为被强奸了就不值得再活下去。可以说,赋予这种感受以道德的生命力并揭示其道德意义的正确方法,并非智识上的剖析,即把惊恐的感受拆解为若干单调冰冷的逻辑问题。正确的方法不是戏剧、诗歌、雕塑等具有更强的表现力、更能有效地治愈创伤的表达方式吗?或者至少要通过一种不那么抽象的研究,才能使得被强奸的感受生动起来?对于男性论者而言,这种反哲学的思路是复杂的,因为这种感受典型地且几乎都产生在女性而非男性的身上。由此会产生这样一种感觉,即这种感受不是我们可以剖析的。这使得我们男性难以在哲学上处理该问题,而不仅仅是说在证据上欠缺可信度(unsafe)。

但即使承认这种顾虑,也会发现一些存疑的哲学假设。其中,最明显的就是以强奸的**感受**为中心来理解强奸为恶的原因。[4] 例如凯瑟琳·麦金农(Catharine MacKinnon)的定义:"在政治上,我所说的强奸,是指一个女人在进行性行为时感到被侵犯。"[5] 也许政治上的确如此,但在哲学上呢?是被侵犯的**感受**使得强奸为恶吗?或者确切点说,是侵犯本身?如果是这样的话,此种意义上的"侵犯"是指什么?我们立刻发现,单凭同意是得不出答案的,它无法告诉我们强奸之恶为何**特别**。许多其他的行为,也在未经同意的情况下为恶,但在征得同意的情况下却是完全无咎的。例如,握手,或者在某人外出工作时剥掉他们的壁纸。为什么强奸之恶应与未经同意的握手不同?在范伯格所列的任何人都不应将其非罪化的犯罪清单上,为什么强奸应是一个**单独的**条目?同意不能给出答案,因为刑法所禁止的许多其他的过错行为,比如故意毁坏财物、盗窃、攻击(assault),也同样可以用未经同意来解释。那为什么这些行为不能简单地归于同一犯罪,即"未经他人同意就向其实施"的犯罪?为什么这些不是同一种过错行为?你可能仍然认为答案显而易见。因为与单纯的故意毁坏财物、盗窃、攻击相比,强奸是一种更恶的侵犯。确实如此。但是强奸在什么方面、什么维度上更恶?使其"更恶"的基础是什么?换言之,强奸之恶究竟是什么?

---

[3] 近来,哲学家会在多种语境下使用"unspeakable"这个词。这里用的是它的通常含义,即由于某些事物可能过于骇人听闻,使得一些理性主体可能无法用言语来表达。这与"unthinkability"的含义很接近,参见 Harry Frankfurt, "Rationality and the Unthinkable", in H. Frankfurt, *The Importance of What We Care About*, Cambridge University Press, 1988.

* 卢克雷蒂娅是传说中的古罗马烈女,为贵族科拉提努斯之妻。约公元前 509 年,她因被罗马暴君之子塞克斯图斯奸污而自杀。此事引起公愤。布鲁图率领群众将暴君家族赶出罗马。这一事件标志着罗马共和国的诞生。——译者注

[4] 但是可比较 John H. Bogart, "Reconsidering Rape: Rethinking the Conceptual Foundations of Rape Law", *8 Canadian Journal of Law and Jurisprudence 159*, 168-70 (1995).

[5] C. MacKinnon, *Feminism Unmodified*, Harvard University Press, 1987, p. 82.

二、无害强奸即纯粹强奸

将强奸与被侵犯的感受相联系的观点,是某类观点的一个分支。这类观点主张,强奸的恶性(wrongfulness)源于强奸的伤害性。媒体时常通过报道强奸的被害人因此而产生的精神创伤、造成的安全感或信任的缺失,来表达这类观点。这些都属于伤害,因为它们恶化了一些人的生活。相比之下,我们生活中一些不愉快的小插曲是无害的。例如,被(称职的)牙医钻牙、在报纸上看到某些愚蠢的大人物令人反感的讲话时产生的短暂而强烈的愤怒,这些同样会产生痛苦或者不适。我们并不是要通过这些无害的痛苦或者冒犯,来暗示任何痛苦或冒犯都必然是无害的。虐待者(torturer)施加的痛苦就会造成巨大的伤害,经常给被害人的身心留下阴影,碾碎他们对自己生而为人的认知,迫使他们实施蚕食自己生活的背叛行为。可笑的蠢货(buffoon)在办公室所散布的黄色幽默,会通过降低他同事们的自信、自尊,削减他们对工作及其环境的舒适感的方式,对他们造成伤害。在这些事例中,除了痛苦或者冒犯以外,还包括随之而来的一个关键特征,即降低了某些人的生活预期(prospects),恶化了他们的生活。[6] 这种预期维度(prospective dimension)就是伤害所在的维度,人们对强奸的恶性的第一反应就在这个维度上。

强奸的伤害性问题,被自由主义法学家和多数激进女权评论家所关注。前者坚持自由主义"伤害原则",该原则的适用自然会涉及伤害的问题。自由主义伤害原则主张,法律制裁仅在对阻止伤害确有必要,且能与所造成的伤害成比例之时,才可以用来禁止这项过错行为。而多数激进的女权批评家或政治家认为,问题不在于伤害原则本身,而在于当法律及其自由主义的辩护者考虑强奸或其他针对女性的犯罪时,他们通常所在意的伤害类型清单既浅薄又缺乏远见。[7] 他们仅注重生理伤害或者医学上可诊断的伤害,而并未充分关注女性自己对强奸的感受——**被害人**的生活因被强奸而改变,或者**女性群体**的生活因被强奸风险的存在而改变。诚然,对伤害的狭隘法律理解提出质疑是颇有裨益的,但这种质疑与它们所批评的观点却在最开始就犯了相同的错误。伤害原则所明确限制的是对过错行为的法律禁止,它并不禁止法律基于自身的目的,根据这些过错行为的其他特征来将其定义或者分类。伤害原则并不是说,法律只

---

[6] 此处对伤害本质的理解主要来自 Joseph Raz, "Autonomy, Toleration and the Harm Principle", in Ruth Gavison (ed.), *Issues in Contemporary Legal Philosophy*, Clarendon Press, 1987。

[7] 参见比如 C. MacKinnon, *Feminism Unmodified*, Harvard University Press, 1987, p. 166; Keith Burgess-Jackson, *Rape: A Philosophical Investigation*, Dartmouth Pub Co, 1996, pp. 56-57。

能考虑那些与伤害性有关的恶性。[8] 比如,法律可能禁止违约(无论在民事上是否可诉,或在刑事上是否可罚),这符合伤害原则。违约往往会造成伤害,即便没有使得原告以丧失合同利益(如果原告具有合同利益的话)的方式受到具体的伤害,但在此情形下,违约往往会破坏维持可靠的自愿义务的惯例,从而伤害每一个有理由或者将要有理由承担这种义务的人。但违约之所以是恶的,并不是因为违约会造成伤害(包括损害这种惯例),而是因为它违反了自愿义务。聚焦于伤害往往看不见行为本身的恶性。

强奸也是如此。强奸犯没有造成伤害的情形,虽然不常见,但并非不可能。如果强奸发生时,被害人在药物或酒精的作用下失去了意识,强奸犯又戴着避孕套,她可能永远也不会意识到自己被强奸过。有人会反对说,这在生理上是不可能的,因为强奸势必会伴随着具有破坏性或者痛苦性的强制,不可能不被发现。但这种反对观点忽略了一个重要的事实。"约会强奸"的现象表明,一个人被强奸时可能处于性唤起的状态,这可能源于强奸犯的挑逗,也可能是药物或酒精的作用等。那么,在这种情况下,被害人的生活就根本不会因此而恶化。按照麦金农的话说,她不会"感受到被侵犯"。她甚至不会有任何感受,因为她对此一无所知。被害人在预期维度上毫无影响,除了清晨可能会宿醉,她的生活一如既往。从这点上说,即便是那些听到无意中被迷奸的故事而害怕半夜被强奸的人,其生活预期维度都不会被这种强奸所影响。请记住:在我们的案例中,这件事绝对不会曝光。(为此,我们再加几个条件。强奸犯没有说起过他的所作所为,他离开时就被公交车撞死。即使他不实施强奸,被撞死的可能性也不会降低,因为这不会使他的离开提前或者延后。所以强奸也不会影响**他的**生活预期。)

无疑,这起强奸案的恶性问题,不可能出现在法庭审议等任何现实的审议中,因为根据假设它不会曝光。行为不会仅因其没有曝光就变得无辜。那么,这类特殊的强奸何以为恶?它的恶性不可能基于其伤害性,因为它没有造成伤害。根据假设,这类强奸丝毫没有削弱甚至影响到任何人的生活预期。而无害这个并不典型却相当明确的特征,并不能改变强奸的恶性。

有很多种办法可以排除这个案例,或者认为以此种不典型的案例为基础具有哲学上的危险。毕竟我们自己也不确定,哲学论证能否适用于边缘案例。那么,该案例也只是一个边缘案例吗?恰恰相反。就我们所讨论的问题而言,这属于强奸的中心案例,因为该案例是一个**纯粹**案例,将附随现象完全剥离。在更典型的案例中,强奸当然会造成伤害。这些伤害通常针对被害人,且如前述,

---

[8] 更多详见 Stephen Shute & Jeremy Horder, "Thieving and Deceiving: What is the Difference?" *56 Modern Law Review 548* (1993)。

有些伤害痛不堪言。这些针对被害人的伤害,要么是生理伤害,要么取决于被害人自己对所受伤害的评价。[9] 她可能遭受精神创伤、对男性丧失信任、安全感缺失、低自尊、感到屈辱或者肮脏等,这些反应均取决于被害人自身对其所受折磨的评价。那么,我们可以将这些取决于评价的伤害,全部视作被害人非理性、迷信或者过度敏感等的表征吗?我们可以认为这些仅仅是被害人脆弱的证明吗?[10] 除特别反常案例之外,是不能的。为了避免将这些反应归咎于被害人的非理性,就必须说明这些反应是合理的。如果说对于被害人来说,强奸之恶仅限于被害人之后的负面反应,那她就没有这么反应的理由。而这些反应既然合理,就一定附随于强奸。所以在此意义上说,这些反应不可能构成,但一定掩盖了强奸基础的或根本的恶性。这并不否认,这些反应是(使强奸的恶性)严重加剧的因素,这种加剧可能因为被害人的屈辱和自责而无法估量。我们也同样承认,强奸犯更像是恶魔,他有意地踩躏被害人,利用她最深的恐惧来无情地折磨她。我们只是主张,这些(现实的或者意欲的)伤害会加剧强奸的恶性,但没有造成伤害时,强奸的恶性依然存在。与之对立的观点则认为,这些伤害使得强奸为恶,使得强奸的被害人成为双重被害人:因为她现在的反应表明,她还被病态和非理性所折磨。她没有这么反应的理由,因为除了这种反应,强奸犯并没有错待(wrong)她。在此,对麦金农观点(诚然是"政治的")的基本哲学反驳便呼之欲出。她认为,强奸发生在"一个女人进行性行为并感到被侵犯之时"。**按照**她的观点,被害人被侵犯的感觉必然附随于强奸,否则她的反应便毫无根据。或许,被害人感到被侵犯,是因为在某种特别的方式上,她的确被侵犯了。那接下来的关键就是要探索侵犯的基础,解释强奸所造成的(取决于自我评价的)伤害,但在此之前,需要解释强奸之恶究竟是什么。

就此,我们构建了一个绝对无害的案例。在这个案例中,被害人在失去意识之时被性唤起,其身体或记忆上(或者其他任何地方)均未留下任何强奸的痕迹。它是一个纯粹的案例,剥离了那些附随现象,无论是生理的伤痛,还是取决于被害人评价的反应。这起强奸纯粹而简单。有人接受了这个纯粹案例,也同意这一极难发生的案例仍有必要置于道德领域的中心,然后便会不由自主地试图重新定义伤害,使之将该案例囊括在内。换言之,他们会不由自主地去探索

---

[9] 精神损伤可能是一种边缘案例。可以认为,与其说这是取决于评价的伤害,不如说是对被害人评估能力的伤害。但本文并不对此进行讨论。

[10] 有人可能会问,非理性何以被视为脆弱。学院派女权主义的一个分支强烈地批判了这种观点,参见 Genevieve Lloyd, *The Man of Reason*, Methuen Publishing Ltd, 1984,该书认为理性本身(不仅仅是遵循特定的理由,还有使其遵循这些理由的观点)属于"男性规范",因此,女性是否要与理性的期待相符这一问题本身就是一种男权的压迫。这一分支观点应当予以抵制。这种观点,即女性的反应不应该通过最简单的理性规范(比如是否具有充分有效的理由来反应)来评价,正中厌女者甚至强奸犯的下怀。后注[36]会对此进行进一步的解释。

一种方法,希望仅仅通过被害人被侵犯的事实,就能将我们假定无害的强奸解释为有伤害的。[11] 于是,有人会说,被侵犯的女人好像不再完整了,伤害在于她被玷污了。这一结论以及朝此结论靠拢的意图,均同那些我们希望早该被摒弃的、涉及女性性行为的旧有思想糟粕,存在着邪恶而密切的关联。这讨论的是失去贞操的女人,不是吗?但是,除了这些糟粕观念,在纯粹案例中寻找伤害还涉及一个问题,就是通过重新定义伤害,来将纯粹强奸解释为具有伤害性的,这种做法有什么**好处**?为什么要把纯粹而简单的强奸公认为有伤害的?有人可能会说,只有这样,纯粹案例才能符合伤害原则。将纯粹强奸不受法律禁止视作自由主义伤害原则的要求,是一种错误的观点,我们会在本文的最后再来讨论这个问题。但无论如何,某种过错能否被法律合理地禁止,是一个次要的问题。不应刻意回避有些过错未被法律禁止的事实,法律确实无法合理地禁止某些具有道德意义的行为。在这种情况下,那些法律之外的与行为恶性相关的道德考量会支持法律禁止,但另一些与制度特性相关的额外道德考量(包括伤害原则在内),会将法律禁止排除于消除过错行为的正当手段之外。也许,纯粹强奸案例注定在法律的边缘。实际上,有人会说,由于(前述假设的)强奸案例永远不会被侦查和起诉,聚焦于这种案例对于法律而言很可能是愚蠢的。但是,尽管我们构建的案例处于法律的边缘,却仍居于道德的中心,理由如前所述。反对观点则认为,在典型的强奸案例中,愤怒的被害人的反应是病态的,对此应当不予理睬。这种观点简直就是雪上加霜。因此,强奸之恶并不在于伤害。

三、侵犯所有权

当然,也有人会说,强奸之恶在于侵犯被害人的权利。那侵犯了什么权利?我们会说,最开始是不被强奸的权利。当且仅当被害人有不被强奸的权利时,强奸她才是错待了她,但引入这种权利几无裨益。诚然,该观点引入了这样一种思想,即强奸不仅是一种过错,而且是一种**针对被害人**的过错,这意味着强奸之恶以被害人的利益为基础。这看起来是正确的,但仍然留下了一个问题,即基于她的何种利益。可以说,这个问题,和强奸何以为恶这一开篇的问题,几乎没有什么区别。然而,从权利和利益的角度来表述这个问题,确实会为我们最初的问题得出一个尽管错误却有助益的答案。这种答案认为,强奸之恶源于一个事实,即强奸的被害人对她的身体享有财产性利益(proprietary interest),且

---

[11] Bogart认为这种侵犯是一种"形式上的""抽象的"伤害。这种观点是模糊的。参见 John H. Bogart, "Reconsidering Rape: Rethinking the Conceptual Foundations of Rape Law", *8 Canadian Journal of Law and Jurisprudence 159*, 170, 173 (1995)。类似观点参见 H. E. Baber, "How Bad is Rape?", *2 Hypatia 125* (1987)。

此种财产性利益源于对身体的所有权。这个身体是她的,归她所有,未经她允许,任何人都不得使用。强奸无非是未经同意而"借用性器官"。[12] 因此,不被强奸的权利本质上是一种财产权(property right),或者是财产权的一个方面。

那财产利益是什么?本文只能简略地表述。从根本上说,聚焦于生产力的思路是正确的,只要"生产力"被解释为足以包括财产占有人(property-holder)所享有的保护、安全、慰藉、娱乐以及其他利益即可。财产的重要性基本在于,我们可以用它去做一些有价值的事情,而没有它,我们做这些事就没那么容易。我们称此为财产的**使用价值**。[13] 除了使用权能之外,财产的其他权能基本上都源于使用价值。比如,取得或转移财产之权能的价值,基本上是财产最终能够获得最充分使用的价值。在全球的物质财富都极大丰富时,财产权可能会失去它基本的道德支撑,因为在此情形下,每个人所享有的物质财富都多于他所能使用的;人们能否对他人的财产进行最充分利用的问题也不太可能出现,因为总有足够的物质财富可供分配。但是,在物质财富稀缺、物质财富仅在局部地区丰富或仅为偏向性的丰富(比如存在贫富差距)之时,就会存在这个问题,即非财产占有人会更充分地使用这些财产吗?对此,财产权的观点是,在某种程度上,把问题留给该财产的占有人来解决,可以最大限度地减少浪费。这意味着,在某种程度上,人们可以自由地占有他们所不使用的财产。这些不被使用的财产仍然归属于其占有人,任何人都不得在未经占有人同意时将其拿走。[14] 如果其他人把它从占有人手中拿走,该财物可能会得到更为充分的使用,但这种未充分使用,在某种程度上,可以通过以各方同意的交易为基础的协调制度所产生的使用价值的总体收益来证成。

"在某种程度上",但问题是,在何种程度上?在财产权漫长的发展史中,这

---

[12] G. A. Cohen 评论说,或许有人尽管承认财产权可能无法**完整地**解释强奸之恶,但仍会主张对身体的所有权(参见 G. A. Cohen, *Self-Ownership, Freedom and Equality*, Cambridge University Press, 1995, p.244)。然而,他将强奸定义为"借用",这完全是所有权观点语境下的定义。对所有权进路的更加明确的描述,参见 Guido Calabresi & A. Douglas Melamed, "Property Rules, Liability Rules and Inalienability: One View of the Cathedral", *85 Harvard Law Review 1089*, 1124-7 (1972);或者 Donald A. Dripps, "Beyond Rape: An Essay on the Difference between the Presence of Force and the Absence of Consent", *92 Columbia Law Review 1780* (1992)。

[13] 生产力的解释有一种广泛存在的错误,就是把财产占有的价值过窄地限缩为**进一步的生产力**(将具有使用价值的事物用于生产**其他**具有使用价值的事物)。马克思(Marx)和洛克(Locke)所谓的关于财产价值的"劳动价值论",就是以此为核心而建立的,二者的比较参见 G. A. Cohen, *Self-Ownership, Freedom and Equality*, *Supra* note [12], pp.165-194.

[14] 实际上,"允许"或"同意"并不属于尊重财产权的绝对必要条件。假设存在这样一个制度,财产停留在其当前的占有人之处,除非通过繁复的官方措施来保障转移。即使这些繁复的官方措施不需要当前的占有者同意,将这种占有视为一种财产权也未尝不可。然而,为简单起见,我们在此仍使用这种被熟知的保障措施,即将同意视为转让的条件,这在当前大多数制度中是常见的,下下段的论述也是就此展开的。

个程度随着文明和制度的不同而不同。有些财物,在某时某地,不能作为财产权的载体,或者不能作为所有权这类具有较强法律效力的财产权的载体。因为财产占有人往往不能让财物得到最充分的使用,通过这种浪费来规避分配替代方法的成本,会被认为(有时的确)是非常不划算的。一些价值主要为使用价值的财物,有时便会被成熟完善的财产制度所剔除。因此,在某时某地,房产可公开出租但不可所有,电视台或机场的起飞许可也不可所有,等等。与此同时,有些财产虽可所有,但使用和处分会被一些特殊规定所限,比如房租管制法、对继承的限制、反垄断或反掠夺性定价的规则、对恶意收购的官方审查。由于财产的基本价值是工具性的,不同时代不同地区所制定的不同政策和惯例,服务于该价值的有效性也会有所不同,这取决于当时当地的其他条件,比如公众堕落的程度、竞争的匮乏程度、物质财富的稀缺程度以及全球化的程度。

然而,观察可知,当前人类社会的大部分地区,财产权在某种意义上日趋扩张,所受的限制也日趋减少。公众越来越相信,稀缺物品使用的协调问题,以及人们日益疏远的问题,都可以通过财产的占有得到恰当的解决,这使得财产的取得或占有被赋予了越来越多的象征意义。人们逐渐认同,他们所占有的一些东西,是他们自己的延伸,是他们个性的象征。"情感价值"这一观念也总在强调占有的这个方面。如今,情感价值不再局限于那些缅怀逝者的纪念品和亲友的馈赠,而是向其他物品大幅地扩张。事实上,同他人选择的东西相比,情感价值更多地蕴含在自己选择的东西中。只要人们将自己视为自主的存在,他们对财产的自主选择,比如买哪所房子、系哪条领带、收藏哪张唱片,就会在他们的自我表达中占有越来越重要的地位。"消费主义"的文化环境也由此形成,而且确已相当不可控。但在某种程度(这个程度也要结合当前的背景)上,道德受消费主义影响而进行的转变,好像与消费主义参与者的预设相符。他们向来认为,财产的意义远远不止是使用价值,它承载着更多的意义。实际上,这种意义是通过改变财产的社会意义来赋予的。人们正逐渐通过自己的财产来**表明身份**。所以,在人们当前所认可的财产价值中,除了基本的使用价值以外,其余绝大部分价值被我们称为**身份性价值(identification-value)**。当财产未经同意就被拿走时,不只(或甚至)破坏了最佳的使用价值制度。权利人在比喻意义上也被侵犯了,因其延伸的自己的一部分也被移除了。

有人认为,身份性价值,尤其是那些蕴含于自主选择的财产的价值,本身就足以解释为什么财产权仍可归属于并未使该财产得到最充分使用的人。但是,即便使用价值和身份性价值**均**缺失,财产权仍可继续存在。设想一下可能被视为纯粹案例的入室盗窃案。假设一个房地产中介有我家的钥匙,趁我度假时去了我家,从阁楼上拿走了我的一堆旧衣服,交给了一家慈善商店。我早就忘了那些衣服在哪儿，而且我无论如何也不会再穿那些游荡裤*，系那些特调领带**。这起入室盗窃案永远不会被发现。（房地产中介没有告诉任何人他做了什么，当他离开慈善商店时，被公交车撞死。即使他送的衣服中不包括我的，他也还是会被车撞。）但我的财产权受到了侵犯。这是为什么？毕竟，这些遗忘已久的旧衣服上不存在我的利益，**我既**不会使用它们，**也**不会用它们表明身份。但如前所述，财产权还有一种协调价值，它可以最大程度地取得**总体上**（比如，对于一般人而言）的使用价值和身份性价值。这个擅入的房产中介，侵犯了我对这些旧衣服的财产权，这并非源于**对我而言**的使用价值和身份性价值（遭到的贬损），而是由于这一行为破坏了我对财产权的享有对一项**制度**的存续所起的促进作用，这项制度可以尽可能地让使用价值和身份性价值得到最充分的实现。所以，我在这些财产上的利益基本上源于公共利益，因为我享有这项利益有助于公共利益的实现。我们将本案称为纯粹案例，理由与前述的强奸案例相同，该案例有且只有恶。

在此，强奸和入室盗窃之间存在着惊人的类似，这似乎支持了这样的观点，即强奸之恶在于我们享有自己的身体。但事实上，前述论证会反驳这种观点。使用价值和身份性价值可以证明我们与物品之间的所有权关系，但二者均不能直接适用于我们与我们自己身体的关系。使用价值我们留待下一节（四、使用与滥用）讨论，而主要的反对观点是基于身份性价值的视角提出的。财产占有的身份性价值是人为地向世界延伸自己的象征价值。但我们的身体自然不是人为的自己延伸。在西方哲学中有个悠久的传统，它削弱了身体的中心地位。身体类似于一个随机选择的容器，人的真正生命恰好在这里面活着，里面这个特殊的存在叫做"自己"。[15] 这是一种很难理解的观点。人，部分指的是他们的身体。除了怪病（精神分裂症？）或者概念检测类科幻小说（conceptually testing science-fiction）（缸中之脑？）之外，人们与其身体的关系不可能是所谓人为的自己延伸。内嵌的自己不是被延伸的自己；在自己与世界的区分中，身体也属于"自己"那一边，不需要也不可能是自己向世界的延伸。的确，有人会在身体和世界的边界上做文章，故意模糊自己和自己向世界的延伸之间的界线，比如去做一些人体穿孔或者文身。这些都是表达自己与世界相联结的方式，在某些文化背景下，这可能象征着地位，也可能象征着个性甚至反叛。但是，模糊边界的行为都预设了身体是自己的一部分，除了患有怪病或在科幻想

---

* 喇叭裤的一种。——译者注
** 色彩鲜艳有图案的领带。——译者注

[15] 此处指的是笛卡尔哲学传统。但请注意，可以在不附加"身体是次要的"的条件的前提下，支持笛卡尔著名的身心**关系**"二元论"观点。有两位自诩为"身体的笛卡尔主义支持者"（Cartesian friends of the body）的人就持此种观点，详情参见 Sydney Shoemaker & Galen Strawson, "Self and Body", *Proceedings of the Aristotelian Society*, Supp. vol. 73: 287 (1999)。

象中,二者不能分离。这不仅是说自己在身体之外就无法生存,就像离开了人工肺就会死亡的病人一样,而且是说没有身体,就没有完整的自己。

现今,有些人认为被入室盗窃的感受和被强奸相类似,而另一些人对这种观点相当反感:被盗的人也被强奸过吗?没有的话,是怎么知道二者类似的呢?对此的回应就是,财产被视作自己的延伸,尤其是在现代条件下、在当前的生活环境中。即使是对于被入室盗窃但没有被强奸过的人来说,也有过自己被侵犯的感受,因为他把自己的家视作他本人的投射,视作更大的更人为的身体。但反之,若将身体视作更小的更天然的房子,这种类比便是错的。[16] 任何强奸的被害人说这和被入室盗窃一样,都是一种严重的歪曲,这显示出了对道德的极度不敏感。该观点不是,或者至少不只是淡化或轻视了强奸,其主要的问题在于忽略了财产必然是衍生物或者伴影。一个人可以将发生在自己财产上的事情类比于发生在自己身上的事情,因为一个人的财产可以是他自己的延伸。但是人们不能以同样的方式将发生在自己身上的事情类比为发生在自己财产上的事情,因为自己并非其财产的补充。这是那些涉及自己所有权的学说的首要缺陷,该学说包括但不限于那些主张对自己身体享有所有权的学说。根据这些学说,根本不存在能够享有自身或享有其他外物的自我,这使得人们与其自我之间关系偶然化了。

四、使用与滥用

现代哲学家将身体与自己相分离,导致二者的价值相互割裂。身体,同其他工具、容器和人造品一样,基本上在于使用价值。在某些情况下,身体的使用价值的增加,取决于对内嵌自己的身份表达价值的偶然增加。当这种表达价值难以被理解时,身体的价值主要在于使用价值这一观点仍然会被质疑。对谁具有使用价值?其使用者是谁?要么是自己,要么是他人。如果身体是自己的一部分,那么身体由自己来**使用**的想法就更难理解了。[17] 无论如何,使用价值不可能是身体最基本的价值。粗略的解释大概是这样的。使用价值是对人具有的价值。为什么有价值的理由仅仅在于对人有价值?最终的答案,尽管会通过不同的精确形式来表述,但一定会包括这一前提,即人是有价值的。为了避免恶性循环(vicious circularity),这个更高的价值不可能是使用价值。因此,人

---

[16] 我们认为,这就是 Michael Davis 在"Setting Penalties: What Does Rape Deserve?"一文中所犯的错误。参见 Michael Davis, "Setting Penalties: What Does Rape Deserve?", 3 *Law and Philosophy* 61, 78 (1984).

[17] 这就是一篇经典论文解释强奸之恶的基本考量,Shafer & Marilyn Frye, "Rape and Respect", in Mary Vetterling-Braggin, Frederick Elliston & Jane English (eds.), *Feminism and Philosophy*, Rowman & Littlefield Publishing Group, 1977, p.337. 我们的立场在很多方面均与此文相同,但并非在所有方面,其中最严重的分歧就是后注[22]及其正文部分。

可能具有使用价值,但这绝对不是他们唯一的最高的价值。没有尊重这种更高的非使用价值来使用人,就会把他们当作其他的东西来对待,而不是人。这意味着把他们当成物来对待。原则上,这既适用于对他人的使用,也适用于对自己的使用。因为(活的)身体是自己的一部分,也是本人的一部分,所以使用自己的(活的)身体,与使用他人的(活的)身体并无区别。[18]

对此,最著名的表述来源于康德。简言之,只有主体有更高的价值,客体才有价值。基于此,将强奸之恶与自己对身体的所有权相联系,不仅遗漏而且颠倒了强奸之恶的基本要素。这种观点主张身体的基本价值为使用价值。那么,在强奸的纯粹案例中,强奸犯使用被害人的身体来实现性愉悦,该行为之恶是什么?可能有人会说,这不是他该使用的。但在一定程度上,这种回答有利于强奸犯。这使得他可以理所当然地反驳,他可以更加充分地使用这具无意识的身体。毕竟,他只是无害地借用了这具身体或者某些身体部位,而这具身体的常规使用者却并未对此进行使用。相比于不使用,这种使用更能实现身体的使用价值。在所有权的架构中,这并非最终的答案,因为所有权人即使没有进行最充分的使用,也仍可决定它的使用。这点我们在谈及阁楼上的衣服时就已论述过。但是,这种反驳在道德制高点上,向强奸犯进行了大幅的退让,因为它承认了人的身体在原则上是可以被使用的。这是一种对人的使用,是一种对主体的**客体化(objectification)**。强奸犯将被害人当作只具有使用价值的存在来对待,由此客体化了被害人,这就是强奸基本的恶。在论证强奸之恶的根源在于对人及其身体的纯粹使用时,所有权的进路不仅没有理解强奸之恶,反而袒护了强奸犯。

众所周知,某些做法客体化了女性,是麦金农和安德里亚·德沃金(Andrea Dworkin)联合批判色情作品的核心主张。玛莎·努斯鲍姆(Martha Nussbaum)对这一批判进行了哲学研究。[19] 努斯鲍姆指出,在麦金农和德沃金的论述中,"客体化"这个语词含混地指代了数个含义:

(1) 将主体转化为工具;
(2) 否定主体的自主性;
(3) 将主体作为不具有能动性的存在来对待;
(4) 将主体作为可替代物(可被其他主体或者客体所替代)来对待;
(5) 侵入主体或者打破主体之间的边界;
(6) 对主体宣示所有权;以及
(7) 拒绝将主体视为具有自己的感受(具有主体性)的存在。

---

[18] 在括号中加入"活的",是为了避免一个有趣的问题,即是否可以基于同样的理由,认为使用死人的身体也有损其人格。

[19] Martha Nussbaum, "Objectification", *24 Philosophy and Public Affairs 249* (1995).

尽管努斯鲍姆赞同第 2 类到第 7 类可以在涉及性的争论中发挥道德上的优势,但她强调,最重要的是第 1 类(工具化),如果在总体上将人客体化,那客体化的含义一定是工具化。[20] 这看来没错,只是应当补充一点,第 1 类与第 6 类(所有权)密切相关,那些以所有权或其他财产关系为依据反对客体化观点的人,包括那些坚称自己所有权不可剥夺的人,只会因此而助长工具化。

"客体化"的论证从色情作品延伸到强奸,这有助于揭示一些女权主义者的观点,即当她们宣称无论色情作品的销量和强奸的犯罪率之间是否存在因果关系,色情作品都与强奸有关时,她们到底指的是什么。[21] 然而,论证"客体化"的主要意义在于,它开始区分强奸(至少是强奸的纯粹案例)与其他具有道德意义的犯罪(包括与性无关的暴力)。谋杀、普通攻击(common assault)、绑架、虐待、威胁杀人(threatening to kill)或敲诈勒索等犯罪何以为恶,是有趣但仍存疑的问题。这些犯罪的恶是不同的,因为论证的思路是不同的。可以说,其中一些恶只能通过援引康德的论证才能得到完整的阐释。但是,这些犯罪都不能像强奸那样清楚明确地彰显出康德论证中道德意义的核心。强奸,在纯粹案例中,就是对人的纯粹使用。在不太纯粹但更常见的强奸案中,这种使用伴随着暴力、恐怖、屈辱等。重点在于,一个人单是因为被强奸而感到恐怖或者屈辱,是正常的。即使没有进一步的侮辱,强奸也是恐怖和屈辱的,因为纯粹使用一个人,并在这个意义上客体化一个人,是对她人格的否定。这是相当非人性化的。

五、强奸的界定

基于此,所有对人的纯粹使用,所有将人仅作为工具的对待,都是**滥用**(abuse);强奸就是这种滥用的核心案例。这种思路使得强奸与(多数)针对人的非性犯罪(以及一些性犯罪)之间存在基本区别。但这能否划定(即使是大致划定)强奸的边界?这能否有助于解释当前为何将**未经同意**作为强奸的认定标准?这能否有助于引起人们思考为什么大多数司法制度在涉及强奸的法律*中不约而同地保留了**性插入**(或者某些特定形式的性插入)的条件?这能否有助于解决强奸法应当如何处理同意**认识错误**这一问题?让我们依次来探索这些熟悉的问题。

---

[20] Martha Nussbaum, *supra* note [19].

[21] 此处以一种支持的立场来解释 Andrea Dworkin, *Pornography: Men Possessing Women*, Women's Press, 1979, p. 137 中"消费者看一次色情图片,就相当于一次强奸"的观点。对此更多的研究,见 Deborah Cameron & Elizabeth Fraser, "On the Question of Pornography and Sexual Violence: Moving Beyond Cause and Effect", in Catherine Itzin (ed.), *Pornography: Women, Violence and Civil Liberties*, Oxford University Press, 1992。

* 以下简称强奸法。——译者注

（一）未经同意

在最深的层面上，前文所赞同并重述的康德论证，未对自行使用和他人使用加以区分。它反对客体化，无论被客体化的是自己还是他人。换言之，我们所讨论的这种恶是**主体中立的**：这种恶在于将人作为纯粹的工具来使用，而不论其使用者是谁。因此，在最深的层面上，康德的论证尚未将自行滥用排除在外，就更不会排除经过自己许可的他人滥用了。那么，为什么同意与否能够将使用他人的典型行为（强奸）和与其相反的将人视为人的典型行为（性交）区分开来呢？一种观点认为，只有主体才能同意，因此，只要你在敏锐注意对方是否同意的前提下与其性交，那就不是将她视为**纯粹的**工具，也就不是客体化她。[22] 她可能会将自己视为纯粹的工具，但她不会受到强奸的指控。这种观点以**同意敏锐度**（astuteness to consent）为中心。但在大多数被熟知的法律制度中，审判强奸时涉及同意的第一个问题，并不是被告是否敏锐地注意到原告的同意，而是她真的同意了吗？只有得出否定答案以后，才会进一步追问（因为犯意是构成强奸罪的要件），被告敏锐地注意到原告是否同意的标准是什么。有人可能会认为，这是刑事程序或者刑事控诉结构上（the structure of criminal offences）的一些技术性考量所造成的制度怪象。但实际上没有这么简单。

若要通过敏锐度来说明为何同意是强奸的关键，势必要付出这样一种代价，即那些敏锐地注意到主体同意的使用者，比如嫖客或者色情作品的消费者，将不受客体化的指控。概言之，该观点将谴责从嫖客身上转移到卖淫者身上，从色情作品的消费者身上转移到表演者身上。已经表示同意的卖淫者和色情作品的表演者是被自己所客体化，而嫖客和消费者若敏锐地注意到了这种同意的存在，也就是把她们作为主体来对待。这种结论使得嫖客和色情作品的消费者十分轻易地逃脱了道德的谴责。

欲谴责他们的论者，常常通过两种明显的办法来避免这个结论。麦金农和德沃金就常常运用这两种办法。第一种办法，就是否认这些性工作者同意的真实性。为此，有人会指出幕后的其他客体化者，比如皮条客、色情作品的制作者、潜在的性服务业甚至**性产业**，来弱化性工作者客体化自己的指控。这些客体化者通过威胁、控制或剥削来迫使她屈服，嫖客或消费者也属于共谋者，因其只敏锐地注意到了这种屈服，而没有注意到她们真实的同意。[23] 这种思路存在巨大的漏洞，其最致命的漏洞在于，如果有些性工作者**宣称**其同意是真实的，

---

[22] 这是前注［17］中所提及的 Shafer & Marilyn Frye 的文章中大致的观点，在此，我们和他们的立场产生了分歧。

[23] Robin West, "A Comment on Consent, Sex and Rape", *2 Legal Theory 232*, 242 (1996); C. MacKinnon, *Feminism Unmodified*, Harvard University Press, 1987, pp. 179-183; Andrea Dworkin, *Pornography: Men Possessing Women*, Women's Press, 1979, p. 207.

人们会指控她们带有虚假意识,不属于能够代表自身利益的完整意义上的道德主体,也就不属于完整意义上的人。换言之,它为了说明性工作者被嫖客、色情作品消费者和该产业的其他参与者所客体化,而客体化了性工作者本人。为了避免这种情况,另一种办法主张性工作者的同意是真实的,所以嫖客或者消费者并未客体化**性工作者本人**,而是客体化了女性**整体**,因为她们代表了女性整体。[24] 此处引入了努斯鲍姆的第 4 类观点(可替代性),这表明性服务业使得每一位女性,而不仅仅是在该行业工作的女性,都生活在淫荡的、工具化的目光之中。这可能也说得通,但嫖娼和消费色情作品的客体化要素并不在此,也没有必要为了谴责嫖客或色情作品消费者而否定性工作者的同意的真实性。因为事实上,性工作者的同意可能真实而有效,但即使嫖客或者消费者敏锐地注意到了她们的同意,也不能说明其没有客体化性工作者本人。

相反,嫖客或消费者通常客体化了性工作者,这是对她们人性的践踏。她们被视为纯粹的泄欲工具。但是,当性工作者真实地同意时,她们行使性自主权的结果却是允许自己被滥用。[25] 性自主权中界定同意的思路,与在财产权中的大致相同。在财产权领域,尽管某些财产的使用价值和身份性价值均未得到充分的实现,但还存在一种制度价值,即在限度之内实现使用价值和身份性价值的最大化。而该制度使得人们通过同意来决定其财产的使用。在性自主权领域,尽管某种性行为否定了人的终极价值(比如被视为纯粹的工具),但还存在一种制度价值,即实现对人终极价值的尊重的最大化。而该制度使得人们通过同意来决定在性关系中如何对待自己身体。对此,一个明显的反驳就是,这取决于一个偶然的条件,那就是人们总体上对同意的决定是明智的(比如不会自行滥用)。举一例说,性服务业的价值观已经渗入主流广告并随之扩散,似乎表明这一假设在当前无法成立。但是我们必须牢记,在建设和尊重人们权利的过程中,必须对这些人予以一定的道德认同。基于与谴责强奸犯相类似的理由,我们这些正在对人们的权利进行讨论、立法、实施和强制的人,也必须把她们视为人,视为具有非使用价值的存在。尤其是说,我们必须把她们视为道德主体,相信她们能够了解自己的价值,能够决定自己与他人的关系。我们的论证必须以她们尊重自己的假设为前提,否则我们自己就没有尊重她们。由此可

---

[24] C. MacKinnon, *Feminism Unmodified*, Harvard University Press, 1987, pp. 170-174; Andrea Dworkin, *Pornography: Men Possessing Women*, Women's Press, 1979, p. 224.

[25] 由于皮条客和色情作品制作者的一些被熟知的做法,卖淫者和色情作品表演者在很多情况下都不是自愿同意的。此时,后述的考量并不适用。当然,这些考量也不适用于儿童。我们的观点仅适用于以下情形,即同意是足够真实的,且同意在此种情形中是关键的。皮条客和色情作品制作者逍遥法外的原因有很多,其中一个原因是他们处于就业保障等欠缺的法律灰色地带。这为反对将性服务业的一些方面定为刑事犯罪创造了一个额外的工具性论据。但是,这并非此处使用的论据,而是此处论据的补充。

见,即使人们背叛了这一假设,她们也享有这样做的自由。她们有错待自己的道德自由,也有允许别人来错待自己的道德自由。

现今,这种考量因个人自主权的总体价值而得到进一步的肯定。个人自主权可以涵盖各种各样的选择(包括但不限于性选择),并且使得一些猎奇的方式成为可能。但是我们正在描述的价值并不是个人自主权的价值。这种价值允许人们进行一些特别的选择,包括那些乍看之下非人性化的性选择。通常来说,这些选择**的确**是非人性化的,因此人们会避开这些选择。尽管如此,允许人们去选择这些,在一定程度上是再人性化的,因为这肯定了他们的道德主体性(moral agency),否则他们的非人性化只会加剧。这种再人性化的价值和个人自主权的总体价值派生出了性自主权。强奸(当前被视作未经同意性交)侵犯了被害人的这项权利,所以属于针对被害人的过错。[26] 嫖娼和观看色情作品也是恶的,因为它们客体化了卖淫者和色情作品表演者,即便她们的同意是真实的。然而,当她们真实同意时,嫖娼和观看色情作品就没有侵犯到她们的性自主权,所以不属于**针对**性工作者的过错。或者说,这种行为至少和强奸不是**同一种**过错。因为在性自主权的语境下,一个人的同意能够允许不理想的性关系的建立,这里指的是极度非人性化的性关系或者客体化的性关系。[27]

(二)插入

在不同的司法制度中,包括我们的司法制度,强奸罪所规制的行为仅限于(一种形式或多种形式的)插入式性侵犯。为什么插入这么特别?它是使用另一个人的特别方式吗?正常的答案当然是说,这是一种极其羞辱人的使用方式。但极端的羞辱似乎只是附随现象。纯粹案例就不存在极端的屈辱,因为这起强奸案没有被发现,根本不存在屈辱的问题。如果更常见的强奸案中的被害人,认为插入式性侵犯**都**是极其屈辱的(或者恐怖的、降低自信的等),我们依然想知道是为什么。为什么**这种**性侵犯对于被害人而言具有如此特别的意义?当然,可能有人认为,法律本身赋予了插入以特别的意义,因为"强奸"这一语词

---

[26] 这种权利在结构上与财产权不同。前注〔14〕中提及,存在未经财产权利人同意即可转移其财产的官方程序。但是在这种权利中,同意的条件不可取代。然而,婚内强奸豁免就通过一种官方的方式绕过了女性的同意,这种方式认为性是可以分配的。将婚内强奸豁免标榜为保护已婚女性的权利是一种严重的误导,就更不必说是保护女性的性自主权了。这明显保护的是已婚男性的权利,以免受妻子性自主权的制约。

[27] 从这里就可以看出,为什么此处倾向于使用"性自主权",而不是 Nicola Lacey, "Unspeakable Subjects, Impossible Rights: Sexuality, Integrity and Criminal Law", 47 *Canadian Journal of Law and Jurisprudence* 47 (1989)中所提出的"性忠诚权(the right to sexual integrity)"。这种极度非人性化的性关系与忠诚毫无关联。它是一种自我背叛,而且这种自我背叛通常是双方的。尽管如此,只要双方都同意,他们仍可以享有这样做的性自主权。然而,虽然我们并不赞同 Lacey 的观点,但她的论文还是对本文产生了深刻的影响。当自主权的思想摆脱不恰当的笛卡尔主义和洛克主义的影响时,我们的分歧将会大大减弱。

自古指的就是这种性侵犯。这当然也有一定的道理：历史流传下来的罪名具有日积月累的道德意义，从而常会影响到人们道德观的构建。这种道德观是：强奸是（极其）恶劣的，强奸是未经同意的插入，所以未经同意的插入是（极其）恶劣的。但这并不能**独立**证成法律一贯将插入列为条件。或许关于插入的旧观念是迷信或腐朽的，当前的法律应当尽力去改变由此产生的令人费解的道德观念。强奸法或对强奸的起诉中的一些问题，比如婚内强奸豁免、不受理约会强奸以及被害人的品格证据，都误导了公众对于强奸的理解，这点已被广泛公认。插入这一要件，是否和原始的男权主义一脉相承？历史上有过这样一段时期，人们重视女性的贞操，坚信未婚生子是罪孽，女性曾被**官方**认定为客体（她们父亲或丈夫的财产）而非主体，插入这一要件是否为那个时期的历史糟粕？因此，我们是否应当删除这一要件？答案并没有这么简单。

事实上，在现代强奸法中，插入的证成必然涉及它的社会意义。有人认为，前述康德的论证是道德上的永恒真理，否定它将会陷入自我矛盾。康德本人就这样适用自己的论证。但事实上，这种适用取决于很多偶然的条件，其中包括很多行为的社会意义。尽管康德的涉及对人进行纯粹的使用与滥用的批判具有不朽的力量，但是何种行为被视作这种使用与滥用的典型，却并非一成不变。通常情况下，道德上相互对立的某些行为，其特殊的象征意义是相互联系的。在我们的文化中，插入式性侵犯和插入式性行为的特殊象征意义紧密相连。插入式性行为的象征意义相当浪漫。它可能源于一种向往，那就是通过两具身体在某种意义上的结合（回想一下莎士比亚笔下的"双背兽"*），来实现两个自己的完美融合。尽管这种融合不可能实现，但人们还是相信插入式性行为具有这样的意义，而社会意义的改变就使得插入式性行为被赋予了这层意义。强奸与插入式性行为截然对立，二者的社会意义也完全相反。如果说后者象征着完美的主体关系（通过两个自己的最全然最真实的交缠来实现），那么前者就代表着典型的主客体关系。这也能够解释和证成那些没有此种向往的被害人的反应，比如避免实施插入式性行为的人，或者认为该行为仅具有功能性的人。即便是对她们而言，或许**尤其是**对她们而言，插入是一种特别的侵犯。它以一种极其剧烈而突然的方式来客体化她们，将她们变成纯粹的使用品，变成实现强奸犯目的的纯粹的工具。因此，插入式性侵犯的被害人，无论是否认同插入式性行为的特殊价值或者其他价值，都会感到屈辱。即便插入式性行为不一定对被害人产生社会意义，强奸犯的行为也可能取消性行为对被害人的意义。

这并非反对拓宽强奸的法律定义，使其涵盖一些非插入式性侵犯，也并非支持对不同形式的插入进行区分。事实上，这一论证并非为了支持强奸的任一

---

* 出自莎士比亚的《奥赛罗》，是两个正在性交的人的委婉比喻。——译者注

法律定义，只是用来表明，那些认为（全部或部分）插入式性行为具有特殊意义的被害人的反应并不是非理性的，象征价值可以说明这一点。要在既定的法律制度中最为合适地引入和体现这些象征价值，法律的制定者和解释者还需处理方方面面的问题。社会意义通常模棱两可，且总是存在灰色地带。他们几乎不可能在不附加任何工具性论据（instrumental argument）的情况下，去设定道德过错的边界，而工具性论据使得很多能影响法律分类的偶然事件被纳入考虑范围。这点已经在"未经同意"一节中讨论过了。何种性关系制度能够将使用和滥用人的行为降到最少，是强奸法的工具性论据所必须解决的问题。一些与之类似的具有争议性的工具性问题，无疑会随着插入这一要件而出现。总而言之，尽管对人的纯粹使用是一种不会随时间而改变的恶，但将插入式性侵犯升格到典型的地位则经历了一个受文化影响的漫长阶段。

这些关于社会意义重要性的观点，应当被那些警惕于强奸与性相关的人，尤其是警惕于强奸是性犯罪的人所关注。很多活动家（campaigners）和社会研究者都告诉我们，强奸通常与性欲无关，而与男性对女性的权力欲有关，因此应当被认定为一种厌女侵犯，属于仇恨犯罪而非性犯罪。这种批判所蕴含的关于性欲的本质主义的观点是值得警惕的：为什么试图主宰女性的厌女欲本身不能是一种性欲？（是不是因为性是美好的，厌女是卑劣的？）然而，即便我们假定性欲和其他欲望是对立的，该观点仍然不能成立，因为它假设了"性犯罪"与其他犯罪的区别在于犯罪人的动机。但是，将强奸列为性犯罪的真正原因，不在于犯罪人的动机，而在于利用性插入的社会意义来对被害人进行侵犯。强奸颠覆了一种典型的主体关系（这是一个极其浪漫的性亲密观念），使被害人沦为了一个纯粹的客体。[28] 这并不否定，反而可能表明犯罪人憎恨被害人或其所代表的东西。为了澄清这一点而否认强奸和性之间的关系，是没有必要的。相反，如果认为强奸与性无关，仅属于一种"加重的攻击"，那么，无论它的恶性或增或减，我们可能都不会再去探索强奸之恶在法律中的**特别之处**了。诚然，将强奸视为一种攻击是**准确的**（警察在侦查时就经常将其列为攻击），因为攻击类犯罪指的是侵犯他人的人身领域，而强奸犯显然侵犯了被害人的人身领域。但是，这种观点实属舍本逐末。因此，将强奸认定为攻击，即便准确，却也粗陋

---

[28] 不同观点见 Lois Pineau, "Date Rape: A Feminist Analysis", 8 *Law and Philosophy* 217 (1989). 她认为性应当被视为"正在进行的交流"的典型，而超出这个典型就可以被假定为强奸。在这篇论文中，她**赞同**了一个特别理想化的性观点，我们将这种观点视为"本质主义"。相比之下，本文的观点并非本质主义的性观点。本文只是陈述了一个事实，正文提及的性观点（我们并不赞同，而且当前可能不会获得广泛的赞同）仍然影响着多种行为的社会意义，尤其是符合和颠覆这种理想关系的行为。

而无益。[29] 使得强奸区别于其他攻击类犯罪并从其中独立出来的最基本要素，就是对被害人的**纯粹使用**，不论强奸犯如何看待他的所作所为。若要理解强奸为何是纯粹使用，就必须关注性插入的社会意义。

无论强奸犯实施强奸的意图是什么，也无论对被害人意味着什么，强奸都是一种关于性侵犯的犯罪，这取决于强奸的社会意义，而这个社会意义就是强奸之恶的核心。有人坚称，此处将"侵犯"改为"暴力"会更好。但这会扩大政治上的负面影响，因为这种观点未必是对的。没有什么比在媒体或者公开场合中将强奸列为"暴力犯罪"更能维持公众的对强奸的普遍误解：强奸犯都是陌生人，他们埋伏在黑暗的小路上，通过暴力压制了被害人的反抗。[30] 但强奸犯有很多潜在的作案手段，同样能够未经同意就将被害人客体化。纯粹案例以及一些常见的案例，都足以表明强奸并不必然伴随着暴力。[31] 最恶劣的强奸也不是伴随着最严重暴力的强奸。在一些案例中，强奸摧毁了信任，比如通过隐性威胁或者秘密下药来压制反抗等，这可能是更加恶劣的滥用，因此本质上更加恶劣（无论这种强奸是否属于最令人痛苦的强奸，这都是事实[32]）。

---

[29] 不同观点见 Michael Davis, "Setting Penalties: What Does Rape Deserve?", *3 Law and Philosophy* 61, 79 (1984). 他将强奸归于伤害的理由，不仅是强奸必然（附带）涉及攻击的事实，也包括所有攻击都涉及客体化的观点。但事实并非如此。有人威胁性地把脸贴到我的脸上，或者抓住我的胳膊来引起我的注意（这两种都是典型的攻击），但仅凭这些动作并不能认定我被当作客体来对待。毕竟一个客体是不会对此有反应的。攻击之恶与我们所引用的康德观点也联系甚微，但该观点却是强奸之恶的核心所在。（他还错误地以为，客体化论证的基础必须是强奸犯将被害人当作客体**看待**。但并非如此，它涉及的是强奸犯将被害人当作客体**对待**而非看待。他可能会认为女人像孩子一样容易被伤害，需要一位身披铠甲的出色骑士来保护她们。这种观点并没有将女性当作客体看待，但与将她们当作客体对待并不冲突，而且很可能导致这种对待。女权主义对男权制的批判告诫我们：男权制是**自以为是的**压迫模式，在这种模式下，非人性化的行为往往被实施者误当作人性化的行为。）

[30] Susan Rae Peterson, "Coercion and Rape: The State as a Male Protection Racket", in Mary Vetterling-Braggin, Frederick Elliston & Jane English (eds.), *Feminism and Philosophy*, Rowman & Littlefield Publishing Group, 1977, p. 364. 此文提出了一个具有建设性的反对观点：将强奸列为性犯罪，可能会促进一个令人震惊但仍然普遍的趋势，即在强奸的审判中，原告的性史会作为判断同意的证据，而且（甚至更令人气愤的是）作为判断同意真实性的证据。这被十分恰当地喻为"法庭上的第二次强奸"，因为这样的提问方式本身就客体化了女性的性行为。该问题应当正面解决，方法是不接受涉及原告性史的证据，以及确保在新闻上被称为"主动要求"的妇女能够诉诸诽谤法。但是，为了避免该问题而歪曲强奸之恶，无异于因噎废食。

[31] 反对观点源于许多文献（比如 Susan Brownmiller, *Against Our Will*, Secker Warburg, 1975, p. 377 或者 Robin West, "A Comment on Consent, Sex and Rape", *2 Legal Theory* 232, 242 (1996))中都存在的一个令人费解的假设：攻击是一种暴力犯罪。因此，如果强奸属于攻击，那么强奸就是一种暴力犯罪。关于攻击与暴力犯罪的区别，参见 John Gardner, "Rationality and the Rule of Law in Offences Against the Person", *53 Cambridge Law Journal* 502 (1994).

[32] 可比较 Alan Wertheimer, "Consent and Sexual Relations", *2 Legal Theory* 101 (1996) 认为强奸的严重性取决于伤害性。

（三）同意认识错误

刑法学家通常不确定，强奸法应当如何回应误以为对方同意的问题。强奸的被告是否应当因其真实的同意认识错误而减轻刑事责任？或者说，在什么条件下，同意认识错误才能免除刑事责任？前述已经隐含了对此的基本回应，关键取决于被告对同意的敏锐度。[33] 理由如前所述，敏锐地注意到对方的同意并非免于客体化指控的充分条件，而只是必要条件。敏锐地注意到对方的同意不仅要求注意到，而且要求重视对方的回应。如果他没有注意到或者没有重视这些回应，就需要进一步判断，这是否源于恶意、无情、自私、厌女、迟钝或者纯粹的愚蠢。在强奸的审判或其他场合，刑法学家会将愚蠢视为出罪而非入罪的理由。但愚蠢属于恶行，而非免责事由。当风险错综复杂时，某种程度上的没有察觉（obliviousness）自然情有可原，这完全取决于法律应当对不具备专业知识的一般人的相关的预见能力（sophistication）抱有多高的期待。但是，未经对方同意就以性侵犯的方式来使用她，并不属于错综复杂的风险，不需要任何专业知识，这种预见属于对一个没有严重精神疾病的成年人的合理期待。所以我们开篇就讲，强奸可以说是不可免责的。[34] 如果一个人没注意到对方是否同意即将实施的性行为，除非他患有严重的精神疾病，否则可以毫不夸张地将其认定为突破道德底线的存在——一个禽兽，就像小报上所说的那样。以下情形也是如此：注意到了对方的反抗，但认为对方的反抗不该被重视，比如著名的摩根案。[35] 摩根案的被告就是禽兽的最佳示例。因为无论他们如何看待自己的行为，他们都没有把他们的性"俘虏"当成一个主体，当成一个能够在性行为上做出决定并表达立场的人，而是当成一个纯粹用来泄欲的情趣用品来对待。[36] 这是最明显的客体化。而且她并不同意这种将人客体化的性插入，这以一种最明显的方式侵犯了她的性自主权，是一种最明显的强奸。

可能很多刑法学家认为，前述观点，尤其是与愚蠢相关的那些，在支持一种涉及犯意的激进"客观主义"。但对此，有三点需要事先声明。

首先，如他们所言，前述观点只涉及强奸罪的犯意。某项犯罪的犯意应当是什么，至少在最开始，需要一个仅就该罪而言的具体答案。原因正如我们前

---

[33] 参见前注[22]的正文部分。

[34] 严重的精神疾病不属于免责事由。它免除了精神病患者对他的（部分或全部）行为的刑事责任，这意味着这些行为不存在正当化或者免责的理由或者可能性。

[35] DPP *v.* Morgan [1976] AC 182. 有趣的是，据上议院所言，被告辩称这是他们全盘思考后的结论，但陪审团认为"一派胡言"。

[36] 前注[10]之所以强调女性的理性，最重要的考量就在于此。因为女性是理性主体，她拒绝性挑逗（sexual advances）必须被视为她有拒绝的理由，对方也必须将此视为不再继续下去的充分理由。他认为"不"是未经理性思考的（比如是与性别相关的病态反应），所以自己继续下去的行为不存在合理的障碍，这是为道德所不容的。

述旨在阐明的那样,这取决于该罪何以为恶,或者该罪何以被认定为恶。"同意敏锐度"是不构成强奸(未经同意的性行为)的必要条件,因为从根本上说,强奸是一项客体化犯罪,是一项把人视为物的犯罪。然而,类似的犯意要求并不必然适用于那些非客体化犯罪,这取决于其他论证。

其次,前述关于同意认识错误的观点,仅在以下意义上才属于"客观主义",即被告的心理同其行为一样,也存在适当的道德标准。因为道德制约着我们的行动理由,它不仅制约着我们做什么,还制约着我们为什么这么做。有的刑法学家可能不确定,刑法是否要求我们以可接受的理由来行动。简单的回答是,当我们以不可接受的理由去**行动**时,刑法就会发挥作用。刑法中的任何犯意标准,基本上都与行为理由的可接受性相关。强奸也不例外。因此,在与此不同的意义上,即不取决于被告在行为时的心理状态的意义上(这在私法领域中很常见),前述观点不属于"客观主义"。被告的态度及其看待他人的方式,才是解决认识错误问题的核心所在。[37]

最后,严格说来,前述关于同意敏锐度的观点,并不能彻底解决强奸的犯意应当是什么的问题。只有解决了总体的制度性考量,才能为强奸确立一个合适的犯意标准。这些制度性考量有很多,且会随着时间和司法制度的不同而不同,可能包括法律起草、证据、判例、程序,以及方便对涉案的非专业人士的解释和方便他们适用等。因此,就强奸的犯意或其他条件而言,不同的法律制度所确定的标准不一,尤其是对于边缘性问题的界定。而且,有些法律制度可能存在多种可接受的标准,尤其是在边缘性问题上。对此,仅需补充一项重要的制度性考量,其内容涉及对犯意的具体说明,但对强奸法的支撑却相当有限。刑法中的犯意要求除了具有独立的道德显著性,还能进一步警告潜在犯罪人,他们或将进入刑事领域。在潜在犯罪人可以知道法律规定的前提下,如果承担刑事责任要求他认识到自己在做什么,那么他就会知道自己在什么时候可能会承担刑事责任。这可以支持一种"主观主义"的变体,这种变体可以应用在很多犯罪中,但是不包括强奸。[38] 因为除了精神失常或者自动防御等极个别情况,性插入很难是非故意实施的。[39] 既然性插入完全满足"认识"这一制度要求,那

---

[37] 处理强奸犯意问题的类似进路,参见 R. A. Duff, "Recklessness and Rape", 3 *Liverpool Law Review* 49 (1981). 然而,他的错误在于,在没有对不同犯罪的道德结构进行单独分析的情况下,就强奸中的对同意的轻率(recklessness as to consent)的分析加以一般化,使之适用于所有的犯罪。参见 R. A. Duff, *Intention, Agency and Criminal Liability*, Blackwell's, 1990, 139ff.

[38] 参见 John Gardner, "On the General Part of the Criminal Law", in R. A. Duff (ed.), *Philosophy and the Criminal Law: Principle and Critique*, Cambridge University Press, 1998, pp. 242-244.

[39] 关于该问题及其在英国法中的处理方式的更多讨论,参见 Stephen White, "Three Points on Pigg", [1989] *Criminal Law Review* 539 (1989).

法律在处理同意认识错误时,就不需要对认识因素进行判断。但凡对法律有点了解,就会知道未经同意会将性插入行为转化为强奸。对此,他们也很难通过**法律**认识错误来辩护,因为(如前所述)强奸不是法定犯,而是自然犯。道德本身(本文所捍卫的道德教义)就会警告他们。[40] 即使未经同意不会将性插入转化为一种犯罪,有道德感的人也会意识到这种行为是恶的,因为这相当于以最直接的方式侵犯了他人的性自主权,属于道德所禁止的客体化。

六、法律的作用

你可能认为,以上论述足以证成强奸为罪,因为它侵犯了人们的性自主权,也足以证成强奸是一种**特别**的犯罪,因为它以一种具有特别的象征意义的方式侵犯了这一权利。或许如此。然而,人们普遍认为,入罪的正当化意味着符合伤害原则。但在被熟知的司法制度中,强奸并非只有在造成伤害的情况下才被视为犯罪。即便是纯粹强奸,也属于强奸,也是刑事犯罪。有观点认为,伤害原则是一项经验法则,可以容许一些偏离其标准的行为,比如纯粹强奸。还有观点认为,只要这类入罪的行为**通常会**造成伤害,就符合伤害原则的标准,所以尽管存在纯粹强奸的可能,强奸仍可入罪。虽然这两种限定相当完善,但本文的论证对伤害原则提供了不同的见解。

伤害原则并不反对无害行为入罪,甚至不反对将通常不会造成伤害的行为入罪。只要某类行为不入罪**会**产生有害结果,即可满足伤害原则的要求。纯粹强奸完全符合这一标准。在法律有效的情况下,如果这一行为没有入罪,对性自主权的侵犯将会增多。这属于一种伤害,这种伤害不仅限于意识到自己被强奸的人,也包括更多的人(在我们的文化中主要是女性)。前者因性自主权受到侵犯,会限缩自己的行动范围;后者出于对性自主权受到侵犯的合理**恐惧**,其生活将一片死寂。[41] 这些消极因素都是伤害,可以由法律对强奸的有效禁止来减少。这就是伤害原则的全部条件。没有必要再去额外地判断,某一强奸行为是否造成了伤害或者通常会造成伤害。

---

[40] Stephen Shute, John Gardner & Jeremy Horder, *Action and Value in Criminal Law*, Clarendon Press, 1994. 该书导言部分的第10—12页限制了"法律认识错误"在刑事指控中的辩护范围。

[41] See Susan Rae Peterson, "Coercion and Rape: The State as a Male Protection Racket", in Mary Vetterling-Braggin, Frederick Elliston & Jane English (eds.), *Feminism and Philosophy*, Rowman & Littlefield Publishing Group, 1977. 因此在此文中强调的强奸"限制女性身体行动自由"的观点是正确的。但她错误地认为这是强奸的基本的恶。正是因为强奸无论如何都是恶的,证成了女性因为害怕,而不敢乘坐某些类型的公共交通工具、进入某些社区和进行许多其他有价值的选择。根据伤害原则,这种限制属于伤害的一个关键类型,而这种伤害是法律规制强奸之恶的理由。但强奸之恶独立于且在时间上先于这种伤害。

这些观点派生出了两个涉及刑法的道德范围及功能的一般性结论。有人想要在伤害原则的传统解释的基础上进行扩张解释,以消除伤害原则的工具性。他们认为,伤害原则不应当以人们生活预期的降低、生活的恶化为焦点,而应当将康德式的(非工具性的)过错行为纳入刑法的范畴。[42] 实际上,对伤害原则的传统的工具性的理解是正确的。但那些非工具性的过错(比如纯粹强奸和纯粹盗窃)也属于伤害原则的范畴。因为伤害原则不是说,只有造成伤害的过错才能入罪,而是说只有为了预防伤害,将其入罪才是正当的。那些非工具性的过错,即使本身完全无害,也可能符合这一要求:入罪会降低它们的发生率,且它们的频繁发生将降低人们的生活预期,比如减损公共利益。这些公共利益包括人们在其生活环境中的轻松感,享受充满爱与信任的性关系的预期,在晚上或在陌生的地方出门并过得开心的能力,或者公共文化中总体上相互尊重的程度。

由此我们得出了第二个结论。有人认为,刑法所规制的行为在根本上都属于公共过错行为,因为刑法中的主要利益是国家所代表的总体公共利益。与此相反,私法所规制的过错行为在根本上是针对个人的,因此权利人有权请求强制执行或者补偿。[43] 本文已经间接地抨击了这种观点。如果说除了诉讼程序和法律救济以外,刑法与侵权法还存在根本性的区别,那也绝不是根本的公共利益和根本的个人利益的区别。刑法与侵权法一样,保护和反映的是公私混合的利益。强奸就是针对被害人本人的,即使她对此毫无察觉也并未因此受到伤害。刑法会保护她的个人利益。尽管如此,刑法也可能并且通常会和公共利益相关联,比如财产的占有和性自主权中所蕴含的公共利益,又如整洁美观的环境、健全的社会保障制度等使人们得以共存的利益。有些刑事犯罪行为所侵犯的是特定权利人,但伤害原则却以伤害公共利益为由将其入罪。侵权法也是如此,侵权法也同样受伤害原则的制约,也会以公共危害性而非对个人的伤害为由来限制一些侵犯个人利益的过错行为。那些对侵占土地、诽谤以及违约加以规制的法律同样如此,其中,每个案例的过错行为所针对的都是个人,但即使被错待的个人事实上没有因此受到伤害(或者只受到了名义上的伤害),这些过错行为仍具可诉性,因为这伤害了公共利益,即伤害了对财产、名誉或自愿承诺等(视具体案情而定)的尊重。在此,可将侵占土地、诽谤以及违约等归于一类,将强奸、入室盗窃等归于另一类。当下,前者只在私法上可诉,只有后者才属于犯

---

[42] 参见如 R. A. Duff, *Intention, Agency and Criminal Liability*, Blackwell's, 1990, pp. 111-112。

[43] 参见如 Lawrence C. Becker, "Criminal Attempt and the Theory of the Law of Crimes", 3 *Philosophy and Public Affairs* 262 (1974)。

罪,但二者的区别并非在于诉讼标的(个人利益或公共利益)的不同。前述案例已经表明,公共过错和个人过错这组对立概念在根本上就具有误导性。许多被熟知的个人权利,包括前述法律分类中所涉及的权利,很大程度上是通过公共利益来证成的,因为它们的存在和被法律认可能够强化公共利益。[44] 如前所述,性自主权——当前强奸法中的核心权利也是如此。

(责任编辑:刘继烨)

---

[44] 对此,更一般的观点参见 Joseph Raz,"Rights and Individual Well-Being", in Joseph Raz (ed.), *Ethics in the Public Domain*, Clarendon Press, 1994。

引 征 体 例

(2019 修订版)

一、援用本刊规范：

苏力:《作为社会控制的文学与法律——从元杂剧切入》,载《北大法律评论》第 7 卷第 1 辑,北京大学出版社 2006 年版,第 132 页。

二、一般体例

1. 引征应能体现所援用文献、资料等的信息特点,能(1) 与其他文献、资料等相区别;(2) 能说明该文献、资料等的相关来源,方便读者查找。
2. 引征注释以页下脚注形式连续编排。
3. 正文中出现<u>一百字</u>以上的引文,不必加注引号,直接将引文部分左边缩排两格,并使用<u>楷体字</u>予以区分。一百字以下引文,加注引号,直接放在正文中。
4. 直接引征不使用引导词;其他情况,分别按照以下规则处理：
   (1) 间接引征(概括引用大意)的,须在所引征的文献前加引导词"参见"(see；vgl)。
   (2) 同一文献有不同出处,需要互相印证的,可以写"又见"(also see；siehe auch)。
   (3) 引征二手文献、资料,需注明该原始文献资料的作者、标题,并在其后标注"转引自"(cited in；zitiert nach)及该援引的文献、资料等。
5. 文章来源于期刊(含以书代刊的连续出版物以及独立作品组成的文集)、报纸和网络,文献来源一律标注"载"。
6. 作者(包括编者、译者、机构作者等)为三人以上时,仅列出第一人,使用"等"予以省略。
7. 引征信札、访谈、演讲、电影、电视、广播、录音、未刊稿等文献、资料等,在其后注明资料形成时间、地点或出品时间、出品机构等能显示其独立存在的特征。
8. 不提倡引征作者自己的未刊稿,除非是即将出版或已经在一定范围内公开的。
9. 引征网页的出处仅限于大型学术网站或新闻网站,但应附有准确的网页链接地址,并注明文献资料的上传时间,如无上传时间的,注明最后访问时间(从学术网站上下载的单篇完整引文献的,可直接参见下述相应的引征体例进行标注,无须注明访问日期)。一般不提倡引征 BBS、BLOG 等普通用户可以任意删改的网络资料。

10. 翻译文章中,译者需要对专有名词进行解释说明,并以【*译注】的方式在脚注中表明;如译者对原文内容进行实质性补充论述或举出相反例证的,应以【*译按】的方式在脚注中表明。

11. 同一注释里如需罗列多条同类文献的,一般按时间顺序排列,用分号隔开(但依论证重要程度排列的文献次序除外)。同一注释里中外文文献混合排列的,结尾所使用的句号以最后文献的语种所对应的格式为准。

12. 英文、德文、日文和法文以外作品的引征,可遵从该文种的学术引征惯例,但须清楚可循。

13. 其他未尽事宜,参见本刊近期已刊登文章的处理办法。

三、脚注格式

(一) 中文

1. 著作
- 朱慈蕴:《公司法人格否认法理研究》,法律出版社 1998 年版,第 32 页。

2. 译作
- 〔法〕孟德斯鸠:《论法的精神》(下册),张雁深译,商务印书馆 1963 年版,第 32 页。

3. 编辑(主编)作品
- 朱景文主编:《对西方法律传统的挑战——美国批判法律研究运动》,中国检察出版社 1996 年版,第 32 页。

4. 杂志/报刊
- 张维迎、柯荣住:《诉讼过程中的逆向选择及其解释——以契约纠纷的基层法院判决书为例的经验研究》,载《中国社会科学》2002 年第 2 期,第 40 页。
- 刘晓林:《行政许可法带给我们什么》,载《人民日报》(海外版)2003 年 9 月 6 日,第八版。

5. 著作中的文章
- 宋格文:《天人之间:汉代的契约与国家》,李明德译,载高道蕴等主编:《美国学者论中国法律传统》,中国政法大学出版社 1994 年版,第 32 页。

6. 裁判文书
【仅标注与裁判文书本身相关的信息】
- 最高人民法院指导性案例 93 号:于欢故意伤害案,2018 年 6 月 20 日发布。
- 江苏省无锡市滨湖区人民法院(2015)锡滨民初字第 01033 号民事判决书。
- 《陆红霞诉南通市发展和改革委员会政府信息公开答复案》,载《最高人民法院公报》2015 年第 11 期。

7. 网上文献资料引征
【一般在末尾注释文献发布或上载日期,如无,则标注最后访问日期】
- 梁戈:《评美国高教独立性存在与发展的历史条件》,http://www.edu.cn/20020318/3022829.shtml,最后访问日期:2008 年 8 月 1 日。

8. 古籍
   - (清)汪辉祖:《学治臆说》(卷下),清同治十年慎间堂刻汪龙庄先生遗书本,第 4 页 b。
   - (清)薛允升:《读例存疑》(重刊本),黄静嘉编校,台湾成文出版社 1970 年版,第 858 页。
9. 档案文献
   - "沈宗富诉状",嘉庆二十二年十二月二十日,巴县档案 6-2-5505,四川省档案馆藏。
   - "傅良佐致国务院电",1917 年 9 月 15 日,北洋档案 1011-5961,中国第二历史档案馆藏。
   - "党外人士座谈会记录",1950 年 7 月,李劼人档案,中共四川省委统战部档案室藏。

(二) 英文
【著作名、期刊名用斜体,其他不斜体】
1. 英文期刊文章 Consecutively Paginated Journals
   【一般格式为…vol. ♯, no. ♯, 2010, p. X.】
   - Frank K. Upham, "Who Will Find the Defendant if He Stays with His Sheep? Justice in Rural China", *Yale Law Journal*, vol. 114, no. 7, 2005, p. 1677.
2. 文集中的文章 Shorter Works in Collection
   【注意区分例二和例三】
   - Lars Anell, "Foreword", in Daniel Gervais, *The TRIPS Agreement: Drafting History and Analysis (3rd edition)*, Sweet & Maxwell, 2008, p. 10.
   - Robert J. Antonio, "KarlMarx", in George Ritzer and Jeffrey Stepnisky (eds.), *The Wiley-Blackwell Companion to Major Social Theorists (volme I): Classical Social Theorists*, Blackwell Publishing, 2011, pp. 116—125.
   - John Rawls, "Kantian Constructivism in Moral Theory", in John Rawls, *Collected Papers*, Samuel Freeman (ed.), Harvard University Press, 1999, p. 300.
3. 英文书 Books
   - Richard A. Posner, *The Problems of Jurisprudence*, Harvard University Press, 1990, pp. 456—457.
4. 非英文著作的英译本 English Translations
   - Otfried Höffe, *Kant's Cosmopolitan Theory of Law and Peace*, Alexandra Newton (trans.), Cambridge University Press, 2006, p. 100.
5. 英美案例 Cases
   【正文中出现也要斜体】
   - *New York Times Co. v. Sullivan*, 76 U. S. 254 (1964).
   - *Kobe, Inc. v. Dempsey Pump Co.*, 198 F. 2d 416, 420 (10th Cir. 1952).
6. 未发表文章 Unpublished Manuscripts
   【尽量少引或不引此类文献】
   - Yu Li, *On the Wealth and Risk Effects of the Glass-Steagall Overhaul: Evidence from the Stock Market*, New York University, 2001 (unpublished manuscript, on file with author).
7. 信件 Letters
   - Letter from A to B of 12/23/2005, p. 2.

8. 采访 Interviews
   - Telephone interview with A，(Oct 2，1992).【如该采访刊载于网站等平台上，须参照前述有关引征网页资料的格式进行标注。】
9. 网页 Internet Sources
【应注明公布（上载）日期，如无可标注最后访问日期】
   - Lu Xue, *Zhou Zhengqing Talks on the Forthcoming Revision of Securities Law* (*XXXX*，5 July 2017)，at http://www.fsi.com.cn/celeb300/visited303/303_0312/303_03123001.htm (last visited Aug. 1，2018).

（三）德文
【著作名、期刊名用斜体，其他不斜体】
1. **教科书**：作者、书名、版次、出版年份、章名、边码或页码
   - Jescheck/Weigend，*Lehrbuch des Strafrechts Allgemeiner Teil*，5. Aufl.，1996，§ 6，Rn. 371/S. 651ff.

【注意：ff. 之前没有空格】
2. **专著**：作者、书名、版次、出版年份、页码
   - Roxin，*Täterschaft und Tatherrschaft*，7. Aufl.，2000，S. 431.
3. **评注**：作者、评注名称、版次、出版年份、条名、边码
   - Crame/Heine，in：Schönke/Schröder，27. Aufl.，2006，§ 13，Rn. 601ff.
4. **论文**：作者、论文题目、刊物名称、卷册号、出版年份、首页码、所引页码
   - Schaffstein，Soziale Adäquanz und Tatbestandslehre，*ZStW* 72 (1960)，369，369.
5. **祝寿文集**：作者、论文题目、文集名称、出版年份、页码
   - Roxin，Der Anfang des beendeten Versuchs，*FS-Maurach*，1972，S. 213.

【文集名称保留简写方式。例如，*Festschrift für Küper zum 70 Geburtstag* 简写为 *FS-Küper*】
6. **一般文集**：作者、论文题目、编者、文集名称、出版年份、页码
   - Hass，Kritik der Tatherrschaftslehre，in：Kaufmann/Renzikowski（Hrsg.），*Zurechnung als Operationalisierung von Verantwortung*，2004，S. 197.
7. **判例**：判例集名称或者发布判例机构名称、卷册号、首页码、所引页码
   - BGHSt 17，359 (360).
   - BGH NJW 1991，1543 (1544).
   - BGH NStZ-RR 1999，185.
8. **法律法规**：具体条文序号、法典（规）名

【原则上以"§"标明条文数，以罗马数字标明所引款，以"Nr."标记所引项。对于《基本法》以及国际条约等以 Art. 表示条文数的，以 Art. 标明条文数。】
   - § 32 II StGB.
   - § 58a I Nr. 2 StPO.
   - Art. 2 II GG.

【法典或法规名称，有惯用缩写的，使用缩写。没有惯用缩写的，注明全称】

（四）日文
【「」『』为繁体字输入法状态下 shift＋[]组合键】
1. **书籍**：作者、书名、版次、出版社、年份、页码

- 我妻栄『新訂担保物権法（民法講義 III）』，有斐閣 1971 年版，50 頁．
- 我妻栄＝有泉亨『民法総則物権法（法律学体系・コンメンタール篇）』，日本評論社 1950 年版，31 頁．
- 参照我妻栄＝有泉亨『民法総則物権法（法律学体系・コンメンタール篇）』，日本評論社 1950 年版，31 頁．

【对作者进行提炼或解读时的格式】
【如系多位作者合著的，则在作者之间加＝】

2. 论文：作者、文章名称、杂志名称、出版年份（卷号）、页码
   - 於保不二雄「付加物及び従物と抵当権」，民商法雑誌 1954 年 29 巻 5 号，1 頁以下．

【论文名加"「 」"，杂志名称不加符号，杂志名称用全称】
【多位作者合著的参照前述体例】

3. 文集：作者、文章名称、编者、文集名称、出版社、年份、页码
   - 佐藤英明「一時所得の要件に関する覚書」，金子宏ほか編『租税法と市場』，有斐閣 2014 年版，220 頁．

4. 案例：判决机构名称、判决日期、所在法律文件名称（卷号）、页码
   - 大審院 1919 年 3 月 3 日判決，大審院民事判決録 25 輯，356 頁．
   - 最高裁判所 1982 年 7 月 15 日判決，最高裁判所民事判例集 36 巻 6 号，1113 頁．

5. 官方文件：文件名称
   - 「平成 26 年版犯罪白書」による．

【による 为固定格式】

6. 新　　报纸：名称、发行时间、刊物类型（朝刊/夕刊の別）、版面
   - 『日本経済新聞』1992 年 6 月 23 日朝刊．

（五）法文
【著作名、期刊名用斜体，其他不斜体】

1. 书籍：作者、书名、出版社、版次、出版年份、页码
   - Marc Chevallier, *L'État de droit*, Montchrestien, 4e éd., Paris, 2003, pp. 16—29.
2. 论文：作者、论文题目、刊物名称、卷册号、出版年份、页码
   - Marc Poisson, « Le droit de la mer », *RGDIP*, 2015, pp. 15—47.
   - Claire Badiou-Mouferran, « La promotion esthétique du pathé tique dans la seconde moitié du XVIIe siè cle », *La Licorne*, n°43, 1997, pp. 75—94.

【« » 为英文半角状态下的双引号格式】

3. 文集文章：作者、论文题目、编者、文集名称、出版年份、页码
   - Marc Poisson, « Le droit de la mer «, in R. Lapieuvre (dir.), *Le droit des Océans*, Eyditions de la mer, 2015, pp. 12—48.
4. 会议报告：作者、报告名称、会议名称、报告日期、页数
   - Marc Poisson, Le droit de la mer en Méditerrané, Congrès de Marseille, juillet 2016, pp. 228—229.
5. 博硕士论文：作者、论文名称、毕业学校（院系）、毕业（通过答辩）年份
   - Marc Poisson, Le droit de la mer appliqué à la Méditerrané e, Theèse de l'Université de Marseille, 17 juin 2016.

6. **法典法规**：条款，编号，法典(规)名称
   - Art. 78 et s. de la Constitution du 24 juin 1793.
   - Art. 6 de la Charte de l'élu local codifié à l'art. L. 1111-1-1 CGCT.
7. **案例**：法院名称、审判庭名称、日期、案件名称和案件号
   - CE. 15 février 2008, Commune de La Londe-les-Maures, req. n°279045.
   - CIJ, Délimitation maritime en mer Noire (Roumanie c. Ukraine), 3 février 2009, CIJ Recueil 2009, p. 61.

   【例二表示该案件已被载入案例汇编(Recueil)，须标注具体页码】
8. **网络信息**：作者、题目、网址、上传(公布)日期或最后访问日期
   - Béatrice Joyeux-Prunel, « L'histoire de l'art et le quantitatif », Histoire & mesure, vol. XXIII, n°2, 2008, En ligne：http://histoiremesure.revues.org/index3543.html. Consultéle 17 mars 2010.

   【只有在无法查明上传(公布)日期时，才需注明最后访问日期】

四、重复引注规则

（一）中文文献一律为"同前注〔X〕，第 2 页。"

【如被重复引用的脚注中不止一个文献，则仍需标明具体所引文献的作者姓氏和文献名称信息，具体格式按照上述相应规则处理】

（二）同页次第紧连文献

注释中重复引用文献、资料时，若为注释中同页次第紧连援用同一文献的情形，应根据文献语言类型，按以下方式分别标明：

1. 英文文献：*Id.*, p. 2.
2. 德文文献：Kaser/Hackl, a. a. O., S. 35.
3. 日文文献：同正文格式，但字体应为日文汉字
4. 法文文献：*Ibid.*, p. xx—xy fait reéférence àplusieurs pages de ce même ouvrage.

【如被重复引用的脚注中不止一个文献，则仍需标明具体所引文献的作者姓氏和文献名称信息，具体格式按照上述相应规则处理】

（三）非次第紧连文献

若为非次第紧连的文献，可将文献的作者、名称、版次、出处等简略，根据文献语言类型，按以下方式分别标明：

1. 英文文献：*Supra* note〔X〕, p. X.
2. 德文文献：Leenen (Fn. X), Rn. X.
3. 日文文献：前揭注〔X〕，X 页。
4. 法文文献：Marc Poisson, Le droit de la mer, op. cit., p. 212.

【如被重复引用的脚注中不止一个文献，则仍需标明具体所引文献的作者姓氏和文献名称信息，具体格式按照上述相应规则处理】

五、其他

本体例未尽事宜，可参照《法学引注手册》一书的相关规定（法学引注手册编写组编，北京大学出版社 2020 年版）。